아름다운 공동체,
붓다의 열반 에피소드

원 혜 영 지음

경서원
2009

머리말

본서 『아름다운 공동체, 붓다의 열반 에피소드』는 2008학년도(2008년 2월 수여) 박사학위 논문인 <초기불교의 공동체 연구 -『열반경』에 나타난 에피소드를 중심으로->을 수정한 것이다.

논문의 중심 텍스트인 초기 열반경은 서성원 선생님의 열정적인 3년간의 대학원 수업으로 기다려지는 시간이기도 했다. 초기 열반경 텍스트를 읽어가면서 거대한 문학작품을 불교적인 섬세한 사고로 짚어나갔던 그 시절이 그립다.

붓다의 열반이 상황적으로 비극의 이야기라고 하더라도, 초기열반경 텍스트는 초기불교 전체를 조명하고 다층적으로 드러난 의미와 비극을 승화시키는 가운데 공동체에 관련된 긍정성을 모두 포괄하였다. 많은 분량을 시대상에 반영하고 있어 흥미로웠다. 텍스트를 읽을 때마다 전통적인 경전에 해석학적인 의미를 부여하며 상상의 나래를 펼 수 있었고, 고대와 현대를 오고가며 달리 표현된 개념과 모습을 자연스럽게 대비시킬 수 있었다.

초기 열반경 텍스트는 여러 에피소드를 담고 있다. 붓다의 열반 에피소드에 나타난 사례를 상상하는 것은 어렵지 않다.

그만큼 쉽게 쓰여 졌음을 의미한다. 그렇다고 논증의 행위나 과정이 부재하고 있음을 의미하지는 않는다. 6종의 텍스트는 그 근거를 붓다 생전의 다양한 청중들에 의해 여러 방식으로 고려되었다. 역사적 텍스트로 알려진 경전이 오랜 세월을 거쳐 내려왔음으로 일군의 전체 주장도 그 책의 부가물로 비취질 수 있다. 같은 텍스트이면서 그 텍스트의 이본(異本)을 경험할 때, 이미 내재화된 해석과 편집 그리고 번역의 결과물이 섬세하면서도 복잡하고 일관되지 않은 주장이 대립됨을 경험할 수 있다. 초기경전의 텍스트에서 나오는 이야기는 불교 상황을 합리적이고 보편적으로 그려내서 부파불교의 논쟁을 논한 경전보다, 현재 이 텍스트를 읽는 독자에서 호감적으로 보이는 전략적인 면을 가지고 있어서 전적으로 고루한 것만은 아니라는 사실에 놀라울 뿐이다.

초반부에 서술된 정치 이론도 효과적인 것을 보증하는 방식 안에서 독자의 설득력을 얻고 있다. 이 텍스트는 신화적이고 문학적인 경향성이 없다고 할 수 없지만, 실제 초기 사회에서 실제 개개인을 설득하고 포용하는 성향은 안정적인 흐름으로 보인다.

모든 텍스트에서 그 책을 접하지 않는 사람들은 무지의 베일 속에 있다. 특히 역사성이 짙다면, 자신들의 개념이나 특별한 심리적 면을 배경으로 가정하여 나름대로 합의 과정을 도출하여 결론을 내릴 것이다. 6종의 텍스트를 횡적으로 조우한다면, 개인의 상상력은 날개를 달고 날아가 버리게 된다. 그럼에도 불구하고 담화 내용에서 보인 내용은 한정된 틀에 가두기만 하지 않는다. 비교연구, 그리고 경험적인 이야기, 알맞게 제안하고 검토된 내용들은 명료하게 전해진다.

당시 붓다의 설법을 들은 청중에서, 그리고 후대 텍스트를 읽은 독자에게 똑같이 행해지고 상상화 된 그림을 그릴 수 있다는 사실은 비판적인 요소를 포함하더라도 거부할 수 없는 유대감을 갖게 한다.

초기열반경 텍스트는 유일한 불교도 청중을 위한 체계적인 기술들로 엮어졌으나, 이제 여러 보편 독자들에게 설득력 있는 기술을 통해 불교 안의 방어선을 넘어서려 하고 있다. 그 테마의 일환으로, 공동체 개념들을 보편화하려는 작업이 이 논문의 목적이다.

텍스트 안에 초기 구성원들이 특정 청중들이라면 이 텍스트를 읽고 있는 다른 시간대, 현재 우리는 일반 보편의 독자들이다. 이 텍스트는 처음 특정 청중들에게 붓다가 설했던 설득력 이상으로 일반 보편 독자층에게 친근하게 읽히고 있다.

다른 문화와 다른 역사에 속한 공동체 이론이 있어서 아주 다른 관찰을 하게 되더라도, 표현되는 분위기, 태도, 방법들은 소통하게 마련이다. '집단과 그 구성원'이란 전체와 부분의 관계 설정에 맞는 제목이 적절하겠지만, 상호 관계의 작용으로 간주되는 요지를 담은 이 텍스트는 이념보다 자유로운 단계를 요구하고 있다. 물론 개인이나 집단에 관련된 평가에 유용하게 이용될 수 있다. 논증행위의 과정을 역사적으로 공간화 된 구도 속에 붙잡아 두려는 근본적인 통찰력이 필요한 텍스트이다. 이것이 정당한가는 이 텍스트를 읽는 청중의 변화된 판단력에서 찾을 수 있을 것이다. 이와 같은 문제들을 해명하려고 시도하는 것은 고원한 시대 안으로 뛰어드는 것이다.

이 텍스트에서 붓다의 역할은 공동체를 위한 윤리적 명료함에 대한 확신으로 텍스트를 읽는 이로 하여금 그것을 발견하게 하고, 등장인물을 통해 표현하려는 역할을 수행한다. 이 텍스트는 '잊혀진' 목소리, 배경뿐 만 아니라 잔잔하게 갈등하는 목소리를 제공하여 그 안에서 청중인 우리는 상상력을 동원하여 근거 있는 주장들을 여러 방향으로 표현해보기도 하고 이해해 보려고도 한다.

붓다가 표방한 공동체는 '강력한 공동체'가 아니라 '부드러운 화합의 공동체'이다. 이러한 공동체는 끊임없는 움직임을 통해 변형되어 완전성을 향해 존재의 가치를 높인다. 붓다 열반에 속한 공동체의 상황은 최후의 공동체가 아니다. 교육적인 과정을 변화의 흐름 속에서 전진하는 상태를 기획하는 미래의 공동체이다.

초기 열반경 텍스트에서 보이는 인물들 간의 갈등은 존중이 우선시되는 설득적인 수사학의 적절하고 효과적인 방법들로 가득하다. 불교 텍스트 안에서 침묵은 저항의 방식이나 무관심을 인정하는 것이 아니라, 존중의 표시나 긍정을 뜻한다. 갈등의 해결로 제시되는 침묵의 형태는 독자의 판단에 넘겨졌고 논의거리로 발전되었다.

붓다 열반이라는 극적인 상황 아래서도 아름다운 축제와 그것을 통한 붓다의 교설에는 공동체의 화합이 있었다. 축제는 꿈처럼 공동체 화합을 위해 실현되었고 숭고한 자연의 감흥 아래 행해진 행사처럼 붓다의 열반 에피소드는 전통의 역사 속에서 소개되었다. 좀 더 중요하게 관심을 끄는 10개의 에피소드만을 택해 구성했지만, 광범위한 이 텍스트에서 무궁무진한 연구물들이 앞으로 쏟아질 것이다. 불교문학은 역사를 동반하기에 호소력 있다. 특히 이 텍스트는 붓다 열반을 축제적인 상황으로 이끌었고, 그 반영된 각각의 사건들은 공동체를 상징적으로 화합하게 하는 아름다운 장치역할을 했다. 화합하는 공동체의 이상적인 모델을 이 에피소드에서 찾는 다면, 우리가 살고 있는 현대 공동체도 아름답게 될 것이라고 기대한다.

딱딱하기 쉬운 종교 논문에서 벗어나 재미있는 이야기 형식을 만들 수 있게 된 것은 텍스트 자체가 지닌 특성도 있었겠지만, 자유로운 사고방식의 길을 자연스럽게 열어주신 은사님들의 가르침이 있었기 때문이다. 여러 선생님의 보석 같은 조언으로 논문이 완성되었음을 거듭 감사드린다. 이제 이 논문은 엄격한 형식의 틀을 깨고 말랑말랑한 이야기로 대중에게 다가가 세상에 흡수되길 바란다.

마지막으로 졸업을 하게 되니 책임감이 따르는 부담스러움이 있지만, 나만의 열쇠를 손에 쥔 듯이 나의 상상력을 실현할 수 있어서 좋다. 이 열쇠를 내 손에 쥐어 주신 이광호 지도교수님과 여러 은사님들께 감사드립니다.

차 례

약 호

AN	: *Aṇguttaranikāya*
ANC	: *Aṇguttaranikāya Commentary*
CMPS	: *The Commentary on the Mahāparinibbāna-Sutta*
DhC	: *Dhammapada Commentary*
DN	: *Digha Nikāya*
DNC	: *Dīgahnikāya Commentary*
DPPN	: *Dictionary of Pāli Proper Names*
MN	: *Majjhima-Nīkaya*
MPS	: *Mahā-Parinibbāna-Suttanta*
MPSV	: *Mahā-parinibbāna-sutta-vaṇṇanā*
Sam	: *Samantapāsādikā*
SN	: *Saṁyutta Nikāya*
SNC	: *Saṃyuttanikāya Commentary*
SPS	: *Saddharmapuṇḍarīka Sūtra*
SV	: *Sumaṇgala-vilāsinī*
T	: *大正新修大藏經*
PS(PSV)	: *Purāṇaṭīkā on Sumaṇgalavilāsinī*
PTS	: *The Pali Text Society*
PLS	: *Prātimokṣasūtram of the Lokottaramahāsāṃghikānāṃ School*
Vin	: *Vinaya*
Vism	: *Visuddhi-magga*

제1장 서론

1절 문제제기와 연구목적

초기불교는 수행 중심적이고 출가 지향적인 특색이 강하다. '세상을 초월하는 마음, 생사의 윤회로부터 해탈하고 괴로움의 소멸인 열반을 증득하려는 마음, 정신적으로 오염된 것을 제거하려는 마음'을 얻기 위해 출가자는 수행에 임했다. 초기불교의 수행정신은 탁월하고도 섬세한 역사적 배경을 지니고 있다. 수행자들은 도를 얻는 것, 선정을 하는 것, 무상이 곧 무아임을 식별하는 것, 따라서 정신과 물질의 변화를 지속적으로 주시하고 배웠다. 그들의 개인적 수행정신은 성스럽고 열반의 증득은 뛰어났다. 초기불교는 수행을 중시하여 개인주의적 경향이 강한 듯하면서도 종교공동체로서의 결집력 또한 강했다. 그 결과 오늘날의 불교공동체 형성에까지도 적지 않은 영향을 끼치고 있다. 따라서 불교가 존재하는 한 상가 공동체의 변화에 대한 이해는 피할 수 없는 과제다. 더욱이 미래의 불교 공동체가 어떠한 모습으로 변화될 지에 대한 의문이 스펙트럼처럼 퍼지고 있는 현대불교 공동체의 기원에 대한 이해를 촉구한다.

현대불교 공동체의 무게는 왜 이리도 큰 것일까? 그 무게를 덜 해법을 찾기 위해 붓다가 초기에 설한 화합의 방법론으로 되돌아가야 하는 것은 아닐까? 대승의 이념에 입각해 있는 현대불교 공동체의 체계는 재가자에게 힘이 실려 있다. 반면 초기불교 공동체 역사에서는 출가자가 중심이 되어 상가를 이끌었다는 것이 일반론이다. 그러나 과연 이러한 일반론이 의심할 수 없는 사실인지에 대해서는 논란의 여지가 있다. 관점에 따라 붓다가 초기에 출가자와 재가자 모두를 공동체 구성원으로 수용하는 열린 체계를 시사했다고 볼 수도 있기 때문이다. 초기불교 공동체의 실상이 어떠했으며, 그 내부에 실제로 화합이 존재했는지를 확인하기 위해서는 상가가 시작된 초기불교 문헌에 대한 면밀한 고찰이 필수적일 수밖에 없다.

이 논문은 초기 『열반경』을 대상으로 하여 붓다가 각각의 공동체에게 가르침을 주는 조항들과 공동체를 화합할 수 있게 한 요소들을 검토하고 구성원의 유입과 붓다 입멸이 불교 공동체의 형성과 확산에 미친 영향을 분석하는 것을 연구의 과제로 삼고 있다.

초기불교(B.C.6～B.C.350)는 그 근원이 엄연히 존재하는 붓다에서 시작됐다. 붓다(Buddha)[1]는 중인도 카필라국 정반왕의 태자로 태어나서 출가 수행을 통하여 성도하고, 그 후 45년 간 중생을 교화한 후에 80세에 입적한 역사적인 인물이다. 붓다와 직제자들의 사상이 직접으로 반영된 초기불교는 여러 경전들을 통해 원형에 가깝게 전해지고 있다. 따라서 초기불교의 종합적인 성격을 이해하기 위해서는 경전 상으로 아함(āgama)과 니까

---

1) 여기서는 세계불교도우의회(世界佛敎徒友誼會)가 주장한 B.C 544경을 내세우고자 한다. 하지만 우이 하꾸주가 제창한 것을 나까무라 하지메가 수정한 B.C. 383경 설이 대체로 유력하다.

야(Nikaya) 연구가 필수적이다. 아울러 그 이본(異本)들과의 비교가 초기 불교 상의 연구 범위에 포함되어야 한다.

본 논문의 주요한 관심사 가운데 하나는 초기불교에서 『열반경』이 갖는 위상이다. 여타의 경전들이 일부분 소실된 형태로 전해지는 것과 달리 여러 초기 경전에서 『율장』과 초기 『열반경』은 완벽한 형태의 판본으로 존재한다. 『율장』은 출가자의 특수성을 강조한 공동체의 화합에 중심을 두는 반면, 초기 『열반경』은 붓다가 보편적으로 설명한 공동체의 원형을 말하고 있다. 초기불교가 평화에 바탕하여 공동체가 안고 있던 고민을 해결해나간 인류 공동체 문화의 한 원형이라는 점에서 현대의 여러 공동체가 당면한 현실에 시사하는 바가 있다. 본 논문의 연구 과제 설정은 이러한 문제의식에서 발의되었다.

이 논문은 초기 경전을 횡적으로 연구하는 것을 주요 목적으로 하여 주석적이고 논리적인 해석적 접근을 시도할 것이다. 아울러 원전 문구의 열거와 비교를 통해 공동체 화합발전의 방향에 초점을 맞추어 해석을 진행하고자 한다. 이러한 연구 방법론을 선택한 이유는 고대 경전에서 느낄 수 있는 직접적인 지각(Perception)이 어떤 이차 자료의 설명보다도 우월하다고 판단하기 때문이다. 예컨대, 초기 『열반경』 텍스트의 에피소드형 스토리는 표면상 허술해 보이지만, 그 행간에 무궁무진한 철학적 깊이가 담겨 있다. 또한 원전과 당대 주석서의 문체 원형을 다루는 것은 붓다의 열린 사고를 직접적으로 다가가는 최선의 방법이라 할 수 있다.

붓다는 조화, 부귀, 화합, 번영, 평등, 정보의 정확성, 후대의 공동체에 대한 예측, 미학, 정신적 깊이, 축제, 의례 등을 초기

『열반경』 텍스트에서 설했다. 이는 의미의 과잉이라 할 정도로 많은 메시지를 우리에게 전한다. 그러나 이처럼 미래지향적 논조를 띠고 있는 초기 『열반경』 텍스트는 고대 문헌이기에 용어를 이해하는 데 어려움이 따른다. 고대의 언어를 현대적 언어로 해석하는 것 자체가 그리 쉬운 일이 아닌데다가 언어의 가변적인 속성 탓에 후대에 전혀 다른 개념으로 변모한 용어들이 적지 않다. 뿐만 아니라 초기시대의 상황을 이해하는 데 오히려 질곡으로 작용하는 용어 역시 상당수 발견된다. 따라서 연구자는 시대사적 문맥을 고려하여 고대 텍스트를 해석학적으로 분석함으로써 '초기 공동체' 형성의 목적과 그 실상이 어떠했는지를 고구(考究)하고자 한다.

이에 본 연구자는 몇 가지 문제 제기를 통해 본 논문의 주제의식을 구체화할 것이다. 첫째, 그간의 성과 중심적 연구자세는 비판적으로 제고될 필요가 있다는 것이다. 고대 경전을 거론하면 할수록 만족스럽지 못한 결과를 얻는다는 생각은 성과 중심의 단순한 해석에서 오는 일종의 피로감의 표현이다. '공동체'에 대한 연구는 이 같은 성과 중심적 연구 자세를 지양하고 관련 사상에 대해 역사적으로 폭넓은 탐찰(探察)이 이루어질 때, 만족할 만한 결과를 내놓을 수 있다. 초기 공동체가 폐쇄적이어서 출가자에게 집약적으로 계율을 강요했다고 보는 관점은 경전과 충분히 소통하지 못 한 채 내린 자의적인 해석에 불과하기 때문이다. 초기 『열반경』 텍스트와 『율장』을 비교하려는 이유는 이 텍스트가 초기 시대 구성원들과의 관계의 보편적인 경향을 보여주는 것임에도 불구하고, 출가자만의 생활을 정립한 『율장』 연구에 관심을 기울여 붓다의 의도와는 다르게 수행에만 전념하는 풍토를 경계하기 위함에서다.

둘째, 부파 불교(B.C.350~B.C.1) 이전 불교의 복원을 상세하게 검토할 필요가 있다는 점이다. '초기 불교가 확립되지 않은 상태에서 그 후속의 불교 형태를 결정한다는 것이 곤란한 일'[2] 이기 때문이다. 초기 불교의 텍스트들을 연구한다는 것은 '원형적'인 것에 대한 이해를 시도하는 일이다. 불교는 붓다 당시에 있었던 사건들에서 시작되었기 때문에 고전적인 색채를 지니고 있으며, 이런 의미에서 '원형적'이란 수식에 이의를 제기하기는 어렵다. 초기 불교 텍스트와 부파, 그리고 대승 텍스트 사이의 차이점을 인식한다면, '원형적'이란 말의 의미를 쉽게 이해할 수 있다. 부파와 대승의 텍스트는 체계가 잡히고 분석적이며 발전적인 논쟁의 유형을 보여준다. 이들 텍스트에서는 그 논쟁의 양상을 이해하는 것만으로도 충분한 연구 성과를 얻을 수 있다. 다시 말해 경전의 논의 자체만으로도 학문적 체계를 세울 수 있는 것이다. 그러나 원형에 가까운 고대 초기 텍스트들을 대상으로 이러한 성과를 거두기는 힘들다. 왜냐하면 초기『열반경』은 역사적인 사실에 근거하여 서술되어 있기 때문이다. 근래의 학자들은 '과거에는 어떠했을까'라는 의문으로부터 시작해 텍스트의 묘사방식과 서술에 의존하여 원형 그대로를 분석하였다. 그러나 고전의 원형을 분석하는 일은 그 자체로 원형을 훼손하는 일이 될 수도 있다. 이제까지는 초기 불교 학자들의 연구 성과를 토대로 고대 텍스트들의 원형을 분석해왔다. 따라서 이러한 성과를 바탕으로 초기『열반경』텍스트에서 나타나는 '공동체의 특성'을 새롭게 조명한다면, 그것은 철학적

2) 平川彰,『율장연구』(박용길역, 1995), 62쪽.

의미를 지닌 시도로서 의의를 갖게 될 것이다.

셋째, '초기 『열반경』이 역사적 사실만을 서술하고 있다'는 주장에 전적으로 동의하기 어렵다는 점이다. 그 이유는 『율장』 텍스트나 다른 초기 텍스트와의 연관성에서 찾을 수 있다. 『열반경』은 역사적 사실의 기록문으로 보기에는 의미론적 해석의 여지가 큰 텍스트다. 『율장』의 바라제목차는 어느 정도 체계를 갖추고 있는 상가 공동체에 관한 것이다. 연구자는 그 체계를 갖추기 이전의 붓다 생전의 고대 텍스트에 관해 집중 고찰하고자 한다. 초기 불교의 텍스트에서는 붓다 생전의 사회상과 문화, 그리고 불타관을 엿볼 수 있다. 당시의 공동체는 후대 텍스트의 공동체 원형이라 해도 과언이 아니다. 기존의 여러 학자들은 6종의 초기 『열반경』이 사건의 서술로 구성되어 있는 점에 주목하여 초기 『열반경』을 일종의 역사적 기술로 본다. 연구자는 종래의 이러한 견해와 달리 역사적인 서술에 많은 내포적 가르침들이 결합되어 있다는 판단을 전제로 이에 대한 중층적 해석과 의미 분석을 시도하고자 한다. 서사의 심층적 문맥을 따져 그 철학적 의미를 재구(再構)해보려는 것이다.

초기 텍스트들은 경전과 그에 따른 이본(異本)들에서 많은 불완전성을 보이고 있다. 이것은 붓다의 설법이 완전하게 복원되지 않았다는 것을 말해준다. 당시에 붓다 생전의 설법들을 복원하는 데 오랜 시간이 걸렸음에도 불구하고, 그 복원 내용은 이처럼 온전하지 못하다. 그러나 유일하게 초기 『열반경』 텍스트와 『율장』에 관한 텍스트는 거의 완벽하게 붓다 생전의 상황을 기술하고 있다. 그 중 한 텍스트는 붓다 생애의 전반부를 거론하고 있는데, 정각(正覺) 및 최초 승단 구성 부분까지이다. 그리고 다른 한 텍스트는 최후의 열반 상황을 기술한 것이다. 학자들은 『율장』의 텍스트와 초기 『열반경』 텍스트를 108 염주 양끝에 딸린 구슬에 비유한다. 이본들과 함께 완벽한 형태로 전해지기에 빠지거나 소실된 흔적을 거의 찾아볼 수 없기 때문이다. 그 사이에 있는 구슬들은 초기 경전으로서 완벽하게 구성되어 있지 않다는 점에서 작은 구슬들로 비유된다.

초기 『열반경』을 연구 대상 텍스트로 선정한 이유는 붓다 생전의 여정이 완벽하게 기술되어 있을 뿐만 아니라 붓다가 마지막에 유언의 당부 형식으로 전한 내용이 나타나 있기 때문이다. 이 텍스트에서 입멸 직전 붓다가 남긴 메시지는 다른 초기 경전에서 볼 수 없는 유언의 형식을 띠고 있다. 강력한 전언력(傳言力)을 지닌 이 당부들에는 초기 불교 공동체의 원형이 있으며, 그 안에서 공동체의 핵심적 요소라 할 화합의 방법론을 찾을 수 있다. 붓다가 마지막에 한 당부는 공동체의 화합과 안녕에 대한 요청이었다. 불교 성장의 근원적 요소들이 그 안에 담겨 있다.

불교는 사문 유행자(遊行者) 공동체의 일파로 처음 등장했다. '사문'이란 '영적인 완성을 위해 노력하는 사람'이라는 의미로 이는 초기 우빠니샤드 시대에는 나타나지 않았던 새로운 종교인 집단이다. 그들은 집을 버리고 걸식 생활을 하며 촌락이나 도시를 유행하면서 수행과 포교에 전념하는 출가자였다. 그들 주위에 자연 발생적으로 그들의 교설을 따르고 실천하는 무리들이 생겨나면서 상가(僧伽 saṃgha)라는 생활 공동체가 형성되었다.[3] 불교의 옛 성전들은 수행자의 형태와 실천 목표

3) 김선근, 「인도불교 교단의 성립과 발전 그리고 쇠퇴」, 『불교학보』 第36집

를 공통적으로 보여주며 그 발생 기반에 대한 해명을 새로운 과제로 제시한다.[4] 이들 공동체들은 사회적 계급이나 신분의 차별 없이 누구나 참여할 수 있는 평등하고 개방적인 성격을 띠고 있었다.[5] 교단의 형성 과정에 있어 붓다 제자들의 특수한 능력과 성격이 이 상가 공동체에 큰 영향을 끼쳤던 것으로 보인다.[6] 이질적 체질 하에서 모인 여러 제자들의 집단은 곧 이질적인 교법을 발생시킴으로써 상가 분열의 원인이 되었다.[7] 불교 공동체는 모여서 함께 수행하는 것을 중요하게 여겼지만, 사실상 공동체는 내부의 이질적 견해들로 인해 부파로 분열되었다고 할 수 있다. 이러한 부파들은 초기 불교 시대의 공동체와 다른 모습으로 계승된 집단이다. 따라서 초기 불교 공동체의 원형을 이해하는 일은 곧 분열이 아닌 화합의 원형을 찾는 것이 된다. 시공을 넘어 공동체란 화합에 그 본질적 특성이 있

(동국대학교 불교문화연구원, 1999).

'상가saṃgha'는 한자의 음사로 僧伽 또는 '僧'이라 한다. 상가는 원래 보통명사로 불교 교단만을 지칭하는 말은 아니었다. 부처님 시대에는 상가라고 하는 명칭을 사용하는 단체가 불교 교단 이외에도 있었다. 종교단체의 명칭으로 쓰여지기 전부터 정치적 단체나 상공업자 조합 등을 의미하는 말로 쓰였던 것이다. 부처님 시대에는 갠지스강 유역을 중심으로 북인도 지방 일대에서 농공업 생산이 활발해져 이미 화폐를 사용하는 유통경제가 이루어지고 있었는데, 이러한 경제의 중심이 된 상공업자의 조합도 '상가saṃgha'나 '가나gaṇa'로 불리었다.(김선근, 같은 글, 50쪽.) 김선근은 이 논문에서 "불교의 교단, 즉 상가는 불교의 생활문화와 교법을 師資相承하여 전수하는 집단"으로 "만약 상가가 없다면 우리는 불교의 생활 문화와 교법을 전수 받을 수 없다. 따라서 상가를 잘 보호하고 육성할 것"을 강조했다. 또한 상가라는 용어의 어원에는 '평화'라는 의미가 있다.(김선근 같은 책, 3쪽.)

4) 平川彰, 『佛教・ジャイナ教の發生基盤とその形成』(東北大學文學部研究年報 32, 1983), 387～409쪽.

5) 김선근, 위의 책, 3쪽.

6) 中村元, 『原始佛教の成立』(東京 : 春秋社, 1969), 169～456쪽. ; Varma, Early Buddhism and its Origins(New Delhi 1973), 345～408쪽.

7) 平川彰, 위의 책, 387～409쪽.

기 때문이다.

고대 텍스트를 접하는 데 있어 우리가 우선적으로 취해야 할 태도는 후대의 언어와 이해 방식을 버리고 원전에 가깝게 이해하려는 시각과 해석의 방식을 모색하는 일이다. 불교의 원형적 근거가 고대 텍스트에 있고, 여전히 그로부터 성장의 원동력을 얻고 있기 때문이다. 연구자는 초기 불교의 기원에서부터 공동체 화합을 찾을 수 있는 지점까지를 연구 대상 범위로 설정하고자 한다. 초기『열반경』텍스트를 분석함으로써 붓다가 지향하는 공동체 화합의 의미를 추출해 낼 수 있을 뿐만 아니라 그것이 현대의 공동체에 환기시키는 의미를 탐색할 수 있다는 판단에서다.

이 논문의 구성은 초기『열반경』텍스트 각각의 에피소드를 상호의존적으로 연결하여 공동체라는 주제로 귀결시키는 체제를 취할 것이다. '미래지향적인 가르침'에서 '화합하는 공동체'으로, '화합하는 공동체'에서 '붓다 입멸로 인한 공동체의 확산'으로 전개되어 가는 에피소드들은 모두 공동체와 유기적으로 관련되면서도 독립된 성격을 갖고 있다. '미래지향적인 가르침'에서 국가, 출가자, 재가는 트라이앵글식 구조로 고대사회를 지탱했던 집단은 동시에 미래에도 적용된다.『열반경』텍스트에서도 세 개의 에피소드는 구조적 일치를 보이는 동시에 독립적이다. '화합하는 공동체'에 관련한 에피소드들에 대한 분석에서는 상가 공동체의 화합을 확보할 수 있는 '경과 율의 진위문제'와 외부인물을 내부로 유입하는 장치인 '수계문제와 여성문제'를 다룸으로써 열린 공동체의 성격을 밝힐 것이다. 아울러 상가 공동체의 위계질서에 대한 조항들을 미래 사건과 연결 지어 봄으로써 공동체 화합 과정에 대한 이해에 초점을 두고자 한다. '공동체의 확산'과 관련된 에피소드들에 대한 분석은 붓다의 입멸이 불교공동체의 형성과 확산에 미친 영향을 파악하는 측면에서 이루어질 것이다. 독립적인 스토리를 전체 주제와 연결시켜 고찰함으로써 개인 수행이 공동체와 대립되거나 반대되는 개념이 아닌 것처럼 독립된 에피소드들이 고대 공동체의 연구와 상호 유기적인 관계를 갖는다는 사실을 입증하려는 것이 본 연구의 궁극적인 목적이다.

2절 초기『열반경』텍스트 연구

1. 6종의 이본(異本)과 그 외의 자료들

에피소드로 구성되어 있는『열반경』은 간단히 소화하기는 어려운 경전으로 그 각각의 스토리가 주는 의미와 해석에 여러 가지 의견이 있다. 초기『열반경』6종 異本마다 말은 틀리지만, 상황은 거의 비슷하게 구성되어 있다. 부처님에 대한 명칭도 다르고 번역하는 과정에서 더 첨가되기도 하고 생략되거나 빠지기도 하지만 대체적인 틀에서 벗어나지는 않는다. 기본적인 틀을 가진다는 점에서는 공통된다.

초기『열반경』이 80세의 붓다의 최후를 역사적인 위상으로 높이려고 한 점이 특징이라면 후기의『열반경』은 붓다의 이미지를 다르게 표현하고자 한 데 그 의미를 찾을 수 있다.[8] 초기『열반경』은 부처님이 돌아가신 해 80세에 다다라서 옛날 마가다국의 왕사성에서 출가한 뒤 오셨던 길을 역으로 오는 여정의 에피소드들을 말한다. 왕사성에서 꾸시나가라까지의 여정을 여행하면서 여러 가지 사건들로 엮어진 이 경전은 공간상으로는 250km 정도이고 시간상으로는 걸어서 2~3개월 가량의 시간이 소요되는 것으로 추정된다. 붓다는 80세의 노구를

8) 신격화되는 큰 변화를 보이며, 인간적인 장면들-병도 나고 배탈도 나는 등의 에피소드-은 대승의『열반경』에서 삭제하고 돌아가신 후의 법신으로 추상적으로 이야기된다. 田村芳朗,『열반경의 세계』(李元燮역, 玄岩社, 1976), 3쪽.

이끌면서 제자들과 왕들 그리고 부족들을 만나면서 유언 아닌 유언으로 설하였으며 다른 방법으로도 여러 가지를 설법했다. 각각의 스토리를 분석해 볼 때 의도하는 바를 깊이 되새긴다면 후대에도 많은 논의와 관심을 가질 수 있을 것이다.

초기 자료는 대승의 후기 자료와는 많은 차이를 보인다. 초기 『열반경』이 붓다의 입멸과정을 역사적인 사실로 서술하고 있는 반면, 대승의 『열반경』은 역사적인 사실들에 대한 거론을 제외한 채 각 경전의 저술자의 논의로 구성된다. 대승 시대에 접어들어 붓다 입멸에 대하여 새로운 의미를 부여하여 붓다의 입멸을 통해 불멸(不滅)을 보고 무상(無常)에서 상(常)을 알며 그곳에서 불멸(不滅)의 붓다를 찾기에 이른다. 이러한 연유로 성립된 경전이 대승 『열반경』이다.[9]본 논문에서 논의할 자료는 초기 『열반경』 텍스트이다.

종교학적인 입장에서 신학과 비교해 보자. 신학(神學)적 관점에서 보면 여러 부파가 설하고 있는 일관된 주장보다도, 어느 한 특정 부파에서 유일하게 주장되는 사안이 더 신빙성을 지닌다고 생각될 수 있다. 그 이유는 그 부파 만이 유일하게 그 사안에 대하여 오랜 기간 보전 전승했다는 가치 때문이다. 다시 말해 어느 한 학파에서만 기술되는 상황이니 만큼 귀하고 가치 있게 받아들여져서, 부파 마다 공통으로 주장되는 상황보다 더 비중을 두고 귀하게 다뤄질 수 있다는 것이다.

반면에 불교 경전들의 경우에는 성격을 달리한다. 여러 부파에서 공통적으로 일관되게 주장된 사안은 그 사실 여부가

---

9) 신성현, 「涅槃經 成立에 관한 諸問題」『한국불교학』 제 21집(한국불교학회, 1996), 243쪽.

거의 확실함을 입증하는 결과로 도달되는 경우가 많다. 신학의 경우와는 다르게 어느 한 부파에서 주장하는 상황이 다른 부파에서는 전혀 보이지 않는 새로운 사안이라면 일단 그 부파의 어느 누군가가 의도적으로 첨가했을 가능성이 높은 것이라고 추정되는 것이다.

이 논의에서 6종의 『열반경』 이본을 비교 고찰하는 이유가 여기에 있다. 구전되는 고대 텍스트에서 어느 정도의 사실을 전하고 있는가는 중요한 문제이다. 6종의 『열반경』에서 같은 방식과 용어로 표현되고 있다면 그것은 거의 역사적으로 사실에 가까운 것이다. 그런 보고 듣는 정황들을 각각의 학파들이 일관되게 서술함으로 그 정확성을 나타냈다. 이 도표는 서성원의 Note를 근거로 해서 작성했음을 밝힌다. 서성원의 조사자료를 통해서 초기 『열반경』 텍스트를 일목요연하게 살펴보도록 하겠다.

경 전		학 파	역 자	출 처
빨리본 Mahāparinibbāna-sutta		Theravāda		Dighanikāya II. pp. 71∼168
漢譯	遊行經	Dharma guptaka	Buddhayaśas와 後秦의 竺佛念	T. No 1.k,2-4
	佛般泥洹經 Budda-parinirvāṇa-sūtra		西晉, 白法祖	T. No 5
	般泥洹經 parinirvāṇa-sūtra		역자 미상	T. No 6
	大般涅槃經 Mahāparinirvāṇa-sūtra	남인도의 Andhra 지역의 어느 학파 소속	東晋 法顯	T. No 5-7
	根本說一切有部毘奈耶雜事	Mūlasarvāstivāda	義淨	T. No. 1451,k.35-38, pp. 382b-402

초기『열반경』에 관한 연구 자료는 크게 나누어, 빨리어본, 한역본이 있고, 그 외에 산스끄리뜨어본, 티베트어본 등 4 종류가 있다. 빨리본은 비록 단일 부파의 것으로 특히 인도불교의 원어로 보존되어 있다는 점에서 자료로서의 가치가 있다. 한역 자료는 번역본이라는 점에서 불리한 반면, 양이 풍부하다는 점에서 강점을 지니고 있다. 그리고 초기『열반경』 텍스트에서 비교 연구의 대상으로서 유용한 자료이다. 산스끄리뜨어 자료인 『대반열반경(*Mahāpari-nirvāṇa-sūtra*)』[10]은 전체 원본이 아직 발견되지 않은 상태로 일부만 전해지고 있다. 빨리본과 한역에 비하여 많은 부분이 생략되어 있다. 티베트어본은 두 가지가 있는데 한 가지는 산스끄리뜨어본으로부터 번역된 것이고 다른 하나는 한역본으로부터 번역된 것이다. 중국에서 한문으로 번역된 경전들이 인도에 있었느냐 없었느냐를 구별할 때 티베트장경과 대조하는 방법을 많이 쓰고 있다. 다시 말해서 한문본이 티베트역으로 있으면 인도에서부터 유래된 원전의 번역이라고 하고 그렇지 않으면 중국에서 편찬되었을 것이

---

10) 초기『열반경』의 정식 이름은 『大般涅槃經』이며, 산스끄리뜨어 *Mahāpari-nirvāṇa-sūtra*와 빨리어의 *Mahā-parinibbāna-suttanta*를 번역한 것이다. 그 중에서 Mahā는 大, suttanta는 經으로 의역한 것이며, pari-nibbāna은 반열반으로 음역된다. 열반은 泥洹이라고 음사되므로 『대반니원경』이라고 한역된 적도 있다. 반열반, 혹은 반니원이라 음사된 pari-nibbāna의 뜻은 앞의 pari는 완전이란 뜻이어서, 그 의미를 취했을 때는 圓이라는 한자가 쓰였으며, nibbāna의 ni은 부정사이고, bbāna는 '불다'의 뜻이며, nibbāna의 원 의미는 '불어서 끈다'라는 뜻을 함의하고 있다. 즉 타오르던 번뇌의 불꽃이 꺼지고 없어졌다는 것을 나타낸 것이어서, 그 의미를 취해 滅, 寂, 寂滅 등으로 번역되기도 한다. 여기에 pari가 붙으면 圓寂이 되고, 다시 Mahā가 첨가되면 大圓寂으로 표현된다. 이와 같이 nibbāna를 강조한 parinibbāna(반열반), Mahāpari-nibbāna(대반열반)는 타오르는 뿔꽃이 소멸된 것을 뜻한다. 田村芳朗, 위의 책, 14～15쪽.

라는 의심을 받는다.[11)]

이렇게 『열반경』 텍스트의 異本들은 빨리본 1개, 한역본 5개, 산스끄리뜨 1개, 티베트본 1개로 모두 8개가 있다. 이 중 본 논문에서는 빨리본과 한역경전 5개를 논의의 대상으로 삼을 것인데 그 이유는 이 6종이 신성시되어 원형 그대로 잘 보존돼 있기 때문이다.

우선 세일론(Ceylon)에서 보관하고 있던 빨리어 텍스트인 *Mahāparinibbāna- suttanta*는 상좌부(Theravāda)의 계통으로 남인도에서 건너온 것이다.[12)] 장부(長部 : Dīgha-Nikāya Ⅱ)의 제 16번째에 속하는 경으로 72~168쪽에 붓다 열반이 포함됐다.[13)] 빨리 자료만 연구한 루이피노는 『율장』 연구에 있어 인위적인 첨가된 부분이 있을 것이라는 가설을 세웠다. 그는 앞 부분에 붓다의 최후 열반, 뒷 부분에 장례와 사리분배 에피소드로 구성되었다는 것이다. 그래서 이 고대 연대기는 *Mahāparinibbāna-suttanta*이라 하는 경장에 삽입되었고 뒷부분은 『율장』의 건도부

11) 석지명, 『큰 죽음의 法身』(불교시대사, 1995), 27쪽.

12) 세일론의 지배적인 전통에 따르면 빨리어는 마가다(Māgadhī)어이다. 불교가 성립된 지방의 언어이기 때문에 붓다가 직접 사용한 언어로 쓰여진 빨리 삼장은 다른 삼장보다도 근원적이라는 주장이다. 마가다어는 붓다의 말씀이 근원적으로 정착된 근본어로 결정되어 다른 언어는 부차적으로 취급된다. 빨리어에 정통한 학자들의 주장에 따르면, 이 언어는 통일적인 문법형태를 띠고 있지 않다. 중첩된 문법을 보여주는 것으로 보아 혼합 방언의 형식을 지녀서 언어형성의 시대적 차이, 즉 빨리어 내부의 발전과정이 드러난다. 그래서 게송, 경전의 산문, 후대의 산문, 예술문학의 언어에서 고층언어와 신층언어의 차이가 각기 다르게 나타난다고 본다. 전재성, 『빠알리語辭典』(한국불교대학출판부, 원의범 감수, 1994), 15~25쪽.

13) 이 논문에서 제외됐지만, 산스끄리뜨는 근본설일체유부(Mūlasarvāstivādin)의 학파에 속하는 것으로 본다.; Waldschmidt, Das Mahāparinirvāṇa-sūtra (Belin, 1950~1951), 101쪽. 남인도 안드라(Andra)지역의 어느 학파 소속이라고도 한다.

끝에 첨가되었을 것으로 추정한다.[14]

한역 경전에는 『遊行經』, 『佛般泥洹經』, 『般尼洹經』, 『大般涅槃經』, 『根本說一切有部毘奈耶雜事』가 있다.

한역 경전으로 붓다야사(Buddhayaśa)와 後秦의 竺佛念에 의해 번역된 『遊行經』이 法藏部에 속하는 長阿含의 2번째 경전으로 있다. 한역본 가운데 『유행경』은 결집에 대해 전혀 거론되지 않았다는 점이 특별하다.[15] 『유행경』은 대체적으로 빨리본과 유사한 경향을 보인다. 빨리본과 『유행경』은 설법장소, 설법하는 대중, 내용 등에서 거의 일치한다. 西晋의 白法祖의 번역인 『佛般泥洹經』이 있으며, 이 텍스트와 가장 유사한 경전인 역자가 아직 밝혀지지 않은 『般尼洹經』이 있다. 산스끄리뜨 텍스트인 *Mahāparinivāṇa sūtra*의 두 가지 번역본, 『불반니원경』과 『반니원경』에는 첫 결집 장로들이 아난으로부터 직접 받은 것은 중아함, 장아함, 증일아함, 잡아함 등 4 아함이라고 확실하게 언급되어 있다. 이 두 경전이 결집까지 거론한 것은 특별하다.[16]이 두 텍스트는 내용 면에서 가장 많이 닮아 있어서 연구해 볼 만하다. 『반니원경』과 『불반니원경』은 서로 매우 비슷한 스토리를 가지고 있어 두 경전 중에 어느 하나가 다른 하나를 차용한 것으로 볼 수 있다. 또한 두 경전은 공통되는 부분이 많기 때문에 가장 고대의 형태를 취했을 것[17]이라는 추측도 있다. 특히, 『불반니원경』은 1 결집의 에피소드를 비구와 비구니 계율의 설명에 한정된 초기적인 『율장』이라는

---

14) 라모뜨, 『인도불교사』(호진역, 2006), 348쪽.
15) 라모뜨, 위의 책, 348쪽.
16) 라모뜨, 위의 책, 298쪽.
17) 渡辺照宏, 『經典成立論』(金無得, 경서원, 1983), 125쪽.

독특한 설명을 제시했다. 이것은 우바리가 송출한 『율장』이라는 일반적인 견해를 역행한다.[18]

東晋의 法顯이 번역했다고 전해진 『大般涅槃經』이 있는데, 이 경전은 왕사성 결집에 단 한 줄만을 배당하고 있다.[19] 『대반열반경』은 설법장소가 종종 생략되어 있으며, 대승적 경향이 강하다. 특이한 점은 『대반열반경』에는 처음 부분이 결여되었다는 점이 주목할 만하다. 당나라 義淨이 한역한 『根本說一切有部毘奈耶雜事』가 있다. 여기서는 제 35~40권 사이에 거론됐다. 『근본설일체유부비나야잡사』는 드물게 설법장소가 생략되어 있으면서 설법 내용은 다른 경전들에 비해서 자세하게 설명되어 있다. 『대반열반경』처럼 대승경전의 색채를 보이기도 한다.

이들 6종의 이본의 텍스트에서 중심이 되는 문헌은 빨리본이며 나머지 한역본이다. 빨리본과 가장 유사한 것은 『유행경』이며, 『반니원경』과 『불반니원경』보다 1세기 가량 늦게 번역되었다. 빨리본이 다른 한역의 이본들에서 볼 수 없는 새로운 부분이 첨가되어 최근에 성립되었다는 견해가 유력하지만,[20] 연구자가 보기에는 객관적 서술 방식에 따른 묘사로 보아 가필 가능성은 한역이 더 높은 것으로 보여진다.

산스끄리뜨본과 티베트본을 생략하는 이유는 그 판본이 빨리본에 비하여 정밀하지 못하고 생략된 부분이 많기 때문이다. 정밀하지 못하다는 것은 빨리본에서 나오는 에피소드의 일부분이 생략되고, 붓다의 여정을 축약적으로 설명하는 것을 말한다. 빨리본의 경우, 중요한 문구는 반복을 통해서 강조하고 있

18) 라모뜨, 위의 책, 338쪽.
19) 라모뜨, 위의 책, 348쪽.
20) 渡辺照宏, 위의 책.

다. 그러나 산스끄리뜨본과 티베트본에서는 반복의 경우가 적고, 빨리본보다 그 분량 면에서도 상당히 적은 편이다. 51개의 에피소드가 정확하게 다 거론되지 않았기 때문에 두 텍스트는 생략한다.

이 논문에서는 산스끄리뜨와 티베트본을 대체해서 빨리본의 주석서인 붓다고사(Buddhaghosa)의 *Sumaṅgala-Vilāsinī*(妙吉詳疏)를 포함시켰다. 붓다고사는 북인도의 브라만 가문에서 태어나서 마하나마왕(Mahānāma : A. D 458～480) 당시에 스리랑카에 왔으며 마하비하라(Mahāvihāra)에서 아누라다뿌라(Anurādha pura)에게 삼장(三藏)과 의소(義疏)를 배운 뒤에 많은 문헌학적 업적을 남겼다. 長部의 『수망갈라윌라시니』는 우리의 주목을 끄는 텍스트이다. 6종의 異本은 횡적인 연구를 주로 하게 되는 텍스트인데 이 주석서를 포함시켜 그 보완적 역할을 하고자 한다. 붓다고사의 주석서를 연구 자료로 넣어 빨리본에 대한 비중을 두었다.

주석서에 비중을 두는 이유는 붓다가 직접 설한 언어가 빨리어이기 때문이지만 시대적 차이를 둔 주석서를 첨가함으로 후대에 변화된 붓다의 의도를 살펴볼 수 있기도 하기 때문이다. 초기 불교 텍스트는 교리전달을 주요 목적으로 삼고 있기 때문이다. 상대방에게 그 내용을 보다 잘 전달하기 위해 설명 내지 주석적인 문구의 삽입은 필요로 하게 되었고,[21] 그 결과로 『수망갈라윌라시니』가 만들어진 것이다. 또 다른 이유는

---

21) 和辻哲郎, 『原始佛教の實踐佛教』(岩波書店, 1985), 88쪽. 와쯔지 데쓰로우는 6종의 『열반경』에 대한 비교 연구에서 교리의 증광 및 삽입의 실제를 보여주고 있다.

산스끄리뜨가 빨리본에 비하여 축소된 경향을 보인다는 점이다. 그리고 더 중요한 이유는 빨리본의 특성을 부각시키려는 의도가 있기 때문이다. 또한 초기 불교 공동체 연구에서 논부는 연구 대상에서 제외할 것이다.

그 외의 기존의 연구 자료들을 알아보겠다. 기존 연구에 대한 검토는 어디까지나 1차 자료인 초기 『열반경』 텍스트 연구에 도우미 역할을 하는 것으로 원전인 1차 자료에서 오독(誤讀)을 막을 수 있는 범위 내에서 고찰했다.

저자	저서
Lamotte Etienne	*History of Indian Buddhism*(De L'Institut Orientaiste De Louvin, La Neuve, 1988)
Uma Chakravarti	*The Social Dimensions of Early Buddhism*(Delhi Oxford University Press Bombay Calcutta Madras, 1987)
Ernst Waldschmidt	*Das Mahāparinirvāṇasūtra*(Rinsen Book co., kyoto, 1986)
Rhys Davids	*Dialogues of the Buddha*(Pail text society, London. 1977)
Gombrich	*Precept and Practice*(Oxford, Clarendon Press, 1972)
Przyluski	*Le concile de Rājagṛha*(Paris, 1926～28)
Mohan Wijayaratna	*Buddhist Monastic Life*(New York : Cambridge University Press, 1990)
平川彰	『原始佛教の硏究』(東京：春秋社, 1980) 『二百五十戒の硏究 I』(II, III, IV)(東京：春秋社,1993) 『律藏の硏究』(東京：山壹房佛書林, 1970)
塚本啓祥	『初期佛教教團史の硏究』(山喜房佛書林, 1966)
和辻哲郎	『佛教倫理思想史』(岩波書店, 1985) 『原始佛教の實踐哲學』(岩波書店, 1940)
赤沼智善	『印度佛教固有名詞辭典』(法藏館, 1967)

佐々木教悟	『戒律と僧伽』(平樂寺書店, 1985)
中村元	『原始佛教の生活倫理』(東京 : 春秋社, 2003)
佐藤密雄	『原始佛教教團の研究』(東京 : 山喜房佛書林, 1972) 『律藏』(최법혜역, 서울 : 東國譯經院, 1994) 『佛教教團の成立と展開』 (『초기불교 교단과 계율』,김호성역, 민족사, 1991)

이 도표를 참고로 해서 다음과 같은 사항을 알 수 있다. 이 저서들은 각 부파에서 다른 저자들에 의해 윤색되었을 개연성이 있는 고대 경전에 대한 기존의 연구검토를 조심스럽게 관찰하게 만든다. 역사적인 배경이 짙게 깔려 있는 초기 텍스트들의 분석은 앞으로도 많은 학자들의 노력이 요구된다. 언급한 자료들은 초기 공동체에 대한 자료들과 『열반경』에 관계되며, 공동체를 이해하는 긍정적이고 비판적인 측면 모두를 소유한다.

초기 『열반경』 텍스트는 문헌학적 측면에서 수식적인 설명이 빈번하다. 이것은 붓다의 위대성과 교리적 증광 그리고 문학적 윤색으로 인해, 실상을 놓칠 여지가 남아 있다. 따라서 초기 텍스트를 이해하기 위해서는 전반적인 인도 사회에 대한 배경적 지식의 습득이 반드시 요구된다. 왜냐하면 인도 사회의 전반적인 분위기가 초기 불교 텍스트에 포함되어 있기 때문이다.

자료로는 라모뜨(Lamotte)의 *History of Indian Buddhism*이 있다. 초기 불교의 역사를 사실적으로 소개하면서 공동체에 관한 기술도 빼놓지 않고 전달하고 있다. 라모뜨의 인도 역사에 대한 서술은 방대하며, 그 내용에 있어 많은 자료를 참고로 하였기 때문에 초기불교 시대의 사회상과 역사, 그리고 후대의 연관된 상황들을 정리할 수 있다. 문학과 미학 그리고 대승 불교에 대해서도 언급되어 있으며, 다른 유럽 학자들의 견해도 각주를 통해 상세하게 설명하고 있다.

우마 차끄라바르띠(Uma Charkravarti)의 *The Social Dimensions of Early Buddhism*은 인도 고대사회와 초기불교의 공동체에 대해 거의 완벽한 지식을 우리에게 전달한다. 이 책에서는 초기 공동체를 운영하는 데 많은 도움을 주고 있는 재가자의 집단을 상세하게 다루었다. 그는 붓다 시대의 정치, 경제, 사회, 종교적 환경을 거론하면서, 농업 형태에서 수공업화 되어 가는 상황이 도시화된 사회를 만들고, 이는 또 계층의 변화로 이어졌다는 설득력 있는 해설을 덧붙였다. 불교를 대중적으로 확산시킨 계층으로 재가자를 주목했고 공화국의 사회조직은 공동소유의 형태를 지니는데, 이는 상가 공동체의 소유에서도 그 유사한 근거를 찾을 수 있다고 주장했다. 그리고 초기 불교시대의 왕들은 일반적으로 붓다가 종교적 세계를 변화시키는 것만큼이나 그 권력을 행사하여 사회를 변화시키는데 중추적인 역할을 할 수 있었다고 주장했다. 또 왕들은 세간과 출세간을 분리했지만 이 두 영역을 기본적으로 연관시켜 후원했다고 한다.

독일의 학자 발트스미트(Waldschmidt)는 초기 『열반경』 텍스트를 범어, 빨리어, 티베트어, 그리고 한역의 순서대로 비교했다. 경전들의 비교가 차례대로 일목요연하게 되어 있어 텍스트상의 목록 분류도 뛰어나다. 다만 한역 경전이 독일어로 해석되고 있다는 점에서 한역 그대로의 원전해석에 차이가 생길 수 있다. 이 책은 국역이 없다.

리스 데이비스(Rhys Davids)의 *Dialogues of the Buddha*는 빨리

어를 충실하게 번역한 것으로, 번역 이상의 소중한 자료들을 제공한다. 초기 다른 경전들에서 언급된 사실들과 학자들의 견해, 그리고 주석서 등에서 특별하게 강조하거나 오해의 소지가 있는 부분을 바로잡으면서 빨리어 번역에 추가했다. 따라서 그의 책은 초기경전의 2차 자료로 필수적이며 우선적으로 검토해야 한다. 전체적으로 주관적이지 않으면서 자료를 빠짐없이 제공하고 있다. 그의 저술들이 초기 연구에서 원전만큼이나 중요한 이유는 공동체 연구에 있어 객관적인 자료로 다양한 논의를 펼 수 있는 토대를 제공하기 때문이다.

곰브리치(Gombrich)는 초기 불교 공동체에 대한 비판적 입장을 거론하는 편인데 그의 비판은 냉철한 사실에 근거하기 때문에 간과하기 어렵다. 공동체에 관한 그의 견해는 연구자가 하고자 하는 논의와는 상반되는데, 그는 세속적 권력이 상가라는 종교적 영역에 침투하여 상가의 기본적인 원리를 무너뜨린 예들을 인용하기도 했다.[22] 그러나 그의 주장도 다양한 각도로 공동체를 볼 수 있게 하기 때문에 주목할 필요가 있다.

프레질르시키(Przyluski)는 초기 불교에 대해 이야기하고 있으며, 빨리어와 한역 등에 능통하여 세밀한 분석들을 내놓았다. 그는 연대기적인 관점으로 역사적인 사실들을 뒷받침하는 논의들을 펴나갔으며, '라자가하의 결집' 사실을 부정하는 논의는 공동체 연구에 있어서 관심을 가져야 할 부분이다.

---

22) 카스트 제도가 상가에 침투한 것에 대해 어떤 비구는 왕이 이 일련의 일에 책임이 있다고 생각했다. 카스트의 원리가 상가에 침투하게 된 근본원인은 상가의 소임을 맡은 비구는 상위의 수계식에서 카스트에 대한 질문에 답해야 한다는 1266년의 한 왕의 포고에까지 거슬러 올라간다. *Gombrich, Precept and Practice*, 307쪽, 312쪽.

모한 위제이야란타(Mohan Wijayaratna)는 *Buddhist Monastic Life*에서 출가자의 의식주 생활을 항목별로 나누어서 다루었다. 출가자의 생활방식을 소개한 이 책은 공동체 구성원들 사이에서 부딪치고 겪으면서 조정되어진 계율들을 딱딱하지 않고 자연스러운 일상생활처럼 서술했다. 이 책은 상가 공동체 속에서 출가자가 정해진 계율을 어기지만 않는다면, 범부의 생활처럼 자유로울 수 있을지 모른다는 생각을 하게 한다.

반면, 일본의 학자들은 특히 『율장』 자료에 넓은 식견을 가지고 있다. 『율장』을 연구하면서 초기 『열반경』의 자료들을 거론하고 있어 많은 도움을 준다. 히라가와 아끼라(平川彰)는 『原始佛教の研究』에서 상가의 초세간성과 국가의 관계를 피력했으며, 상가의 법은 국법을 초월하는 공동체적 성향을 지녔고 평화와 평등이 자리한다고 보았다. 또 상가 공동체의 정신적인 유대가 공동체의 기반이 되었으며 이것은 계율에 그 근간을 둔다고 하였다. 그는 공동체의 범위를 사부대중으로 확대했고 재가자와 출가자의 생활에 대해서도 거론하였다. 예컨대, 비구와 비구니가 계율을 지키면서 상가 공동체를 이끌어나갈 수 있는 조항들을 언급했다.

또한 히라가와 아끼라의 『二百五十戒の研究 I』는 『율장』의 바라제목차를 언급하면서 출가자의 공동체 생활에서 나오는 에피소드를 거론했다. 여기서 언급된 규정들은 초기 『열반경』과 다른 형태의 에피소드로 되어 있다. 일명 법 조항인 '바라제목차'가 나오게 되기까지의 인연담들로 구성되었다. 그것들은 초기 『열반경』과 어느 것이 더 원형적인가에 관심을 갖게 한다. 그의 『律藏の研究』도 전체적인 초기시대의 상황과 공동체를 거론하고 있다.

쯔가모또 게이쇼(塚本啓祥)의 『佛教倫理思想史』는 초기 경전에서 나오는 에피소드를 다른 초기 경전들과 주제별로 또는 소재별로 함께 정리했다. 인물들에 대한 견해도 사전적 의미보다는 사실 위주로 여러 경전들에서 인용했다. 그의 책은 초기 『열반경』에서 자주 다루는 사건이나 인물에 대해 사회적이고 역사적인 배경을 함께 제시하였다. 공동체에 대한 주장 속에서 그는, 화합가(和合伽)는 "화합한 상가"라며, "상가가 동일하게 머물며 동일한 경계를 세우는 것"이라 해석했고, 파승가(破僧伽)는 "어떻게 해서든지 사람들을 분열시키고 다르게 하며, 불화를 일으키게 하여 당(黨)을 만들어 대중을 모으는 것"[23]이라고 정의 내려 공동체에 대한 이상적인 형태가 화합이라는 것을 주장했다.

와쯔지 데쓰로우(和辻哲郎)의 『佛教倫理思想史』도 초기불교의 전반적인 시대 상황에 대한 연구와 초기 경전들을 전체적으로 바라볼 수 있는 식견을 보여 주며 비판적이긴 하지만 공동체에 대한 다양한 견해를 제공한다. 와쯔지 데쓰로우(和辻哲郎)는 『율장』을 통해서는 원형으로부터 원형으로 그 내용의 발달 경로를 계속 더듬어 올라가는 가운데 그 핵심적인 부분을 성공적으로 추출할 수 있고 한다. 그러나 이런 핵심마저 위대한 인격자가 몸소 제정한 것이라고는 생각할 수 없는 번쇄한 규칙 및 지루한 설명의 연속이라는 점을 지적하면서 이들은 모두 석존 입멸 이후의 교단 생활을 반영한 것에 불과하다고 단언한다.[24]

23) 塚本啓祥, 『初期佛教教團史の研究』(山喜房佛書林, 1966), 340쪽.

아까누마 지젠(赤沼智善)의 『印度佛教固有名詞辭典』은 초기 시대의 막연한 인물들에 대해 혼동의 여지가 없도록 나침반 역할을 해준다. 또한 도표에서는 소개되지 않았지만, *Dictionary of Pāli Proper Name*도 동명 이인의 혼동을 최대한으로 줄일 수 있게 도움을 주었다. 이들 사전으로 인해 붓다 재세시의 인물과 후대의 결집에 관련된 인물이 초기 『열반경』에서 언급됨으로 역사적 인물임을 확인할 수 있다. 초기 『열반경』에 등장하는 인물들로 인해서 후대의 결집과의 비교를 통해, 연대 추정이 가능하다. 6종의 이본에서 동일하게 언급되어 있는 인물들은 실존했던 것이 확실하다. 등장인물[25]은 공동체의 구성원으로서 초기 불교 당시에 공동체의 성격을 말해주기 때문에 중요하다.

---

24) 和辻哲郎, 『原始佛教の實踐哲學』(岩波書店, 1940) 65쪽, 77쪽. 와쯔지 데쓰로우는 붓다 및 직제자의 지배 하에 있던 초기교단에 대해, '『율장』으로부터 직접 얻을 수 있는 지식은 아무것도 없다'라는 결론을 내린다.

25) '등장인물'이라는 용어를 사용해서 에세이 같은 느낌을 줄 수 있을지 모른다. 초기 『열반경』에서 거론된 등장인물은 붓다가 입멸하기 전까지 만났던 인물들이다. 등장인물은 초기 불교에서 거론되는 공동체 구성원이기에 중요하다. 구체적인 설명은 각 장에서 밝히겠다. 초기 『열반경』 텍스트에서 거론된 등장인물은 단순히 붓다가 설법하는 대상이거나 붓다에게 공양하는 대상을 지칭하지는 않는다. 초기 불교의 공동체 구성원으로서 시대와 사회적으로 영향력 있는 인물들이다. 이런 이유로 본 논문에서 등장인물들에 대한 설명형식의 프로필에 관심을 가져야 한다.

초기 『열반경』은 붓다가 입멸하기 전의 몇 개월 간의 사건들만을 그 구성의 내용에 포함하고 있다. 이 경전들에서 등장하는 인물은 경전의 구성과 스토리를 전개해 나가는 역할을 하며 초기 불교 공동체를 알아볼 수 있는 중요한 자료로도 쓰였다. 등장인물들이 공동체에 어떠한 영향을 주었는지, 미래에 어떻게 역할을 하게 되는지 알 수 있기 때문에 거론된 인물들과 집단들에 유의해야 한다.

초기 『열반경』에 등장하는 인물들은 역사적인 위상의 성격을 지녔고 실존한 인물들이다. 그들의 생몰 연대가 정확하지 못하지만, 이 경전에 나오는 인물들은 다른 초기 경전들에 나오는 인물들의 분석도 가능하게 한다.

초기『열반경』은 다양한 인물들이 등장하면서 사건의 전개가 이루어지는데, '누가'에서 시작하여, 언제, 어디서, 무엇을, 어떻게, 하였는가? 라는 6하 원칙을 완벽하게 구비한다. 이는 에피소드에 등장하는 인물들이 역사적으로 완벽하게 사실이라는 것을 뒷받침한다. 같은 인물에 대해 경전마다 음사(音寫)된 이름에 차이는 있으나, 동일 인물을 지시하기에 이본의 텍스트에서 살펴보는 것은 중요하다.

일본 학자 사사기 교고(佐々木教悟)는 교단을 형성하는 상가의 기본적 이념으로부터 교단의 법 체계를 세밀하게 분류했다. 청정한 공동체를 위해서 규정된 조항들인 상좌부와 근본설일체유부, 그리고『남해기전(南海寄伝)』에서 전해지는 출가자의 율에 대한 문제를 다뤘다.

또한 나까무라 하지메(中村元)의『初期佛教の生活倫理』도 시대적인 차이에서 오는 궁금한 점들을 개론 이상으로 설명하였다.

사토 미치오(佐藤密雄)는『原始佛教教團の硏究』와『律藏』, 그리고『佛教教團の成立と展開』로 초기불교의 교단사를 정리하였다. 그는 각 항목마다 어려운 출가자의 계율을 정리하였다. 사토 미치오는 초기불교 교단이 정립되면서 250계가 부담이 되었을지도 모른다는 의문을 우리에게 던진다. 계율이 파생되어 세분화되었다는 것은 공동체를 건전하게 유지하고 확립시키는 장치로 보이며, 오랜 세월 동안 구성원들이 고심한 노력으로 보여진다.『율장』의 텍스트가 각 조목에 대해 사례별로 거론한 것은 구성원들의 이해를 전제로 하기 위한 것이다. 사토 미치오는 상가 공동체의 계율은 수행자 자신이 지킬 수

있는 계는 수지하고, 자신이 지키지 못할 것은 잠시 보류하는 형태로 발전하는 것도 부담을 줄이기 위한 방편이라고 한다. 상가 공동체에서 출가와 환속을 몇 번이라도 반복할 수 있다[26]는 것은 구성원 개인의 자율 의사에 맡겨지는 것을 말한다. 이것은 경직된 공동체가 아님을 보인다. 사토 미치오의 교단사 연구는 상가가 엄격할 것이라는 선입견을 자율적이고 융통성 있다는 변화된 시각을 보여주었다.

앞의 도표에서 거론된 되지 않은 국내학자로는 신성현, 이자랑, 백도수가 있다. 신성현은 상가 공동체에서 '남녀 차별 문제', '스승과 제자 관계', '초기대승불교의 계율 변화에 따른 상가 공동체의 발전적 성향'에 대해 논했다. 신성현은 특히 상가 공동체의 계율에 관한 논문이 수 십 편 있다. 이들 논문에서 그는 "상가 공동체의 계율은 자발적인 성격을 가졌다"고 밝혔다.

이자랑은 「소소계(小小戒)에 관한 논쟁」을 결집과 연관시켜 연구했다. 이 논문에서 이자랑은 바라제목차와 관련해서 소소계 문제를 다루고, 근본분열의 원인을 십사비법(十事非法) 사건, 대천(大天, Mahādeva)의 오사(五事)주장 사건으로 소개한다. 그러면서 '과연 율은 시대 흐름을 수용하면서 변화해야 하는가, 아니면 불제불개변(佛制不改變)의 원칙을 고수하며 변화를 용납하지 않는가'에 관해서 심도 있게 다루었다.

백도수의 『比丘戒經(Bhikkhupātimokkhasuttaṃ)에 대한 硏究』는 출가집단의 바라제목차을 원전에 근거하여 상세하게 거론했다. 백도수는 상가 공동체에서 절대적으로 필요한 것은 붓다

---

26) 사토 미치오, 『초기 불교교단과 계율』(김호성역, 민족사, 1991), 156쪽.

가르침의 이해와 실천이라며, 그것이 법과 율이라고 했다. 백도수는 『율장』의 조문과 관련지어 제계(制戒)와 관련된 스토리를 꼼꼼하게 설명해서 학처 구분의 종합적 분석과 성립이유를 알려준다. 그는 비구니 승가가 성립된 배경도 연구하였다.

위에 언급한 학자들은 초기 불교에 관한 저술들로 유명하며, 공동체에 관하여 깊이 있는 연구물들을 내놓았다. 초기 『열반경』 연구에 있어서 원전의 이해를 위해 도움을 주고 있는 이들의 저술은 본 논문에서 2차 자료로 활용되었다.

근래 초기 교단사에 대한 연구들도 많이 쏟아져 나오고 있다. 특히 출가자의 계율을 중심으로 한 저서들은 출가 공동체에 대한 일종의 법 조항처럼 조목조목 나열되었다. 일본의 『율장』 관련 텍스트를 주의 깊게 살펴보면 방대하게 서술하고 있다. 『율장』은 초기 『열반경』 텍스트를 조금씩 언급하면서 『율장』의 문헌을 정당화하는 방편으로 사용하였음을 알 수 있다.

본 논문은 초기 『열반경』 텍스트를 주 자료로 연구하되 『율장』 자료들을 2차적인 자료로 언급하고자 한다. 『율장』은 출가자만을 위한 교법이라는 특수성을 가졌다. 초기 『열반경』 텍스트는 『율장』을 보완하는 보편적 자료로 충분하다고 보여진다. 석존 입멸 이전의 초기 공동체에 대한 문헌을 조사함으로 『율장』에서 보지 못한 확고한 입장을 볼 수 있다. 이러한 점은 초기 『열반경』 텍스트가 붓다 입멸 전이라는 시대 상황에서 설해진 것이기 때문이며 앞으로도 많은 조사와 연구가 필요한 텍스트로 주목될 것이기 때문이다.

2. 『열반경』의 에피소드 분류

'에피소드'라 함은 일종의 일화이다. 이것은 『열반경』 텍스트가 가지고 있는 고유한 구조를 인정하면서 붙여진 이름이다. 초기 경전들을 연구한 라모뜨와 장 프레질르스키, 및 여러 학자들이 '에피소드'라는 용어를 씀으로써 논의를 펴 나가고 있다.

에피소드라는 용어가 자칫 경전을 가볍게 보게 하는 우려도 있으나, 경전에 좀더 친밀하게 다가가기 위해 연구자도 이 용어를 채택한다. 불교경전은 항상 어렵고 접하기 힘든 것으로 이해되고 있으나 사실상 소박한 형식을 취하고 있다. 초기 『열반경』 텍스트 각각의 에피소드에서 풍기는 분위기와 사상들은 붓다가 주장하는 철학적이고 고전적인 이야기들을 중심으로 했다.

초기 『열반경』은 이야기들이 옴니버스 구조로 엮어져 있는데, 각각의 에피소드 중심에 항상 붓다가 있다. 모든 스토리에서 붓다가 주체로서 건전하고 힘있게 이야기를 이끌고 있다. 그 이야기들은 현대를 살아가는 우리에게 적용될 수 있는 교훈들로 되어 있다. 고전은 고대의 문체와 향수로 우리에게 다가올 뿐만 아니라 한 차원 더 높은 경지를 우리에게 선사한다. 지금의 우리 삶에 유익한 가르침을 주기도 하고 안정적이고, 든든한 사회를 만들 수 있는 초석이 되기도 한다.

본 논문에서는 『열반경』 에피소드에 전체적으로 흐르고 있는 '붓다의 의도'와 초기 『열반경』의 작가들의 의도 그리고 연구자 사이의 정신적 교감을 밝히는데 초점이 있다.『열반경』은 붓다가 돌아가신 후의 상태와 그 후에 벌어질 많은 일들에 대해 미리 예상하고 대비하는 많은 언설로 구성되어 있다. 그러나 이들 에피소드들은 인간으로서의 붓다의 삶에 대해 소개함으로써 신빙성을 갖게 하는 요소도 포함하고 있다.[27] 그에 따르면 붓다는 상가 공동체의 유지에도 물론 관계하였는데, 공동체 사회와 종교적 체계라는 두 가지 면을 동시에 거머쥐는 역할을 한 것으로 보인다. 이들 에피소드에서 붓다는 건강한 정신과 냉철한 판단력을 소유한 인물일 뿐 아니라 신화적이며 초월적인 인물이기도 하다.

『열반경』은 전적으로 붓다의 마지막 시기에 초점을 맞추고 있다. 빨리본(*Dīgha Nikāya II*, pp. 71～168)과 뷜트스미트에 의해서 분석되고 교정된 산스끄리뜨 교정판, 티베트 번역본(Dulva XI, pp. 535b～652b), 그리고 상당한 한역본(T 1, ch. 2-4, pp. 11～30; T 5～7; T 1451, ch. 35～38, pp. 382b～402c)을 위주로『열반경』에피소드들은 정리할 것이다. 여기서는 대승의『열반경』들은 언급하지 않는다.

발트스미트는『열반경』텍스트를 4분류의 기술에 의해 구성되어 있는 51개의 에피소드로 정리했다. 에피소드의 4분류 방법은 다음과 같다.

1. 실질적으로 같은 방식으로 재현된 에피소드
2. 대부분의 이본(異本)들에서 다른 방식으로 재현된 에피소

27) Richard H. Robinson, Willard, L. Johnson, Thanissaro Bhikkhu, *Buddhist Religion*(wadsworth Pub co, 1996), 650쪽.

드

3. 단지 소수의 이본들에서만 입증된 에피소드
4. 한 이본에서만 입증된 에피소드

만약 근거 있는 전승이 존재한다면 상당한 변화 과정이 있었을 것이다. 그 변화는 빨리본보다 산스끄리뜨본에서 더 분명해진다.[28] 따라서 본 논문에서는 빨리본에 근거하여 에피소드를 정리할 것이다. 발트스미트는 51개의 에피소드로 4 분류 기준에 의해 나누었다. 하지만 연구자는 본 논문에서 육하원칙에 근거해 51개의 에피소드로 재분류하고자 한다. 육하원칙에 의한 분류는 "언제, 어디서, 누가, 무엇을, 어떻게, 하였는가"라는 문장으로 구성되어 사실적이고 알기 쉽게 분류 할 수 있다. 이러한 분류한 목록은 보다 객관적인 정확한 사실임을 증명할 수도 있게 하기 때문이다.

1. 아자따사뚜 왕은 왓지국을 정벌하기 위해 세존에게 전쟁의 성공여부를 물었다(1.1-3)[29]
2. 세존은 영취산에서 아자따사뚜에게 '왓지국의 쇠망하지 않는 7가지 법'을 설하였다.(1.4-5)
3. 세존은 영취산에서 비구들에게 '쇠망하지 않는 7가지 가르침'을 설하였다.(1.6-12)
4. 세존은 암바랏띠카 동산의 '왕의 집'에 머물면서 비구들에게 가르침을 설하였다.(1.13-15)
5. 세존은 암바랏띠카 동산에서 사리풋타에게서 지혜의 깨달음을 듣고

28) Lamotte Etienne, *History of Indian Buddhism*(Louvain, 1988), 650~651쪽.
29) 가로 안의 번호는 빨리본 텍스트를 근거로 한다.

기뻐했다.(1.16-19)

6. 세존은 빠탈리 마을에서 재가들에게 가르침을 설하였다.(1.20-25)
7. 세존은 빠탈리뿌뜨라의 성의 축성을 보고 번영을 예견하였다.(1.26-27)
8. 세존은 빠탈리뿌드라에서 스니다와 바사카라 두 대신에게 공양 받았다.(1.29-32)
9. 세존이 갠지스 강에서 신통을 보였다.(1.33-34)
10. 세존은 코티 마을에서 비구들에게 사성제(四聖諦)를 설하였다.(2.1-4)
11. 세존은 나디카 마을에서 사후의 세계에 대하여 설하였다.(2.5-7)
12. 세존은 나디카 마을에서 비구들에게 가르침[法鏡]을 설하였다.(2.8-10)
13. 세존은 베살리의 암바빨리 동산에서 비구들에게 바른 사념을 설하였다.(2.11-13)
14. 세존은 베살리에서 유녀 암바빨리에게 가르침을 주었다.(2.14)
15. 베살리의 리차비족과 유녀 암바빨리가 세존의 공양 문제를 이야기하였다.(2.15-16)
16. 세존은 리차비 족의 공양을 거절하고 유녀 암바빨리의 공양을 받으셨다.(2.17-20)
17. 세존은 벨루바 마을에서 혼자 우안거를 지냈다.(2.21-22)
18. 세존은 우기에 유수행(留壽行)을[30] 확립하여 병을 회복하려 하였다.(2.23 -24)
19. 세존은 아난에게 자등명과 법등명을 설하였다.(2.25-26)
20. 세존은 차팔라에서 아난에게 입멸이 임박했음을 암시했다.(3.1-6)
21. 아난이 마라에게 마음이 홀려서 세존의 참뜻을 알지 못했다.(3.3-6)
22. 세존은 마라로부터 열반에 들 것을 권유받았다.(3.7-9)
23. 세존이 유수행을 버리셨을 때 대지진이 일어났다.(3.10-20)
24. 세존은 아난다에게 여덟 가지의 사람들에 대하여 설명하였다.(3.21-23)
25. 세존은 아난다에게 팔승처(八勝處)를 설하였다.(3.24-32)
26. 세존은 아난다에게 팔해탈(八解脫)을 설하였다.(3.33)

---

30) 생명을 연장하는 행위를 말한다.

27. 세존은 마라에게 열반에 들기 전에 제자들에게 가르침을 주겠다고 했다(3.34-36)
28. 세존은 아난이 열반에 드시는 것을 만류하였으나 거절하였다.(3.37-48)
29. 세존은 마하바나의 강당에서 비구들에게 깨달음을 설하였다.(3.49-51)
30. 세존은 반다마을에서 비구들에게 네 가지 가르침을 설하였다.(4.1-6)
31. 세존은 보가 나가라에서 사대교법(四大教法)을 설하였다.(4.7-13)
32. 세존은 파바 마을에서 춘다에게 공양 받았다.(4.14-25)
33. 세존은 말라족의 아들, 풋쿠사에게 여래의 선정력을 보였다.(4.26-38)
34. 세존은 카쿳다 강에서 춘다에게 여래에게 한 공양은 수승한 것이라 위로하였다.(4.39-43)
35. 세존은 꾸시나가라에서 입멸할 준비를 하였다.(5.1-6)
36. 세존은 여래를 기념하는 4대 성지를 언급하였다.(5.7-8)
37. 세존은 출가자에게 여인에 대한 태도를 설하였다.(5.9)
38. 세존은 자신의 유해 처리방법을 유언하였다.(5.10-11)
39. 세존은 탑을 건립하여 공양 받을 만한 이들에 대하여 말하였다.(5.12)
40. 아난다는 세존의 입멸이 임박함을 알고 슬퍼하였다.(5.13-14)
41. 세존은 평생을 시봉한 아난다를 칭찬하였다.(5.15-16)
42. 세존은 꾸시나가라의 옛 도시를 아난에게 설명하였다.(5.17-18)
43. 세존은 꾸시나가라 말라족에게 마지막 인사를 받았다.(5.19-22)
44. 세존은 꾸시나가라에서 외도 수밧다를 마지막 직제자로 삼았다.(5.23-30)
45. 세존은 비구 상가에 네 가지 가르침을 당부하였다.(6.1-7)
46. 세존이 입멸하면서 정신의 세계를 보였으며, 잇달아 대진동 하였다.(6.8-11)
47. 세존의 유해에 꾸시나가라의 말라족들이 공양하였다.(6.12-14)
48. 세존의 장례절차가 아누룻다에 의해서 치러졌다.(6.14-18)
49. 가섭 존자와 5백의 비구들이 세존 입멸 소식을 전해 들었다.(6.19-20)
50. 가섭 존자가 도착하고서야 세존의 다비 의식이 시작되었다.(6.21-23)

51. 세존의 사리가 분배되었으며 사리탑이 세워져 공양을 올리게 되었다. (6.24-27)

빨리본에 근거하여 각 섹션마다 간략하게 에피소드를 구분했다. 이제까지 정리한 에피소드는 학자들 간에 많은 관심을 유발했다. 일반적인 사실에 근거한 스토리이지만 그 하나하나의 에피소드는 많은 연구의 소재를 제공했다. 51개 모든 에피소드들은 연구 자료로서 각기 좋은 주제이지만, 이 연구에서는 모두 포함시키지 않았다. 몇 가지만을 채택할 수밖에 없는 이유는 초기 불교의 공동체라는 논의 초점에서 벗어나기 때문이다.

공동체의 연구라는 맥락으로 이 에피소드들을 재구성할 수도 있을 것이다. 이 논의에서 사용되는 에피소드는 위 분류에서 내려진 순서에 따라 정리하면 다음과 같다. 제 2장에서 1번, 2번, 3번, 6번, 제 3장에서 14번, 15번, 16번, 31번, 44번, 45번, 제 4장에서 46번, 47번, 48번, 49번, 50번, 51번 등이다. 2장의 국가공동체에 관련한 에피소드는 1번, 2번이고, 출세간 공동체와 관련한 에피소드는 3번, 재가 공동체와 관련한 에피소드는 6번이다. 3장의 경과 율의 문제에 관련한 에피소드는 31번, 외도의 수계문제에 관련한 에피소드는 44번(이 에피소드는 『율장』「대품」을 첨가한다), 암바빨리를 통해 본 여성문제에 관련한 에피소드는 14번, 15번, 16번, 찬나 범단법과 그 외의 조항들에 관련한 에피소드는 45번이다. 4장의 대진동에 관련한 에피소드는 46번, 붓다의 장례법에 관련한 에피소드는 47번, 48번, 다비의식과 사리분배에 관련한 에피소드는 49번, 50번, 51번이다. 초기 『열반경』의 내용은 에피소드를 중심으로 전개된다. 연구자는 공동체에 관한 연구를 이와 같이 중요한 에피소드별로 진행할 것이다.

제 2장 공동체의 미래지향적 가르침

1절 국가 공동체

이 절은 붓다가 왓지국을 위해 설한 에피소드로 1번과 2번에 해당한다. 아자따사뚜왕(Ajātasattu, 기원전 491~459년경)이 왓지국을 정벌하기 위해 붓다에게 전쟁의 성공여부를 묻는 것으로 시작하며, 붓다는 7불쇠법을 거론해서 전쟁을 막는다. 7불쇠법의 내용은 '자주 모임, 통일적인 모임, 정해진 규칙의 준수, 노인 공경, 여성 존중, 탑묘 공경, 아라한 존경'이다. 우선 붓다와 관련된 아자따사뚜 왕과의 인연, 그리고 붓다와 왓지국의 연관성을 살펴보자.

1. 붓다와의 관련성

1.1 붓다와 아자따사뚜의 인연

아자따사뚜왕은 붓다가 처음 출가했을 때, 가비라성으로 돌아가서 나라를 통치할 것을 권한 빔비사라(Bimbisāra)왕의 아들이다. 아자따사뚜는 붓다 말년에 아버지인 빈비사라왕을 가두고 왕위를 찬탈한다. 그는 왕권이 뒤바뀐 뒤에 오는 무상감, 굶주림, 미움, 사랑 등을 체험한다. 고대에서 아버지를 제거하고 왕권을 찬탈하는 경우가 많았다. 전제 국가에서 권력에 대한 욕심은 친족 살해라는 극단적인 형태로 나타났다.

아자따사뚜는 데와닷다(Devadatta)와 연계해 붓다를 상가 공동체에서 제거하려는 계획까지 세웠었다. 그러나 왕위를 찬탈한 뒤 데와닷다와 결별하게 되자 다시 붓다에게 호의를 갖게 된다.[31] 아자따사뚜도 나중에 자기 아들에 의해 죽임을 당해 왕권을 빼앗겼는데[32], 우리는 그에게서 비참한 정치적 딜레마를 읽어낼 수 있다.

그렇다면 초기 『열반경』에서 아자따사뚜에게 집중하고 있는 에피소드의 내용은 어떤 것인가? 아자따사뚜왕은 '왓지국의 쇠망하지 않는 가르침'에서 이야기를 전개하는 인물이다. 빨리본에서 주요 내용을 요약하면 다음과 같다.

아자따사뚜왕은 대신(amātya)을 시켜서 왓지족을 멸망시키려고 붓다에게 자문을 구한다. 하지만 붓다는 마가다 아자따사뚜왕에게 왓지국을 정복할 묘안을 주지는 않았다. 붓다는 국가에 대한 미래지향적 가르침이 있었기 때문에 이러한 판단을 내렸다. 이런 판단은 의도된 것으로, 붓다와 아난의 대화형식을 대신이 듣게 됐다는 사실에 있다. '왓지국이 쇠망하지 않는 가르침'은 붓다가 직접 대신에게 설한 것이 아니다. 대신 바사카라(Vassakāra)는 아자따사뚜의 명을 받고 격식과 예의를 갖춰 붓다에게 청한 후에 붓다가 아난에게 말한 것을 들었다. 대신 바

31) Lamotte Etienne(E), *History of Indian Buddhism*(1988), 19～20쪽.
32) 스가누마 아키라, 『부처님과 그 제자들』(봉은사 출판부, 1991), 261쪽.

사카라는 바라문의 신분이며, 붓다는 크샤트리아 출신이지만 성의 있게 물었다. 이것은 B.C. 6~7세기경에 일어난 사건으로 카스트제도에서 바라문이 크샤트리아에게 자리를 내주는 과도기적 시기에 있었던 일로 보여진다. 붓다는 왓지국이 강성해서 멸망시킬 수 없다는 것을 설명해 옆에 있는 대신을 설득한다. 붓다는 대신을 통해서 아자따사뚜에게 설득력 있는 권고를 했다. 더 나아가 적극적으로 전쟁의 불가함을 제시해 국가 공동체를 존립시키려고 하였다. 종교적으로 본다면, 불살생(ahiṃsa)라는 입장을 권장한 셈이다.

이 두 사람의 관계는 텍스트 후반부에서 또 한번의 긴밀한 관계로 연결되는데, 후에 왕은 붓다의 외호(外護)자가 됐고 붓다 열반 뒤에는 붓다의 말씀을 결집하는 데 도움을 준다. 그리고 왕은 붓다 열반 후에 사리분배에도 참여한다.[33] 고대의 왕은 국가 권력의 절대자였고, 상가 공동체도 왕의 보호 아래 발전했다. 고대에 국가와 불교와의 관계가 이점에서 잘 설명된다. 당시 바라문 종교와 자유사상가의 등장 등 사상계의 각축장에서 불교가 급속한 발전을 이룩하였다는 것은 주지의 사실이다. 이는 물론 붓다 개인적 탁월성과 교법의 훌륭함 등에 힘입은 바이지만, 이 또한 국가와의 관계없이는 불가능하였을 것이다.[34] 초기 『열반경』 텍스트에서 아자따사뚜왕과 붓다의 관계는 상가 공동체가 발전할 수 있었던 결정적인 요인을 제공한다. 초반에 나오는 '왓지국에 관한 에피소드'와 후반에 나오

33) 불전간행회, 『대반열반경』(민족사, 1994), 168쪽.
34) 신성현, 「初期佛教教團와 國家와의 關係」 『불교학보』, 제 34권(동국대학교 불교문화연구원, 1997), 311쪽.

는 '사리분배 에피소드'로 볼 때 불교가 왕의 보호 아래 발전했다는 구체적 사례가 성립된다.

1.2 붓다와 왓지국의 연관

붓다 시대의 정치체제는 두 개의 구별되는 국가 형태로 특징지을 수 있다. 군주제왕국과 부족 공화국(gaṇa-saṃgha)이다. 그렇다면 왓지국과 마가다국은 어떤 나라였는가? 가장 큰 공화제 국가인 왓지안(Vajjian)연합은 강가 북쪽 간닥(Gandak)의 강 동쪽을 지배했다.[35] 여덟 개의 연합국으로 구성된 연맹체제는 일반적으로 인정되지만, 왓지안 연합의 정확한 구성에는 논란이 있다. 이들 공화제 국가는 후기 베다 시대에 왕국들의 힘이 점차 커지고 왕에게 절대적 권력이 집중되는 데 따른 반작용으로 나타난다.

초기 베다 시대의 공화제 전통은 이 변화를 따르지 않았고, 일부 사람들은 정치체제를 유지하기 위해 동쪽으로 이주했다. 이 점은 붓다 시대에 융성한 공화제를 볼 때 명백하며, 공화제 국가들이 과거에 왕의 통치를 받았다는 서술을 통해 설명된다.[36] 불교 문헌에서는 마우리아 왕조의 성립을 끝으로, 확대되는 정치적 통합의 일부과정을 볼 수 있다.[37] 이러한 정치적

---

35) Uma Chakravarti, *The Social Dimensions of Early Buddhism,* 7쪽. 불교와 자이나교 문헌에서 16개의 국가들이 언급되어 있다. 16개 영역국가 가운데 특히 중요한 국가는 4개이다.(Rhys Davids, *Buddhist India,* 1~2쪽). 이 국가들은 마가다(Magadha), 꼬쌀라(Kosala), 방사(Vaṃsa), 아반띠(Avānti)이다. 이들 4개 국가는 서로 군사적 긴장관계에 있었고, 이러한 적대적인 모습은 당시의 정치사에 있어서 주요한 모습이었다. 또한 군주제 왕국들과 공화국들 사이에도 알력이 존재하고 있었다.

36) Sharma, *Ancient Indian Republics*(Leiden, 1968), 239쪽.

통합과 확대 과정은 정치가 효과적으로 행사될 수 있는 행정체제의 필요성을 대두시켰다.

불교 문헌에서 행정체제의 관료가 존재함은 '대신'을 거론한 것으로 알 수 있다. 초기 『열반경』 텍스트에도 대신의 등장은 있었다. 대신은 이 에피소드에서 아자따사뚜의 명을 받고 붓다에게 문의한다. 『열반경』 텍스트에 보이는 대신은 그 당시 정치의 행정체제의 수준을 알게 한다. 이 시기는 거대한 관료 정치의 출발점으로 간주된다. 아자따사뚜의 아버지, 빔비사라왕은 인도에서 효과적인 관료정치의 가치를 최초로 인식한 왕이다. 따라서 대신, 감독자, 고문관을 별개의 사회적 그룹으로 생각하는 것은 놀라운 일이 아니다.[38] 마가다국이 정치 사회적인 체계를 조직적으로 갖추고 있었음은 이 '대신, 감독자, 고문관'에게 독립적 지위를 허락한 것으로 볼 때 명백하다.

영토의 확장과 통합을 향한 상황에서 기본방침은 정치가 윤리적인 제한을 받지 않았다는 것이며, 아자따사뚜는 그러한 전형적인 사례를 보여준 인물이다. 아자따사뚜가 통치하는 마가다는 강가 연안의 항구 지배권을 둘러싸고 왓지족과 다툼을 벌였다.[39] 갠지스 강의 지배가 얼마나 중요한가는 이들의 위치에서 드러난다. 강을 통한 물자수송은 육상수송보다 비용이 훨씬 적고 용이해서 교역량이 날로 증가했다.[40] 군주제왕국과 공

---

37) Ray에 따르면, B. C. 600~320년 사이의 기간 동안 강가 유역의 발전은 길고 힘겨운 국가형성의 과정을 보여줬다. Ray, *Technology and Social Change in Early Indian History*(Purātattava, Vol. Ⅷ, 1975~1976), 136쪽.

38) Majumdar, *Classical Account of India*(Calcutta, 1960), 226쪽.

39) Basham, *Ajātasattu's War with the Lichchhavis', Studies in Indian History and Culture*(Calcutta, 1964), 73쪽.

40) Basham, 위의 책, 77쪽.

화국들 사이의 다툼은 그들의 독특한 정치·사회경제 체제를 지키기 위해서 배수진을 치고 싸웠다는 특징을 가졌다. 아자따사뚜는 장기적이고 계획적인 전쟁[41]을 통해 왓지족을 정복했다고 전해진다.[42] 하지만 초기 『열반경』 텍스트 상에서 확인할 수 없기 때문에 이러한 상황은 역사 속에 묻어 두겠다.

그렇다면 붓다와 왓지국는 어떠한 관련이 있는가? 아자따사뚜가 자문을 구하기 전에 붓다와 왓지국은 연결되었는가? 이러한 일련의 의문과 가정을 한 것에는 이유가 있다. 붓다는 아자따사뚜가 왓지국을 정벌하려는 야망을 예견하며, 대신을 보내 자문할 것이란 것도 알았을 것이다. 그래서 이전부터 전쟁의 기운을 감지하고 왓지국에게 '7불쇠법'을 알려준다.

붓다는 설득력 있는 공동체의 원리를 설명해야 함을 감지했고, 왓지국이 강건하게 자리잡고 있어 멸망시키기는 어렵다는 이유로 위기의 상황에서 벗어나도록 한다. 이러한 상황은 붓다와 7불쇠법이 관련있으며, 초기 『열반경』 텍스트가 '붓다의 의도'로 구성됐다는 가능성을 열어둔 것이다. 텍스트에서 붓다의 의도를 찾아가는 과정은 역사적 근거를 찾아가는 것뿐만 아니라 원리를 찾는 것이다. 7법 스토리의 시작을 한역 경전에서 살펴보자.

> "옛날에 내가 월지국의 정조 신사에서 머물렀는데 … 7가지 법인 위태롭지 않는 도를 설명했다"[43]

---

41) *DN* Ⅱ, 70쪽 ; Pātaligāma의 축성에 대한 언급을 통해 볼 때 명백하다.
42) Basham, 위의 책, 75쪽. 『열반경』의 흐름과는 다른 결과를 가져왔기 때문에 사실에 대해서는 유보한다.
43) 『般泥洹經』, T 1, 176a02～176c13.

여기서 월지국은 왓지국을 한역한 것이다. 『반니원경』을 근거로 할 때, 붓다는 예전에 왓지족에게 일곱 가지 법을 설명했다. 누군가에 의해 '7불쇠법'이 숙지된 상태이며 그 누군가는 붓다임을 입증된다. 『불반니원경』에서 '근칙'이라는 원리를 물었는데, 내용의 스토리는 다음과 같다.

붓다에게 월지국의 장로들이 "아사세왕이 정벌하고자 하니, 스스로 나라를 지킬 근칙"을 물었다. 이때 붓다는 "일곱 가지 법으로 그들을 물리칠 수 있다"[44]고 하였다. 이 경전은 회상하는 듯한 장면으로 전개한다. 이 두 경전 『반니원경』과 『불반니원경』에 의하면, 붓다는 이전에 왓지국에게 '쇠망하지 않는 7가지 가르침'을 설명했다. 빨리본의 전개 방식에 의하면, 이러한 사실을 모른 채 아자따사뚜는 왓지국의 정복을 붓다에게 문의한다. 어느 학파의 서술이 사실과 가까운지는 알기 어렵지만, 가장 고대 텍스트로 알려진 빨리본과 『반니원경』 그리고 『불반니원경』은 다른 차이를 보인다. 초기 『열반경』 텍스트 중에 『반니원경』과 『불반니원경』은 그 유사성에서 이본들보다 친밀하기 때문에 이 부분의 차이가 주목된다.

이 회상 장면은 여러 가지의 가능성을 제시한다. 우선 붓다는 아자따사뚜가 대신을 보내기 전에 왓지국에게 조언할 만큼 국가와 사회에 대한 넓은 식견을 소유한 것이다. 그는 열반에 들 것을 예견한 것처럼, 왓지국에 대한 마가다국의 야심을

44) 『般泥洹經』, T 1, 176a02～176c13 ;"佛言, 我昔嘗往到越祇國, 國有急疾神舍, 我止頓其中, 越祇國中諸長老, 皆來語我言, 阿闍世王, 欲來伐我國. 我曹謹敕自守國. 佛言, 我卽告諸長老, 莫愁莫恐, 若曹持七法. 阿闍世王來者, 不能勝汝."

예언했다. 마가다국은 왓지국의 국력이 커져감에 따라 위기를 느꼈다. 『반니원경』에서는 두 나라 사이의 관계를 드러냈다. 마가다국은 왓지국의 풍성한 재력과 소유물들로 인해 침략하려는 의도를 확실하게 보였다.[45] 다른 경전들인 『불설장아함경』, 『우세경』, 『근본설일체비나야잡사』에서는 조금씩 다르다. 이것은 여러 학파에서 독자적으로 경율을 소유했다는 증거다. 빨리본과 『반니원경』의 차이도 확연하다. 빨리본에 의하면, 왓지국이 강성해지자 마가다국은 방어적인 입장에서 전쟁을 시작하려 했다.[46] 『반니원경』에서는 마가다국과의 관계가 원만하지 않음을 하나의 이유로 내세웠다. 또한 왓지국이 가지고 있는 것들에 대한 동경을 전쟁의 조건으로 내세웠다. 결론적으로 왓지국이 강성했다는 사실은 공통된다.

다른 면으로 생각해 볼 수도 있다. 붓다가 석가족의 민주적인 방식을 소유한 공화제 국가에서 태어났기 때문에 국가적 식견을 습득한 상태였고, 그래서 붓다는 왓지국에게 가나와 상가의 집단적 성격인 공화제 국가 체제를 제시했다고 볼 수 있다. 석가족들은 정치적 독립과 그들만의 특별한 습관과 생활에서 분리된 사회적인 형태를 지녔다.[47] 붓다가 태어나기 전부터 석가족들의 사회적 독립은 자연스럽게 붓다에게 영향을 주었다. 붓다가 정치적 자유와 사상의 자유를 제공하는 정치적 시스템을 자연스럽게 체득했을 것이다.

『불반니원경』에 보이는 이 회상 장면으로, 붓다는 왓지국을

---

45) 『般泥洹經』, T 1, 176a02～176c13.

46) *MPS* [DN. 1.xvi.] 72쪽 2.

47) Dutt, *Early Monastic Budhism*(Asia Pub, 1960), 170～171쪽.

위해서 이미 '7불쇠법'을 말했고, 그 설법을 실행한 왓지국은 강건한 국가로 성장했다는 것을 알 수 있다. 붓다와 왓지국, 둘 사이의 관계는 이미 하나의 원리로 묶여 있다. 원리를 전달한 붓다와 그 원리를 실천한 왓지국은 친밀할 수밖에 없었다.

> "바라문이여! 나는 한때에 베살리에 있는 사란다 탑묘에 머물렀다. 그곳에서 나는 왓지족에게 이 일곱 가지 멸하지 않는 법들을 가르쳤다."[48]

빨리본은 다른 경전들과 다르게 구체적인 회상 장면은 아니지만, 붓다가 이미 7불쇠법을 설한 것은 인정했다. 이런 단편을 살펴볼 때, 고대 공동체가 역사적으로 발전됐음을 알 수 있다. 왜냐하면 '7불쇠법'이라는 공동체 원리가 이미 고대 국가에서 적용되고 있었기 때문이다. 붓다 시대 이전부터, 국가는 강력한 국왕을 중심으로 통치되는 체제와 뛰어난 정치적 시스템으로 운영되는 공화제 성격을 가졌다. 왓지국은 여덟 개의 연합국으로 이루어졌기에 공동체적 합의에 따라 의사가 결정되었다. 7불쇠법은 공동체의 합의에 맞을 뿐만 아니라, 독립적으로 적용되는 것이 아니라 상호 의존적으로 적용된다.

붓다는 중도적인 가르침으로서 예방적 차원의 법을 제공했는데, 이는 집단을 위한 것이기 때문에 공화제 성격을 가진다. 이런 공화제 성격은 후에 종교, 경제에도 영향을 미쳤기 때문에, 사실상 붓다가 상가 공동체를 세운 것은 공화제의 공동체적 시스템을 숙지했기 때문으로 보인다. 국가 공동체의 원리가

---

48) *MPS*[DN. xvi. 1] 2-75쪽, 5.

되는 7불쇠법의 각 조목들을 『열반경』 텍스트에서 살펴보는 것은 역사와 시대적 배경에서 공동체의 의미를 드러내는 작업이다.

2. 국가 공동체의 원리로서의 7불쇠법

왓지국이 강성한 원인에 대해 경전들에서는 '7불쇠법'으로 귀결시켰다. 여기서는 빨리본, 『불반니원경』 그리고 붓다고사의 주석으로 해석된 공통적인 '7불쇠법'을 소개하고자 한다. 이 에피소드는 붓다가 국가 경영의 기본 원칙을 유언으로 남긴 것이다.

> "'왓지족들이 자주 모이고 많은 모임들을 가진다'라고 너는 들었느냐?"
>
> "대덕이시여, '왓지족들이 자주 모이고 많은 모임들을 가진다'라고 나는 그것을 들었습니다."
>
> "그리고 왓지족들이 자주 모이고 많은 모임들이 있는 동안에는 왓지족들에게 멸망이 아니라 성장만이 기대된다."[49]

첫 번째로, '자주 모임, 많은 사람들이 모임'의 방식은 공동체 구성원의 결속과 관련된다. 고대 국가에서 국왕이 절대적 권력을 가졌다면, 사람들의 모임을 자주 갖는 것은 불가능했

---

49) MPS [DN. 1.xvi.] 4 ;…`kin ti te ānanda sutaṁ, vajjī abhiṇhaṁ sannipātā sannipāta-bahulā ti?' `sutaṁ me taṁ bhante vajjī abhiṇhaṁ sannipātā sannipāta-bahulā ti.' `yāvakī vañ ca ānanda vajjī abhiṇhaṁ sannipātā sannipāta-bahulā bhavissanti, vuddhi yeva ānanda vajjī naṁ pāṭikaṅkhā no parihāni. 해석에서 '아난이여!'라는 호격을 생략한다.

다. 고대 국가에서 절대 군주 체제와 다른 방식을 소유한 국가들의 등장으로 공동체의 집회 방식은 주목된다. 고대 국가를 과두 정치와 민주적 체제를 가진 나라로 구별할 수 있는데, 이들 국가가 여러 종족을 포함해 국가를 형성하는가, 아니면 단일 종족만으로 제한하는가로 구분된다. 정치적인 권위가 높을수록, 종족의 모임에서 적용되는 방식은 투표나 의사 결정을 하기 위한 모임을 통해서가 아니라, 지도자의 독단으로 결정된다. 왓지족의 '자주 모임'에는 젊은이와 노인 구성원을 포함하고, 그들은 국가의 중대사에 참여하게 해서 그 모임 자체에 통치적 권력을 부여하였다.

군주제와 공화제는 다른 방식이다. 공화제 국가에서 중요한 이슈는 위원들의 중재나 만장일치에 의해 결정된다. 인도 고대 국가의 공화제 방식의 중요한 특징 중 하나는 회의당에 젊은 사람들과 나이든 사람들이 한 자리에 모여 국가 중대사를 의논했다는 점이다. 국가의 주권은 어떠한 외부 권력에 충성하는 것이 아니다. 국가 주권은 국가 구성원의 자발적인 모임과 회의에 의해 결정된다. 왓지족은 왓지국 사람들을 의미한다. 모임과 회의는 왓지국 사람들에 의해 진행된다. 『불반니원경』에서 붓다는 "월지국 사람들이 자주 서로 모여 정사를 논의하며 힘써 예비하여 스스로 지킨다."며, "이와 같다면 저들은 쇠하지 않으리라."[50]라고 했다. 빨리본이 '자주 모임'을 강조했다면, 『불반니원경』은 '자주 모여 정사를 논의한 것'이 특징이다.

---

50) 『佛般泥洹經』, T 1, 160c06～160c08 ;"佛告阿難, 汝寧聞越祇國人, 數相聚會, 講議政事, 修備自守不, 對曰, 聞其數相聚會, 講議政事, 修備自守, 佛言如是, 彼爲不衰."

정사를 논의한 것은 생각의 자유를 나타낼 수 있다. 생각의 자유를 논의할 수 있는 것은 정치적 자유를 양성하는 민주적인 원칙에서 나왔다. 붓다고사는 '자주 모이지 않는 자들은 사방팔방에서 들려오는 가르침을 듣지 못한다.'[51]고 주석한다. 또한 어떤 마을에서 일어나는 불미스러운 사건을 알지 못할 수도 있는데, 도적의 출현이나 다른 나라의 침입 등은 마을에 모임이 없다면 경계하고 주의하지 않는다. 그래서 다른 외부의 요인으로 인해 멸망할 수 있다. 자주 모이는 자들은 정보를 공유하고, 이런저런 소식을 들음으로 해서 군대를 보내 적을 멸할 수도 있다. 서로 모여 정사를 나누는 것은 외부에서 오는 위험을 미연에 방지할 수 있다. 붓다고사는 외부 침입으로부터 방어적인 입장으로 자주 모임을 강조한다. 초기 『열반경』 텍스트에 보이는 '자주 모임'을 민주적인 방식으로 이해할 것인가, 아니면 방어적인 입장으로 이해할 것인가는 경전들과 주석서의 편찬자들에 따라 입장을 달리한다.

"'왓지족들이 통일적으로 하나로 모인다, 하나로 일어난다, 하나로 왓지족들의 해야 할 일들을 한다'라고 너는 들었느냐?"

"대덕이시여, '왓지족들은 통일적으로 모인다. 통일적으로 일어난다. 통일적으로 왓지족들의 해야 할 일들을 한다'라고 저는 들었습니다."

"왓지인들이 통일적으로 모일 것이다, 하나로 일어날 것이다, 하나로 왓지족들이 해야 할 일들을 할 것인 한에서는 왓지족들의 멸망이 아니라 성장만이 기대된다."[52]

---

51) *MPSV*, 521쪽.

'통일적으로 하나로 모이고, 일어나고, 해야 할 일을 하는 것'이란 구성원들의 의견일치를 말한다. 붓다고사 주석서에 의하면, 이 부분은 '모인 자들은 다시 생각하고 할 일을 하고 나서 혼자서 독단적으로 행하지 않고 통일적으로 일어난다'[53]로 주석된다. 한 사람의 행위가 정해지면, 뒤에 있는 다른 사람들도 그 앞에 행한 한 사람을 도우려고 하는 전체적인 단합이 이루어진다. 전쟁 등과 같은 어려운 일을 당해도 서로가 일치단결한다. 주석서의 의미가 구체적이지만 초기 『열반경』 빨리본에서 언급된 글귀를 이해시키는 데 도움을 주며 다른 문장의 주석과는 다르게 어긋나지 않았다. 또한 빨리본과 주석서가 같은 언어로 되어 있어 한역 경전에 보이는 다른 유입된 사상을 찾아보기 어렵다.

『불반니원경』에서는 "월지국 사람들은 군신이 서로 화합하고 맡은 바에 충실하고 전일하게 서로 받들어 기용한다."[54]고 한다. 이 경전은 빨리본의 '통일적으로 모이고 일어나고 해야 할 일들을 한다'는 의미를 '군신들이 화합하고 맡은 바에 충실하고 서로 받들어 기용한다'라는 집단의 상하 관계로 구체화

---

52) *MPS* [DN. 1.xvi.] 2-73 ;kin ti te ānanda sutaṁ, vajjī samaggā sannipatan ti samaggā vuṭṭhahanti samaggā vajjī -karaṇī yāni karontī ti?' `sutaṁ me taṁ bhante vajjī samaggā sannipatanti samaggā vuṭṭhahanti samaggā vajjī -karaṇī yāni karontī ti. `yāvakī vañ ca ānanda vajjī samaggā sannipatissan ti samaggā vuṭṭhahissanti samaggā vajji-karaṇī yāni karissanti, vuddhi yeva ānanda vajjī naṁ pāṭikaṅkhā no parihāni. …중략… 호격 생략함. 반복적인 글귀는 왓지국의 정벌이 불가함을 인식시켰다.

53) *MPSV,* 521쪽.

54) 『佛般泥洹經』, T 1, 160c09～160c11 ;"越祇, 君臣常和, 所任忠良, 轉相承用不, 對曰, 聞其君臣常和, 所任忠良, 轉相承用."

한다. 군신의 관계로 표현해 유교적 분위기가 많이 난다. '서로 받들어 기용한다는 것'은 군주는 신하를 부리되 받들어서 하고 신하는 군주를 섬기되 충성하는 것을 말한다. 유교 경전에서 화합은 임금과 신하의 상하 관계의 질서를 말한다고 하겠다. 빨리본의 '통일적으로 하나로'라는 의미는 상하 개념을 찾아볼 수 없고 집단의 통일성과 일치성을 강조하므로 『불반니원경』과는 다르다.

> '왓지족들은 이미 규정된 것은 새로 정하지 않는다, 그들이 정한 옛 왓지국의 법들을 지니고 실행하는 것과 같이, 이미 정해진 것을 파괴하지 않는다'라고 너는 들었느냐?"
>
> "대덕이시여, '왓지족들이 이미 정했던 것을 새로 정하지 않는다, 그들이 정했던 옛 왓지국의 법들을 지니고 실행하는 것과 같이, 정했던 것을 파괴하지 않는다'라고 저는 들었습니다."
>
> "왓지족들은 이미 정했던 것을 새로 정하지 않을 것이다, 그들이 정했던 옛 왓지국의 법들을 지니고 실행하는 것과 같이, 정했던 것을 파괴하지 않는 한, 왓지족들의 멸망이 아니라 성장만이 기대된다."[55]

'이미 정해진 일관된 규칙을 어기지 말라'는 공동체에 이로

---

55) *MPS* {DN. 1.xvi.} 2-73 ;kin ti te ānanda sutaṁ vajjī appaññattam na paññāpenti, paññattaṁ na samucchindanti, yathā paññatte porāṇe vajji-dhamme samādāya vattantī ti?' `sutaṁ me taṁ bhante vajjī appaññattaṁ na paññāpenti, paññattaṁ na samucchindanti, yathā paññatte porāṇe vajji-dhamme samādāya vattantī ti.' `yāvakīvañ ca ānanda vajjī appaññattaṁ na paññāpessanti, paññattaṁ na samucchindissanti, yathā paññatte porāṇe vajji-dhamme samādāya vattissanti, vuddhi yeva ānanda vajjī naṁ pāṭikaṅkhā no parihāni. 호격은 생략함.

움을 주는가? 왓지국처럼 독립된 국가들은 자신만의 관습과 특별하고 독특한 의식들을 행했던 것으로 보인다. 이는 석가족들에게 자신의 관습과 특별한 의식이 있었던 것과 같다. 붓다로 인하여 이러한 고유한 법들은 인정받았다. 특별한 형태의 정부, 자유로운 기구, 관습과 종교적인 견해는 인도 전통 시대를 엿볼 수 있는 기회를 우리에게 준다. 숙고된 행위와 규범들은 고대 인도 이전부터 내려왔으며, 전통이란 이름으로 보존되고 있다.

『불반니원경』에서 이 부분은 이해하기 쉽다. "월지국 사람들이 법을 받들어 서로 따르며 취함이 없고 바라는 것도 없어 과실이 있지 않다."[56]고 긍정하였다. 붓다고사 주석서를 의역한다면, '이미 정했던 것을 새로 정하지 않는다'는 말은 '예전의 관습, 전통, 제도, 형벌을 새롭게 고쳐서 정하는 일은 없어야 한다'는 것이다. 옛날의 관습으로부터 온 것은 전통을 고수한다는 의미다. 새로운 것의 시작은 과거에 제정된 법을 버리는 것이다. 법이 바뀜으로 해서 혼동이 올 수 있다. 예전부터 지켜오던 것이 새롭게 바뀐다면, 그 새로운 법에 따라 사람들은 다시 자신들을 정비해야 한다. 예를 들어, 안전하게 생각되던 장소가 새로운 법에 의해 힘을 잃을 수도 있으며, 예전에는 불법이던 것이 정법으로 변할 수 있다. 하나의 원칙으로 일관해야만 나라가 번성 할 수 있다. 이런 경우는 전제 군주제도에서 군주가 자신의 마음대로 법을 바꿀 수 있는 사태를 우려한 것이다. 형벌에 있어서도 공동체 구성원에게 일관되어야 공동

56) 『佛般泥洹經』, T 1, 160c11～160c12 ; "越祇國, 奉法相率, 無取無願, 不敢有過不."

체는 성장할 수 있다.

> "'왓지족들이 왓지국의 노인들을 공경하고 존경한다, 그리고 그들에게 올려야 할 것을 생각한다'라고 너는 들었느냐?"
> "대덕이시여, '왓지족들이 왓지국의 노인들을 공경하고, 존경한다. 그리고 그들에게 올려야 할 것을 생각한다'라고 저는 들었습니다."
> "왓지족들이 왓지국의 노인들을 공경하고, 존경할 것이다, 그리고 그들에게 올려야 할 것을 생각하는 한, 왓지족들의 멸망이 아니라 성장만이 기대된다."[57]

효(孝)와 경(敬)의 사상은 공동체에 이로움을 준다. 효는 각 종교에서 공동으로 존중하는 것이지만 불교에서 더욱 효를 존중함을 볼 수 있다. 불교에서는 유교보다 더 효를 강조한다는 주장도 있다.[58] 붓다는 경험이 많은 사람들을 공경하고 공양하도록 권한다. 『불반니원경』에서는 "월지국 사람들이 부모에게 효도하고 스승과 웃어른에게 겸손하고 온순하며 훈계하는 가르침을 받아들인다."[59]고 한다. 붓다고사 주석서는 '왓지국에서 노인들을 공경하는 이유는 그들에게서 예전의 전통과 경험을

57) *MPS* [DN. 1.xvi.], 2-73 ; kin ti te ānanda sutaṁ vajjī ye te vajjī naṁ vajjimahallakā te sakkaronti garukaronti mānenti pūjenti tesañ ca sotabbaṁ maññantī ti?' `sutaṁ me taṁ bhante vajjī ye te vajjī naṁ vajjimahallakā te sakkaronti garukaronti mānenti pūjenti tesañ ca sotabbaṁ maññantī ti.' `yāvakīvañ ca ānanda vajjī ye te vajjīnaṁ vajjī mahallakā te sakkarissanti garukarissanti mānessanti pūjessanti tesañ ca sotabbaṁ maññissanti, vuddhi yeva ānanda vajjī naṁ pāṭikaṅkhā no parihāni. 호격 생략함.

58) 蔡尙思, 『中國禮敎思想史』(이광호역, 법인문화사, 2000), 143쪽.

59) 『佛般泥洹經』, T 1, 160c15～160c17 ; "越祇, 孝於父母, 遜弟師長, 受誡敎誨不, 曰聞其孝於父母, 遜弟師長, 受誡敎誨."

배울 수 있기 때문'[60]이라고 했다. 노인들은 경험이 있기 때문에 왓지국을 위해 충고를 아끼지 않을 것이며, 여러 가지 면에서 나은 방향으로 충고할 것이다. 『불반니원경』에서는 부모, 스승, 웃어른의 가르침을 지키고 따르라고 하면서 빨리본보다 대상을 구체적으로 지시한다. 훈계하고 가르침을 받아들이는 것은 주석서의 의도와 같다.

> "'왓지 마을에 사는 좋은 집안의 여자들과 소녀들을 힘으로 끌어다 살게 하는 일이 없다'라고 너는 들었으냐?"
>
> "대덕이시여, '왓지족들이 좋은 집안의 여자들과 소녀들을 힘으로 끌어다 살게 하는 일이 없다'라고 나는 들었습니다."
>
> "그리고 왓지족들이 좋은 집안의 여자들과 소녀들을 힘으로 끌어다 살지 않는 한, 왓지족들의 멸망이 아니라 성장만이 기대된다."[61]

국가 성장의 차원에서 여성은 중요하다. 이 항목은 여성 문제를 시사한 것이다. 경전에서 말하는 힘이란 '강제'다. 권력이나 재력을 가진 자가 가난한 양가의 부녀자를 강제로 자기 집에 데리고와서 사는 것을 의미하기도 한다. '그들을 힘으로 끌어다 살게 하는 일이 없다'는 말은 여성이 그들의 자유 의지

---

60) *MPSV*, 521쪽.

61) *MPS* [DN. 1.xvi.] 2-74. ; kin ti te ānanda sutaṁ vajjī yā tā kulitthiyo kula-kumāriyo tā na okkassa pasayha vāsentī ti?'`sutaṁ me taṁ bhante vajjī yā tā kulitthiyo kulakumāriyo tā na okkassa pasayha vāsentī ti.'`yāvakīvañ ca ānanda vajjī yā tā kulitthiyo kulakumāriyo tā na okkassa pasayha vāsessanti, vuddhi yeva ānanda vajjī naṁ pāṭikaṅkhā no parihāni. 호격 생략함.

에 따라 행동한다는 것이다. 즉 그들의 힘으로, 의지로 행동한다는 것이지, 부모나 배우자에 의해 좌우되지 않는다는 것이다. 여성은 가족의 구성원 중의 일부이며, 부인들과 시집가지 않는 여자들을 강제로 잡아두는 것은 문제의 소지가 많았다. 여성은 재산이나 소유물이 아니고, 동등한 인격체로서 가족의 중요한 구성원이다. 초기 경전에서 붓다는 여성을 차별하지 않았다. 『불반니원경』에서는 "월지국 사람들이 예(禮)로 교화하여 삼가 공경하며, 남자와 여자가 유별하고, 장유(長幼)가 서로 섬긴다."[62]라고 했다. 부부유별(夫婦有別)은 남녀 존중을 기본틀로 한다. 통치의 형태가 개인의 생활에 영향을 미친다. 왓지국은 민주적인 통치방식을 사용하고 있어 봉건 통치 체제와 구별된다.

『불반니원경』의 '예(禮)로써 교화하고 공경하는 것'은 형식과 겉치레가 아니라 상대를 가장 편안하게 해주는 것이다. 중아함의 『우세경』에서는 이 부분을 '남의 아내나 남의 처녀를 범하지 않는다'라고 하여 여성과 가정의 소중함을 강조했다. 이 조목은 현대 공동체 문제와도 긴밀하게 관계된다. 현대보다도 고대에 이런 조항이 구체화됐다는 점에서, 여성 개인과 공동체의 존립이 서로 긴밀한 관계가 있었음을 시사한다. 이 항목은 국가의 쇠하지 않는 가르침의 하나로 주목된다.

"'왓지인들이 안팎으로 있는 왓지인들의 왓지 탑묘를 공경하고 존경한다, 그리고 그들에게 이전에 주어진, 이전에 행해진 바른 제

62) 『佛般泥洹經』, T 1, 160c13～160c14 ; "越祇, 禮化謹敬, 男女有別, 長幼相事不, 曰聞其禮化謹敬, 男女有別, 長幼相事."

례를 잊지 않고 행한다'라고 너는 들었는가?"

"대덕이시여, '왓지인들이 안팎의 왓지인들의 왓지 탑묘들을 공경하고 존경한다, 그리고 그들이 이전에 주어진, 이전에 행해진 바른 제례를 잊지 않고 행한다'라고 저는 들었습니다."

"그리고 왓지인들이 안팎의 왓지인의 왓지 탑묘들을 공경하고 존경할 것이다, 그리고 그들이 이전에 주어진, 이전에 행해진 바른 제례를 잊지 않고 행하는 한 왓지족들의 멸망이 아니라 성장만이 기대된다."[63)]

제의(祭儀)는 국가 성장에 기여한다고 볼 수 있는가? 고대 인도에서 탑묘에 대한 공경은 종교적인 성향을 띠었다. 왓지인들이 행하는 왓지 탑묘 공경은 자신들 조상에 대한 의례 행위였기 때문에 결속을 다졌을 것이다. 탑묘 공양 자체가 자신의 수행, 내세와 관련된 것으로 여겨졌다. 『불반니원경』에서는 "월지국 사람들이 하늘과 땅을 받들고, 사직을 공경하고 두려워하며, 사시(四時)를 받들고 섬긴다."[64)]고 했다. 이 경전에서 느낄 수 있는 것은 유교적인 맥락과 연결된 듯이 보인다는 점

---

63) *MPS* {DN. 1.xvi.} ; kin ti te ānanda sutaṁ vajjī yāni tāni vajjī naṁ vajji -cetiyāni abbhantarāni c' eva bāhirāni ca tāni sakkaronti garukaronti māne nti pūjenti tesañ ca dinna-pubbaṁ katapubbaṁ dhammikaṁ baliṁ no par ihāpentī ti?'2-75 `sutaṁ me taṁ bhante vajjī yāni tāni vajjī naṁ vajjiceti yāni, abbhantarāni c' eva bāhirāni ca, tāni sakkaronti garukaronti mānenti pūjenti, tesañ ca dinna-pubbaṁ kata-pubbaṁ dhammikaṁ baliṁ no parih āpentī ti.' `yāvakī vañ ca ānanda vajjī yāni tāni vajjī naṁ vajjicetiyāni, a bbhantarāni c' eva bāhirāni ca, tāni sakkarissanti garukarissanti mānessanti pūjessanti, tesañ ca dinna-pubbaṁ kata-pubbaṁ dhammikaṁ baliṁ no par ihāpessanti, vuddhi yeva ānanda vajjī naṁ pāṭikaṅkhā no parihāni. 호격 생략함.

64) 『佛般泥洹經』, T 1, 160c17~160c18 ; "越祇. 承天則地. 敬畏社稷. 奉事四時不. 曰聞耳承天則地. 敬畏社稷. 奉順四時."

이다. 하늘과 땅을 받들고, 사직, 사시를 거론한 것은 유교적 시대상과 맞물린다. 초기 『열반경』 텍스트라는 특수성을 고려할 때, 『불반니원경』은 텍스트가 중국으로 넘어가 다시 재편된 것으로 보인다.

당시 인도에서는 제의 형식이 주류를 이루었다. 인도의 제의 형식을 중국인들은 자기 나름대로 천인 사상, 주역 사상, 제사 의식 등의 의례적 요소와 혼합시켜, 해석 방식에서 대륙적인 이미지를 남겼다. 인도에도 나름대로의 제의 형식이 있지만 빨리본에서 구체적으로 언급한 탑묘 공양과는 다르다. 다만, 종묘를 받든다는 것은 빨리본에서 탑묘를 공양하는 것과 같은 의미로 조상을 기리며 섬기는 것이다. 『불반니원경』에서 언급한 문구들은 인도에서 전통적으로 내려오는 뿌자(pujā) 형식과 유사하다. 뿌자는 인도 고유의 사상으로 꽃, 과일 등의 여러 공양물 등을 제단에 놓고 지내는 의식이다. 뿌자는 특정한 대상을 향해 주관되기도 했는데, 신화적인 요소가 주류를 이루는 당시의 상황을 대변한다. 뿌자 의식은 『불반니원경』에서 하늘과 땅을 받드는 의식으로 형태가 변화됐고, 사시를 받드는 것으로 대치됐다. 제사에 대한 의례는 전통적으로 불교 공동체에서 금지한 것으로 알고 있지만, 국가 공동체에서는 필요했던 것으로 보인다. 『불반니원경』에서 '사시를 받든다'는 말은 사계절과 관계있다. 즉, 씨가 나서 자라고 꽃피고 열매 맺는 모든 것을 의미한다. 곧 증장하고 감소하는 이치를 유학의 음양설[65]로 대체한 것이다. 이것도 후대 중국 문헌으로 오

65) "如一粒之穀，外面有箇殼以裹之，方其發一萌芽之始，是物之元也. 及其抽枝長葉，只是物之亨. 到得生實欲熟未熟之際，此便是利. 及其既實而堅，

면서 첨가된 것이다. 인도에서는 음양오행, 사시에 대한 의례가 없었다. 사계절이 뚜렷한 중국에서나 원형이정(元亨利貞) 이치를 알 수 있는 것이지, 무더운 인도의 기후에서는 생각하기 힘든 문구다.

"'왓지인들이 아라한들에 대해 알맞은 장애의 보호와 방어가 잘 준비되었다, 그리고 오지 않은 아라한들이 왕국으로 올 수 있도록 할 것이다, 그리고 모든 아라한들이 왕국에서 편안하게 살 수 있도록 할 것이다'라고 저는 들었습니다"라고 아난이 답했다.

붓다는 "왓지족들이 아라한들에 대해 알맞은 보호와 방어가 잘 준비될 것이다, 그리고 오지 않은 아라한들이 왕국으로 올 것이다, 그리고 모든 아라한들이 왕국에서 편안하게 거처할 것인 한은 왓지족들의 멸망이 아니라 성장만이 기대된다."고 하였다.[66]

此便是貞矣. 蓋乾道變化發生之始, 此是元也." 마치 한 알의 곡식처럼, 외면에 각기 껍질이 있고 그것으로 속을 싸고 있다. 바야흐로 하나의 맹아가 발하는 시작이 만물의 元이다. 가지가 자라서 잎이 성장하는 것이 亨이다. 열매가 생하여 익고자 하는데 아직 익지 않는 사이를 利라 한다. 그 열매가 단단해 진 것은 貞이다. 모든 건도의 변화발생의 시작은 元이다.<中華書局, 『朱子語類』(北京, 1999), 第5册, 卷68, 易4, 乾上 1701쪽.

66) *MPS* {DN. 1.xvi.] 2-75 ; kin ti te ānanda sutaṁ vajjī naṁ arahantesu dhammikārakkhāvaraṇa-gutti susaṁvihitā, kin ti anāgatā ca arahanto vijitaṁ āgaccheyyuṁ āgatā ca arahanto vijite phāsuṁ1 vihareyyun ti?' `sutaṁ me taṁ bhante vajjī naṁ arahantesu dhammikārakkhāvaraṇa-gutti susaṁvihitā, kin ti anāgatā ca arahanto vijitaṁ āgaccheyyuṁ āgatā ca arahanto vijite phāsuṁ vihareyyun ti.' `yāvakī vañ ca ānanda vajjī naṁ arahantesu dhammikārakkhāvaraṇa-gutti susaṁvihitā bhavissati, kin ti anāgatā ca arahanto vijitaṁ āgaccheyyuṁ āgatā ca arahanto vijite phāsuṁ vihareyyun ti, vuddhi yeva ānanda vajjī naṁ pāṭikaṅkhā no parihānī ti.'호격 생략함.

아라한을 공경하는 것이 국가 성장을 주도할 수 있는가? 아라한은 무학(無學)의 경지를 말한다. 불(佛)의 10호 중에도 아라한이라는 호칭이 있는데 깨달음의 최고 경지를 일컫는다. 예류, 일래, 불환, 아라한은 초기 경전에서 깨달음의 계위를 지칭한다. 각각의 단계는 향(向)과 과(果)로 나뉜다. 향은 '향해 가는 것'을 말하고, 과는 '도달된 상태'를 말한다. 그래서 예류의 향은 '가르침의 길로 향해 가는 것'을 말하고, 예류의 과는 '가르침의 길에 도달된 상태'를 말한다. 향보다는 과의 상태가 높은 경지이다. 아라한에도 향과 과가 있다. 아라한의 향은 '깨달음으로 향해 가는 것'이고 아라한의 과는 '깨달음에 도달된 상태'를 말한다. 예류의 향과 과, 일래의 향과 과, 불환의 향과 과, 그리고 아라한의 향은 '7종 유학(有學)'이라 한다. 다시 말해서, 아직도 배울 것이 있는 상태를 말한다. 아라한의 과는 '무학'이라고 한다. 무학은 '배움이 없다, 배우지 못했다'라는 뜻이 아니라 더 이상 '배울 것이 없다'는 뜻이다. 배울 것이 없는 경지는 이미 배울 것은 다 배웠다는 뜻이다. 초기와 부파에서 아라한은 깨달음의 최고 경지를 말한다. 초기 『열반경』 텍스트가 아라한과 사문을 거론한 것은 초기 불교 텍스트에서 깨달음의 경지와 유행자들에 대한 시대적 흐름을 반영한 것이다. 사문과 아라한을 공경하라는 메시지는 속세의 사람들이 좀더 높은 수준의 도덕적 성취를 지향하도록 권한다. 출가자만이 사문과 아라한의 모범을 본받는 것은 아니다. 대중들도 높은 목표를 가질 필요가 있다. 불교의 도덕적인 신조를 진지하게 받아들이는 데는 세속인들의 넓은 지지층이 필요하며, 수

준 높고 엄격한 생활을 하는 사문과 아라한을 우호적으로 받아들여 존중하는 것은 주변사회에 수행적 자세를 확대하는 것이다.

『불반니원경』에서는 "월지국 사람들이 도덕을 높이 받들고 그 나라에 사문과 아라한이 멀리서 온다면 의복, 이불, 평상, 침구, 약품을 공양한다."[67]라고 했다. 도덕을 높이고 덕을 숭상한다면, 나라의 기틀이 마련될 것이다. 국가에 대한 평가는 국가가 가지고 있는 이념에 있다. 이념적 체계가 도리와 덕성에 있다면, 사람들은 그 국가를 찾을 것이다. 당시의 사문과 아라한은 덕망 있고 존경받는 부류에 속했다. 멀리서도 명망 있은 인사들이 왓지국을 찾아온다면, 그 나라는 쇠망하지 않고 오래도록 번영을 누릴 것이다. 번영되고 굳건한 나라가 되기 위해서는 힘과 권력이 뒷받침이 되는 경제력이 있어야만 했다. 경제력이 있어야 사문과 아라한을 공양할 수 있고 그들도 찾아올 것이다.

율장에 의하면, 의복, 이불, 평상, 침구, 약품은 귀중한 물품으로 취급된다. 아라한에게 공양하는 물품을 구체적으로 언급한 것은 율장에서 이러한 물품을 제한하는 조문이 제정됐다는 사실에 비추어볼 때, 이례적이다. 명망 있는 인사들의 국내 유입은 국력을 신장시킨다.

『반니원경』에서는 이 일곱 가지 법을 다 설명한 후에 이것들이 "왓지국이 쇠망하지 않는 가르침"임을 밝혔다. '어떤 나

---

67) 『佛般泥洹經』, T 1, 160c19～160c20 ; "越祇. 尊奉道德. 國有沙門應眞及方遠來者. 供養衣被床臥醫藥不. 曰聞其尊奉道德. 國有沙門應眞及方遠來者. 供養衣被床臥醫藥."

라일지라도 이 일곱 가지 법을 행한다면, 위태롭지 않을 것이다'[68]라고 했다. 이 에피소드에서 말하는 7불쇠법으로 왓지국의 국가 형태를 알 수 있다. 아자따사뚜에 대항한 왓지국은 공화국으로서 국가 내의 민주적 내용의 본질과 범위에 대해서는 많은 논란이 있지만, 그들이 군주제 왕국과는 다른 정치체제를 가졌다는 사실은 의심의 여지가 없다.

자야스왈은 '왕의 지배와 정치적 협의체의 지배는 서로 상반된다는 사실을 보여준다'[69]고 지적한다. 반다르카르는 한 사람의 정치적 지배와 여러 사람의 정치적 지배는 대비되는 것[70]임을 시사한다. 왓지국은 마가다국과 같은 왕국들과 동등한 통치권을 행사했으므로, 이들 별개의 정치단위들이 통치단체였다는 것[71]은 명백하다. 이러한 다른 형태의 권력은 B. C. 6세기에 정치적 협의체(gaṇa, saṃgha)라는 술어로 표현됐다.[72] 가나(gaṇa)와 상가(saṃgha)는 고대 인도에서 집단을 의미한다. 가나는 자이나교에서 자주 등장했고, 상가는 불교에서 출가자 집단을 의미하는 용어로 쓰였다. 그렇지만 초기 불교 문헌에서도 가나라는 용어의 사용이 보이기 때문에 자이나교에 한정된 용어라고 볼 수는 없다. 상가란 용어는 후대로 갈수록 불교 교단을 상징하는 용어로 정착됐다.

어떤 학자들은 가나와 상가 사이의 차이를 찾으려고 하는데, 빨리본 텍스트에서는 동의어로 사용되고 있다.[73] 인도 고전 산

---

68) 『般泥洹經』, T 1, 176b12～176b13 ; "佛言. 夫有國者. 行此七法. 難可得危."

69) Jayawall, *Hindu Polity(Banglore press*, 1967), 26쪽.

70) Bhandarkar, *Ancient History of India*(Delhi, 1977), 147쪽.

71) MN I , 284쪽.

72) Sharma, 위의 책, 9쪽.

스끄리뜨 문법을 정초한 파니니에 의하면, 상가는 집단을 의미하는 가나였다.[74] 이 상가라는 용어는 불교 교단뿐만 아니라 당시 사문들의 집단을 의미한다. 일반적인 의미에서 상가는 특정한 목적을 위해 많은 개인이 구성하는 단체라는 의미로 쓰이나 정치적인 의미로 공화국을 의미하기도 한다.

또한 가나라고 하는 말도 공화국을 의미하는 경우가 있으며, 때로는 국왕 즉 한 사람의 왕(eka-rāja)이 통치하는 나라와 구별된다.[75] 알떼까르는 가나와 상가라는 술어는 같은 의미를 지닌 말이며, 일부의 사람들에게 부여된 권력 형태를 가리키며, 권력이 한 사람에게 집중된 군주제와 반대되는 것[76]이라고 주장한다. 이 단어들은 통치권이 개인이 아니라 집단에 부여된 정부 형태를 의미하는 술어로도 사용되어 왔다. 이런 논리로 근거해서, 왓지국이 하나의 왕으로부터 통치된 국가가 아니라, 집단의 이해와 노력으로 운영된 국가임을 알 수 있다. 왓지국은 7불쇠법으로 국가를 운영하는 국가 공동체의 원리로 삼은 것이다.

3. 7불쇠법의 의의

일반적으로 사람들은 "붓다는 출가자인데, 국가 공동체에 관심을 가졌던 것이 가능한가? 공동체 운영에 있어 적절한 해답을 내놓기에는 부족하지 않았는가?" 하는 의심을 갖게 된다.

---

73) Vasu, *Aṣṭādhyāyī of Pāṇini*(1962), 513쪽.
74) Vasu, *Aṣṭādhyāyī of Pāṇini*(1962), 3. 86.(*Pāṇini sūtra* Ⅲ), 참조.
75) 中村元, 『インド古代史(上)』(春秋社, 1966), 221~222쪽.
76) Alterkar, *State and Government in Ancient India*(1955), 109~110쪽.

그러나 석가족에서 태어난 붓다는 석가족의 자유로운 민주적 방식을 몸으로 체득했으며, 인도의 역사에서 가장 중요한 원리를 배웠을 것이다. 붓다가 얻은 원리는 왓지족의 국가 공동체를 위해 쓰였고, 더 나아가 상가 공동체에도 적용되었다. 왓지국이라는 국가 공동체를 위한 법들은 이야기 거리에 불과할지 모르지만, 체계적인 습득 방법에 의해 고안됐다는 사실에 그 의미가 있다.

그런데 '왓지국에 관한 에피소드'는 여러 다른 사상의 유입을 함의하고 있다. 구체적으로 언급하자면, 유교의 효(孝)와 경(敬) 사상이 그 하나이고, 또 초기 『열반경』 텍스트의 하나인 『유행경』에서는 힌두이즘의 슈라마니즘적 사상이 전체적인 맥락을 이루고 있다는 것이 그 하나이다. 이것은 그 시대 상황을 배경으로 하는 것일 수도 있고, 경전을 편찬한 이들이 부차적인 자료로 삽입한 것일 수도 있다.

붓다의 관심이 국가 공동체에 있다는 사실은 '왓지국이 쇠망하지 않는 가르침'으로 증명됐다고 할 수 있다. 초기 『열반경』의 '왓지족에 대한 아자따사뚜의 문의'에서 붓다는 비유와 언설로 의미 있는 법들을 설명하면서 왓지국 사람들이 일곱 가지 가운데 한 가지만 실천해도 정복할 수 없으며, 만약 일곱 가지를 다 지킨다면 도저히 그 나라는 무너뜨릴 수 없을 것이라고도 하였다. 나라를 튼튼하게 하는 일곱 가지 법은 국가 공동체를 위한 것이고, 하나의 법이라도 효력이 있다고 강조한다. '왓지국이 쇠망하지 않는 가르침'에 관한 에피소드는 국가의 중요성과 어디에도 치우치지 않는다는 공동체의 성장을 중심사상으로 한다. 특징적인 것은 이 논의가 초기 상가 공동체의 화합을 기원하면서 내린 '쇠망하지 않는 일곱 가지 가르침'으로 자연스럽게 이어졌다는 점에 있다.

자연스럽게 이어지는 에피소드의 연결에 대해 다른 견해가 있다. '왓지국이 쇠망하지 않는 가르침'은 국가라는 세속적인 조직 자체의 영위에 목적이 있었던 것이 아니라, 상가 공동체의 유지를 위한 도입 장치라고 보는 설이다. 이 논의에 의하면, 내부 분열에 의해 화합이 깨져 왓지국은 곧 마가다국에 의해 멸망되고 만다. 이런 역사적인 사실은 상가도 화합하지 아니하고 다투면 존속하지 못한다는 것을 내포한다. 한편 초기 경전에서 붓다는 결코 세속적인 국가 조직에 대해 상가만큼 관심을 기울이지 않았으며 항상 세속적인 조직이나 문제에 일정한 거리를 유지했다는 견해도 제시됐다. 그것은 붓다가 고국이 멸망당할 때도 적극적으로 개입하지 않았다는 사실을 근거로 한다. 그러나 초기 『열반경』에서 논의한 이 대목은 분명히 붓다가 국가 공동체에 거리를 둔 것이 아니라, 국가 공동체에 적극적인 원리를 설파해 상가와 발전적인 관계를 상호 교환할 수 있도록 한 것이다.

이상에서 알 수 있듯이, 국가 공동체에 관심을 보인 붓다는 불교가 개인의 해탈을 위한 종교라는 학설과 더불어 출가자가 몸담고 있는 국가 공동체 기능에 관심을 갖는 인물이었다고 보아야 한다. 불교를 현실세계를 초월한 출세간적 면으로만 보는 것은 불교 교리의 잘못된 이해이거나 불교 역사에 대한 통찰적 분석이 미흡하기 때문이다. 특히 『열반경』의 첫 도입 부분에서부터 이러한 논의가 시작된 것은 열반에 들어가는 붓다가 우리에게 '국가 공동체라는 조직의 중요성'을 알린 것으로 의미가 깊다. 이 에피소드는 사회제도와 종교 사이에 전면적인 인과 관계가 존재한다는 것을 보여주는 한 사례이다.

따라서 '왓지국의 7불쇠법'은 공동체나 개인의 어느 한쪽만을 우선하지 않고, 공동체와 개인을 하나의 유기적 시스템으로 본 것임에 틀림없다. 이는 개인과 공동체가 소통함을 의미한다. 일곱 가지 조건들에서 개인의 존중이 공동체를 건전하게 유지할 수 있는 조항으로 설명된다. 붓다가 설명한 조항들에서 사실 개인과 공동체의 어느 쪽이 더 우선적이라고 볼 수는 없다. 개별적인 인간의 특성을 인정하는 것이 공동체를 위한 것이고, 공동체 이론은 개인의 특성 속에서 녹아 있다. '왓지국의 7불쇠법'은 국가라는 공동체의 원리 안에 녹아 있는 개별적인 인간의 존중인 것이다.

이것은 개인과 집단이 포함관계 속에서 서로 보호되고 보호하는 입장임을 보여준다. 중간적 입장이라고 보는 것이 타당하지만, 애매한 입장을 말하는 것은 아니다. 유익한 의견에 대해 모두가 공감하고 실용적으로 다가갈 수 있어야 한다. 붓다가 설한 국가 공동체 원리는 인간에 대한 정밀한 경험적 조사를 바탕으로 했기 때문에 상당히 인과적이라고 할 수 있다. '왓지국의 7불쇠법'은 붓다가 설한 고대 공동체의 원리라고 볼 수 있다. 그러나 그것은 고대로부터 생겨나고 차용된 원리이며 현대 공동체 국가에서도 차용할 수 있다는 점에서 통시대적 원리라고 할 수 있다.

4. 붓다가 제시한 국가 공동체의 원리

붓다는 왜 초기 『열반경』 텍스트 초입의 에피소드에서 상가 공동체가 아니라 국가 공동체를 위해 설득력 있는 법들을 다루었는가? 이 텍스트는 출세간이 아니라 세간의 입장에서 시작된다. 붓다는 출가 수행자였다. 출가수행자인 붓다가 열반이라는 중대한 사건을 앞에 두고 국가 공동체의 화합을 주장한 것은 불교 경전의 상식에서 벗어난 것이 아닌가? 대부분의 견해에 의하면, 붓다는 국가 공동체에 무관심했다고 생각되지만, 국가 성장을 위해 교리와 적합한 정치적 안목을 제공한다.

이 에피소드가 갖는 의의는 일반적인 편견의 불식에 있다. 오해의 불식은 또 하나의 큰 벽을 넘는 것처럼 어렵지만 근거가 제공된다면 가능하다. 그 근거는 바로 '왓지국이 쇠망하지 않는 가르침인 7불쇠법(七不衰法)'이란 에피소드이다. '왓지국의 7불쇠법'은 화합이라는 테마가 상가 공동체뿐만 아니라 국가 공동체에서도 쓰였다는 것을 보여준다. 화합의 차원에서 조직의 건실함을 어떻게 관리할 것인가를 이 에피소드에서 논하고 있다. 붓다는 폐쇄적인 공동체가 아니라 열린 공동체를 지지한다. 화합의 기운이 전파되는 것은 열려 있는 유기적인 체계 아래서 가능하다.

붓다는 어떤 공동체이든지 조직을 운영하기 위해서는 그 공동체 구성원들의 동의가 전제되어야 하며 그런 동의가 전제되기 위해서는 화합이라는 목적을 최우선으로 해야 한다고 말한다. 또 구성원들의 안전 확보와 신뢰를 위한 체계적인 시스템이 뒤따라야 한다고 주장한다. 붓다는 체계적인 이론에 따르는 성장을 간파했으며, '왓지국이 쇠망하지 않는 가르침'이라는 에피소드는 구성원들의 화합적인 방법론으로 일관하였고, 잇달아 나오는 에피소드는 붓다의 입멸 후의 상가 공동체 화합을 강조하였다. 화합은 멸망이 아니면 성장이라는 기로에서 택할 수 있는 방법론이다.

그런데 상가 공동체의 화합이라는 문제에 앞서서 붓다는 국가 공동체에 많은 이해력을 가졌다. 국가 공동체와 상가 공동체는 그릇 안의 구슬과 같은 연관성을 가졌고 연기적으로 상호 긴밀한 관계 아래 있다. 붓다는 연기적 시스템으로 국가 공동체 조직을 체계적으로 간파했고 더 나아가서 상가 공동체와 국가 공동체가 도움을 주고받는 기능적 관계를 인정한 것이다.

국가의 여러 사람들의 의견, 다양성, 그리고 이해관계 대립을 조절하는 것은 종교적 의도와 무관하지 않다. 종교 집단은 결코 국가와 결별될 수 없다. 붓다가 주장하는 것은 바로 국가에 유익함을 줄 수 있는 차원 높은 수행자의 자세이다. 출가자가 좋은 원리로 국가 공동체에 이익이 된다면, 그 원리는 다시 출가자에게 돌아가는 피드백 효과를 가진다. 이것은 연기의 순환적 원리이다. 이런 원리에 입각해서 이 에피소드를 본다면, 고대 공동체의 원리가 순환적 시스템을 가지는 동시에, 미래지향적인 가르침을 지녔다는 것을 알 수 있다. '순환적'이라는 것은 각각의 공동체가 다른 공동체에 영향을 주고받는 관계를 말하며, 연기법의 상호 의존성에서 맥락을 찾을 수 있다. '미래지향적'이라는 것은 건전한 국가를 운영하기 위한 가르침으로써 후대에도 통용되는 연기의 피드백 효과인 것이다.

2절 출세간 공동체

붓다는 영취산에서 비구들에게 '쇠망하지 않는 7가지 가르침'을 설하였다. 이 에피소드는 3번에 해당한다. 이 7불퇴법 조목은 '왓지국, 37조도품, 7각지, 상(想)'과 연관된 법, 그리고 여섯 가지 불퇴법'으로 나뉜다. 초기 『열반경』 텍스트에서 '비구의 7불퇴법'이 어떤 방식으로 출가자들을 위해 집중되었는지 살펴보자.

1. 비구의 7불퇴법(七佛退法)

1.1 왓지국과 연관된 법

'왓지국의 쇠망하지 않는 가르침'인 7불쇠법(七不衰法)과 '비구들이 쇠퇴하지 않는 가르침'인 7불퇴법(七佛退法)은 나열 방식에서도 유사점을 지닌다. 그것은 빨리본의 1. 6에 해당한다. 이 두 에피소드에서는 모두 7법을 설명한 뒤에 "~가 기대하는 번영만은 쇠퇴하지 않을 것이다"라는 "vuddhi yeva ~ pāṭikaṅkhā no parihāni."라는 문구가 반복된다. '~'은 '왓지왕들'에서 '비구들'이란 주어로 바뀌었을 뿐이다. 두 에피소드에서 이 같은 문구들이 문장의 마지막에 반복적으로 나오는 것은 강조를 의미한다.

이 조항들은 '번영'에 목적을 둔다. 그렇다면 비구들이 바라는 '번영'이란 무엇일까? 7불퇴법은 개인적 수련 성향에 치중한 열거적 서술이다. 그것의 귀결되는 목적은 공동체 구성원의 청정성과 결속으로 이어진 번영에 귀착한다. 7불퇴법에서 의미하는 '번영'은 양적 확대보다 질적 향상에 있으며 개개인의 행복과 일맥상통한다. 따라서 비구 개인의 행복은 물질적 풍요와 관계하지 않고 정신적 차원에 근거한다. 정신적 차원에 뿌리를 두어 번영할 수 있다는 메시지는 초기 상가 공동체의 특색이다. 고대부터 이어져온 상가의 우월성은 물질적인 소유를 벗어나 정신적인 집착까지 넘어서려 한다.

이 에피소드에서 '번영'과 '쇠퇴'는 둘 중에 하나를 선택할 수밖에 없는 문장 구조로 나타난다. 빨리본의 "번영만은 쇠퇴하지 않을 것이다"라는 것은 '번영이 기대될 뿐이며, 쇠퇴는 없다'라는 것으로 해석이 가능하다. 비구들의 쇠퇴는 물질의 부재나 경제적 빈곤이 아니라 정신적 빈곤에서 찾는다. 쇠퇴는 번영의 상대어다. 붓다는 쇠퇴라는 단어에 치중하지 않고 번영에 비중을 뒀지만 비구들에게 '쇠퇴'를 각인시켰다. 붓다의 의도는 '쇠퇴'라는 단어 'parihāni'를 집중시키면서 번영에 목적을 두었다. 연구자는 이것을 왓지국 에피소드 '불쇠법'과의 혼동을 막기 위해 '불퇴법'으로 규정한다. 이는 한역 경전의 도움을 받은 것이기도 하지만 논의의 차별성을 위해서이다.

"비구들이 자주 모이고 많은 (사람들이) 모이는 한, 비구들이 기대하는 번영은 쇠퇴하지 않을 것이다."[77)]

왜 공동체는 자주 모여야 하는 것일까? 비구들이 멀리 떨어져 있어도 자주 모이면 정보를 교환할 수 있다. 자주 모이지 않으면 모든 지역으로부터 오는 소식을 듣지 못할 것이고, 그렇게 되면 상가 공동체에서 포살(布薩)과 안거(安居)가 행해지지 못한다. 포살은 한 달에 두 차례에 걸쳐 동일지역의 비구 구성원들이 모여 죄를 고백·참회하여 비구 자신을 반성하는 시간을 갖는 정기 종교의례에 해당한다. 인도에서 안거는 우기 동안 동굴이나 사원에 들어가 수행에 전념하는 행위를 말한다.

비구들이 자주 모이고 많이 모이는 것은 상가 생활을 거론한 것이다. 모임의 규칙성과 규모는 일방적인 권력으로부터 구성원들의 의사를 적극 반영할 수 있었다는 사실을 입증한다. 권력의 집중이 아니라 권력의 분산을 의미하기도 하는 비구들의 모임은 비구 구성원을 자유분방하게 만들 수 있는 여지를 남겼다. 모임의 규칙성은 국가 공동체와 상가 공동체에서 똑같이 필요하다. 상가 공동체의 모델이 국가 공동체에서 차용했다는 것을 인정한다면, 그 모임의 형태가 민주적인 방식을 가지고 있음을 알 수 있다. 비구들이 자주 모이고 다양한 소식을 접한다는 것은 비구 공동체가 고립되지 않고 열려있는 시스템을 유지했다는 것을 의미한다. 포살이나 안거 의식의 준수는 폐쇄적이지 않게 하는 열려있는 모임이고 비구들에게 지와 덕을 갖춘 인물을 가까이 해서[78] 배움의 통로를 열었다.

---

77) *MPS* [DN. x vi 1.6] ; Yāvakīvañ ca (bhikkhave) bhikkhū abhiṇhaṃ sannipātā sannipāta-bahulā bhavissanti, vuddhi yeva bhikkhūnaṃ pāṭikaṅkhā no parihāni.

78) Gokhale, *New Light on Early Buddhism*(London : Sangam Books. 1994), 7쪽.

모임을 자주 가질 것을 권장한 것도 있지만 그렇지 않는 사례도 있다. 상가는 비구들이 자주 모여서 '왕과 대신들, 끄사뜨리야, 브라만들 사이에 있었던 행동이나 소식들을 전하는 것은 허락하지 않았다'[79]고 한다. 율장에서 비구들이 '자주 모여 구걸하는 말이나 행위 등'[80]은 비난받았다.

비구들이 자주 모이지 않으면, 구성원들은 가르침에 태만해진다. 비구들은 모임으로 인해 풍부하고 많은 정보를 얻을 수 있지만 초심자들이나 성품이 악한 비구들은 이 같은 모임의 성격을 알 수 없다고 전한다. 자주 모이면서 비구들은 유용한 것을 듣고 결계(結界)를 바르게 구성한다. 모임을 자주 가진다면, 악한 비구들도 자신들의 행위를 지율사들에게 교정 받을 수 있다. 따라서 잦은 모임은 구성원들의 결속력과 청정성에 효과적이다.

> "비구들이 화합해서 모일 것이고 화합해서 일어날 것이고 화합해서 승가가 행해져야 할 것들을 행하는 한, 비구들이 기대하는 번영은 쇠퇴하지 않을 것이다"[81]

화합해서 모이는 것이란 어떤 것인가? 서로가 먼저 하겠다고 일체감을 가지고 함께 일어나는 것을 말한다. 화합은 일체감이라는 의미 외에도 구성원들이 솔선해서 행하는 분위기 조

아리야밤사와 함께 보내는 것을 말한다.

79) DN Ⅰ, 8.

80) Vin Ⅰ 72, Ⅲ 144, Ⅳ 290 : Vism, 41.

81) *MPS* {DN. x vi 1.6} ;Yāvakīvañ ca (bhikkhave) bhikkhū samaggā sannipatis santi samaggā vuṭṭhahissanti samaggā saṅgha-karaṇīyāni karissanti, vuddhi yeva bhikkhūnaṃ pāṭikaṅkhā no parihāni.

성을 의미한다. 주석서에 의하면, 이것은 강제적인 것이 아니라 자발적인 것이다. 모임의 목적은 통일적인 화합을 기초로 한 번영에 있으며 속박되는 것은 아니다.

구체적인 화합의 행위를 다음과 같이 말하기도 한다. 즉 '스투파를 돌보고 포살하는 강당 지붕을 나무 껍질로 덮는 것'[82] 이다. 화합은 공동체가 어떤 정보에 있어서 같은 행위를 하는 것이며 규율을 재정비하기 위해 집회나 모임을 자발적으로 가지는 것이다. 화합한다는 의미에는 병든 비구에게 약을 주거나 의지할 데 없는 가난한 비구를 돌보는 것도 포함된다. 화합은 통일과 일치감만을 말하는 것이 아니라 구성원 모두를 돌보는 관심이다.

『비쉬디막가(Visuddhi-magga)』에 의하면, 다른 사람에게 강요하면서 말하는 것은 화합이 아니라고 규정했다. 예를 들어, 어떤 비구가 "새 옷을 만들어 입자, 발우를 불태우자, 새 건물을 짓자'" 등의 명령을 통해서 사람들이 모이는 것은 화합이 아니다. 또 새로운 건물을 지을 때 장로비구에게 수리하거나 고치게 하는 일은 다른 비구들에게 비난받았다.[83]어느 한 사람으로 인해 주도되거나 행해지는 일은 화합이 아니다. 모두 함께 통일적으로 일어나지 않으면 정사(精舍)나 결계(結界)가 혼란되고 포살과 자자(自恣)가 중단된다.

초기 수행자들은 큰 나무 아래서 수행하거나 산이나 동굴 속에서 선정했으나 서서히 정사에 모여 집단생활을 하는 경우

---

82) Rahula Walpola, History of Buddhism in Ceylon(Colombo : M. D. Gunasena, 1956), 120～121쪽.; An Yang-Gyu, The Commentary on the Mahāparinibbāna-Sutta : The Buddha's Last days, (PTS, Oxford, 2003), 22쪽.

83) Vism 88～89.

가 많아졌다. 정사와 결계는 지리적인 제한을 상가가 규정했다는 것을 의미하고 포살과 자자는 모임과 회의에서 일체감 있는 행동을 원하는 의식이다. 자자는 안거 마지막 날에 개최하는 모임이다. 안거 90일 동안 비구들이 공동생활을 했는데, 그 가운데에 의견 대립이 있을 수 있었다.

구체적 사례를 들면, 가벼운 마음으로 다른 사람을 비판했던 말이 그 사람의 귀에 들어가서 미움을 받을 경우가 있을 수 있었다. 그런 오해로 인해서 대립이 있을 수 있다. 그래서 안거의 마지막 날에 전원이 모인 자리에서 비구 한 사람씩 일어나서, '보고 듣고 의문 나는 일이 있으면 가르쳐 주길 바란다'며 '과실이 있으면 참회할 것'이라고 말해 비구 전체의 비판을 구하였다. 이런 방법으로 다른 비구의 충고나 불만을 들어 참회해야 할 것은 참회하고 맺힌 감정을 풀어서 안거를 해산하는 것이 자자이다. 그 모임을 해산하기 전에 마음 속의 갈등을 제거해 화합하는 것을 말한다. 참회는 비구들의 의식을 검토하는 것으로 선한 행위뿐 만 아니라 저지른 악한 행위도 생각하지 말라는 가르침에 근거한다. 고백한 죄는 가벼워질 것이므로 자신의 잘못을 인정하고 더 이상 되풀이하지 않겠다는 맹세는 화합의 번영을 가져온다.

> "비구들이 아직 규정되지 않은 것은 결코 세우지 않고 이미 세워진 것은 결코 폐지하지 않고 지금 정해져 있는 대로 교단 계율[學處]에 따라 행동하는 한, 비구들이 기대하는 번영은 쇠퇴하지 않을 것이다."[84]

---

84) *MPS* [DN. x vi 1.6] Yāvakīvañ ca (bhikkhave) bhikkhū appaññattaṃ na pa

제정된 규칙이 자주 바뀐다면 공동체는 어떻게 될까? 『증일아함』의 주석에 의하면, "'아직 규정되지 않은 것은 결코 세우지 않고'라는 말은 불법적으로 새로운 집회나 계 등을 만들지 말아야 한다"[85]는 것을 의미했다. 이미 정해진 학처를 폐지한다면 교리와 가르침을 비교하는 근거 기준이 없어지게 된다. 만약 가르침에 적합하지 않다고 생각되는 교리와 징계가 나타나서, 기준이 되는 학처가 없다면, 상가 공동체는 비교할 수 있는 근거가 사라져 공동체의 기강과 관련된 문제가 발생할 수 있다.

『사만따빠사디까(Samantapāsādikā)』에 의하면, 제정된 법에 따라 행동하지 않으면 소소계를 어기는 것[86]이라고 한다. 새로운 교리나 계를 만들지 않으면 이미 제정되어 있는 법칙에 의해 행동하게 될 것이므로 혼란은 없을 것이다. 후대에 공동체는 붓다가 제정한 학처를 엄격하게 지키길 희망했기 때문에 이 조항의 주석이 첨가되었을 것이다.

붓다는 상가 공동체 구성에 있어서 점진적으로 진전된 교리를 성장시키려는 의도를 가졌다. 일관된 규범과 규칙은 이미 민주적인 방식에 의해 정해졌으며 비구들은 하나의 일관된 시스템을 형성했는데, 이것이 학처다. 학처는 비구들에 의한, 비구들을 위한 법들로 규정된다. 학처의 제정은 하나의 사례에 대해 붓다가 제정한 것이지만, 다른 비구들이나 재가자들의 견

ññāpessanti, paññattaṃ na samucchindissanti, athā-paññattesu sikkhā-pades u samādāya vattissanti, vuddhi yeva bhikkhūnaṃ pāṭikaṅkhā no parihāni.

85) *ANC* Ⅳ(1997), 18. 23.

86) *Sam* Ⅲ(1964), 625.

해에 의해 정해진 경우가 대부분이기 때문에 민주적인 절차에 의한 것이라고 할 수 있다. 독단적이고 일방적인 제정은 아니었다. 어느 한쪽을 편들거나 대립됨이 없는 합리적 규정이기에 학처의 형성은 보편성에 대한 요청이고, 검증가능성의 사례를 토대로 한 규율이다. 그러나 상가는 스스로 법률을 제정할 권리를 갖지 못했다. 특수한 필요성에 의해서 상가가 학처를 수정하거나 변경하도록 허락했다면, 상가의 통일성이나 균등성 또는 순수성을 유지하기가 불가능했을 것이다. 상가 보호를 위한 필수 조건으로 규율을 바꾸거나 수정할 권리를 상가 구성원에게는 부여하지 않았다. 다시 말해서, 상가 공동체는 법률 제정의 권리를 특정한 비구에게 주는 것을 방지하였다. 상좌부 계통에서 규율을 지키는 것은 엄격했는데, 붓다가 규정한 그대로 모든 율을 보유하기로 한 것은 이 때문이다.

> "비구들은 장로 비구, 경험 있는 비구, 출가한 지 오래된 비구, 승가의 사부(師父) 비구, 승가의 도사(導師) 비구들인 그들을 공경할 것이며 존경할 것이며 존중할 것이며 공양할 것이다. 그리고 그들이 말하는 것을 경청하는 한, 비구들이 기대하는 번영은 쇠퇴하지 않을 것이다."87)

공동체에서 지도급 비구들은 어떤 역할을 하는가? 장로(therā) 비구는 확고한 지위에 있으며 연장자로서의 품성을 지닌

---

87) *MPS* {DN. x vi 1.6} ;Yāvakīvañ ca (bhikkhave) bhikkhū ye te bhikkhū therā ratañññū cira-pabbajitā saṅgha-pitaro saṅgha-parināyakā te sakkarissanti garukarissanti mānessanti pūjessanti tesañ ca sotabbaṃ maññissanti, vuddhi yeva bhikkhūnaṃ pāṭikaṅkhā no parihāni.

다.[88] 경험 있는(ratañññu) 비구는 어원적으로, '보석과 같은 가르침을 소유한 사람'이라는 종교적 의미를 가졌다.[89] 출가한 지 오래된(cira-pabbajitā) 비구는 '큰 것을 포기한 지 오래된 사람'을 말한다. 승가의 사부(師父) 비구는 공동체에서 아버지와 같은 지위를 말하고, 승가의 도사(導師) 비구는 공동체를 이끌어 가는 역할을 수행했다. 이들은 계(śila), 정(samādhi), 혜(prajñ a)를 비구들에게 가르쳐서 공동체를 이끌었는데,[90]초기 불교에서는 계, 정, 혜 등을 아주 중시했다. 수행자들은 붓다가 부여한 계율을 보전하고 선정을 실행해서 지혜를 얻는다. 수행자들은 이런 방법들로 인해 흐트러짐 없이 정진해 근본적인 교리를 경험한다.[91]

공동체 구성원들은 지도급 비구들을 존경하고 그들에게서 가르침을 받고 법과 좋은 품성을 이어받는다면 번영할 것이다.[92] 상가 공동체의 구성원들 중에서도 높고 낮은 지식을 소유한 사람들이 있었다. 높은 지식을 소유한 지도층은 나이와 자질에 따라서 1 인자, 2 인자, 3 인자 등으로 상하 지위의 등급이 있었다. 비구들은 몇 년간 스승이나 화상 등 경험 있는 지식층들의 보살핌과 지도를 받았다. 이것은 마치 부화 과정에 있는 병아리에 비유된다. 껍질 안에서 벗어나기를 애쓰는 수행

---

88) *AN* Ⅱ, 22.
89) Norman, Collected Papers Ⅱ(1991), 165～167쪽.
90) ANC Ⅳ, 19. 10.
91) 박순영, 「후설의 생활세계 개념에 대한 선불교적 이해-선문답(公案)의 현상학적 이해를 위한 試論」 『현상학과 한국사상』 (한국현상학회편, 철학과 현실사, 1996), 201～212쪽.
92) Gombrich, How Buddhism Began : The conditioned Genesis of the Early T eachings (London : Athlone Press. 1996), 65쪽.

자들에게 밖에서 쪼아주는 스승이 있어야만 한다. 그래야만 수행자들은 걸음을 중단하지 않고 정신적인 탄생을 위해 노력할 수 있다.[93] 수행자들을 돕는 화상이나 스승들은 특별한 권한이 있었던 것으로 보이며 비구들을 좋은 가르침으로 이끌며 존경 받았다. 따라서 지도급 비구들을 특권층으로 보는 일반적 견해보다 공동체를 번영으로 이끈 성원들로 보는 것이 타당할 것이다.

> "비구들은 후유(後有)를 초래하는 갈애의 삶에 영향을 받지 않는 한, 비구들이 기대하는 번영은 쇠퇴하지 않을 것이다."[94]

붓다고사의 주석은 후유에 대한 다른 해석을 제시했다. 그의 해석에 따르면, '옷, 음식, 거주처, 약품의 네 가지를 구하고자 할 때 이 마을 저 마을을 돌아다니는 것은 갈애로부터 영향 받지 않는 것'[95]이라 한다. 비구들이 의식주에 대한 소유욕을 갈애로 표현한 것은 공동체 생활에서 분배 문제가 있었기 때문이다. 갈애를 철학적 의미나 종교적 성향으로 해석하지 않는 것은 개인의 심오한 내면보다 공동체 사회 구조에 강조를 두었기 때문이다.

붓다고사 주석서를 통해, 갈애가 구체적인 물품에 대한 욕심을 의미한 것은 당시의 귀한 물품 소유가 문제시되었기 때

---

93) 박순영, 위의 책, 249쪽.

94) MPS [DN. x vi 1.6] Yāvakīvañ ca (bhikkhave) bhikkhū uppannāya taṇhāya ponobhavikāya na vasaṃ gacchanti, vuddhi yeva bhikkhūnaṃ pāṭikaṅkhā no parihāni.

95) SV, 527.

문이다. 율장의 텍스트들이 옷, 음식, 거주처, 약품 등에 자세한 사례를 남긴 것도 같은 상황으로 보인다. 수행자들은 이른 아침에 촌락이나 도시로 나가서 탁발 걸식하고 약간의 음식에 만족했으며, 정오 이후에는 먹는 것이 허락되지 않았다. 의복도 삼의(三衣)를 걸치고 있을 뿐이며 의복과 음식을 저장하는 것은 금했다. 거주처는 초기에는 비구가 안거하는 3개월의 기간 이외는 유행생활을 했지만, 점차로 상가의 정사가 정비되면서 거주처는 원칙적으로 상가 공동체의 소유가 됐다. 비구들은 해가 질 무렵부터 잘 곳을 구해야만 했다. 비구는 여인과 함께 머무는 것을 금지했기 때문에 속가에 머무르는 것도 제한되었다. 산 속에 머무는 것도 산중의 위험한 짐승들 때문에 안전한 장소가 요구되었다. 이런 사정으로 정사나 승원이 만들어지고 거주처에 대한 규정이 만들어졌다. 약품도 저장되는 기간은 일주일 정도였다. 불시에 병이 생길 것을 우려해서 저장이 허락되는 구급약을 제외하고는 엄격히 금했다.

율장 조문 중에는 상가 공동체의 물건과 비구 개인의 물건을 확연하게 구별했다. 상가 공동체의 물건은 상가 공동생활을 하기 위한 생활물자였다. 상가 공동체는 재가자로부터 어떤 방법으로 물건을 보시 받고, 받은 물건을 어떻게 분배하고 소비할 것인가를 엄격히 규제하였다. 비구 개인이 보시 받은 물건과 상가 공동체가 보시 받은 물건을 명확하게 구별할 필요가 있었다.

> "비구들이 아란야 주처들에 있기를 원하는 한, 비구들이 기대하는 번영은 쇠퇴하지 않을 것이다."[96]

아란야 주처는 왜 주목되는가? 불교는 유행자 문화의 영향을 받기는 하지만, 점차적으로 유행자들의 문화와는 다른 별개의 형태를 갖춘다. 두트는 유행하는 탁발자들의 환경이 조성되기 시작한 것은 불교가 발전하면서부터라고 한다.[97] 불교는 이후 완전한 모습을 갖춘 자율적인 상가 공동체로 확립되기까지 몇 가지 단계를 거쳐 다양한 모습을 갖춘다. 그 대표적인 사례가 아란야 주처에 머무는 것이다. 아란야 주처는 수행자들이 수행하는 장소로 삼림을 말한다. 이곳은 마을에서 멀지도 가깝지도 않는 장소이며 수행자들은 마을에 가까이 거주하면서 수행에 전념한다.[98] 율장에서는 아란야를 '마을로부터 떨어져 있고, 마을을 둘러싸고 있는 마을 변두리 지역'[99]이라고 정의한다. 비구들은 아란야 주처에서 맹수들의 소리를 들으면서 생활한다. 상가 공동체는 일정기간 숲 속에 거처하면서 수행에 전념했다. 붓다 자신도 숲에서 대부분 시간을 보냈으며, 선정(禪定)의 시간을 보낸 것도 법을 설한 곳도 숲이었다. 붓다뿐만 아니라 그를 따르는 제자들도 많은 시간을 숲에서 생활하며 수행하였다. 정사가 지어져 불교 상가에 바쳐지기 전에 출가자들의 생활공간은 숲인 아란야처였다.[100] 정주하는 수행자가 늘

---

96) MPS {DN. x vi 1.6} ;Yāvakīvañ ca (bhikkhave) bhikkhū āraññakesu senāsanesu sāpekhā bhavissanti, vuddhi yeva bhikkhūnaṃ pāṭikaṅkhā no parihāni.

97) Dutt, Budhist Monks and Monasteries of India(1962), 24쪽.

98) 『四分律』, T 22, 573b.

99) Pārājika, 62쪽.

100) 신성현, 강호덕, 「佛教에서 숲의 價値 認識」, 『불교학보』 제 38권(동국대학교 불교문화연구원, 2001), 2쪽.

어남에 따라 지리적인 경계가 규정되어가기 시작하고 교법도 발달하였다.

상가 조직의 원리에서 지리적인 경계는 하나의 단위이다. 이를 시마(界, sīma)라고 한다. 어떤 '시마(界, sīma)'안에 정주해 있는 수행자거나 유행 중에 그 곳을 지나던 수행자이건 전원이 그 상가의 회의에 참석할 의무가 있었다. 상가의 회의 형식을 갈마(羯磨, kamma)라고 하고, 그 의장을 갈마사(羯磨師)라고 한다. 갈마는 크게 둘로 나뉘는데, 그 중 자자(自恣, pravārṇā)갈마[101]는 시마(界) 안에 다섯 명 이상의 수행자가 있어야하고, 구족계 갈마는 10인[102]의 수행자가 있어야 한다. 이것은 교단의 유래이다.[103] 지리적으로 한정한 이유는 상가의 화합과 관계하며, 경계를 규정하는 것은 개인 구성원에게 다른 구성원의 견해에 꼭 따르지 않으면서도 상가 공동체의 구조적 통일성을 유지할 수 있게 보장하는 기능을 했다.

경계에 대한 규정은 총체적인 상가 공동체에 개별적인 상가 전체의 연합을 지칭한다. 이 세상 어느 곳에 있든지 상가의 구성원은 다른 단위의 상가로 들어갈 수 있었다. 불교 용어로 표현한다면, 사방(四方) 상가를 말한다. 단위 상가는 독자적인 지리적 한계와 지방 조직을 가졌지만 사방상가에서 적용되는 법과 율을 따랐다. 아란야 주처들에 머물고 있는 소수의 비구들이라도 언제나 법과 율의 기본적인 골격에서 벗어나지 않는

---

101) 이 회의에서는 참회를 받아들이는 비구가 필요하기 때문에 5인 승이 된다.

102) 10인은 화상, 갈마아사리, 교수아사리 3인의 스승과 7인의 증인으로 이루어진 상가를 말한다.

103) 김선근, 「인도불교 교단의 성립과 발전 그리고 쇠퇴 I」『불교학보』, 제36집(동국대학교 불교문화연구원, 1999), 53쪽.

한 독자적인 상가를 설립해서 독립적으로 살아갈 수 있었다. 이런 단위 상가는 경계를 정한 지역으로 자연히 형성됐는데, 현전(現前)상가라 한다. 하나의 현전 상가는 상가 공동체의 발전에 따라서 사원을 그 내부에 포함시켰다. 자연 지형을 이용해 사방의 경계를 정하는데, 예를 들어, 돌, 수풀, 나무, 시내, 연못, 산등은 경계를 구분하는 중요한 기준이다. 현전 상가에서 구성원들은 상호 합의에 의해 일을 처리한다. 상가의 자율체제가 오늘날까지 변형 없이 유지된 것도 지리적인 한계를 규정하면서 권력의 중심을 한 개인에게 둔 것이 아니라 자율에 맡겼기 때문이다. 아란야 주처에 머문 것은 개인의 독립된 성향을 인정한 것이므로 지리적인 한계의 인정은 출가자들의 독립성을 인정한 것이다. 다시 말해, 현전 상가의 인정은 사방상가라는 총체적 집합에서 개별적 소단위를 인정한 것으로 상가 공동체의 독특한 성격을 강조한 것이라 할 수 있다.

> "비구들이 각각의 마음을 단련하고, 계(戒)를 사랑하는 범행자들을 거기에 오게 하고 또 거기에 오고 있는 범행자들을 편안하게 머물러 있는 한, 비구들이 기대하는 번영은 쇠퇴하지 않을 것이다."[104]

공동체는 어떤 구성원들의 유입을 원하는가? 출가자들이 마음을 단련하는 것은 내면을 다지는 것이고 계를 실천하는 것

104) MPS {DN. x vi 1.6] ;Yāvakīvañ ca (bhikkhave) bhikkhū paccattaṃ yeva s atiṃ upaṭṭhāpessanti, kin ti anāgatā ca pesalā sabrahmacārī āgaccheyyuṃ āgatā ca pesalā sabrahmacārī phāsuṃ vihareyyun ti, vuddhi yeva bhikkhū naṃ pāṭikaṅkhā no parihāni.

은 행위를 규제하는 것이다. 출가자들이 마음을 단련하지 않고 계를 실천하지 않는다면, 상가 공동체에 신뢰와 믿음이 없어져 범행자들이 찾지 않을 것이다. 상가 공동체에 편안함이 없으면 무지한 범행자들이 찾아들 것이며 그런 사람들은 공동체에 들어갔다가도 다시 나오게 된다. 이들은 결코 법을 이해하지 못하고 율을 암송하지도 않는다.[105] 비구들이 설법한 교리를 이해하지 못하면 공동체의 번영은 이룰 수 없다.

반대로 상가 공동체에 계(戒)가 있고 선함이 있다면, 범행자들이 모여들 것이다. 삶의 가치를 높이고 신뢰와 믿음을 가지고 찾아오는 범행자들은 서로 화합하여 좋은 행동으로 이끈다. 또한 교리를 의심하지 않고 이익 되는 법을 듣기 때문에 자연적으로 공동체는 좋은 명성들을 얻게 된다. 신뢰와 믿음을 가지고 찾아오는 범행자들은 상가 공동체를 떠나지 않으며 율의 전문가가 되고 제자들에게 암송하게 하고 경에 있어 전문가가 되어 제자들을 가르친다.[106] 공동체 안에서 범행자들은 하루 이틀을 보내면서 즐거움을 얻게 되고 십 년, 이십 년을 머물면서도 즐거움을 얻게 된다. 제자들은 다시 교리를 이어가는 매개가 된다. 인도 고대시대의 범행자는 청정한 마음과 행위를 가진 수행자들이다. 이들이 상가공동체로 유입되는 것은 긴 안목에서 상가 발전을 의미한다.

105) PSV Ⅱ, 164. 5.
106) ANC Ⅱ, 160. ;방문하는 범행자에게 법을 설하고, 아라한의 경지를 얻게 된다.

1.2 개인 수행에 관한 법

빨리본에서 두 번째 세트로 된 7불퇴법은 수행자의 행위에 대한 이야기로 일곱 가지이다. 수행은 '바뀌게 되는 것'을 의미한다. '바뀌게 된다'는 의미는 전환하는 것으로 좋게 변하는 것을 말한다. 아라한과 사문들은 이미 좋게 되었기 때문에 수행이 필요하지 않다. 상가 구성원들 중에는 이미 좋게 변화된 사람들도 있지만, 아직까지 좋은 쪽으로 변하지 않은 사람들도 있었다. 상가 공동체에서 수행을 강조한 것은 구성원들 전부가 깨달은 사람들은 아니기 때문일 것이다. 수행은 마음의 변화를 말하며, 마음의 변화는 마음을 닦을 때 이루어진다. 성품은 고정된 존재가 아니라 존재의 가능성일 뿐이기 때문에 범부가 성인으로 전환하는 것은 점진적인 과정을 통해 성인의 가능성에 한 발 다가서는 것이다. 수행자적 자질을 요구하는 것은 상가 구성원 각자에게 동등한 권리를 인정하는 것이다. 그렇다면 수행의 내용에는 어떤 것들이 있는지 살펴보자.

> "비구들이 행위를 좋아하지 않고 행위에 대해 탐닉하지 않고 행위의 탐닉에 관련하지 않는 한, 비구들이 기대하는 번영은 쇠퇴하지 않을 것이다."[107)]

탐닉과 관계되는 행위는 '옷을 매만지거나 만들고, 다림질하

---

107) MPS{DN. x vi 1.7} ;.Yāvakīvañ ca (bhikkhave) bhikkhū na kammārāmā bhavissanti na kamma-ratā na kammārāmataṃ anuyuttā, vuddhi yeva bhikkhūnaṃ pāṭikaṅkhā no parihāni.

고 바느질하는 일련의 행위들, 발우, 혁대, 물그릇을 보따리에 넣어오는 행위, 화장실이나 책상에서 책을 읽는 것, 비질하는 행위' 등을 말한다. 이 같은 일은 탐닉에 관련된 일로서 금지된다. 비구들이 탐닉을 가지고 행위에 전념하는 것은 개인 수행에 좋지 못한 결과를 가져온다. 옷을 매만지고 만들고 다림질하는 일련의 행위는 옷에 대한 탐심이 가득하기 때문이다. 이것은 비구들이 의복이 귀하던 시기에 의복을 탐하는 것을 경계하기 위해 내린 조항이다. 붓다는 옷에 탐닉하지 않도록 주의를 기울였고 솔선수범했다. '분소의(糞掃衣)'는 낡고 보잘 것없는 옷을 말하는데, 붓다도 당시에 분소의를 걸쳤다. 분소의를 입는다'라는 것은 자이나교도 사이에 부분적으로 행해지고 있었고, 초기불교 성전의 오랜 시구(詩句)에서도 특히 칭찬되고 있었다.[108] 또한 비구들이 소지품을 가방에 넣어오는 행위, 더 좋은 발우, 혁대, 물그릇을 소유하려는 것, 교리와 관련 없는 책을 탐독하는 것 등을 금하는 조항이 구체적으로 율장에 나타났다.[109]

한편, 예외적인 것들이 있다. 예를 들어 의복을 주의해서 살피고 만들고 수선하는 일[110]등을 말한다. 비구들은 옷이 훼손되면 낡기 전에 고쳐야 하기 때문에 바느질이 허락된다.[111] 초라

---

108) 신성현, 「提婆의 婆僧事 問題」, 『불교학보』제 33권(동국대학교 불교문화연구원, 1996), 18쪽.

109) 白道守, 『比丘戒經(Bhikkhupātimokkhasuttaṃ)에 대한 硏究』(동국대학교 대학원 인도철학과, 박사학위논문, 2001), 226쪽, 282쪽, 331쪽, 332쪽.; 佐々木教悟, 『戒律と僧家』(平樂寺書店, 1985), 214～216쪽.

110) PSV, 164, 15.

111) Mohan, Wijayaratna, Buddhist Monastic Life(Trans. Claude Grangier and Steven Collins, Cambridge University Press, 1990), 46쪽.

한 의복에 최소한의 수선은 허락된다. 비구들의 소지품인 혁대, 발우 등을 수집하는 것은 금지됐지만 붓다는 어깨 가죽 끈, 혁대, 발우를 가지고 구걸하며 다니는 것은 허락했다.[112] 구걸하는 행위는 자신을 내던지는 것으로 자존심을 없애는 방법의 일종이다. 자아에 집착이 있다면 구걸하는 행위는 어렵다. 구걸할 때 가지고 다니는 발우가 수행자들의 외적 상징을 나타내고 다르마는 수행자들의 내적 상징으로 표현되기[113]에 외적 행위로 내적인 다르마를 다스리는 구걸행위 자체는 비구들에게 의미가 있었다. 비구들이 낡은 발우, 혁대 등의 소지품을 지니는 것은 물건을 탐하는 것과 거리가 멀다고 여긴 것이다.

> "비구들이 담화를 기뻐하지 않고 담화에 대해 즐거워하지 않으며 담화를 좋아하는 것에 가담하지 않는 한, 비구들이 기대하는 번영은 쇠퇴하지 않을 것이다."[114]

초기에도 담화에 제한이 있었는가? 여인이나 남성의 용모에 대해 말하는 것, 구체적으로 음담패설 등은 비구 상가가 비난받았기 때문에 금지했다.

그렇지만, 좋은 의미의 교리에 대한 담화는 중시했다. 교리에 관한 담화는 이전부터 있었다. 어떤 유행자들은 혼자 유행했고, 또 어떤 이들은 일단의 무리를 거느리기도 했지만 그들

---

112) Vin Ⅱ, 135.

113) Dutt, 위의 책, 46쪽.

114) MPS[DN. x vi 1.7] ;Yāvakīvañ ca (bhikkhave) bhikkhū na bhassārāmā bhavissanti na bhassa-ratā na bhassārāmataṃ anuyuttā, vuddhi yeva bhikkhūnaṃ pāṭikaṅkhā no parihāni.

은 토론 전통에 활발하게 기여했다. 새로운 철학을 암중모색하는 이들도 있었고 새로운 철학체계를 확립한 이들도 있었는데 공통적으로 다른 사람의 사상들을 이해하려는 담화였다. 붓다 자신도 다른 사상가들과 다양한 담화로 철학적 연관관계를 경험했다. 담화의 전통은 공식적인 담화장소뿐만 아니라 사문들이 여행 중 머무는 공원 등에서 활발했다. 빨리 문헌은 이러한 장소에서 수많은 담화가 벌어진 예들[115]을 보여준다. 공동체가 하는 담화는 상호 영향을 주고받으며 종교 집단들이 공유하는 기본적인 문화를 촉진시켰다.

붓다는 기본적으로 담화의 중요성을 강조했지만 비구상가가 재가자들에 의해 비난받는 말들에 주의를 준다. 주석서는 비구들이 모였을 때 교리에 관해 이야기하거나 조용히 침묵하라고 했는데 초기『열반경』텍스트에서 말하는 '담화 금지'와는 거리가 있다. 담화의 내용에 따라 상가 집단이 재가집단에게 존경받을 수도 있고 그렇지 않을 수도 있었다.

> "비구들이 수면을 기뻐하지 않고 수면에 대해 즐거워하지 않고 수면을 좋아하지 않고 수면에 빠지지 않는 한, 비구들이 기대하는 번영은 쇠퇴하지 않을 것이다."[116]

앉거나 누워있는 동안에도 나태하거나 졸음을 극복하지 못

115) MNⅡ, 173, 224쪽; Majjhima-Nīkaya Ⅰ, 126 · 291쪽; Aṅguttara-Nīkaya Ⅱ, 32쪽.

116) MPS {DN. x vi 1. 7} ;Yāvakīvañ ca (bhikkhave) bhikkhū na niddārāmā bhavissanti na niddā-ratā na niddārāmataṃ anuyuttā, vuddhi yeva bhikkhū naṃ pāṭikaṅkhā no parihāni.

하고 잠에 빠져있다면, 수면을 즐거워하는 비구이다. 이런 상황은 정신적으로 나약해진 것을 의미한다. 잠은 살아있는 모든 존재를 현혹시키는데, 수면 그 자체가 나쁜 것이 아니라 수행자들 자신을 깨어있는 상태에서 멀어지게 하기 때문에 붓다는 수면을 즐기는 것을 금지했다.

고대 인도의 계절은 여름에 가깝다. 비구들은 탁발하다 돌아오는 길에 겉옷을 땅에 깔고 잠에 빠져들기 쉽다. 수면을 좋아하고 의식 없는 상태를 즐긴다는 것은 나태한 것이다. 붓다가 열반하기 전에 비구들에게 '정진하라'고 강조한 것은 부지런히 배움에 힘쓰라는 것이며, 나태와 정신적 나약함을 멀리하라는 뜻이다. 아비담마교설에서도 수면은 수행에 방해되는 것으로 보았다.

> "비구들이 집단을 좋아하지 않고 집단에 대해 즐거워하지 않고 집단을 즐기는 것에 관련하지 않는 한, 비구들이 기대하는 번영은 쇠퇴하지 않을 것이다."[117]

왜 공동체의 화합에 초점을 맞추면서, 집단을 반대하는 모습을 보이는가? '군당' 또는 '집단'과 즐기는 것이란 부적절한 인물인 육군비구와 같은 이들과 어울리는 것이다. 이 조항에서 군당은 집단, 공동체를 지시하는 일반적 의미에서 벗어나 부정적인 이미지를 가진 모임이다. 『숫타니파타』에서도 "진실한 사람들과 가까이 하고 마을에서 조금 떨어진 곳에 살라"[118]고

117) MPS {DN. x vi 1. 7} ;Yāvakīvañ ca (bhikkhave) bhikkhū na saṅgaṇikār āmā bhavissanti na saṇgaṇikā-ratā na saṅgaṇikā-ratā na saṅgaṇikārāmata ṃ anuyuttā, vuddhi yeva bhikkhūnaṃ pāṭikaṅkhā no parihāni.

한 말에서 이 조항의 '군당'을 이해할 수 있다. 유명한 구절 "무소의 뿔처럼 혼자서 가라"[119]는 말은 수행자들의 거주처를 언급한 것으로 수행자들이 진실한 사람들과 가까이 하면서 육체적으로는 독거했다는 정황을 설명한다. 『숫타니파타』에서는 "수행자들은 저속한 무리들과 휩쓸리는 것이 싫어서 인적이 드문 곳에 머물기도 한다"[120]고 했는데, 여기서 말한 '군당'과 일치한다. '인적이 드문 곳'은 수행하기에 적합한 외부 장소이며, '저속한 무리들'을 경계한 것은 수행자 주변 인물들의 인품도 수행자들에게 영향을 주기 때문이다. 걸식이 외형적인 행동인 동시에 정신적인 의미를 주는 것처럼, 수행자들과 진실한 사람들과의 관계는 정신적으로 긍정적인 영향을 주었다. 『숫타니파타』에서는 "만약 그대가 현명하고 협동하며 명민(明敏)한 동반자를 얻으면 어떠한 곤란도 극복하면서 기쁜 마음으로 마음을 가라앉히고 그와 함께 가라"는 문장도 포함되어 있고, 그런 명민한 동반자를 얻지 못하면, 무소의 뿔처럼 혼자서 가라는 구절도 이어진다.[121] 건전한 집단 안에 속해 있지 않으면, 혼자야말로 온전한 자신이고 독각이야 말로 진정한 깨달음일 수 있기 때문이다.[122]

초기 『열반경』 텍스트에 의하면, "비구가 적어도 두세 명과 지속적으로 관계를 가지게 되면, 혼자 있는 생활의 즐거움을

---

118) Suttanipata. 338.

119) Suttanipata. 72.; 이승종, 「거듭나는 삶 : 헤세의 『싯다르타』」(연세철학연구회, 2006년 봄 정기 학술발표), 8쪽.

120) Suttanipata. 958.

121) 원의범역, 『佛陀의 말씀-수따니빠따-』(三星美術文化財團 170, 1983), 14~15쪽.

122) 이승종, 위의 책, 8쪽, 참조.

모르고 집단생활의 즐거움에 빠진다"고 한다. 두세 명과 지속적인 관계는 일부의 저속한 무리와의 관계이다. 『숫타니파타』의 문장에서도 비구들이 가까이 하는 인물들의 성향에 따라 다른 입장을 보였기 때문에, '군당'을 해석하는 데 주석서의 입장을 참고할 필요가 있다. 특히 초기 『열반경』 텍스트에서 혼자 있는 것을 강조한 것은 『숫타니파타』에서 홀로 수행할 수 있는 거주처에 중심을 둔 맥락과 일치하지만, 일부 부정적인 성향을 가진 인물들과 집단을 이루는 것에 반대한 것이다. 진정한 고립은 내면의 고립이며, 신체적인 고립이 아니다. 독거는 신체적 고립을 의미하는 것이지 내면의 고립을 의미하지는 않았다. 저속한 무리들과의 집단생활은 사물에 대한 탐심과도 같은 심리적 즐거움과 연결되어 있기 때문에 부정적이다. 주석서에 의하면, "수행자들이 걷고 서있고 앉거나 누워있는 네 가지 행위에 즐거움을 갖는다면 집단에서 얻을 수 있는 즐거움을 알지 못한다"고 했다. 나까무라 하지메(中村元)은 이 문장에 대해서 상가 공동체에 생활 이전의 단계라고 보며, 종교 교단이라는 관념과는 도무지 인연이 먼 사고방식이라고 비판한다.[123)]

수행생활에 전념한다면, 저속한 한두 명의 집단생활에 흥미를 갖지 않는다고 해석할 수도 있다. 이것은 다섯 번째인 "비구들이 악한 욕망(惡欲)을 가지지 않을 것이며 악한 욕망에 영향 받지 않는 한, 비구들이 기대하는 번영은 쇠퇴하지 않을 것"[124)]이라는 맥락과 같다. 악한 욕망을 가진 비구들은 악한

123) 中村元, 『佛教本質-근본불교 사상과 생활윤리-』(楊貞圭역, 경서원, 1981), 154쪽.

행위를 하게 되며 악한 욕망을 가진 동료와 사귀는 것도 그들에 의지하고 기댈 수 있는 여건을 마련하기 때문에 바람직하지 않다.

> "비구들이 악한 벗들이 되지 않고 악한 벗들과 함께 행하는 자들이 되지 않고 악한 친구들이 되지 않을 것인 한, 비구들이 기대하는 번영은 쇠퇴하지 않을 것이다."125)

악한 비구들은 신뢰할 수 없고 부도덕하며 교육받지 못했고 거만하고 어리석다. 여기서도 악한 비구들은 육군비구를 지칭하며 율장은 육군비구들의 행위를 제재하기 위한 것이기에 이 조항은 주목된다.

> "비구들이 (한층) 아래의 특정한 경지를 증득(證得)함으로써 (아라한을 얻는 도중) 중단하지 않는 한, 비구들이 기대하는 번영은 쇠퇴하지 않을 것이다."126)

비구들은 아라한의 경지에 목표를 두고 수행한다. '아래의 특정한 경지'란 수행자의 최고 경지를 말하는 것이 아니다. 최

---

124) MPS {DN. x vi 1.7} ;Yāvakīvañ ca (bhikkhave) bhikkhū na pāpicchā bhavissanti na pāpikānaṃ icchānaṃ vasaṃ gatā, vuddhi yeva bhikkhūnaṃ pāṭikaṅkhā no parihāni.

125) MPS {DN. x vi 1. 7} ;Yāvakīvañ ca (bhikkhave) bhikkhū na pāpa-mittā bhavissanti na pāpa-sahāyā na pāpa-sampavaṅkā, vuddhi yeva bhikkhūnaṃ pāṭikaṅkhā no parihāni.

126) MPS {DN. x vi 1.7} ;Yāvakīvañ ca (bhikkhave) bhikkhū na oramattakena visesādhigamena antarā vosānaṃ āpajjissanti, vuddhi yeva bhikkhūnaṃ pāṭikaṅkhā no parihāni.

고의 경지에 이르지 않는 것으로 아라한을 성취하지 않은 단계이다. 중단하지 않을 것이라는 것은 계속해서 수행에 전념할 것을 의미하며, 계(戒)를 지키고 관(觀)하고 선정(禪定)해서 예류, 일래, 불환의 경지를 거친 후에 아라한의 상태에 도달하는 것이다. 아라한을 성취할 때까지 힘쓰라는 요지는 초기 불교의 수행목적을 말한 것이다.

이와 같이 '개인수행에 관한 7불퇴법'은 공동체 구성원들의 개별적인 성향을 중심으로 했고, 수행을 통해 공동체 구성원의 품성을 바로잡고자 했다. 붓다는 이러한 의도를 우선으로 했지만 우리는 고대 상가 공동체에 일어난 상황들을 짐작할 수 있다는 관점에서 '개인수행에 관한 7불퇴법'을 이해할 수 있다.

1.3 37조도품과 관련된 법

붓다는 비구들에게 37조도품(助道品)에 관계된 법들도 설명하고 있는데 살펴보자. 37조도품은 깨달음을 얻기 위한 실천원리로 열반에 도달하기 위한 37종류의 수행방법이다. 초기『열반경』텍스트에서는 37조도품이 완성되기 전 단계를 소개하는 섹션이 들어가 있다. 초기 불교의 대표적인 수행 방법인 37조도품은 상가 공동체의 수행체계를 분류한 조항들로 개인 수행정도가 공동체에 영향을 미칠 수 있다는 근거를 바탕으로 한다는 점에서 종전의 불퇴법과 같다. 하지만 이들 조항은 유교에서 보이는 '교육이 일부 지도층에 행해져 백성에게도 영향을 줄 수 있다'는 우월한 엘리트 의식에서 행해진 분류와는 다르다. 37조도품과 관련된 조항들은 인간근본의 심리 분석을 중심으로 하면서도 비구들에게 '정진하는 생활'을 강조한다. 불교 전반의 이해체계는 공동체 생활에서 개인내면의 종교성이 반영돼야 나올 수 있다. 37조도품의 이해는 공동체에서 개인의 내면 종교성을 반영한다는 사실을 입증한다.

> "비구들이 헌신적일 것, 수치심이 있을 것, 잘못을 두려워할 것, 지식이 많을 것, 열심히 노력할 것, 주의하여 기억할 것, 지혜를 공경할 것인 한, 비구들이 기대하는 번영은 쇠퇴하지 않을 것이다."[127]

이에 대해서는 『중아함경』의 「우세경」이 빨리본과 가장 유사하다. 비구에게 신앙이 성불의 소재가 된다는 신재(信財), 계율을 지키는 것이 성불의 소재가 된다는 계재(戒財), 부끄러움인 참재(慚財), 자신이 만든 죄를 타인에게 부끄럽게 여기는 마음인 괴재(愧財), 넓게 듣는 박문재(博聞財), 의복·음식·전택(田宅) 그리고 진귀한 보석 등 물질적인 재물을 타인에게 베푸는 시재(施財), 지혜와 보물을 의미하는 혜재(慧財)가 빨리본에서 언급한 것과 대응된다. 신재, 계재, 참재, 박문재, 시재, 혜재는 대승 경전에서 많이 언급된다. 빨리본과 대조하면, 초기 경전에서 영향 받았다는 주장이 타당성을 얻을 수 있다.

빨리본의 '헌신적인 것'이란 불·법·승에 안정적인 믿음이다. 안정적인 믿음은 요동하지 않고 흔들리지 않으면서 마음의

---

127) MPS {DN. x vi 1.8} ;Yāvakīvañ ca bhikkhave bhikkhū saddhā bhavissanti, hirimanā bhavisanti, ottāpī bhavissanti, bahussuta bhavissanti, āraddha-viriyā bhavissanti, upaṭṭhta-satī bhavissanti, paññavanto bhavissanti, vuddhi yeva bhikkhave bhikkhūnaṃ pāṭikhaṅkhā no parihāni.

기쁨을 얻을 수 있는 것으로 적극성을 가진다. 깨달음의 길로 접어들고 깨달음을 성취하는 데는 믿음이 매우 중요하다. 믿음이란 깨달음의 세계가 가장 가치 있는 세계이며 그 길로 가는 것이 가장 보람된 삶의 길이라는 확고함이 필수적이다.[128] 또 이 믿음은 상가에서 수행하는 것을 원하는 구도심(求道心)이며, 상가의 질서를 유지하는 원동력이다.[129]

믿음은 확고해서 의심의 여지가 없는 것으로서 부여받기도 하지만 다른 사람에게 줄 수도 있는 역동성을 지니며, 고정되고 일방적인 것이 아니라, 보리수나무 아래서 깨달음을 얻는 것, 스투파를 돌면서 수행하는 것, 스승에게 가르침을 받는 것 등의 불·법·승과 관련된 적극적인 믿음이다. 붓다는 특히 사성제를 믿는 것을 강조했다. 『유행경』에서는 이 부분을 "여래가 지진(至眞)·정각(正覺) 등의 십호를 두루 갖추었음을 믿어라"[130]고 해서 빨리본에서 언급한 불(佛)을 강조했다. 지진은 응공, 아라한을 말한다. 정각은 무상정등각자(無上正等覺者)로 올바로 두루두루 모든 것을 다 깨달은 사람, 완전하게 깨달은 사람이다. 십호란 붓다를 부르는 다른 표현으로 이 외에도 여래, 명행족, 선서, 세간해, 무상사, 조어장부, 천인사, 세존이라는 명칭이 더 있다. 이 명칭 하나하나를 이해한다는 것은 붓다가 어떤 인물인가를 설명하는 것이다. 십호가 붓다를 지칭하는 여러 낱말이지만 그 의미를 이해하는 것은 교리만큼이나 다양

---

128) 전호련, 「『華嚴經』의 善財童子 순례」『불교학연구』 제7호(불교학연구회, 2003), 419쪽.

129) 신성현, 「初期佛教에 있어서 戒와 律의 相補性」, 『동국사상』 25권(동국대학교 불교대학학생회, 1992), 49쪽.

130) 『遊行經』, T 1, 011c15, ;"一者有信, 信於如來·至眞·正覺, 十號具足." 여기서 지진은 아라한의 한역이다.

하다. 『불반니원경』에서는 "사람들이 물건을 나머지 사람들에게 베풀더라도 원망하는 뜻(恨意)이 없다면 법이 영원하다"[131]고 하여 앞의 두 경전과는 다르다. 보시 받지 못하더라도 다른 사람을 질투하지 말라는 의미일 수도 있고, 비구들에게 재물에 욕심을 부리지 말라는 의미일 수도 있다. 『반니원경』에서는 "신(信)이 있어야만 정희락(正喜樂)을 본다"[132]며 믿음이 있은 후에 올바른 기쁨이 올 수 있다고 한다. 정희락은 요동하지 않는 고요한 즐거움이다.

빨리본의 '수치심이 있을 것'이란 도덕적 수치심과 연결되며, 악을 멀리하는 참(慚)을 의미했다.[133] 『유행경』에서는 "자기가 지은 죄를 스스로 부끄러워한다"[134]로 빨리본의 참(慚)의 의미를 풀었다. 『불반니원경』에서는 "수참(羞慚)을 안다면 법은 영원하다"[135]며 다른 경전에서 참(慚)과 괴(愧)를 나눈 것과 다르게 하나로 묶었다. 『반니원경』에서는 "참이 있어 과오를 고치고 스스로 후회하는 것"[136]이라 했다.

빨리본의 '잘못을 두려워할 것'이란 악을 두려워하는 것이 전제되며, 자신이 한 일이 사회적으로 부끄러워 다른 사람으로부터 책망을 받아 괴로워하는 괴(愧)를 말한다. 『유행경』은 "자기가 지은 죄를 부끄럽게 생각하는 것"[137]이라 했다. 참은

---

131) 『佛般泥洹經』, T 1, 161a19, ;"人有惠彼物餘人, 不得有恨意, 法可久."
132) 『般泥洹經』, T 1, 176c10, ;"一當有, 信見正喜樂."
133) CMPS(2003), 34~38쪽.
134) 『遊行經』, T 1, 011c16 ;"二者知慚, 恥於己闕."
135) 『佛般泥洹經』, T 1, 161a20 ;"當知羞慚, 法可久."
136) 『般泥洹經』, T 1, 176c11 ; "三當有慚, 改過自悔." 다른 경전들과 순서상에 차이가 있다.
137) 『遊行經』,T 1 ; "三者知愧, 羞爲惡行."

내면에서 우러나오는 양심에 작용한다면, 괴는 사회적인 제재가 적용되는 법칙으로 밖으로 드러난 것이다. 일종의 법을 어겨서 사회적으로 지탄받는 경우가 여기게 속한다.

빨리본의 '지식이 많을 것'이란 경전을 배워서도 가능하고 자신을 통찰해서도 가능하다. '경전을 통해 가능하다'는 것은 경전에 나오는 교리 가르침을 잘 외우는 것, 붓다가 한 말을 지키는 것, 그리고 스승의 말을 숙지하는 것이다. '자신을 통찰해서 가능하다'는 말은 해탈을 통해서 자유롭게 되는 것으로 예류, 일래, 불환, 아라한을 거쳐 사성제와 열반에 이르는 것이다. 『유행경』에서는 "자기의 들은바 상선(上善)·중선(中善)·하선(下善)의 의미가 심오해서 더러움이 없는 범행을 갖추는 것"[138]으로 듣는 사람의 근기에 따라 상중하로 나누었다. 『불반니원경』에서는 "경을 배우고 독송하고 외우며 그 깊은 뜻을 사유하면"[139]이라고 했다. 『반니원경』에서는 "다문(多聞)과 독송(讀誦)을 싫증내지 않는 것"[140]이라고 했다. 많이 읽는 것과 소리 내서 외우는 것은 경전을 후대에 전하는 역할도 하지만 '수지 독송'하면 공덕을 얻을 수 있다는 신념에서 비롯된다. 다문은 텍스트를 공부하는 것으로 빨리본에 의하면 위대한 가르침을 가진 사람에게 듣는 것을 말한다.

『사만다빠사디카』 율장 주석서에 의하면, 보조자, 모임에 참석하는 사람, 비구를 가르치는 사람, 진리를 알고 있는 사람의 네 부류의 사람들 중, 앞에 언급한 세 부류의 사람을 '교계의

138) 『遊行經』, T 1, 011c17～011c18. ;"四者多聞, 其所受持, 上中下善, 義味深奥, 清淨無穢, 梵行具足."

139) 『佛般泥洹經』, T 1, 161a23 ;"學讀經當諷誦惟其深義."

140) 『般泥洹經』, T 1, 176c12 ;"多聞諷誦無厭."

무리(Ovādavagga)'라고 해서 '가르치고 훈계해야 될 사람들'이라고 정했다.

빨리본의 '열심히 노력할 것'이란 정신적으로 신체적으로 책임 있게 의무를 다하라는 것이다. 특히 팔등지(八等持)를 통해 홀로 있으면서 정신적 의무를 다하라는 것이다. 팔등지는 4정려와 4무색정에 들어가는 8정(定)을 말한다. 4정려는 '고요함과 지혜가 있어 자세하게 생각하라'는 색계 사선정을 말하며, 4무색은 공무변처·식무변처·무소유처·비상비비상처로 형태에 구애되지 않는 네 가지의 선정을 말한다. "고행을 부지런히 행하는 것"이며 "악을 없애고 선을 닦아서 부지런히 익혀 버리지 말라"[141]와 "앉거나 일어남에 서로 고(苦)를 싫어하지 않는 것"[142] 등도 초기 텍스트에서 거론된다. 고행을 행하는 것이 붓다의 가르침을 숙지하는 것으로 본 것이다. 또한 "계가 있어 삼가 보호하고 범하지 않아야 하는 것"[143]이라 해서 텍스트는 다르지만 계를 지키는 것을 고행과 연결시켰다.

자이니즘에 비하여 불교는 고행을 중시하지 않았지만 초기불교 텍스트에서는 고행을 수행의 근본으로 했다는 것을 여러 군데에서 발견할 수 있다. 기본적으로 불교는 고행을 최우선으로 하지는 않았다. 깨달음은 지혜의 힘에 의해 얻어지는 것이며, 육체를 괴롭히는 고행을 통하여서만 얻어지는 것은 아니기 때문이다. 고행은 의지를 강하게 하고 번뇌를 끊게 하지만 그 때문에 필요조건은 아니고, 혹독한 수행을 감내할 수 없는 출

141) 『遊行經』, T 1, 011c18 ; "五者精勤苦行, 滅惡修善, 勤習不捨."
142) 『佛般泥洹經』, T 1, 161a22 ; "坐起不相厭苦."
143) 『般泥洹經』, T 1, 176c10 ;"二當有戒愼護不犯."

가자도 있었기 때문이다. 그러나 이러한 엄격한 수행의 실천은 재가자들의 존경을 받았고 일부 수행자들의 공감을 불러일으켰다.[144] '고행을 부지런히 행하는 것'과 '고통을 싫어하지는 않는 것'은 수행자들에게 부정적인 체험이 긍정적인 결과로 이끌 수 있음을 강조한 것이다.

빨리본의 '주의하여 기억할 것'이란 념(念)을 말한다. "옛날에 공부한 것을 잘 기억하여 잊지 않는 것"[145]과 "앉거나 일어남에 마음으로 경법(經法)을 잊지 않는 것"[146]은 같은 맥락이다.

빨리본의 '지혜를 공경할 것'이란 지혜를 갖추고 5온을 사라지게 하는 것을 말한다. 지혜를 닦고 익히면 생하고 멸하는 법을 알게 되고 성현의 도에 나아가 모든 괴로움의 근본을 끊을 수 있다. 경전에 있는 가르침을 밝게 이해하는 것이 지혜를 깊게 행하는 것이다.

초기 『열반경』의 텍스트에서 보인 37조도품과 관계된 7법은 공동체 구성원의 수행법을 구체화한다. 37조도품과 관련한 법은 4념처(念處), 4정근(正勤), 4신족(神足), 5근(根), 5력(力), 7각지(覺支), 8정도(正道)로 그 숫자를 합하여 37각분(覺分)이 된다.

1.4 7각지와 연관된 법

7각지와 관련된 것은 빨리본 1.9에 나온다. 37조도품에 속하

144) 신성현, 「提婆의 婆僧事 問題」 『불교학보』, 제 33권(동국대학교 불교문화연구원, 1996), 17쪽.
145) 『遊行經』, T 1, 011c19 ; "六者昔所學習, 憶念不忘."
146) 『佛般泥洹經』, T 1, 161a22 ;"坐起心不忘經法."

는 것이 7각지이지만, 초기 『열반경』 텍스트에서 이 부분을 따로 강조했기 때문에 섹션으로 묶었다. 각지(覺支, bodhyaṅga)는 각(覺)의 'bodhi'과 지(支)의 'aṅga'로 되어 있다. 각(覺)은 깨달음이라는 말로 음을 따서 보리(菩提)라고도 하며, 지(支)는 한자로 분(分)이라고 번역한다. 각지라는 말을 풀어보면 '깨달음의 가지들'이며 깨달으려면 여기서 언급한 '념(念), 택법(擇法), 정진(精進), 희(喜), 제(除), 정(定), 사(捨)'의 일곱 가지 것들이 필요하다. 그렇다면 7각지를 빨리본에서 어떻게 말했는지 살펴보자.

> "비구들이 념각지를 수습하는 한, 택법각지를 수습하는 한, 정진각지를 수습하는 한, 희각지를 수습하는 한, 제각지를 수습하는 한, 정각지를 수습하는 한, 사각지를 수습하는 한, 비구들이 기대하는 번영은 쇠퇴하지 않을 것이다."147)

『우세경』에서 이 부분을 "만약 비구가 신력(信力), 정진력(精進力), 참력(慚力), 괴력(愧力), 념력(念力), 정력(定力), 혜력(慧力)을 성취한다면 비구는 필승하게 되어 곧 법이 쇠망하지 않는다."148)라고 했다. 『우세경』은 빨리본과 가장 유사하다.

념각지는 불도(佛道)를 수행함에 있어서 항상 잘 생각하여

---

147) MPS {DN. x vi 1.9} ;Yāvakīvañ ca bhikkhū sati- sambojjhaṅgaṃ bhāvess anti, dhammavicaya-sambojjhaṅgaṃ bhāvessanti, viriya-sambojjhaṅgaṃ bhāv essanti, pīti-sambojjhaṅgaṃ bhāvessanti, passaddhi-sambojjhaṅgaṃ bhāvessa nti, samādhi-sambojjhaṅgaṃ bhāvessanti, upekhā-sambojjhaṅgaṃ bhāvessant i, vuddhi yeva bhikkhave bhikkūnaṃ pāṭikhaṅkhā no parihāni.

148) 『雨勢經』, T 1, 649c29～650a01 ; "若比丘成就信力・精進力・慚力・愧力・念力・定力, 成就慧力者, 比丘必勝, 則法不衰."

정(定)과 혜(慧)가 한결같게 하는 것을 말한다. 염(念)은 '기억하다', '외운다'라는 뜻으로 산스끄리뜨어로는 스므리티(smṛti)라고 하며, 기억만 하는 것이 아니고 기억해서 외우는 것이다. 염하는 대상은 부처님만을 염하는 것이 아니고 불·법·승을 염하는 것으로 마음속에 염하는 바가 있으면 항상 염할 수 있다.

'택법각지'는 모든 법을 지혜로 살펴서 선악의 진위를 가리는 것이다. 택법은 법을 택하는 것으로 선택해 고른다는 뜻이다. 택법이란 말 대신 지혜라는 말을 쓰는 경우도 있는데, 택법을 잘 하기 위해서는 지혜로워져야 할 필요가 있기 때문이다.

'정진각지'는 수행할 때에 용맹한 마음으로 쓸데없는 사악한 행동을 없애고 바른 도에 전력해 게으르지 않는 것이다. 정진은 끊임없이 계속 노력하는 것으로 택법을 잘해야 정진할 수 있다.

'희각지'는 선한 법을 얻어서 기뻐하는 마음을 말한다. 희(喜)는 낙천적인 성격을 지니며 안정되고 평온한 기쁨으로 살아가는 것이다. 근심 걱정이 있는 우울한 삶이 아니라, 참된 법을 만나면 기쁨을 맛보는 삶이다.

'제각지'는 번뇌나 그릇된 견해를 없애버릴 때에 진실과 왜곡됨을 알아서 올바른 선근(善根)을 나게 하는 것이다.

'정각지'는 선정에 들어 번뇌 망상을 일으키지 않는 것이다. 선정은 정려(靜慮)라고 하기도 하는데, 집중시키는 것, 안정시킨다는 뜻이 있기 때문에 정(定)으로 번역됐다가 '선(禪)'과 합쳐져 선정이 된다.

'사각지'에서 사(捨)는 평안한 마음으로 사무량심의 자(慈)·비(悲)·희(喜)·사(捨) 중에 사(捨)를 말한다. 고(苦)·낙(樂)·

희(喜) · 비(悲)를 초월하여 마음의 편안함을 얻는 것을 의미한다. 분별, 구별, 차별을 다 없애는 마음이 '사'이다. 왜곡되고 진실되지 못한 것을 추억하는 마음을 버리는 것이다. 집착하지 않기 위해서 버리는 것이라는 설명도 가능하다.

계율은 엄격하게 말해서 윤리는 아니고, 비구 · 비구니의 공동체를 위한 규칙이다. 그러나 윤리적 배경이 없다면 설득력을 잃게 된다. 윤리적 배경은 객관적인 기준이 우선하겠지만, 설득력 있는 종교적 색채가 가미된다면 상대적인 윤리의 근거를 제공할 수 있다. 따라서 7각지의 수행법은 37조도품의 일부지만, 윤리적 설득력을 가지고 마음을 다스리는 원리를 지녔기 때문에 분리될 수 있었다. 출가 공동체의 특징은 개인의 온전한 수행생활들이 전제 되어야 건전하게 유지될 수 있는 구조를 지닌다. 이는 지도층의 청정성이 하부구조에 영향을 미칠 수 있다는 순진한 믿음과는 다른 것이다. 공동체 구성원 모두의 청정성이 전체 공동체의 청정을 대변한다는 연기적 그물망의 구조를 인정하는 것이다. 개인과 공동체는 서로 대립적 구도를 갖기보다 상호 연관성을 가졌고, 7각지와 관련된 법들은 공동체의 상하 관계가 아니라 그물망에 걸려 있는 관계구조를 지닌다. 7각지는 불교 수행의 방법이지만, 지혜로서 참되고 거짓되고 선하고 악한 것을 살피고 골라내는 작업이기 때문에 보편적인 윤리 기준을 보유한다.

1.5 상(想)과 연관된 법

상(想, saññā)은 지각 혹은 표상이라 해석되나, 아비달마 논서는 이를 취상성(取像性)으로 정의한다. '상'이라는 글자는 심(心)과 상(相)으로 구성된다. '심에 있어서의 상', 즉 마음에 있어서의 모습을 가리킨다. 상(想)과 상(相)은 음이 상통되어 있는 듯 보여도 의의는 다르다. 상(想)은 감수(感受)한 것을 상징하는 것으로서 표상, 상념, 관념, 개념을 말한다. 알다(jñā)란 어근에 종합하여(saṃ) 접두어가 붙는 이 말은 색채, 길이, 생명, 고락들에 관해 마음속에 생각되어 떠오르는 작용으로서 대상의 모습을 마음에 잡는 표상작용인 집상(執象)을 의미한다. 이것은 대상의 모습을 잡는 것으로서 오온의 하나이다.

초기 『열반경』 텍스트에서 이 상(想)과 연관된 7법을 볼 수 있는데, 외부 현상과의 감응에 주목한 것은 인간에 대한 분석을 전제로 했기 때문이다. 마음에 잡히는 표상 작용은 외부와 접촉해서 생겨나며, 대상을 인식한다. 소승 경전에서 '상'에 관련된 것은 십대지법의 하나로 보고, 대승 유식철학에서 오편행(五遍行)의 하나가 된다. 빨리본에서 '상'과 관련된 7법을 어떻게 거론하는지 살펴보자.

"비구들이 모든 것을 무상하다는 생각(無常想)을 닦고,
모든 것은 무아라는 생각(無我想)을 닦고,
모든 것은 부정하다는 생각(不淨想)을 닦고,
모든 것은 괴롭고 근심스러운 것이라고는 생각(苦想)을 닦고,

모든 것은 버리고 떠나야만 할 것이라는 생각(捨離想)을 닦고,
모든 탐욕은 떠나야만 할 것이라는 생각(離貪想)을 닦고,
모든 것은 멸해 간다는 생각(滅想)을 닦을 때,
비구들이 기대하는 번영은 쇠퇴하지 않을 것이다."[149)]

『유행경』에서 그 의미를 비교해 봄으로써 상(想)에 대한 7법을 알 수 있다.

"첫째는 몸이 깨끗하지 못함을 관찰하는 것이다.
둘째는 음식이 깨끗하지 못함을 관찰하는 것이다.
셋째는 세간에서 (머무는 것을) 즐겨하지 않는 것이다.
넷째는 항상 죽는다는 생각을 가지는 것이다.
다섯째는 무상하다는 생각을 일으키는 것이다.
여섯째는 무상은 괴로움이라는 생각을 일으키는 것이다.
일곱째는 괴로움은 무아라는 생각을 일으키는 것이다."[150)]

이 두 경전에서 상(想)에 관련한 7법은 순서상에서 차이를 보인다. 특히 무상(無常), 무아(無我), 부정(不淨), 고(苦)에 대한 상은 일치를 보였으나 다른 상에 대해서는 약간의 차이를 보인다. 무상이 괴로움이라는 언명은 직접적으로 고통의 논리적 근거를 무상에서 찾아야 한다는 것을 말한다. 사실 불교 철학

149) MPS [DN. x vi 1. 10] ;Yāvakīvañ ca (bhikkhave) bhikkhū anicca-saññaṃ bhavissanti, anatta-saññaṃ bhavissanti, asubha-saññaṃ bhavissanti, ādīnava-saññaṃ bhavissanti, pahāna-saññaṃ bhavissanti, virāga-saññaṃ bhavissanti, nirodha-saññaṃ bhavissanti, vuddhi yeva (bhikkhave) bhikkhūṇaṃ pāṭikaṇk hā no parīhāni.

150) 『遊行經』, T 1, 011c27～011c29 ;"一者觀身不淨. 二者觀食不淨. 三者不樂世間. 四者常念死想. 五者起無常想. 六者無常苦想. 七者苦無我想."

의 '무상에서 고, 고에서 무아'라는 존재적인 계기성에서 고통은 제외되고 '무상에서 무아'라는 도식의 원리만을 설명한 것이다. 무아의 논리적 근거가 고통에 있다는 진술은 무상이 고통이라는 말과 마찬가지다. 무상이라는 말에는 감성적인 이미지도 포함되어 있는 듯하다. 또 인과론적인 존재상의 계기로 파악한다면, 연기법을 내포한다. 자아라는 존재는 연기적으로 즐거움을 수반하려는 속성이 있어서 존재 자체의 갈애를 기본으로 소유한다. '나의 몸이 깨끗하다'는 생각, 내가 먹는 '음식이 깨끗하다'는 생각, '세상이 즐겁다'는 생각은 주관성을 가진 즐거움을 동반한 작용이다. 이러한 즐거움에 대한 자각은 즐거움이 영원할 것이라는 지각을 수반한다. 경험적으로 사물이 무상하고 사물에 의존하는 '자아'도 무상하다는 것을 알게 되면 괴로움이 지각된다. 무상을 지각함으로써 괴로움을 체험하고, 무아 역시 계기적으로 경험된다. 이와 같이 연기적 원리는 무상, 고, 무아라는 상호 의존적인 구조를 통해 파악된다. 이런 연기적 상호 관계를 알지 못하면 마음이 동요되고 흔들리며 변화와 혼란이 거듭되기 때문에 정신적으로 불완전하게 된다. 출가자들이 마음에 잡히는 생각(想)을 안정시키는 것은 연기의 원리를 체득한 것이다.

1.6 여섯 가지 불퇴법

붓다는 다른 7법과는 구별해 여섯 개를 따로 구성했다. 이 법들은 각자의 수행보다도 다른 구성원들과의 상호 관계를 규정한다. 다른 텍스트와 다르게 『우세경』에서는 세존이 비구들을 위해 설한 위로법(慰勞法)이라는 독특한 해석을 하고 있는데, 수행자들이 지키기 어려워서 위로하는 법이라고 볼 수도 있을 것이다. 여섯 가지 불퇴법은 '동료 수행자들'을 위해 설하는 법이고, '공적으로 사적으로 보전할 것'을 후렴처럼 달았다. 수행자는 동료들과의 관계에서 행동, 언어, 생각을 조심스럽게 해야 하며, 분배는 평등하게, 계를 지키는 것은 자유로운 사상을 전제로 해서 해탈로 이끌어야 한다. 계는 깨달음을 실현하는 힘을 갖추었기에 아무리 미력하고 불완전할지라도 해탈로 이끌며 오히려 업의 속박에서 벗어날 수 있게 한다. 계는 업에 순응하는 힘이 아닌 업을 거스르는 힘이다.[151] 여섯 가지 불퇴법은 엄밀하게 말하면 계라고 할 수 없지만, 구체적인 계를 완성시키는 근본이 될 수 있다고 본다. 왜냐하면 공동체 구성원들의 상호 관계를 위주로 한 것이 계이기 때문이다.

"비구들은 동료 수행자들에게 자애로운 행동을 공적으로나 사적으로나 보전하여야 하는 것이다."[152]

"비구들은 동료 수행자들에 대해 자애로운 언행을 공적으로나 사적으로 보전하여야 하는 것이다."[153]

---

151) 신성현, 「10善에 대한 몇 가지 문제」『한국불교학』, 제 25권(한국불교학회, 1999), 363쪽.

152) MPS {DN. x vi 1. 11} ;Yāvakīvañ ca bhikkhū mettaṃ kāyakammaṃ paccupaṭṭhāpessanti sabrahmacārīsu āvī' c'eva raho ca, vuddhi yeva bhikkūnaṃ pāṭikaṅkhā no parihāni. 『유행경』, T 1, 012a08. ;"一者身常行慈, 不害衆生." (몸은 항상 자비를 행해 중생을 해치지 않는 것이다.)

153) MPS {DN. x vi 1.11} ;Yāvakīvañ ca bhikkhū mettaṃ kāyakammaṃ paccupaṭṭhāpessanti sabrahmacārīsu āvī' c'eva raho ca, vuddhi yeva bhikkūnaṃ pāṭikaṅkhā no parihāni.Yāvakīvañ ca bhikkhū mettaṃ vacī-kammaṃ paccupaṭṭhāpessanti sabrahmacārīsu. 『유행경』, T 1, ;"二者口宣仁慈, 不演惡言.

"비구들은 동료 수행자들에 대해 자애로운 심행을 공적으로나 사적으로 늘 보전하여야 하는 것이다."[154]

빨리본에서 신 · 구 · 의(身口意) 삼업은 '자애로운'으로 수식되어 적극적으로 업을 담론화시켰다. 자애로운 업의 상태를 초기 불교의 개념으로 규정해 보자. 후대의 "선한 행위는 하고 악한 행위는 하지 말라", "선한 말을 하고 악한 말은 하지 말라", "선한 뜻은 품고 악한 뜻은 품지 말라"라는 선악의 이중적 표현과는 다르다. 원형은 자애로운 법이었으나, 후대 금지와 제재에 편리한 선과 악의 이분법적인 구조로 변모한다.

『상기띠 수따(Sangiti-Sutta)』에 의하면, 10善을 설명하면서 각각 "멀리 떠남(veramaṇī)"이라는 단어가 붙어 있어 악(惡)을 떠나고자 결의하는 계와 같은 성격을 가진다. 다른 10선의 자료에서도 10선은 '살생을 멀리 떠남', '주지 않은 것을 취하는 것을 멀리 떠남' 등으로 되어 있어, 악행에서 자발적으로 떠난다는 것이 중심이 된다. 이것은 악을 떠나 선을 행하고자 하는 노력이 그 근저에 숨어있다. 따라서 절대적으로 금지하는 규율이 아님을 경전을 통해 증명할 수 있다. 이 경전은 10선을 중심으로 했지만,[155] 초기 『열반경』에서 보인 삼업과 연관된다.

" (입은 인자한' 말을 하고 악한 말을 하지 않는 것이다.)

154) MPS {DN. x vi 1.11} ;pe··· mettaṃ mano-kammaṃ paccupaṭṭhāpessanti sabrahmacārīsu āvī' c'eva raho ca, vuddhi yeva bhikkūnaṃ pāṭikaṅkhā no parihāni. 『유행경』, T 1, 012a09. ;"三者意念慈心, 不懷壞損." (자비로운 마음의 생각을 품어 무너지거나 잃지 않을 것이다.)

155) 신성현, 「10善에 대한 몇 가지 문제」『한국불교학』, 제 25권(한국불교학회, 1999), 366쪽.; 10선(善)과 10악(惡)은 초기경전에서 대승경전 전반에 걸쳐 나타나 있으며, 10악은 몸으로 행하는 살생(殺生), 투도(偸盜), 사음

초기불교의 방식대로 자애로운 에너지를 경쟁력으로 삼아 삼업을 주관한다면 이분적 구조로 보지 않더라도 선업과 악업의 이중적인 극단에서 벗어나는 동시에 업을 두 가지로 재단하는 일도 없지 않을까?

선업과 악업은 자신의 행위만을 중요시한다.[156] 그래서 현재의 삶에 중심을 두어 삶을 미시적으로 접근하게 만들고, 자애로운 업은 미래의 삶까지 희망차고 매력 있게 만드는 거시적인 시각을 제안한다고 본다. 복잡할수록 선과 악의 교란에서 벗어나기 힘들고, 단순하고 평온할수록 풍부한 자애로운 업을 음미할 수 있다. 선과 악은 칭찬과 비판의 강박 관념을 수반해서 심리적인 부담감을 안겨주지만, 업과 담론을 함께 한 자애로움은 낙천적이고 애정 깊은 시선을 가지고 있기 때문에 존재 가치를 더 높여준다. 유익하고 자애로운 말과 행위, 그리고 뜻은 고대나 지금이나 행하기 어렵다. 그러나 비구들은 몸, 언

(邪淫)의 3악과 입으로 행하는 망어(妄語), 양설(兩舌), 악구(惡口), 기어(綺語)의 4악, 그리고 뜻으로 행하는 욕탐(欲貪), 진애(瞋恚), 치음(痴暗)을 의미한다.(신성현, 위의 책, 359쪽, 참조) 악을 신구의(身口意) 삼업을 통해 세분화하여 설명한다. 10선에 부합되는 행위가 선이며, 이에 반하는 행위는 악이라고 이분법적으로 설명하면서 논문을 시작한다. 『상니띠 수따(Sangiti-Sutta)』를 거론하면, 10善을 계율과 일부분은 합치된다고 소개한다.

이 논문에서는 다음과 같이 논하고 있다. "집단화되어 가는 교단을 정렬 정비하면서 10선은 그 가치가 빛을 잃었다. 집단 사회에서는 현대사회에서의 법률과도 같이 그 규율은 외견상 나타난 결과에 따라서 판정을 내릴 수밖에 없어진다. 행위 각각에 대한 동기에 까지 연장시켜 묻는 것이 사실상 불가능하기 때문이라고 한다. 그래서 10선을 계로 받아들이기 어려웠다고 본다."(신성현, 위의 책, 369쪽, 참조) 그러나 연구자의 의견은 좀 다르다. 행위에 따른 동기 부여는 초기 불교 공동체 구성원을 교화시키기 위한 가장 근본적인 핵심이라고 생각한다.

156) 신성현, 「初期大乘佛教의 戒相變化와 그 發展」『한국불교학』, 제 18집 (한국불교학회, 1993), 392쪽.

어, 뜻에 근거해서 소통해야한다. 삼업이라는 상투어는 공식화된 교리지만, 경전마다 다른 방식으로 표현되어 교단 구성원들에게 부과된다.

> "비구들이 여법하게 얻어진 규칙에 맞는 바른 (보시물)은 가령 한 발우 분의 음식일지라도 지계자 · 범행자들과 고르게 나누어 먹는 것이다."[157]

똑같은 수로 보시물을 나누었던 것은 납수나 나이에 따른 분배가 아니었다. 차별적으로 받은 보시물일지라도 균등하게 분배한 것이다. "깨끗한 보시물을 얻어 여럿과 함께 나눠 평등하게 차별 없이 할 것"[158]이라는 『유행경』의 지적도 마찬가지다. 출가자와 재가자의 상호관계는 『우세경』의 "만일 법에 이익이 있으면 법으로 이익을 얻을 것 같이, 공양물에서부터 발우 안에 있는 자기 밥에 이르기까지 이익을 나누는 것이 보시"[159]라는 말에서도 알 수 있다. 출가자는 재가자에게 법 보시하고 재가자는 출가자에게 물질적 공양을 하는 것이다.

초기 경전에서 보시물의 평등분배가 있었다는 사실에 주목하는 이유는, 불교가 중국으로 넘어가서 보시물을 출가자의 납수를 고려해서 분배하는 구조로 전환되었기 때문이다. 초기 시

---

157) MPS {DN. x vi 1.11} ;Yāvakīvañ ca (bhikkhave) bhikkhū ye te lābhā dhammikā dhamma-laddhā antamaso patta-pariyāpanna-mattam pi tathārūpehi lābhehi appaṭivibhatta bhogī bhavissanti sīlavantehi sabrahmacārīhi sādhāraṇabhaṅī vuddhi yeva bhikkhave bhikkhūnaṃ pāṭikaṅkhā no parihāni.

158) 『遊行經』, T 1, 012a10, ;"四者得淨利養, 與衆共之, 平等無二."

159) 『雨勢經』, T 1, 650a24～650a25, ;"若有法利, 如法得利, 自所飯食, 至在缽中, 如是利分, 布施."

대의 출가자 수에 따른 균등분배가 중국으로 넘어가서 권위에 따른 분배로 방향을 틀어 납수가 많은 비구나 상수 비구들에게 더 많은 이익을 분배하는 경향으로 굳어졌던 것이다. 초기 텍스트에서 얻을 수 있는 것은 변화되기 전의 교리와 가르침이다. 전환된 규칙을 원형이라고 고정하는 것은 정법이 지닌 내재적인 전파력을 왜곡한 것일 뿐이다.

> "비구들이 계들은 파괴되지 않고, 과실이 없고, 더러움이 없고, 결점이 없고, 자유로와 지자(智者)에게 칭찬 받고, 오탁이 없고, 삼매로 전입(轉入)하는 것이다. 이와 같이 계들은 계(戒)에 평등함에 머무는 것이다."[160)]

붓다고사는 '자유로와'라는 경문을 영적인 의미로 이해하여 "욕망의 노예로부터 자유로워지는 상태를 주기 때문"[161)]이라고 해석했다. 곧 자재계(自在戒)이다. 이 부분을 다른 경전에서는 "어질고 성스러운 계를 수지하여 빠뜨림이 없고, 때 묻고 더러움이 없이 굳게 믿어 움직이지 않는 것"[162)]이라며 "만일 계가 있으면 이지러지지도 않고 뚫어지지도 않으며 더러움도 없고 검음도 없으며 땅이 다른 것을 따르지 않는 것과 같다. 성스러

160) MPS {DN. x vi 1.11} ;Yāvākīvañ ca bhikkhū yāṇi tāni sīlāni akhaṇḍāni acchiddāni akammāsāni bhuñissāni viññūpasatthāni aparāmaṭṭhāni samādhi-saṃvattanikāni tathārūpesu sīlesu sīla-sāmañña-gatā viharissanti sabrahmacārīhi āvī c'eva raho ca, vuddhi yeva bhikkhave bhikkhūnaṃ pāṭikaṇkhā no parihāni.

161) Rhys Davids, Sacred Books of The Buddhists vol. Ⅲ(PTS : London, 1977), 85쪽, n. 1.

162) 『遊行經』, T 1, 012a11, ;"五者持賢聖戒, 無有闕漏, 亦無垢穢, 必定不動."

운 칭찬을 받은 바, 선을 갖추며 수지한다"[163]고 했다. 『우세경』은 계를 처음에 생기게 한 근원에 대한 문구로 추정되는데, 불교 이전부터 있어왔던 관법에서 차용되지 않았나 의심된다. 이 문구는 땅을 관(觀)하는 방식이다. 초기 불교가 사물에 대한 통찰력을 통해 계를 발전시켜온 정황을 보여준다. 불교 전파는 붓다 개인의 주도에 의해 행해진 것이라는 사실을 무시할 수 없지만, 계가 불교 전반의 걸쳐 뼈대를 이루고 적극적으로 비구들을 단속했기 때문에 부파로 분열된 뒤에도 불교는 실질적인 성장을 이루었다고 볼 수 있다. 이처럼 계는 이지러지지 않고 뚫어지지 않고 더러움과 검음이 없는 것이며, 규제하는 것이 아닌 자유로운 상태이다. 후대의 계는 규제성, 엄격성이 강조되었기 때문에 초기의 원형과 차별된다. 인도의 자연법에서 불교의 정법이 나올 수 있다는 사실은 당시 자신들이 생각한 견해를 진리라고 여겼기 때문이라 하겠다. 그렇다면 이런 계들의 종착지는 어디인가? 아마도 계(戒)들이 발전하는 한 계속될 것이다.

> "비구들이 이것은 성스럽고 해탈로 이끄는 견해(見)이며, 그것을 실천하는 사람은 올바르게 고를 멸(苦盡)하여 나간다. 이 같은 견해(見)는 평등함에 머무르는 것이다."[164]

---

163) 『雨勢經』, T 1, 650a28, ;"若有戒不缺 · 不穿 · 無穢 · 無黑, 如地不隨他, 聖所稱譽, 具善受持."

164) MPS {DN. x vi 1.11} ;Yāvakīvañ ca bhikkhū yā'yaṃ diṭṭhi ariyā niyyāni kā niyyāti takkarassa sammā-dukkhakkhayāya tathārūpāya diṭṭhiyā diṭṭhi-sāmañña-gatā viharissanti sabrahmacārīhi āvī c'eva raho ca, vuddhi yeva bhikkhave bhikkhūnaṃ pāṭikaṇkhā no parihāni.

이 부분을 『유행경』은 “어질고 성스러운 도(道)의 견해로 괴로움을 아주 없애는 것”[165]이라고 풀이했고, 『우세경』은 “만일 이 견해가 있다면 성스러운 출요(出要)이며, 밝게 깨치고 깊이 통달하여 바르게 괴로움을 없앨 수 있다.”[166]고 했다. 여기서 말하는 견해(見)는 번뇌의 일종이 아니라, 지적인 번뇌와 수도로 말미암아 단절되는 것이다. 견도(見道)로 말미암아 번뇌를 끊어버리는 것이 바르게 통찰하는 길이며 해탈에 이르는 길이다.

여섯 가지 불퇴법에서 공통되는 것은 공적으로 또는 사적으로 비구들을 위해 법들을 보전하는 것이다. 그 내용은 바로 남과 나를 사랑하고 존중하며 받아들여 공경하는 것이다. 붓다가 다룬 주제가 광범위하기 때문에 일관성이 없어 보일지도 모르지만, 비구들을 위해 집약적으로 설한 조항들은 율장이나 결집 문헌 등에서도 유사하다. 경전에서 숫자로 열거했다는 것은 가장 중요한 것부터 나열했거나 시대적으로 정리된 순서일 수도 있다. 더불어, 인도 고대 사회에서 파생되어 나온 조항이라는 사실에 불교가 가진 시대적 깊이를 이해할 수도 있다.

2. 출가 공동체의 원형

초기불교에서 출가자는 고대 사회와 문화의 특수성을 함유한 성격을 가진 ‘포기(renounce)’로 표현되는데, 이 용어는 개인의 세간적 행복을 포기한자들을 의미한다. 그러나 실제로 출가

165) 『遊行經』, T 1, 012a12, ;"六者見賢聖道, 以盡苦際."
166) 『雨勢經』, T 1, 650b03, ;"若有見是聖出要, 明了深達, 能正盡苦."

자들은 커다란 것을 포기한 것이 아니라 커다란 것을 얻기 위해 집을 버리고 청정한 구성원 자격을 택했다고 보는 것이 옳다. 고대사회는 출가자인 특정한 인물들에 의해 유지되었다고 할 수 있다.

고대 공동체가 특정한 시대와 상황에서 특정한 인물들을 중심에 놓고 규범적 체계를 세웠다면, 그 핵심에는 윤리가 있을 것이다. 윤리라는 것은 상대적 원리에 의해 규정되기도 하지만 일반적으로 변하지 않는 옳음에 근거한다. 고대 텍스트에서 공동체 윤리는 상대적인 관점을 포함한 절대적 규칙에 해당한다. 의견의 다양성과 이해관계의 대립이 항상 존재하는 공동체에서 합리적인 동의를 제시한다는 것은 결코 쉽지 않다. 그러나 공동체는 번영의 삶을 위해서 결속에 바탕한 다수의 원리를 제시해야 하고, 그 다수의 구성원들에게서 나온 규칙은 또 공동체의 종교적 윤리가 된다.

붓다가 비구 전체 조직과 릿차비족과의 유사성을 나타내기 위해 상가 공동체라는 술어를 사용했다고 주목해 온 학자들은 공화국(gaṇa-saṅgha)의 정치 체제가 비구상가(bhikkhu-saṅgha) 모델[167]이라는 주장도 함께 제기한다. 이것은 다른 관점으로 본 원형설이다. 그렇다면 여기서 말하는 원형은 무엇인가?

율장과 초기 『열반경』에서 설명하는 7불퇴법은 어느 것이 원형일까? 후대의 공동체가 잘 짜여 있고 조밀한 법 조항들로 구성된 것에 비해, 『열반경』에서 논의된 법들은 긍정적인 표현으로 구성되어 있지만 매우 성글다. 예를 들면, 후대 율장들의 법들은 "~하지 마라(간접금지)"와 같이 규제와 제재인 반

167) Jayaswal, Hindu Polity, 86쪽.

면,[168] 초기 텍스트들에서는 "~하도록 하라"는 적극적인 표현으로 되어있다. 금지적 조항들이기보다 바람의 조항들로 구성되었다는 점에서 '원형'에 가깝다. 또한 후대의 상가 조항에 비해 초기 『열반경』에서 설해진 법들은 세밀하지 못하고 조직적이지 못하기에 원형적이다. 세밀하지 못하다는 표현과 조직적이지 못하다는 표현은 다듬어지고 엄격하지 못하다는 의미이다.

율장은 초기 불교에서 독특한 위치를 차지하는데, 그 이유는 상가 공동체만을 위한 조항들로 구성되었기 때문이다. 붓다 열반 후 상가 공동체가 경전을 결집하려 할 때 경장보다 앞서 먼저 송출되고 편찬되었다.[169] 율장은 비구생활의 중요한 두 가지 측면을 포함하고 있는데, 다른 상가 공동체와의 관계, 그리고 비구들이 일상적인 탁발에서 계속 만나는 상가 공동체 밖에 있는 재가자들과의 관계이다.[170] 상가 공동체가 견고한

168) 이 문제에 관련하여 신성현은 연구자와 다른 견해를 제시한다. 신성현의 논문(「初期佛敎에 있어서 戒와 律의 相補性」『동국사상』(동국대학교 불교대학학생회, 1992), 51~54쪽)의 언급을 요약한다면 다음과 같다. 계의 성격을 지적할 때 계의 학처에는 금지적 표현이 없다고 밝힌다. 악을 멀리하는 자발적인 정신력이기에 금지적 표현을 찾아 볼 수 없다는 것이다. 그는 바라이 1조를 예로 들면서, '해서는 안 된다(must not)'라는 금지적 표현은 사용되고 있지 않다고 한다. 단지 그는 상가로부터 추방을 의미하는 불공주(不共住)란 '같이 함께 생활하지 못한다'는 의미로 간접적인 금지의 표현이라고 할 수 있다는 것이다.(신성현, 위의 책, 51쪽) 그는 어디에서도 '~해서는 안 된다(should not-)'이라는 표현은 찾아볼 수 없다. 여기서도 간접적인 금지라고 한다. 이와 같이 금지의 규정을 보이는 것이 율의 특징이라고 강조한다.(신성현, 위의 책, 54쪽) 연구자는 '함께 머물 수 없다'를 '하지 마라'로 바꾸어 봄에는 무리가 있을 수 있겠으나, 신성현의 간접적 금지를 금지로 보고 초기 『열반경』 텍스트와 비교하고자 한다.

169) Cullavagga, 408쪽.

170) Uma Chakravarti, The Social Dimensions of Early Buddhism(1987), 55쪽.

기초 위에서 발전되었다는 것은 초기불교가 대중적 인기를 얻을 수 있었던 주요한 이유들 중 하나였다. 이것은 상가 공동체의 자치적 성격과 지도권의 자리다툼이 배제되고 화합이 촉진되었기 때문에 가능했다.

더불어 율장 자체의 확립도 상가 공동체의 화합의 징표가 된다. 율의 각 조문이야말로 상가를 굳게 결속시키는 원천이다. 율은 상가의 품위를 보전하는 힘을 가지고 있으며, 이러한 목적에 부응하기 위해 조문이 제정됐다. 율은 대중 생활을 원활하게 해주는 힘이 있는데, 단순한 도덕규범과 달리 법률과 유사한 구속력을 갖는다. 상가 공동체의 입장과 개개인의 입장에서 강조된 것으로 번뇌를 떨쳐내는 힘이 율에 있다. 세간의 법률에는 악을 다스리는 힘이 있지만 번뇌는 그렇지 못하다. 그래서 율은 출세간성을 가지나 상가 구성원을 안락하게 할 뿐 아니라 세간에 귀의하는 대상이기도 하다.[171]

율장은 가장 먼저 조직적인 형태를 갖추고 이후 여러 제도들을 만들어냈다. 상가 공동체의 엄격한 조항들은 점점 그 조직에 있어 치밀한 방향으로 흘러갔다. 그렇기 때문에, 상가 공동체를 이끌었던 주체인 붓다 자신과 그리고 그에게서 시작된 공동체 자체에서 그 근원을 묻는 것이 가장 타당할 것이다. 물론 붓다는 종교적 관점으로 상가 공동체에 힘을 실은 인물이다. 그가 지향하는 상가 공동체는 도덕적 전통을 이어받아서 견고하면서도 융통성 있게 전통을 수립했다. 붓다는 융통성 있고 도덕적이며 전통과 더불어 자각적인 분석을 종합하여 상가를 위해 일곱 가지의 변화할 수 있는 구체적인 법들을 구성하

171) 平川彰, 『율장연구』(박용길 역), 339쪽.

였다.

이 불퇴법들은 개인과 집단이 경험적으로 묶여져 있으며, 그 원리의 근간은 조직 구성원들의 개별성을 인정하지 않는다면 공동체의 축이 흔들린다. 이 법들은 개인을 다스림에 주안점을 두고 있기도 하지만, 최소한의 자유와 자발적인 동의가 함께 해야만 온전한 개인 수행의 완성도를 높일 수 있음을 대변하고 있다.

'함께 하는 공동체 생활'과 '혼자 깨닫는 수행자적 생활'을 동시에 갖는 상가는 불교를 다른 종교와 차별시킨다. 붓다는 상가를 통해서 이 두 가지 기능을 충실히 하도록 했는데, 사회적 공동체 속에서 종교 윤리를 전개하고, 내적 도덕과 외적 화합의 긴장관계를 해소하였다.

수행자들은 세속인들에게 모범이 돼야 하기 때문에 자연적 욕구를 절제하는 것은 물론 확대된 사회 안에서 재가자들의 의문을 풀어줘야 했다. 속세와 고립된 수행자는 불교 교리에서 말하는 연기적 상호 의존성을 알지 못하는 자들이다. 그러나 출가자들은 사회에 열려있는 자세로 임해야 했고 세속인들에게 청정한 삶이 무엇인가를 보여 주어야 했다. 반면에 세속인들은 출가자들의 생활을 통해 도덕 생활의 수준을 향상시켰고 사회 모순과 폭력 등을 효과적으로 제거할 수 있었다.

출가자들은 초기 공동체를 역동적으로 확장시키는 구심적 역할을 했는데, 그 근거를 7불퇴법에서 찾을 수 있다. 초기 텍스트에 의하면 구심점의 역할은 특정한 인물들에 의해 구현되었다. 왜냐하면, 고대 사회는 모든 쾌락을 포기한 인물이 사회적으로 중요한 기능을 했고 모범이 되는 인물들로 인해 변화를 맞는 경향이 강했기 때문이다. 붓다의 의도에 의하면, 공동체 의식의 구심적 역할은 출가자들에 의해 구현되는 것이 바람직했고 실제로 절제된 금욕생활은 출가자들에 의해 실현됐다. 붓다가 출가자를 위해 내린 7불퇴법은 절제된 윤리적인 생활이다. 그들이 지킨 법들은 그 범위나 정도에 있어서 일부 국한되고 패쇄적인 경향이 있지만 점진적인 변화의 바람을 타고 모든 존재에게 발현될 수 있는 여지를 남겨주었다. 그것은 폐쇄적인 상가 공동체만의 법칙들이 아니라 도덕성의 확산을 통한 영향력은 지금까지도 상가 공동체를 존립시킬 수 있었던 원동력이 되어 왔다.

3절 재가 공동체

붓다는 빠딸리 마을에서 재가들에게 가르침을 설하였다. 에피소드 6번이 이 절의 내용에 해당한다. 원전에서는 거사(gaha pati)라고 표현하고 있으나 통칭으로 재가자들을 말하기 때문에 혼용하여 사용하겠다. 거사의 사회적 위치, 경전에서 거론한 거사에 해당하는 용어 소개, 붓다가 거사들에게 설한 '불행하게 하는 법'과 '공덕을 얻는 법', 거사와 상가의 관계를 설명할 것이다.

1. 재가의 사회적 위치

거사는 출가하지 않는 사람을 가리킨다. 대승경전에서 재가 남자들을 지칭하는 용어로 고정되지만 초기 경전에서 거사는 확고한 계급적 지위를 가진다. 초기 문헌은 계층 구분에 있어서 이전의 사성계급과 차이가 있다. 초기 문헌에서 가장 흔한 분류는 끄샤뜨리야, 바라문, 거사, 사문이라는 구분이다.[172] 이것을 세간과 출세간의 범주로 나누어보면, 세간 범주에는 끄샤뜨리야, 바라문, 거사가 있고 출세간적 범주에는 사문이 있다.

---

172) MN Ⅰ, 103쪽; AN Ⅱ, 305~491쪽.; SN Ⅱ, 246쪽; MN Ⅱ, 199쪽.

세속에서 끄샤뜨리야, 바라문, 거사의 세 집단은 각각 권력, 종교, 경제의 기능적 역할을 담당한다.

이 가운데 거사의 사회적 지위는 어떠한가? 거사(gahapati)는 새로운 지위 체계의 변화를 반영하고 있다. 가하파티는 농경사회에서 상공업사회로 진입한 이후에 사회적으로 성공을 거둔 집단으로서 상가 공동체와 우호적인 관계를 형성하게 된다. 피터 버거(P.Berger)는 개인과 사회의 유기적 관계를 지적한 바 있는데, 사회와 교단 또한 유기적 관계가 있다고 볼 수 있다. 다시 말해 사회와 교단은 연기적 관계에 있다. 사회는 교단에 영향을 미치며 교단 또한 사회에 영향을 미친다.[173] 초기 문헌에 자주 등장하는 거사 집단의 성향은 어떠했는가? 그들이 교단에 미치는 영향은 사회와 교단과의 관계를 대변한다고 할 수 있을까?

'거사'라는 용어는 초기 문헌에 자주 나타나는데, 다양한 상황 속에서 사용되므로 고정적인 뜻을 가지고 있다고 말할 수는 없다.[174] 그러나, 다양한 의미들에도 불구하고 초기 불교에서 거사라는 존재는 바로 경제를 대표한다. 『증지부』에서 거사는 경제를 대표하는 아주 귀중하고 가치 있는 존재들로 그들 없이는 통치가 불가능했던 것[175]으로 서술된다. 『장부』에서도 거사가 사회적으로 중요한 집단임을 보여준다.[176] 초기 경

173) 신성현, 「大乘涅槃經 成立背景에 대한 一考」, 『東國思想』 26권(동국대학교 불교대학학생회, 1994), 75쪽.

174) Izutzu, The Structure of Ethical Terms in the Koran : A Study in Semantics(1959), 33쪽.

175) AN Ⅱ, 419쪽. 거사의 중요한 특징 중 하나는 이상적 통치자로 여기는 전륜성왕의 7보(寶)에서 알 수 있다. 일곱 가지 보물이란 수레바퀴, 코끼리, 말, 보석, 여자, 거사, 장군을 가리킨다. 그러나 이 책에서는 7보 대신 5보를 언급하며, 거사를 5보에 포함시켰다.

전들에서 가하파티는 불교가 든든한 후원자를 얻었다는 실례이며 불교가 정치와 사회뿐만 아니라 경제적으로도 설득력을 얻었음을 의미한다.

『마하박가(Mahāvagga)』는 붓다가 최초의 귀의자들을 얻고 난 직후 불교문헌에서 중요한 인물로 자주 등장하는 마가다국왕 빔비사라가 12만의 바라문과 거사들에 둘러싸여 붓다를 찾아가는 모습이 묘사되어 있다.[177] 『마하박가』에서 언급된 왕은 실질적으로 국가의 통치자였고, 바라문은 당시에 정신적인 지주의 역할로 종교적인 지위를 가졌으며, 거사들은 막대한 부를 소유한 집단이었다. 상가 공동체는 세력 있는 집단들의 지지가 있은 후에 점차적으로 대중적인 인기를 누렸다. 영향력 있는 왕과 바라문, 그리고 거사들의 집단은 상위층에 속하며 초기 시대부터 넓은 계층으로 확대할 수 있는 요소를 지녔다. 상가 공동체의 발전으로 붓다는 가능한 한 새로운 교리로 최대한의 청중을 끌어 모아야 한다는 결정을 내릴 수밖에 없었다.[178] 초기 불교 시대의 거사 집단은 상가 공동체의 발전에 매우 중요한 역할을 담당했음이 분명하다.

초기 불교에서 주의해야 할 것은 집단을 의미하는 상가라는 용어가 문맥마다 차이를 보인다는 점이다. 상가란 불교 교단을

176) DN Ⅲ, 110~138쪽. ;Lakkhana Sutta(32상경)은 전륜성왕을 다양하게 기술하고 있고, 수많은 거사들을 전륜성왕의 극히 중요한 자산으로 언급한다. 이 경에서 "거사가 왕에게 좋은 감정을 품을지 어떨지, 그들이 왕의 바람에 따를지 어떨지, 왕이 그들의 관심을 좌우할지 어떨지, 그들 사이에 내분이 일어날지 어떨지는 운에 달렸다"고 말한다.(114쪽); Dialogues of the Buddha Ⅲ, 141쪽.

177) Vinaya Pitakaṃ, Mahāvagga, 35~37쪽.

178) Vinaya Pitakaṃ, Mahāvagga, 6쪽. 이 결정을 내리기까지 붓다는 많은 고민을 한 것으로 보이며 어려운 결정으로 묘사했다.

의미하기도 하지만 정치적으로는 공화정 체제를 의미하고 경제적으로는 조합을 의미한다. 일명 길드의 역할이라고 할 수 있다. 거사 집단은 경제적으로 집단적 성격을 가졌기 때문에 일종의 조합이라 하겠다. 거사가 상가 공동체의 보시자가 될 수 있었던 것은 바로 막대한 재산을 가졌기 때문이다.[179] 초기 불교에서 거사는 왕을 제외하고 상가 공동체의 가장 큰 보시자 집단이며, 재산을 운영하고 관리하였다.

2. 재가 공동체의 다섯 가지 법

2.1 경전에서 거사의 범위

초기 『열반경』 텍스트에 의하면, 거사들은 집단적 성격을 가졌다. 붓다는 '거사들이여!' 라며 호격으로 그들을 불렀다. 단수가 아닌 복수로 불렀기 때문에 집단적 성격을 가진다. 인용문에서 호격은 생략한다. 『유행경』에서도 마찬가지인데, '청신사(淸信士)들에게 이른다'는 표현으로 집단성을 드러낸다. 거사들이 집단적 성격을 가졌기 때문에 그들이 가진 경제적 규모도 상대적으로 컸다. 한역 텍스트에서 언급한 거사들의 범위를 살펴보자.

---

179) Uma Chakravarti, 위의 책, 70쪽. ; 초기 문헌들에서 가하파티의 언급은 서술적인 구조를 지닌 것에 비해, 초기 『열반경』 텍스트에서는 직접적으로 가르침을 설한다. 초기 『열반경』 텍스트의 구조를 분석해 보면 그 당시 영향력 있는 집단에게 행한 구체적인 가르침을 번호로 나열하고 있다. 이 논의에서 『遊行經』과 『般泥洹經』의 순서는 빨리본에 맞추어 거론하고 일부는 생략하기로 한다. 붓다가 빠딸리 마을에서 거사들에게 가르침을 설한 에피소드가 중심 내용이다.

『불반니원경』에서는 서심(逝心)과 이가(理家)에게 "사람이 세간에 있으면 탐욕이 있어 스스로 방자하여 오악(五惡)이 있다"[180]고 한다. '서심'은 바라문을, '이가(理家)'는 거사를 말한다. 오악은 오계(五戒)에 배반되는 일이다. 그렇다면 오계는 무엇인가. 오계는 인자한 마음을 가지며 살아 있는 온갖 것에 자비를 베푸는[181] 불살생(不殺生), 남의 물건을 훔치지 않는 불투도(不偸盜), 성도덕을 지키는 불사음(不私婬), 거짓말하지 않는 불망어(不妄語), 술 마시는 것을 금하는 불음주(不飮酒)[182]이다. 『반니원경』에서는 '모든 범지와 거사'[183]를 거론하는데 범지는 바라문이다. 두 경전에서 모두 바라문을 포함시켰다.

『대반열반경』은 대중을 위해 설법을 행하고, 『근본설일체유부』는 다섯 가지 설법을 위한 대상을 바라문, 장자, 거사로[184] 한정한다. '청신사, 서심, 이가, 범지, 대중, 바라문, 장자, 거사' 등의 호칭은 경제적인 계층만을 위주로 한 것은 아니다. 『대반열반경』이 대승 성향을 지녔다는 점을 고려할 때, 『대반열반경』은 '대중'으로 표현해 사부대중으로 범위를 확대한 것이다. 각각의 경전에서 지칭하는 재가자들은 달랐다. 거사의 범위가 초기 『열반경』 텍스트에서 다양하게 거론된 것은 시대를 따라 『열반경』 편찬자들의 의도가 들어 있다고 보는 것이 타당하다. 여기서는 빨리본을 기준으로 해서 붓다가 설한 대상을 '거사들'로 규정하겠다.

---

180) 『佛般泥洹經』, T 1, 162b25～162b26, ;"佛告逝心理家, 人在世間. 其有貪欲。自放恣者。卽有五惡."

181) 『十善戒相』, T 14, 13-1.

182) 불음주는 출가자와 재가자 모두에게 적용된 계율이었다.

183) 『般泥洹經』, T 1, 177c07, ;"佛告諸梵志居士, 人在世間…"

184) 『根本說一切有部毘奈耶雜事』, T 24, 384b15, ;"諸婆羅門長者居士"

2.2 불행하게 하는 법

빨리본에서는 거사들의 특성에 맞게 “범부가 계를 어기면 다섯 가지 쇠모(衰耗)가 있다”고 한다. 쇠모는 ‘쇠하고 줄어든다’는 뜻이다. 계는 마음을 다스려야 지킬 수 있으며, 깨지기 쉽기 때문에 수행자적인 정신 자세가 필수적이다.

> “계를 범한 파계자는 게으른 결과 큰 재산의 손실을 입는다.”[185]

불행과 ‘재산이 줄어듦’[186]을 연결한 경전은 빨리본, 『유행경』, 『불반니원경』, 『반니원경』 등이다. “저 바라문 등이 게으를 때는 이 인연으로 소유하고 있는 재보와 수용하고 있는 물건이 모두 다 산실 된다”[187]고 한 것은 게으름과 재산 소멸을 관련시킨 것이다. 이런 경전들의 내용은 빨리본과 같다. 다른 경전들과 관점이 다른 『대반열반경』은 ‘금계(禁戒)를 지키고 범하지 말도록’[188] 했는데, 출가자에게 적용한 계율을 재가자에게도 엄격히 적용했다.

---

185) MPS {DN. x vi. 1.23} ;idha gahapatayo dussīlo sīla-vipanno pamādādhikaraṇaṃ mahatiṃ bhoga-jāniṃ nigacchati.

186) 『遊行經』, T 1, 012b17, ;“一者求財, 所願不遂.”; 『佛般泥洹經』, T 1, 162b27, ;“一者財產日耗減.”; 『般泥洹經』, T 1, 177c08, ;“一自放恣, 財產日減.”

187) 『根本說一切有部毘奈耶雜事』, T 24, 384b17～384b18, ;“一者若婆羅門等爲放逸時, 以此因緣所有財寶, 受用之物悉皆散失.”

188) 『大般涅槃經』, T 1, 195a05, ;“汝等從今, 護持禁戒, 勿得虧犯.”

"계를 범한 파계자들에게 나쁜 소문이 퍼진다."[189)]

고대 공동체에서도 평판은 중요했을까? "추한 이름과 나쁜 평판이 천하에 퍼진다"[190)]는 것과 "스스로 방자하여 추한 이름과 나쁜 평판이 두루 천하에 알려진다"[191)]는 것은 같은 맥락이다. 『유행경』, 『불반니원경』, 『반니원경』은 죽은 후에 공동체에게 남겨지는 평판을 강조한다.[192)] 『근본설일체유부비나야잡사』에서 "저 게으른 사람은 이 인연으로 나아가는 곳마다 대중이 모이는 곳에서 부끄러운 감정이 생기고 두려움을 품는다"[193)]고 했다. 공동체의 평판은 고대 사회가 조직적인 체계를 가지고 상호 의존적으로 관계하고 있음을 의미한다. 『대반열반경』에서는 "파계한 사람은 천룡과 귀신이 모두 미워하고 싫어하는 바가 되어 나쁜 평판이 유포되어 사람들이 좋게 보지 않는다"[194)]고 했다. 이것은 개인 명성에 타격을 입는 것 외에 천룡과 귀신의 신임을 잃고 사람들에게도 평판을 잃게 된다는 신비적인 요소가 가미된 것이다. 이 법은 천명을 거역한 이는 인심도 잃는다는 유교적 가르침과 유사하다.

---

189) MPS {DN. x vi. 1.23} ;puna ca paraṃ gahapatayo dussīlassa sīla-vipannas sa pāpako kitti-saddo abbhuggacchati.

190) 『遊行經』, T 1, 012b19, ;"四者醜名惡聲, 流聞天下."

191) 『般泥洹經』, T 1, 177c10, ;"四自放恣, 醜名惡聲, 周聞天下." 『佛般泥洹經』과 『般泥洹經』은 의미가 같다.

192) 『遊行經』, 『佛般泥洹經』, 『般泥洹經』의 이 부분은 4번째로 거론됐으나 2번째로 언급한다.

193) 『根本說一切有部毘奈耶雜事』, T 24, 384b19, ;"二者若放逸人, 以此因緣, 凡所趣向衆會之處, 情生愧赧又懷怯懼."

194) 『大般涅槃經』, T 1, 195a06, ;"破戒之人, 天龍鬼神, 所共憎厭, 惡聲流布, 人不喜見."

"계를 범한 파계자는 어떤 모임에 나갈지라도, 그것이 만약 끄샤뜨리아 모임이든지, 바라문 모임이든지, 장자의 모임이든지, 사문의 모임이든지 자신이 없고 불안감을 가진 채 나간다."[195]

계를 지키지 못한 자들은 집단생활에서도 적응하지 못한다. 끄샤뜨리아, 바라문, 장자, 사문은 그 당시 상위 계층이다. '붓다 제자들이 상층에 경도된 경향이 있다'라는 주장도 이 문구에서 연유한다.

"이르는 곳마다 대중들의 공경하는 바가 되지 못 한다"[196], "많은 사람들의 공경하는 바가 되지 못하여 죽을 때 회한이 있다"[197], 그리고 "대중 가운데 있더라도 홀로 위엄과 덕망이 없어 모든 선한 귀신이 다시 수호하지 않는다"[198]는 언명은 의미상 동일하다. 고대에도 대중에게 신임을 얻지 못하는 개인은 존재 가치를 잃었다. 『근본설일체유부비나야잡사』에서 말한 "저 게으른 사람은 이 인연으로 나쁜 명칭이 있어 사방에 두루 퍼진다"[199]는 말도 다른 경전들과 같다. 거사는 다른 집단의 선망의 대상이었지만, 대중의 평판과 직업에서 자유로울 수 없었다. 거사들의 경제적 활동은 상공업이었으며, 상공업의 특

---

195) MPS [DN. x vi. 1.23] ;puna ca paraṃ gahapatayo dussīlo sīla-vipanno yaṃ yad eva parisaṃ upasaṃkamati, yadi khattiya-parisaṃ yadi brāhmaṇa-parisaṃ yadi gahapti-parisaṃ yadi samaṇa-parisam, avisārado upasaṃkamati maṇku-bhūto.

196) 『遊行經』, T 1, 012b19, ;"三者在所至處, 衆所不敬."

197) 『佛般泥洹經』, T 1, 162b28, ;"三者衆人所不敬, 死時有悔." 『般泥洹經』과 같다.

198) 『大般涅槃經』, T 1, 195a07, ;"在衆中, 獨無威德, 諸善鬼神, 不復守護."

199) 『根本說一切有部毘奈耶雜事』, T 24, 384b20, ;"三者若放逸人, 以此因緣, 有惡名稱流遍四方."

성상 폐쇄적이기보다는 열려 있어야 하므로 다른 집단 간의 관계 설정이 그들에게 중요한 요인으로 작용했다.

> "계를 범한 파계자는 불안과 함께 죽는다."[200]

위의 말은 불교의 윤회, 업, 연기설이 갖는 윤리적 의미를 부각시킨 것이다. 불안을 안고 죽는다면 어떤 심정일까? 죽을 때의 회한은 결생심(paṭisandhi : 재생연결)과 연결된다. 결생심은 죽기 직전에 생각한 곳으로 윤회하고 태어난다는 아비담마 교설에서 나왔다. 깨달은 사람은 죽을 때 후회나 회한을 남기지 않지만, 범부는 죽을 때 후회와 회한을 남긴다. 이런 이유 때문에 아비담마는 임종직전에 가지는 개인의 마음태도를 중시한다.[201] "목숨이 다할 때에 이르러 심식(心識)이 두려워 설사 작은 선(善)이 있더라도 모두 기억하지 못하고 죽는다"[202]와 "저 게으른 사람은 이 인연으로 목숨을 다할 때 마음에 회한이 생긴다"[203]는 말은 빨리본과 마찬가지로 죽음과 연결된다.

사람이 죽을 때, 마음 상태인 바왕가(bhavaṇga) 즉 죽음의 마음이 나타난다. 바왕가가 생길 때 생긴 대상은 다음 생과 연결된다. 임종 직전의 사람은 고결하고 선한 마음을 가지는 것

---

200) MPS {DN. x vi. 1.23} ;puna ca paraṃ gahapatayo dussīlo sīla-vipanno sammūḷho kālaṃ karoti.

201) 대림, 각묵스님, 『아비담마 길라잡이』(초기불전연구원, 2002), 302~305쪽.

202) 『大般涅槃經』, T 1, 195a08, ;"臨命終時, 心識怖懼, 設有微善, 悉不憶念死."

203) 『根本說一切有部毘奈耶雜事』, T 24, 384b21, ;"四者若放逸人, 以此因緣, 臨命終時心生悔恨."

을 중요하게 여겨 죽기 전에 선한 마음을 일으키도록 유도한다.[204] 죽음의 마음이 없어질 때 생명기능은 끊어진다. 불행에 관련된 이 법은 죽을 때 마음이 불안하거나, 회환이 남거나 또는 선한 마음을 기억하지 못한다면 다음 생과 연결되는 삶 자체에 좋은 영향을 주지 못한다. 반면에 "도의(道意)를 알지 못한다"[205]와 "스스로 방자하여 몸이 도를 잃고 위태로울 것"[206]이라고 한 『불반니원경』, 『반니원경』의 언급[207]은 중국에서 역경(譯經) 되면서 유교와 도교 사상의 영향을 받은 것이다.

> "계를 범한 파계자는 몸이 무너져 죽은 후에 악생(惡生), 악취(惡趣), 고취(苦趣), 지옥(地獄)에 태어난다."[208]

과연 악생, 악취, 고취, 지옥과 같은 곳은 존재하는 것일까? 초기 경전의 윤회에 대한 설명이 공간적이고 시간적인 배경을 지닌 것으로 오해되기도 하지만 사실상 그렇지 않다. 지옥이라는 세계, 아귀라는 세계, 축생이라는 세계에 들어가는 것은 윤리적인 업설에 근거한 의도적 행위에 따른 설정이지, 공간적이고 시간적인 장소나 시점을 의미하지 않는다. 다시 말해서 마음이 일어나는 곳을 의미하는 것이다.

업설의 윤리적인 기준이 현재 삶을 규제하는 이유는 사후

204) Vism XVII.142

205) 『佛般泥洹經』, T 1, 162b27, ;"二者不知道意."

206) 『般泥洹經』, T 1, 177c09, ;"二自放恣, 危身失道."

207) 『佛般泥洹經』, 『般泥洹經』에서는 이 부분은 원래 2번째로 거론됐으나 연구자는 4번째로 언급한다.

208) MPS {DN. x vi. 1.23} ;puna ca paraṃ gahapatayo dussīlo sīla-vipanno kāyassa udam bhedā param maraṇā apāyaṃ duggatiṃ vinipātaṃ nirayaṃ uppajjati.

세계가 존재한다는 믿음 때문이다. 현재의 삶이 마지막이고 궁극적인 결과라면, 사후의 세계에 대한 가정 또한 있을 수 없다. 악생, 악취, 고취, 지옥의 세계가 존재할 것이라는 믿음이 부정적인 것만은 아니다. 『유행경』은 이 부분을 "몸이 무너지고 목숨이 다함에 마땅히 지옥에 들어갈 것이다"[209]고 설한다. 지옥은 초기 경전에서 다음 생에 태어나는 불행한 상태를 의미한다. 지옥은 불교의 우주관에 의하면, 가장 낮은 단계를 표현한 것이다. 그곳에는 극심한 고통이 있기 때문이다. 아귀는 '굶주린 귀신'으로 항상 배고픔과 목마름을 겪는 존재로 욕계 악처에 속한다. 축생은 지옥보다 고통이 덜하지만 괴로움이 많은 곳으로 선한 업을 짓는 기회를 만나지 못하는 비참한 세계이다.

"죽어서 지옥 등 삼악도(三惡道) 가운데 들어간다"[210]와 "스스로 방자하므로 몸이 죽어 귀신이 삼악도에 떨어진다"[211]와 같이 『불반니원경』과 『반니원경』는 삼악도를 언급한다. 『대반열반경』은 "업을 따라 지옥의 고통을 받고, 여러 겁(劫)을 지난 후에야 벗어날 수 있으나 다시 아귀와 축생의 몸을 받는다"[212]며 축생과 아귀를 거론했지만 삼악도에 아수라를 포함시키지 않았다. 악업을 지으면 삶 자체가 지옥이 되는 셈이다. 『근본설일체유부비나야잡사』에서 "저 게으른 사람은 이 인연으로 목숨이 마친 후에 지옥, 아귀, 축생에 떨어진다"[213]며 게

---

209) 『遊行經』, T 1, 012b20, ;"五者身壞命終, 當入地獄."

210) 『佛般泥洹經』, T 1, 162b29, ;"五者死入地獄三惡道中."

211) 『般泥洹經』, T 1, 177c11, ;"五自放恣, 身死魂神墮三惡道."

212) 『大般涅槃經』, T 1, 195a09～195a10, ;"隨業受地獄苦, 經歷劫數, 然後得出, 復受餓鬼畜生之身."

213) 『根本說一切有部毘奈耶雜事』, T 24, 384b22～384b23, ;"五者若放逸人,

으름과 지옥, 아귀, 축생을 연결시켰으나 아수라는 포함시키지 않았다.

각각의 경전은 욕계 세계의 악처를 말하는데, 다음 생에 태어나는 불행한 세상, 비참한 곳은 악업을 저지른 자들이 악행의 결과로 태어난 곳이다. 지옥은 불교의 우주관에 따르면 가장 낮은 세계이며, 죽는 순간에 한 찰라의 여유도 없이 곧바로 들어가는 곳이다. 불행이 되는 마지막의 법은 죽은 후까지의 상황을 강도 높게 설정한다.

2.3 공덕을 얻는 법

거사의 등장이 출가자에게 보시만을 하는 공급자의 역할뿐만 아니라 청정한 계를 지키는 교리적 훈련까지 할 수 있었다면 의미가 남다르지 않을까. 고대 거사의 등장은 경제와 윤리가 각각 어떻게 융합되면서 자리 매김 하는가를 보여준다. 경제와 윤리가 충돌하지 않고 공존하는 것이 가능한가? 거사의 등장은 독특한 일면을 제시하는데, 초기 계율의 전통성을 해체하지 않으면서 모든 관계를 금전적인 연계로 환원하는 이기심도 방치하지 않았다.

"계를 지니고 좋은 습관을 지키는 자는 게으르지 않으므로 커다란 부를 얻게된다."214)

以此因緣, 命終之後墮於地獄餓鬼傍生."

214) MPS [1. 24.] ;Idha gahapatayo sīlavā sīla-sampanno appamādā- dhikaraṇa ṃ mahantaṃ bhogakkhandhaṃ adhigacchati.

거사계층은 인간 욕구를 합리성을 통해 경제적으로 발전된 세계로 나아가는 발판을 제시하면서도 부끄럽지 않은 인간관을 내포한다. 고대에도 경제는 점점 윤리를 대체해 가고 있는 실정이다. 『유행경』에서 "재산이 생기고 증대한다"[215]와 『불반니원경』에서 "재산이 매일 증가함"[216]도 같은 입장이다. 부지런함이 거사의 부귀함으로 결론 내려지는 것도 윤리적인 의식을 대변한다. 자생적으로 독립된 계층에서 합리성과 도덕성을 함께 볼 수 있다면, 그 시대의 주도적 입지를 굳혔다고 본다. 경제적인 권력을 차지하고 진정성까지 갖춘 계층들이 유력한 인사가 되는 것은 시대의 필연이다. 고대 모든 집단이 주체가 되어 상대방을 인정하는 다양한 구조로 진행되는 상황에서 거사도 구성원으로 독특하게 인정된다.

> "계를 지니고 좋은 습관을 지키는 자는 반드시 좋은 평판이 나게 된다"[217]

경제력과 함께 윤리의식을 가진 거사들의 평판은 왜 부각되는가. 고정되고 경직된 사회구조 속에서는 특정 집단과 인물에 대한 평판은 묻혀진다. 인물과 집단의 평가를 부각시킨 것은 사회적 변화를 예고한다. 올바른 안목이 자리잡아가고 사회가 차츰 고급스러워지는 상황 안에서 거사들은 등장한다. 거사 집단이 역사에 관여하는 방식은 효율적인 정치권력의 창출을 위

215) 『遊行經』, T 1, 012b22, ;"二者所有財產, 增益無損."
216) 『佛般泥洹經』, T 1, 162c01, ;"一者財產日增."
217) MPS [1.24] ;gahapatyo sīlavato sīla-sampannassa kalyāṇo kitti-saddo abbhuggacchati.

한 목적이나 사회 통제 수단으로 활용되던 시대가 지나갔음을 의미한다. 거사는 권력구조의 관점이 아니라 문화현상 속에서 나타난 자연스런 흐름으로 재구성된 집단이다. 공동체 구조에서 우월한 계층은 보다 열등한 계층에 대해서 흔히 지위나 신분을 이유로 배타적인 태도를 취하거나, 이들을 경계지역 바깥으로 내몰려한다. 인도의 카스트가 그렇다. 평판의 중요성은 한역 『열반경』에서도 동일하다. 『유행경』에서 "사람들이 그 선한 명성을 즐겨 천하에 두루 퍼진다"[218]고 했으며, 『불반니원경』에서 "좋은 명성, 선한 명예가 천하에 멀리 퍼진다"[219]고 했다. 평판은 도덕적인 덕성에 관여한다. 카스트는 윤리의식과 상관없이 작용되기 때문에 도덕적 덕성과 무관한 반면, 거사들의 행위는 공공심이나 도덕심에 의해 평가된다. 거사는 경제력과 윤리의식을 동시에 소유한 집단이다. 그렇다면 특정한 집단에서 거사들은 어떠한 평가를 받았는지 살펴보자.

> "계를 지니고 좋은 습관을 지키는 자는 설령 왕족과 바라문, 자산가, 사문 등 의지와 행동이 바른 사람을 접한다 해도 마음에 두려움을 갖거나 자신을 부끄럽게 생각하지 않는다"[220]

고대 카스트 방식과는 다른 집단을 거론한다. 카스트 구조의 독점화는 모든 흐름의 한 복판에서 조정 역할을 하지 못하

---

218) 『遊行經』 T 1, 012b22 ;"四者好名善譽, 周聞天下." 순서상의 배열을 따르지 않기로 한다.

219) 『佛般泥洹經』, T 1, 162c03, ;"四者好名善譽, 遠聞天下."

220) MPS [1.24] ;·· gahapatayo sīlavā sīla-sampanno yaṃ yad eva parisaṃ upasaṃkamati, yadi khattiya-parisaṃ yadi brāhmaṇa-parisaṃ yadi gahapati-parisaṃ yadi samaṇa-parisaṃ, visārado upasaṃkamati amaṅku-bhūto.

고 고정된 틀 속에 있었기 때문에 시대 흐름을 거스를 순 없었다고 본다. 고대에 시, 공간을 이룩해 나가는 순간순간에도 이상적인 실현을 경험하기 위해서는 새로운 계층이 주도하는 새로운 문화가 필요하다. 카스트 지도층이 시대의 진실을 외면하는 것은 결과적으로 패권적 행위를 묵인하는 것이다.

이전 카스트와는 다른 엘리트 집단을 이 조항에서 거론한 것은 어느 특정한 관점에서 규정하는 일은 없어야 한다는 전제를 우선으로 한다. 소수 엘리트에 의해 이루어진 행위들은 다른 공동체에 속한 사람들의 고유한 영혼이나 가치체계를 일방적으로 재단할 수 있는 위험성을 내포함에도 불구하고, 바라문, 자산가, 사문 등은 의지나 행동이 바른 사람으로 규정하고 있기 때문에 윤리적인 인물들이다. 『불반니원경』에서 "행함에 도가 있다"[221]와 『유행경』에서 "그가 가는 처소마다 중생들에게 공경 받는다"[222]고 한 것도 '의지나 행동이 바른 사람'으로 평가된다는 점에서 같다. 『유행경』은 예외적으로 중생이라고 했기 때문에 특정집단에서 벗어난다.

이러한 사회적인 관계는 업설과 연기설에 관계된다. 업과 연기는 자신뿐만 아니라 타자에게 영향을 미치는 것이고, 다시 피드백해서 자신의 명성에 영향을 준다. 거사들이 대중에게 공경 받는다는 조항으로 업과 연기가 행위와 결과라는 구조뿐만 아니라, 세간의 도덕적 행위 질서와도 연관된다. 업설이 불교만의 학설이 아니듯이, 거사는 힌두이즘과 초기 불교 사이에서 공통되는 면을 지니면서도 그 경계를 해체하고 변증법적으로

221) 『佛般泥洹經』, T 1, 162c02, ;"二者有道行."
222) 『遊行經』, T 1, 012b23, ;"三者所往之處, 衆人敬愛."

혼합하여 혼성적이고 복합적인 새로운 아이콘이 된다. 빈익빈 부익부의 부작용에 따른 이전의 카스트 계층에 대한 반발, 시대에 부흥하는 새로운 계층의 요구와 그 유지, 그리고 산업적, 경제적 의미들이 이 용어에 대부분 집중되면서 당시 사회집단 간 관계도 설정한다. 거사는 역사적 제약이 있을 수밖에 없는 초기 불교의 아이콘이지만, 파생효과 또한 만만치 않았다.

> "계를 지니고 좋은 습관을 지키는 자는 마음이 미혹해지거나 어지러운 상태로 죽을 때를 맞이하지 않는다"[223]

빨리본에서 '죽기 직전의 마음에 상태'에 대한 관심은 아비담마적인 교설에 따른 것이라고 불행이 되는 법에서 설명한바 있어 생략한다. 『불반니원경』에서 "대중에게 공경 받아서 죽을 때 후회함이 없다"[224]는 동일하다.

> "계를 지니고 좋은 습관을 지키는 자는 죽어서 오체가 무너진 다음, 선취(善趣) · 천계(天界)에 태어난다"[225]

죽은 후에 태어나는 곳은 살아있을 때 공덕과 관계하는가? "신체가 무너지고 명이 다할 때 필히 천상에 태어난다"[226]며 사후세계를 말한 『유행경』과 "죽었을 때 행복하고 덕 있는 처

---

223) MPS {1.24} ;· · gahapatayo sīla-sampanno asammūḷho kālaṃ karoti.
224) 『佛般泥洹經』, T 1, 162c02, ;"三者衆人所敬, 至死無悔."
225) MPS {1.24} ;· · gahapatayo sīlavā sīla-sammpanno kāyassa bhedā param maraṇā sugatiṃ saggaṃ lokaṃ uppajjati.
226) 『遊行經』, T 1, 012b24, ;"五者身壞命終, 必生天上."

소에 환생한다"[227]는 『불반니원경』은 생전에 지은 공덕의 응보다. 선취나 천계는 전체적으로 '범천 무리들에 속하는 천상'이다.

인간으로 다시 태어나는 것은 선한 일과 악한 일의 가치 판단을 할 수 있는 기능을 부여받는 것이다. 인간의 세계는 고통과 즐거움이 함께 하기 때문에 선처에 해당한다. 그래서 인간을 포함한 육욕천 7개, 색계 16개, 무색계 4개가 모두 선처에 속한다. 아비담마 교설에 따른 분류가 세밀한 체계를 가지고 있어 번쇄한 느낌을 주지만, 이 조항에서 거론된 선처의 세계가 거사들에게 적용된다.

3. 재가와 상가의 관계

초기 공동체 구성원들이 서로 밀접한 상관관계를 형성하면서 하나의 문화이데올로기를 형성해 가고 있다고 규정할 수 있다. 거사에 대해 초기 『열반경』 텍스트는 심도 있게 다루고 있는 것으로 보아 그들은 당시에 비교적 폭넓은 공감을 얻고 있음을 짐작할 수 있다.

이 에피소드를 통하여 우리가 살펴볼 수 있는 것은 불교 경전을 통해서 반영된 사회의 계급화에 관심을 가져야 한다는 것이다. 초기 불교 문헌에서 카스트 문제와 바라문의 우월성에 대한 이의제기가 그토록 빈번하게 나타난 것은 초기 불교학자들에게 중대한 관심사였기 때문이다.[228] 지금까지 고대 인도사

227) 『佛般泥洹經』, T 1, 162c03, ;"五者死生上福德之處."
228) Uma Chakravarti, 위의 책, 92쪽.

회 연구에서 카스트 문제만이 학자들의 주목을 받아왔다. 이것은 연구의 초점이든, 계급화 연구와의 관련이든, 주로 바라문의 관점에 강조를 두었기 때문이다. 그러나 이제 논의는 붓다가 있었던 사회상에서 카스트 문제를 벗어나 살펴볼 필요가 있다.

리스 데이비스는 붓다가 사회기관인 상가의 새 구성원 문제를 완전히 통제하고 있다는 점을 고려할 때, 출생, 직업, 사회적 지위에 따른 이익이나 불이익은 전혀 없었다고 주장한다.[229] 나아가 리스 데이비스는 "붓다가 상가 밖에 카스트 문제를 이치에 맞게 설명해서 세간 여론을 바꾸려고 노력했다"고 주장한다.[230] 리스 데이비스는 만약 붓다 견해가 당시 사회에서 승인되었다면, 사회적 등급화나 차별화가 다르게 진행되었을 것이고 카스트는 결코 성립될 수 없다는 주장을 한다.[231] 그는 초기 불교가 카스트에 대한 부정적인 견해를 가지고 있다고 밝혔다.

다른 학자들의 주장을 통해서 우리는 새로운 시각으로 초기 불교 시대를 살펴볼 수 있다. 올덴베르그는 모든 사람을 상가 구성원으로 평등하게 받아들임에도 불구하고 초기 불교에서는 상가의 실제 구성원에 있어서 이론적으로 평등과 일치하지 않으며 상층 계급에 경도된 경향이 남아 있다고 지적한다.[232] 이

229) Rhys Davids, Dialogues of the Buddha 1, 102쪽.
230) Rhys Davids, 위의 책, 104쪽.
231) Rhys Davids, 위의 책, 107쪽.
232) Oldenberg, The Buddha(1971), 154쪽, 그는 예를 들어 사리불, 목건련, 가전연 등은 젊은 바라문계급 출신, 아난, 라훌라, 아누룻다는 끄샤뜨리야, 야사는 사회적 지위에 걸 맞는 교육을 받았으며, 사회의 존경을 받는 대상인의 가문 출신이다.

러한 예로 아까누마지젠은 리스 데이비스 여사의 조사를 인용한다. 그녀의 조사에 의하면, “붓다 제자 259명 중에 바라문이 113명, 끄샤뜨리야가 60명, 바이샤가 69명, 수드라가 11명, 기타 6명이였다”고 했다. 아까누마지젠도 조사를 했는데 그는 “붓다의 제자 총 1,160명 중에 바라문이 219명, 끄샤뜨리야가 128명, 바이샤가 155명, 수드라가 30명, 불분명한 사람이 628명”이라는 비율을 보여줬다.[233)]

이 숫자 뒤에 내포된 공동체 의미 작용과 이와 연관하여 초기 공동체가 잉태한 정신적, 사회적, 문화적 의미들에 대해서는 소홀히 한 경향이 없지 않았다. 이런 통계적 수치를 끝으로 하고 그 수치가 남긴 문화적 담론과 이데올로기 작용을 점검해 볼 때라고 생각된다. 소수의 엘리트에 의해서 이루어진 권력 형태는 시대 변화를 주도하는 것과 이전의 아라인과 드라비족이라는 식민과 피식민이라는 두 문화의 충돌을 겪었던 역사를 살펴볼 때, 그 이상의 작용을 한다. 초기 상가 구성원에서 이들 엘리트의 등장은 올바른 안목이 자리잡아가고 사회가 차츰 고급스러워지는 것을 의미하며, 카스트라는 이데올로기의 효율적인 정치권력 창출을 위한 목적이나 사회 통제 수단으로 활용하던 시대는 지나갔다는 의미를 내포한다.

그럼에도 불구하고, 리스데이비스와 아까누마지젠의 조사에 의해서 결론 내릴 수 있는 것은 바라문 계급이 끄샤뜨리야 계급보다 많다는 점이다. 올덴베르그의 주장처럼 상가 구성원으로 받아들인 인물들이 그 당시의 상위 계층이었음

---

233) 赤沼智善, 『原始佛教の研究』(京都 : 法藏館, 1981), 383～430쪽.

은 확실하다고 볼 수 있다. 브라만과 끄샤뜨리야는 통치계급에 속했고 바이샤와 수드라는 피지배계급에 속했다는 것을 인식할 수 있었다. 끄샤뜨리야 보다는 브라만이 상위 계급이고 수드라 보다 바이샤가 상위계급이기 때문에 붓다 제자들의 성향은 상층부에 집중됐다고 보는 것이 타당하다. 아까누마지젠과 리스데이비스의 통계에서 피지배계층인 수드라보다 바이샤가 많았다는 점에서도 상가 공동체는 상층계급이 주도적 역할을 했던 것으로 보인다.

특히, 아까누마지젠과 리스데이비스의 조사에서 바이샤 계층이 크샤트리보다 많았다는 점을 주목할 수 있다. 경제적 역할에 주도적인 계급인 바이샤 비율은 상가 공동체를 이끄는 핵심으로 바라문 다음으로 많은 비율을 차지한다. 바이샤는 경제적 상황에서 공동체의 우위를 점거한다. 사회적으로나 경제적으로나 붓다 시대에 상가 공동체 구성원은 지배층에 의해 운영된다. 그렇지만, 철저한 카스트적 제도권에서 본다면 예외적인 통계치를 소유한다.

올덴베르그는 인도에서 사회적 격변 같은 것은 존재하지 않았다고 주장했다. 그는 붓다를 낮은 계급의 옹호자로 간주하는 것은 역사적 사실이 아니라고 주장했다.[234] 마찬가지로 픽은 초기 불교로 인해 카스트가 붕괴되거나 제약을 받은 일은 없었다고 주장했다.[235] 픽은 붓다 교리는 사회적 조건의 변화를 겨냥한 것이 아니라 사회적 지위는 바뀔 수 없음을 당연한 일

234) Oldenberg, 위의 책, 153쪽.

235) Fick, The Social Organisation of North-East India in Buddha's Time(Calcutta, 1920), 335쪽.

로 받아들이는 것이었다[236]고 한다. 베버의 불교 연구도 상가 공동체는 주로 귀족 가문이나 부유한 시민, 교육받은 재가자 중 특출한 사람들로 구성되었음을 지적한다. 베버는 초기 불교는 어떠한 사회적 운동과도 연관되어 있지 않으면서 카스트와 신분질서를 무시했다고 말했다. 그의 의견으로는 초기 불교를 총괄하면 사회의 낮은 계층의 산물이 아니라 아주 명백한 특권층의 산물이었다.[237] 이들 학자들의 견해를 보고 결론지을 수 있는 것은 초기 불교 경전에서 묘사된 사회적 계급화의 복잡한 양상들을 그들은 이해하지 못하고 있음을 알 수 있다. 초기 불교가 특권층의 산물이라는 여러학자들의 견해는 경전들에서 보여 지는 계층 분류에 근거하기 때문에 무시할 수 없다.

초기『열반경』텍스트에서 보이는 분류는 상류 계급을 인정한다. 그러나 각 계층의 독립되어 있어 다른 계층의 지배나 피지배를 의미하고 있지는 않았다. 자신의 가치체계를 한없이 확장해 나가는 체계는 수직적 사회 구조가 아니라 수평적 사회 구조에서 가능하기 때문에, 거사의 등장은 초기 불교 이전 구성원 자신들이 설정한 중심영역의 끝없는 원심화 과정을 통해 시대의 패권을 구축하려는 일반적인 공동체의 이기심에서 벗어나 있다. 자유롭게 소통하고자 하는 두 문화, 즉 힌두이즘과 초기 불교가 경제적 합리성의 일차적인 지배질서로 인해 부각되며, 카스트 구조의 인식 틀은 역동적인 생동감을 잃고 풍요한 물질 속에 뻗어난 진취성의 아이템으로 변모해 갔다. 그 아이템 안에 거사 집단의 등장이 있었다. 각각의 집단은 더불어

236) Fick, 위의 책, 335쪽.

237) Max Weber, The Religion of India(Collier-macmillan, 1958.), 225～227쪽.

같은 자리에 놓여있다. 끄샤뜨리아, 바라문, 거사는 동등한 위치에 있다.[238] 각각의 공동체는 서로 유대감을 가지면서 다른 공동체의 발전을 가져오는 역할을 한다. 이것이 초기 불교의 공동체를 이해하는 데 아주 중요하다. 아까누마지젠과 리스데이비스 여사의 조사에서 바이샤가 종사한 상공업은 바로 거사들의 특성을 대변한다는 점을 인식할 때, 초기 『열반경』 텍스트에서 거론한 재가 집단에 관한 붓다의 관심은 필연적이다.

238) Uma Chakravarti, 위의 책, 100쪽.

제 3장. 화합하는 공동체

1절 경과 율의 진위문제

'경과 율의 진위문제'에 관련된 에피소드는 31번에 해당한다. 붓다는 보가 나가라에서 사대교법(四大教法)을 설했다. 붓다가 입멸하고 나서, 출가자들은 경과 율을 근간으로 해서 생활해야 한다. 출가자들이 기본으로 삼을 수 있는 '경과 율의 진위를 어떻게 결정하는 가'에 대한 문제를 제시한다. 이것이 사대교법이다. 각각의 경전들이 분석한 경과 율의 진위문제를 살펴보자.

1. 경과 율의 진위에 대한 텍스트 분석

'어떠한 인물이 어떠한 방식으로 전달하는 가?' 이것은 붓다가 설한 말씀이 '진설인지 위설인지'를 밝히는데 중요한 단서가 된다. 6종의 경전이 다르게 지시하고 있다. *Mahāparinbbāna-suttanta,* 『佛說長阿含經』과 『大般涅槃經』은 정보 전달자를 '비구들'에 한정하였다. 그러나 그 외의 경전인 『佛般泥洹經』, 『般泥洹經』, 『根本說一切有部毘奈耶雜事』에서는 '아난'을 통해서 정보를 전달하였다. 경전을 차례대로 살펴서 진위(眞僞)에 대한 견해를 각각 알아 볼 수 있다. 정보의 체계구조를 고대 텍스트에서는 어떠한 관점으로 설명하고 있는지도 살펴 볼 수 있다.

1.1 *Mahāparinbbāna-suttanta*의 진위 판별

빨리본에서는 진설과 위설을 분리하는 용어는 대표적인 두 단어에 대하여 언급하면서 정보의 진위를 결정하고 있다.

> "세존의 면전에서 내가 들었고 내가 세존의 면전에서 진리를 받았다. 이것이 법(法)이고 이것이 율(律)이며 이것이 스승의 가르침이다."[239]

빨리 경전에서는 이러한 논의가 있다고 하더라도 먼저 의심하여 경과 율에서 대조한 후에 진위를 결정하라고 제시한다. 빨리본에서 '잘 올바로 수집된'이란 'suggahīta'의 용어를 사용함으로써 '잘못 수집된'이란 'duggahīta'의 용어와 대조를 하고 있다. 'suggahīta'의 의미에는 '잘 배운, 잘 획득한'이란 의미가 있는데, 이것은 올바르게 수집된 내용을 나타내는 반면, 'dugg ahīta'는 '틀린, 사견, 오해'의 뜻을 함유하고 있어서 두 단어가 지시하는 바가 빨리 텍스트에서 경과 율을 어떤 구도로 보아서 받아들일 것인가에 대한 해답을 준다. 여기서 '올바르게 잘

239) MPS (DN x vi, 4, 8～11), 124쪽. ;"Sammukhā me taṃ āvuso Bhagavato sutaṃ sammukhā paṭiggahītaṃ, ayaṃ Dhammo ayaṃ Vinayo idaṃ Satthu sāsanan"ti,…

수집된'이란 'suggahīta'는 확실하게 세존의 말씀이고 비구들이 깊이 마음에 새겨야 한다고 주장하고 있다.

'suggahīta'란 의미에는 '올바르게 잘 수집된'이란 용어를 상세하게 뒷받침하는 내용이 있다. 이것은 이 논의에서 제시되는 에피소드의 첫 머리에 언급되고 있다. 즉 세존의 면전에서 직접 듣고, 배워서 터득한 것이며, 이것이 곧 법(法)이고 율(律)이라고 강조하였다. 이것이 곧 스승의 가르침이라는 것을 강조한다.

그러나 그것에 만족해서는 안 되며 다시 확인해서 확증하는 작업을 제시하고 있다. 어떤 비구가 "내가 세존 앞에서 배우고 터득한 것이므로 법이고 율이며 이것이 스승의 가르침이다"고 하였을 때, 동요됨이 없이 비난하지도 말고 그 문구를 수지(受持)한 후에 경전에 기록되어 있는 것인지, 율에서 가르쳐진 것인지를 살피는 작업을 우선으로 할 것을 제시한다. 경전과 대조하고 율과 비교해보아서 경전과 율, 그 어디에도 나타나지 않은 것이라면 이것은 'duggahīta'이다. 즉 '틀린 견해'이며 잘못 수집된 것이다. 이런 'duggahīta'를 버리라고 하면서 전제를 제시하기를 '비구의 duggahīta'라고 한 것이다. '비구의 사견', '비구의 잘못 수집된 것'이니 버리라고 한다.

빨리본에서 특별한 점은 일단 중립적인 태도를 취하고 나서, 경과 율에 나와 있는 지를 검토하여 근거가 확실하면 따르고 그렇지 않으면 버리라고 충고한다. 경과 율에서 대조한 후에 확실한 결정을 하도록 권고하고 있다. 경전이 교조인 붓다보다 더욱 비중 있게 다루어진다. 이는 비방(誹謗)자에 대한 인식에서 나타난 것으로 보아야 할 것이다. 교단의 비방자들이 나타나서 교단이 위기상황으로 흘러감에 따라 이를 지켜줄 수 있는 것은 경전이라는 인식이 대두된 것이다.[240)]

6종의 이본(異本)이 '정보의 근원에 대한 가치'에 따라 4단계로 나누어져 있음은 공통적이다. 빨리본은 4가지 범주로 나누어지고 있다.

① 세존의 말씀이고 이 비구가 올바로 획득한 것이다.

② 장로와 최상수 제자와 함께 하는 승단에서 올바로 획득한 것이다.[241)]

③ 많은 장로 비구들이 아함에 정통하고 지법사, 지율사, 지논모사들이 올바로 획득한 것이다.[242)]

④ 한 장로 비구가 박식하여 아함에 정통하며, 지법사, 지율사, 지논모사로 올바로 획득한 것이다.[243)]

4가지로 출처를 밝혀서 언급한 '정보 유출자들'에게 바르게 수지 할 수 있는 방법을 설명한다. 경과 율에 근거하여 대조하고 살펴보아서 그 정보자 들의 정보가 타당한 것인지를 확인하는 절차를 반드시 거치도록 권하고 있다. '비구들이 참으로 네 개의 큰 기준을 마음에 새겨야 한다'고 하여 '정보 유출자'

---

240) 신성현, 「大乘涅槃經 成立背景에 대한 一考」『東國思想』 26권(동국대학교 불교대학학생회, 1994), 68쪽.

241) MPS 위의 책. ; Amukasmiṃ nāma āvāse saṃgho viharati satthero sapāmokkho. 와 Addhā idaṃ tassa Bhagavato vacanaṃ tassa ca saṃghassa suggahītan.

242) MPS 위의 책, ;Amukasmiṃ nāma āvāse sambahulā therā bhikkhū viharanti bahussatā āgatāgamā dhamma-dharā vinaya-dharā mātikā-dharā.

243) MPS 위의 책, ;Amukasmiṃ nāma āvāse eka thero bhikkhu viharanti bahussato āgatāgamo dhamma-dharo vinaya-dharo mātikā-dharo.

에게서 받은 정보를 '경과 율에 반드시 대조하여야 함'을 말하고 있다.

빨리본에서는 정보의 유출자들에게 받은 정보에 대하여 크게 동요하지 말고 관조적인 자세로 '기뻐하지도 않고 비난하지도 않으면서 그 문구들을 충분히 수지하고서 경전에 적혀 있는지, 율에 가르쳐진 것인지를 살펴보아야 한다'[244]고 말하고 있다. 빨리 경에서는 중립적인 자세로 살펴야 함을 강조하고 있으며, 이것은 다른 경전들과 차이를 두고 있다. 『遊行經』에서는 '대조 후에 경도 아니고 율도 아니고 법도 아니면, 부처님은 그렇게 말씀하지 않으셨다.…너가 그것을 받아들이지 말고 또 남을 위하여 말하지 말라. 그것을 버려라'[245]고 정보 유출자에게 받은 것에 대한 잘못된 정보를 다른 이에게 유출하지 못하도록 엄격하게 제시한다. 또 그 정보가 불설(佛說)일 경우에 '진실로 경, 법과 계율에 대조해 보니…맞다.…마땅히 힘써 그것을 받아 가지고 남을 위하여 널리 펴라. 부디 버리지 말라'[246]고 당부하였다.

1.2 『遊行經』과 『大般涅槃經』의 진위 판별

빨리본의 '4가지 기준'과 유사한 근거를 제시하고 있는 경

244) MPS 위의 책, ;Anabhinaditvā appaṭikkositvā tāni pada-vyañjanāni sādhukaṃ uggahetvā Sutte otāretabbāni Vinaye sandassetabbāni.

245) 『佛說長阿含經』,T 1, 18a15 ～18a18. ;"佛不說此, 汝於一比丘所謬聽受耶, 所以然者, 我依諸經 · 依法 · 依律, 汝先所言, 與法相違. 賢士, 汝莫受持, 莫爲人說. 當捐捨之."

246) 『佛說長阿含經』, T 1, 18a20～18a21. ;"汝所言是眞佛所說. 所以然者, 我依諸經 · 依律 · 依法, 汝先所言, 與法相應. 賢士, 當勤受持, 廣爲人說, 愼勿捐捨."

전은 『遊行經』과 『大般涅槃經』이다. 설법의 진위를 가리는 방법에서 두 경전은 빨리본과 거의 유사한 방법을 제시하고 있다.

① 어떤 비구가 어떤 촌, 어떤 성, 어떤 나라에서 몸소 부처님에게 들었고 몸소 이런 계율과 이런 가르침을 받았다.[247]

② 어떤 비구가 말하길, '여러분 나는 어떤 촌, 어떤 성, 어떤 나라에서 화합한 스님들과 많이 들은 장로에게서 친히 이러한 법과 이러한 계율과 이러한 가르침을 받았다.'[248]

③ 비구가 말하길, '나는 어떤 촌, 어떤 성, 어떤 나라에서 법을 가지고 율을 가지고 율의를 가진 많은 비구들에게서 직접 이러한 법을, 이러한 율의를 가진 많은 비구들에게서 직접 이러한 법, 이러한 율, 이러한 가르침을 받았다.'[249]

④ 비구가 말하길, '나는 어떤 촌, 어떤 성, 어떤 나라에서 법을 가지고 율을 가지고 율의를 가진 어떤 비구에게서 친히 듣고 친히 이러한 법, 이러한 율, 이러한 가르침을 받았다.'[250]

『불설장아함경』에서는 '모든 경전에서 그 허실을 참고하고 법과 율에 대조해 그 본말을 연구해 보고,[251] 만일 그가 한

247) 『佛說長阿含經』, T 1, 17c03～17c04. ;"若有比丘作如是言. 諸賢, 我於彼村・彼城・彼國, 躬從佛聞, 躬受是教."

248) 『佛說長阿含經』, T 1, 17c14～17c16. ;"比丘作如是言, 我於彼村・彼城・彼國, 和合衆僧・多聞耆舊, 親從其聞, 親受是法・是律・是教."

249) 『佛說長阿含經』, T 1, 17c27～17c28. ;"比丘作如是言, 我於彼村・彼城・彼國, 衆多比丘持法・持律・持律儀者, 親從其聞, 親受是法・是律・是教."

250) 『佛說長阿含經』, 18a11～18a12. ;比丘作如是言, 我於彼村・彼城・彼國, 一比丘持法・持律・持律儀者, 親從其聞, 親受是法・是律・是教.

251) 『佛說長阿含經』, T 1, 18a14 ;"當於諸經推其虛實, 依法・依律究其本

말이 경전과 계율과 법에 의거한 것이거든 (…) 진실로 부처님께서 하신 말씀이다.[252] 마땅히 힘써 그것을 받아들여 남을 위하여 널리 펴라'[253]고 하고 있다.

*Mahāparinbbāna-suttanta*에서는 '4개의 큰 기준(cattāro mahā-pada)'으로 설명하였고, 『불설장아함경』에서는 '사대교법(四大教法)'으로, 『대반열반경』에서는 '사결정설(四決定說)' 설로 설명하고 있다. 이 세 가지 경에서 설명하는 것은 다른 나머지 경들과 다르게 서로 유사하다.[254]

末."

252) 『佛說長阿含經』, T 1, 18a19～18a20, ;"若其所言依經・依律・依法者, 當語彼言。汝所言是眞佛所說. 所以然者, 我依諸經・依律・依法."

253) 『佛說長阿含經』, T 1, 18a21. ;"當勤受持, 廣爲人說."

254) SV (Buddhaghosa's Commentary on the DN Ⅱ, Stede, London:PTS, 1971), 566～567쪽. 붓다고사 주석서에서 사대교법에 대하여 언급하였다.

11. Idaṃ bhikkhave catutthaṃ mahāpadesaṃ dhāreyyāthā ti idaṃ catutthaṃ Dhammassa patiţţhān' okāsaṃ dhāreyyātha. Imasmiṃ pana ţhāne idaṃ pakiṇṇakaṃ veditabbaṃ.; 비구들이여! 이 사대교법(四大教法)을 마음에 새기자. 라고 하는 것은 이 사대교법을 위해 확립된 경로를 마음에 새기자는 것이다. 이 점에서 또한 여러 가지를 알아야 할 것이다.;

Sutte cattāro mahāpadesā, Khandhake cattāro mahāpadesā cattari pañha-vyākaraṇāni : suttaṃ suttānulomaṃ ācariya-vādo attano-mati; tisso saṇgītiyo ti. Tattha : Ayaṃ Dhammo ayaṃ Vinayo ti, dhamma-vinicchaye patte : Ime cattāro mahāpadesā pamāṇaṃ, yam ettha sameti tad eva gahetabbaṃ, itaraṃ viravantassa pi na gahetabbaṃ. Idaṃ kappati, idaṃ na kappatī ti, kappiyākappiya-vinicchaye patte; 경에 사대교법이 있으며, 건도부(揵度部)에서 사대교법이 버려졌으며 4종류의 질문에 대한 양식들이 있었다. 경은 경전을 말하며 전통적인 가르침은 자신을 위한 깨달음이다. 라고 3 결집에서 말했다. 그 때에 '이것은 법이다. 이것은 율이다'라고 법들을 식별하고 알게 되었다. 이 4대교법들이 크기 지워졌다. 이점에 관해서 일치되는 것은 어떠한 것은 취해져야 할 것이고 다른 것은 외치며 취하지 말아야 할 것이다. 이것은 시설되고, 이것은 시설되지 말아야 하며, 적당하고 적당하지 않은 모든 것을 판단하여 얻어졌다.

Yaṃ bhikkhave mayā idaṃ na kappatī ti, apaţikkhittaṃ tañ ce akappiyaṃ anulometi, kappiyaṃ paţibāhati ţām vo na kappatī ti ādinā nayena Khandhake vuttā cattāro mahāpadesā pamāṇaṃ. Tesaṃ vinicchaya-kathā Samanta-Pāsādikāya vuttā. Tattha vutta-nayena : Yaṃ kappiyaṃ anulometi tad ev

『대반열반경』에서는 경과 율이라는 단어를 수다라와 비나야를 음사한 것으로 보아 원전을 참조한 것으로 유추한다. 이 『대반열반경』에서는 비구가 설법하기를 좋아하여 이렇게 말했다고 한다.

① 내가 친히 부처님께 이와 같은 법을 들었으며 그 뜻을 잘 알고 받아 지니며 외워서 아주 잘 안다.[255)]

② 내가 아무 곳에서 비구 스님들에게 이와 같은 법을 들었으니, 그 뜻을 잘 알고 받아 지니며 읽고 외우며 아주 잘 안다.[256)]

③ 내가 친히 아무 승가람, 아무 아란야의 주처(住處)에서 모든 것을 상세히 알고 학식이 많으며, 총명하며 지혜가 있는 많은 상좌 비구들에게 이와 같은 법을 들었으며, 그 뜻을 잘 알고 받아 지니어 읽고 외워 아주 잘 안다.[257)]

④ 내가 친히 저 아무 승가람, 아무 아란야의 주처(住處)에서 지혜 있고 학식이 많은 어느 한 상좌 비구에게 이와 같은 법을 듣고 그 뜻을 잘 알며 받아 지니고 읽고 외워 아주 잘 안다.[258)]

---

a kappiyaṃ itaraṃ akappiyan ti, evaṃ sanniṭṭhānaṃ kātabbaṃ.; 비구들이여! 나에 의해서 시설되지 않는 것이 거부되지 않았다면 위설에 적웅하는 것이다. 진설을 배척하는 것은 참으로 시설한 것이 아니라고 건도부(揵度部)에서 처음으로 설해진 이 4대교법이 세워졌다. 그 때에 설해진 것에 관하여 진설은 어떤 것이라도 적웅해야하고 다른 위설은 마땅히 확인해야 할 것이다.

255) 『大般涅槃經』, T 1, 195c07. ;"我親從佛聞, 如是法善解其義, 受持讀誦, 極自通利."

256) 『大般涅槃經』, T 1, 195c14～15. ;"我於某處, 比丘僧衆, 聞如是法, 善解其義, 受持讀誦, 極自通利."

257) 『大般涅槃經』, T 1, 195c22～195c25. ;"我親從彼某僧伽藍 某阿練若住處, 衆多上座比丘, 悉皆多聞, 聰明智慧, 聞如是法, 善解其義, 受持讀誦, 極自通利."

258) 『大般涅槃經』, T 1, 196a02～196a04. ;"我親從某僧伽藍 某阿練若住處, 有一上座比丘, 智慧多聞, 聞如是法, 善解其義, 受持讀誦, 極自通利."

정보 수지처는 『대반열반경』에서 '부처님', '비구 스님들', '승가람', '아란야의 주처에서 많은 상좌 비구들', '승가람, 아란야의 주처에서 학식이 많은 어느 한 상좌 비구'에게 들은 것이다. 이들에게 청하여 설법하게 하고 들은 바를 따라 수다라가 되는지, 비나야가 되는지, 그 법상(法相)속에 이러한 법이 있는가[259]를 살피라고 하였다. 들은 것을 잘 받아 지니고 읽고 외워서 잘 안다고 한 것은 그 수지한 방법이 구전으로 전해 오는 것을 의미한다.

『대반열반경』에서 마지막에 당부한 내용은 이 '사결정설(四決定說)'을 잘 분별해야 하며, 분별로서 설법하여 그 밖의 사람들에게 전해주어야 함을 나타내었다. 또 『대반열반경』에서는 이 '四決定說'로 부처님이 열반하였더라도 허위와 진실을 아는 방법[260]이라고 제시하고 있다. 이 경전에서는 또 '불설(佛說)과 마설(魔說)'[261]이라고 하여 구분하는 획을 크게 그었다. '불설(佛說)과 마설(魔說)'이라는 것은 대승경전에서 많이 말하고 있는 대립관계의 역학구조를 지니고 있다. 이 두 용어를 사용했다는 것은 『대반열반경』에 대승경전의 요소가 침투해 있다고 인정하는 증거가 될 수 있을 것이다.

1.3 『佛般泥洹經』의 진위 판별

259) 『大般涅槃經』, T 1, 195c07～195c09. ;"汝等宜應請之令說, 應隨所聞善自思惟, 爲修多羅, 爲是毘尼, 法相之中, 有此法者."

260) 『大般涅槃經』, T 1, 196a10～196a12. ;"此四決定說, 又亦以此分別說法, 傳授餘人, 設我在世, 及般涅槃, 虛僞眞實, 以此知之."

261) 『大般涅槃經』, T 1, 196a13～14. ;"我等從今當能分別佛說魔說."

『佛般泥洹經』과 『般泥洹經』 그리고 『根本說一切有部毘奈耶雜事』의 이 세 경전은 설법 대중, 즉 정보 전달자가 '아난다'로 고정되어 있다는 점에서 하나로 묶일 수 있다. 그리고 초기 열반 경전류에서 『불반니원경』과 『반니원경』은 다른 에피소드에서도 여러 가지로 유사한 구조를 지니고 있어 같이 묶어 연구함이 바람직하다고 본다. 그러나 여기 '경과 율에 관한 문제'에 있어서 『불반니원경』은 다른 『열반경』 류 경전들과 다르게 내용 면에서 강조하는 점에 차이를 보이고 있다. 또 『반니원경』과도 차이를 보이고 있다. 다시 말하면 다른 경전들은 모두 정보의 출처, 수지처를 언급하고 있는데 반하여, 『불반니원경』만이 정보의 출처를 설명하고 있지 않다는 점이다.

그러나 잘못된 위설로 인하여 올바른 경과 율이 온전하게 보전되기 어렵겠다고 여겨질 때 단호하게 대처하는 방법에 대하여 자세히 밝혀두고 있다. 다른 경전에서 올바른 경과 율의 수지처를 언급하는 반면, 『불반니원경』에서는 아난다가 직접들은 바를 말해주되 보태거나 빼지 말 것을 당부하여 정확한 정보의 전달자로써 아난다에게 힘을 실어주고 있다. 이것은 '결집문제'에 있어서 다른 양상을 보이고 있으며, 초기 『열반경』류에서 아난다의 존재가 정보전달에 있어서 가장 많은 것을 가지고 있는 인물임을 부각하는 의도로 보인다.

『불반니원경』에서는 아난다에게 설법의 전달자의 역할을 위임했다. 아난다는 정보 전달자의 역할을 하되, 부처님의 설법을 직접 들었으므로 경과 율의 진위에 대한 판단의 핵심적 기준으로써 제시되어진다. 그리고 『불반니원경』에서는 진위 여부에 따른 결과에 냉정하게 판단해서 결단을 내리도록 하고 있다. 경과 율에 대한 권위에 대해서도 앞서 말한 *Mahāparinbbāna-suttanta*과 『불설장아함경』, 그리고 『대반열반경』보다 더 강도 있게 진설과 위설에 대한 경계를 하고 있다. '그 스승에게 들은 대로 각자가 스승의 이름을 말하시오'[262]라고 근원지를 철저하게 파악하고자 하였다.

아난다가 부처님 면전에서 직접들은 말씀보다 더 가까이 있었던 사람이 없음을 비교하기 위해 확실한 정보처를 묻는 것이다. 위설이라면 그 근원지를 파악해야 할 것이고, 그렇지 않다면 경과 율의 파괴됨이 없게 하고자 주의를 기울여야 할 것이라고 논의하고 있다.[263] 절대적 기준을 아난다에게 부여하였

262) 『般泥洹經』, T 1, 167b04～05. ;"從其師聞, 各自說其師名字."

263) SV (Buddhaghosa's Commentary on the DN Ⅱ, Stede, London : PTS, 1971), 565～566쪽. 붓다고사 주석서에서 위경을 설명하고 있다;

Na paṭikkositabban ti 'kim esa bālo vadatī? ti evaṃ pubbe va na vattabbaṃ, evaṃ vutte hi vattuṃ yuttam pi na vakkhati. Ten'āha anabhinanditvā appaṭikkositvā ti. Pada-vyañjanānī ti pada-saṅkhātāni vyañjanāni. Sādhukaṃ uggahetvā ti : imasmiṃ ṭhāne pāḷi vuttā, imasmiṃ ṭhāne attho vutto, imasmiṃ ṭhāne anusandhi kathitā, imsamiṃ ṭhāne pubbāparaṃ kathitan ti, suṭṭhu gahetvā. Sutte otāretabbānī ti Sutte otāretabbāni. Vinaye sandassetabbānī ti Vinaye sandassetbbāni;

'비난하지 말아야 한다'는 것은 '어떻게 이 어리석은 것을 경배하는가?' 라고 이전과 같다고 하여 설해져서는 안되며, 이와 같이 설해졌다면, 적당하게 말하기 위해 설하지는 말아야 한다. 그것에 의해 '기뻐하지 않고서, 허용하지 않고서'라고 말했다. '문구(文句)들'이라는 것은 단어의 명명된 문자(文字)들이다. '잘 배우고'라는 것은 : 이 점에 대하여 빨리 성전에서 설해졌고, 이점에 대하여 이익이 설해졌고, 이 점에 대하여 결론이 이야기되었고, 이 점에 대하여 전후가 이야기되었다 라는 것을 잘 기억하라는(뜻이다). 경(Sutta)에 내려놓아야 할 것이라는 것은 경에 내려놓아야 한다는 것이다. 율(Vinaya)에 일치되어야 할 것이라는 것은 율에 일치되어야 한다는 것이다 ;

Ettha ca Suttan ti Vinayo, yath'āha : 'Kattha paṭikkhittaṃ? Sāvatthiyaṃ Sutta-vibhaṅge ti.' Vinayo ti Khandhako, yath'āha : 'Kosambiyā Vinayātisāre' ti. Evam Vinayapiṭakam pi na pariyādīyati. Uibhato Vibhaṅgo pana Sutta

으며, 통속적으로 문제될 수 있는 평가와 여론을 잠재우는데 따른 문제에 있어서도 아난다에게 힘을 실어 주었다. 또 아난다에게 힘을 실어 줄 수 있게 하는 인물로 '존경할 만한 노비구'에게 자문하길 권하고 있다.

『불반니원경』에서는 '비구들이 경을 결집하는 곳, 그 안에 있는 것이면 쓸 수 있으나 경을 결집하는 밖에 있는 것이면, 버리고 쓰지 말라'[264]고 하고 있다. 이 문구에서 고대 텍스트에서 '결집'의 문제가 거론되고 있음을 알 수 있다. 단지 결집에서 언급된 것이면 승낙하라고 전하고 있다. 후대에 결집이 있을 때 결집의 상황에 힘을 실어주는 문구이다.

의심하는 자가 있다면 아난다에게 '내가 부처님께 들었노

ṃ, Khandhaka-Parivārā Vinayo ti : evaṃ Vinaya-piṭakaṃ pariyādīyati. Atha vā Sutta-piṭakaṃ Suttaṃ, Vinaya-piṭakaṃ Vinayo ti : evaṃ dve yeva piṭakāni pariyadīyanti. Suttantā bhidhamma-piṭakāni vā Suttaṃ, Vinaya-piṭakaṃ Vinayo ti : evam pi tīṇi piṭakāni na tāva pariyādiyanti. Asutta-nāmakaṃ hi Buddha-vacanaṃ nāma atthi, seyyathīdaṃ : Jātakaṃ Paṭisambhidā Niddeso Suttanipāto Dhammapadaṃ Udānaṃ Itivuttakaṃ Vimānavatthu Petavatthu Theragāthā Therīgāthā Apadānan ti ;
여기서도 경은 율이다 라고 다음과 같이 말했다. :'어디서 거절되었습니까? 사위성(Sāvatthi)의 경분별(經分別)에서'라고 하였다. 율은 건도부(揵度部)에서 '코삼비의 율이 잘못되었다'고 말했다. 이와 같이 율장(律藏)도 완성되지 않았다. 양분별(兩分別)의 경(經), 건도부(揵度部)의 부수(附隨) 율(律)과 같이 율장(Vinaya-piṭaka)이 완성되었다. 또는 경장(經藏)을 경(經)이라 하고, 율장(律藏)을 율(律)이라고 한다. 이와 같이 두 가지 만이 장(藏, Piṭaka)라는 것을 알고 이해하게 된다. 아비달마(阿毘達磨)의 논장들 또한 경이며, 율장을 율이라 한다. : 이와 같이 삼장(三藏, Piṭaka)라는 것을 알고 이해하게 된다. 아비달마(阿毘達磨)의 논장들 또한 경이며, 율장을 율이라고 한다.; 이와 같은 삼장을 우선 알게 되지 못했다. 위경(僞經)이 무의미하나 실로 붓다의 말씀이 있다고 불린다. 마치 본생담(本生譚), 무애해(無碍解), 의석(義釋), 쑤다니빠따(經集), 법구경(法句經), 자설경(自說經), 여시어경(如是語經), 천궁사경(天宮事經), 아귀사(餓鬼事), 장노게(長老偈), 장노니게(長老尼偈), 비유경(譬喩經)처럼, (붓다의 말씀이 있다)

264) 『佛般泥洹經』, T 1, 167b06～07. ;"比丘僧皆在結經中, 在中者用, 在結經外, 棄勿用疑."

라'[265]고 일러 주라 하고 있다. 『불반니원경』에서는 특히 아난다에게 여러 가지의 권한을 부여하였다.

> 내가 열반한 후에 아난이 부처님 입으로부터 받아 들은 경과 계법을 웅당 말하기를, 내가 부처님 입으로부터 이 법을 들었다고 하고, 마땅히 후대의 비구들을 위하여 말해 주어라. 아난이여, 너는 부처님의 경을 감추거나 숨기지 말고 공개할 것이며, 경 속에 의심되는 바가 없게 하라. 내가 열반한 후에 여러 비구들이 모두 이 법을 지닐 것이다.[266]

『불반니원경』에서는 정보의 근원지에 대한 진설인가 위설인가의 의심을 배제하고 있다. 그러나 '아난'이라는 확실한 정보자를 거론하면서 경과 율에 대한 확고한 믿음을 제시하고 부처님의 말씀을 적극적으로 보이기를 원하고 있다. 아난다에게 많은 것을 전수하고 그 후에 그것을 다른 비구들도 전해들을 수 있도록 한 것이다. 경과 율에 관하여 아난은 전폭적인 지지를 받은 셈이다. 열반한 후에 결집이 있을 때 아난에게 적극적으로 '경과 율'에 대해 확고한 정보를 비구들에게 전하게 하도록 한 것이다. 그러나 이런 점에도 불구하고 후대 '결집'에 있어서 아난다가 제외되었다는 점에서 많은 모순을 안고 있다.

『불반니원경』에서는 '온전한 경과 율'에 반대 작용을 하는 것에 대하여 엄격하게 경계하게 한다. 첫 번째는 부처님의 경

---

265) 『佛般泥洹經』, T 1, 167b09～10. ;"其有疑者, 阿難口解言, 我從佛聞."

266) 『佛般泥洹經』, T 167a17～21. ;"佛告阿難, 我般泥洹後, 阿難從佛口受聞經戒師法, 阿難當道言, 我從佛口聞是法, 當爲後比丘僧說之. 阿難若不得藏匿佛經, 極可列露, 經中無所疑. 我般泥洹已後, 諸比丘當共持法."

과 계율에 대하여 다른 이가 더함과 덜어냄에 대한 경고가 보인다.[267] 제시되는 방법은 다른 이가 경을 이해하지 못하는 것이므로 노비구에게 묻도록 하고 있다.

두 번째는 부처님의 경을 좋아하지도 않고 의구심을 갖는 비구들을 추출하라는 단호한 대처 방법이 돋보인다.[268] 이들은 경을 좋아하지 않으며 계를 실행하지 않아서 착한 비구들까지 파괴한다고 설한다. '경과 율'에 대한 진위 문제에서 더 낳아가서 진설을 해치는 비구들에 대하여 차단을 강도 높게 했으며, 경을 좋아하지 않은 비구들로 인하여 선한 비구까지 물들게 됨을 염려하였다.

『불반니원경』은 엄격하게 '경과 율'을 보전하길 바란다는 점에서 다른 경전과 차이가 없다. 그러나 '진설인가 위설인가'를 확인하기 위해, 경과 율에 비교하고 살펴서 그것에 맞추어 진위를 밝힌다는 면에 치중하기보다 그 경과 율을 보전하고 지켜나가는 비구들에 대하여 그 마음가짐을 더욱 강조하고 있다. 『불반니원경』의 '경과 율에 대한 에피소드' 후반부에 비구들에게 '경과 율'을 올바로 전수하여 지니기를 세밀하게 설명하고 있다. 이런 점에서 『불반니원경』이 다른 이본에서 볼 수 없는 구성을 소유하고 있다.

부처님이 살아 계실 때 하신 말씀, 즉 경과 계법을 지닐 것이고 그 후 부처님이 열반하신 후에도 비구들이 이견이 생겨

267) 『佛般泥洹經』, T 1, 167a23~167a26, ;"其有他比丘, 妄增減佛經戒者, 阿難若當言, 我不從佛聞是經法, 若何以妄增減佛經戒, 比丘有不解佛經者, 當問尊老比丘."

268) 『佛般泥洹經』, T 1, 167b12~13, ;"其有比丘, 疑言是非眞佛經, 不樂經者, 諸比丘當逐出之."

서 맞았다고 하거나 틀리다고 하여 서로 꾸짖지 말고 가르치며 잘 받들어 행하고 사용하면 불경(佛經)이 장구할 것이라고 밝히고 있다.[269)]

비구들이 잘 화합하여 경과 계를 지니고자하는 데에 있어서 방법적 설명을 자세하게 거론하고 있다. 특히 비구들의 화합을 깨뜨릴 수 있는 소지가 있는 여러 가지 문제점을 해결방법과 함께 제시하면서 다각적으로 모색하고 있다. 신작(新作) 비구가 경과 계율을 듣고 만족하지 못한다면 경과 계율에 밝은 장로 비구에게 물을 것을 권하였다. 비구들은 위아래가 서로 단속하여 올바른 경과 계율을 전수하도록 권하고, 화합하여 받들고 섬기며 서로의 지혜가 더 낫다고 경쟁하지 말아야 하며 각자의 수행에 더욱 전념할 것을 전하고 있다. 또한 비구들이 화합하여 불경(佛經)을 올바르게 전하는 것이 중요하다고 하였다.

1.4 『般泥洹經』의 진위 판별

『반니원경』은 수지처, 즉 정보의 출처에 대한 의심을 다른 경전들[270)]과 마찬가지로 우선 거론하고 있다.

① 내가 부처님을 보고 입으로 이 법과 이 계율과 이 가르침을 받았노라.[271)]

---

269) 『佛般泥洹經』, T 1, 167b18～167b24. ;"佛語諸比丘, 所持所知所學, 當授與比丘經戒. 當言佛在時, 於某國某縣某聚某處, 時與某比丘相隨, 說某經戒, 持是經戒, 不得呵言非佛, 所語當轉相教. 轉相承用, 長幼當相撿押, 無得以佛般泥洹去故, 不相承用, 相承用諸天人民, 助喜皆得福, 可使佛經長久."

270) 『佛般泥洹經』을 제외한 다른 5종의 경전들.

② 내가 얻은 것은 성중(聖衆) 가운데서 법과 계율이 있는 이에게 의지하여 몸소 이 법과 이 율 그리고 이러한 가르침을 받았노라.[272]

③ 내가 직접 나이 많으신 장로에게 입으로 이 법과 율, 그리고 이 가르침을 받았노라.[273]

④ 내가 어질고 재지(才智)가 많고, 복과 지혜 있는 이로서 여럿이 받들어 섬기는 이에게 가까이 하여 직접 이 법과 율, 그리고 가르침을 받았노라.[274]

이렇게 4가지를 주장하는 어떤 비구가 있거든 부처님의 가르침에 가깝지 않고 정법을 헐뜯는 것이니 법구(法句)와 경의 뜻을 가지고 잘 해설하라고 하고 있다. 『반니원경』에서는 '경과 율에 대한 에피소드'의 초반에 경과 율을 근거로 하여 진위를 판단하라고 하고 있으며, 후반에서는 진실로 말을 얻지 못한다면 그것은 부처님의 가르침을 이행하지 않는 것이라고 밝히고 있다. 『반니원경』에서는 경에 맞지 않고 법의 뜻에 어긋나거든 부처님의 가르침과 같지 않으니 그 말한 정보 출처자에게 소견을 버리라고 충고하고 있다.

『반니원경』에서 그 정보 출처자인 '부처님, 성중(聖衆)가운데 법과 계율이 있는 이, 나이 많은 장로, 복과 지혜가 있어

271) 『般泥洹經』, T 1, 182c03. ;"我見佛, 口受是法是律是教."

272) 『般泥洹經』, T 1, 182c08～09. ;"我所止得, 依聖衆有法戒者, 面受是法是律是教."

273) 『般泥洹經』, T 1, 182c13～14. ;"若有比丘言, 我面從耆舊長老者, 口受是法是律是教."

274) 『般泥洹經』, T 1, 182c19～20. ;"我得近賢才高明智達福慧衆, 所宗事面從受是經法律教."

받들어 섬기는 이들'에게 들었다는 어떤 비구에게 법을 알고 율에 밝다고 하는 것은 부처님의 법과 율이 아니라고 충고하라고 한다.

『반니원경』에서는 4가지의 정보 출처자에게서 들은 것에 대하여 그것이 타당해 보여도 속지 말고 위설 임을 가려야 한다고 지적하고 있다. 아난다는 그런 분리된 위설을 설한 사람에게 부처님의 말씀을 가지고 타일러서 경의 뜻에 들어가고 계율을 받들게 하여 불경이 법과 가르침을 말하라고 하고 있다.[275)]

275) SV (Buddhaghosa's Commentary on the DN partⅡ, Stede, London : PTS, 1971), 566쪽; 붓다고사 주석서에 의하면, 수제나 장로를 언급하여 그 근거를 거론하고 있다. 또 위설이 우리에게 줄 수 없는 이익을 진설에서 얻을 수 있음을 설명하여 그 이익을 말하고 있다;
Sudinnatthero pana : Asutta-nāmakaṃ Buddha-vacanaṃ nāma n'atthī ti, taṃ sabbaṃ paṭikkhipitvā : 'Tiṇi piṭakāni Suttaṃ, Vinayo pana kāraṇan 'ti aha. Tato tam kāraṇaṃ dassento idaṃ suttaṃ āhari:- 그러나 수제나(須提那) 장로는 "무의미한 위경(僞經)에는 붓다의 말씀이 있지 않다고 하였으며, 일체를 거부하고 : 삼장(三藏)은 경(經)이며 율(律)도 실천해야 한다고 하였다. (율을) 실천하는 것을 보여준 후에 경을 암송했다;
'Ye kho te Gotamī dhamme jāneyyāsi, ime dhammā sarāgāya saṃvattanti no virāgāya, saṃyogāya saṃvattanti no visaṃyogāya, sa-upādānāya saṃvattanti no anupādānāya, mah'icchatāya saṃvattanti no app'icchatāya, asantuṭṭhiyā saṃvattanti no santuṭṭhiyā, kosajjāya saṃvattanti no viriyārambhāya, saṅgaṇikāya saṃvattanti no pavivekāya, ācayāya saṃvattanti no apacayāya. Ekaṃsena Gotamī jāneyyāsi : 'N' eso Dhammo, n'eso Vinayo n'etaṃ Satthu-sāsanan' ti;
실로 너의 고따미(瞿曇彌, Mahāpajāpātī를 지칭) 법들을 안다고 하자. 이 법들은 탐욕을 위해 존재하지 탐욕에서 벗어남을 위해 존재하지 않는다. 계박을 위해 존재하지 계박에서 벗어남을 위해 존재하지 않는다. 유집착(유취착)을 위해서 존재하지 집착 없음을 위해 존재하지 않는다. 큰 욕망을 위해 존재하지 작은 욕망을 위해 존재하지 않는다. 불만족을 위해 존재하지 만족을 위해 존재하지 않는다. 게으름을 위해 존재하지 근정진을 위해 존재하지 않는다. 취회를 위해 존재하지 독거를 위해 존재하지 않는다. 축적을 위해 존재하지 멸루을 위해 존재하지 않는다. 일향(一向)으로 고따미(의 법들)을 안다고 하자. 이것에 법은 있지 않다. 이것에 율은 있지 않다. 이것을 스승의 가르침이라고 하지 않는다. 라고 (한다);

『반니원경』에서는 위설에 대한 처방으로 우선 유화적인 방법을 제시한 후에, 그래도 4가지의 어둠이 있어 정법을 헐뜯는다면 마땅히 비구를 축출할 것을 시사하고 있다. 그러한 이유를 비유적으로 들고 있는데, "피와 가라지를 제거하지 않으면 좋은 곡식의 싹을 헤치는 것처럼 제자가 올바르지 못하면 나의 도법을 무너뜨리나니 마땅히 서로 검사하고 교정하여 부처가 세상을 떠났다하여 가르침을 받들고 실행치 않음이 없도록 하라"[276]고 설하고 있다. 진위 판별에 두 종류의 『열반경』은 주의 깊게 관찰하는 것이 필요해 다음과 같이 연구자는 분석한다.

'Ye kho te Gotamī dhamme jāneyyāsi,⋯n'eso Vinayo n'etaṃ Satthu-sāsana n' ti;

실로 너의 고따미 법들을 안다고 하자. 이 법들은 탐욕에서 벗어남을 위해 존재하지 탐욕을 위해 존재하지 않는다. 계박에서 벗어남을 위해 존재하지 계박을 위해 존재하지 않는다. 집착 없음을 위해 존재하지 유취착(有取着)을 위해 존재하지 않는다. 적은 욕망을 위해 존재하지 큰 욕망을 위해 존재하지 않는다. 만족을 위해 존재하지 불만족을 위해 존재하지 않는다. 근정진(勤精進)을 위해 존재하지 게으름을 위해 존재하지 않는다. 독거를 위해 존재하지 취회를 위해 존재하지 않는다. 멸루(滅漏)을 위해 존재하지 집적(集積)을 위해 존재하지 않는다. 일향(一向)으로 고따미의 법들을 안다고 하자. 이것에 법이 있다. 이것에 율이 있다. 이것을 스승의 가르침이라 한다. 라고 (한다).

276) 『般泥洹經』, T 1, 183a07～183a08. ;"稊稗不去害善穀苗, 弟子不善壞我道法, 當相檢校, 無得以佛去故不承用教." 『佛般泥洹經』에서도 비슷한 비유를 들고 있다. 세상에서 벼 속에 풀이 생겨 벼의 열매를 풀이 헤치면 사람들은 풀을 베고 뽑아 버리니, 그러면 곧 벼가 좋은 열매를 맺는다. 나쁜 비구로서 경을 좋아하지 아니하며 계를 지니지 않고 착한 비구들을 파괴하면 여러 비구는 마땅히 그를 함께 축출해야 한다. "天下禾中生草, 草敗禾實, 人當誅拔草去之, 禾乃成好實. 比丘惡者, 不樂經不持戒, 壞敗善比丘, 諸比丘當共逐出." 167b13～167b16. 이 두 비유를 통해서 유추해 볼 수 있는 것은 두 경전 즉 『佛般泥洹經』과 『般泥洹經』이 같은 맥을 가졌다고 볼 수 있다.

	『불반니원경』	『반니원경』
정보출처 (A 구조)	거론되지 않음	① 부처님 ② 성중 가운데 법과 계율이 있는 이 ③ 늙은 장로 ④ 복과 지혜 있는 여럿 섬기는 이
정보 전달자	아난	아난 (아난을 등장시켜 부연 설명/ A 구조 반복으로 강조)
마음가짐 (B 구조)	'경과 율에 대한 문제와 해결 방안'을 제시함. '해결 방안에 초점이 맞추어져 있음' (내용상의 강조점이 외의 경전들과 다르다)	

『반니원경』은 『불반니원경』에서 보이는 다른 관점을 더 추가한 것으로 보인다. 다시 말하자면, 정보처, 수지처인 4 곳에서 얻은 설의 진위를 가르는데 경전을 참고하라고 하는 것[277]이다. 이것은 『반니원경』보다 앞서 보여지며, 『불반니원경』에서 볼 수 없는 점이다. 그러나 『불반니원경』에서 특별하게 경과 율을 보전하고 지켜나가는 비구들의 마음가짐을 강조한 것[278]이 다른 점인데, 이것을 『반니원경』에서 같은 스타일로 언급하고 있다. 즉 경전과 계법을 보전하고 지켜나가는 비구들에 대하여 그 마음가짐을 덧 붙여 강조한 것이다.

『반니원경』에서도 비구들에게 화합하기를 강조하였으며 구체적으로 "비구들끼리 서로 흉보며 비웃으며 '나는 경을 많이

277) 표에서 편의상 A 구조라고 하겠다.
278) 표에서 편의상 B 구조라고 하겠다.

알며 너는 경을 조금 안다'고 헐뜯지 말아라. 많이 알든 적게 알든 간에 제각기 스스로 행할 것이다"고 설하고 있다. 이 점은 B구조를 가진 『불반니원경』과 차이가 거의 없다. 단지 차이가 있다면 『반니원경』에서는 A구조를 먼저 거론하고 다시 아난다에게 덧붙여 다시 부연하는 문장을 삽입하고서 B구조로 들어갔다. 다시 요약적으로 설명되어 있는 것은 아난다에게 힘을 실어준 『불반니원경』의 구조와 같은 맥락에서 강조하기 위한 것으로 보인다.

이 표에서 거론하지 않았으나 『불반니원경』과 『반니원경』에서 어느 경전이 먼저일 것이라고 단정하는 것은 아주 어려운 일이나, 『반니원경』이 좀 더 후대에 있지 않았을 까 하는 추측을 불러일으킨다. 그 이유는 후대의 것은 더 첨가되고 부연되기 마련이기 때문이다. 이 두 종류 『열반경』이 주의 깊게 관찰되어야 하는 이유는 구조와 내용 면에서도 그렇지만, 사용하는 용어에 있어서도 밀착된 것으로 보이기 때문이다.[279]

1.5 『根本說一切有部毘奈耶雜事』의 진위 판별

『근본설일체유부비나야잡사』는 직접적으로 서두에 '가르침에는 참과 거짓이 있으니 오늘부터 마땅히 경교(經敎)에 의지

279) 청신사, 청신녀들이 즐거운 마음으로 옷, 음식, 좌상, 이부자리, 의약 따위를 갖다 줄 것이다. 비구들이 도를 같이함에 있어서 불화해서는 아니 된다. 지옥, 아귀, 삼악도에 떨어지는 것은 다 화합하지 못한 때문이다. 『般泥洹經』, 183a11～183a13. 如是則淸信之士, 淸信之女, 樂供衣食床臥疾藥. 比丘同道, 不可不和. 其墮地獄三惡道者, 皆不和故耳. 등은 『불반니원경』에서 같은 단어와 구성을 가진다.(물론 다른 단어로 사용되어 차이가 있는 부분도 지적된다)

하고 사람에 의지하지 말라'[280]고 설명하고 있다. 사람에 의지하지 말라는 것에 대한 문의를 4가지로 차례로 설명하여 혼동을 예방하고자 하였다.

① 나는 여래로부터 친히 이 말을 듣고 기억한 것이니 이 경전과 율교(律教)는 참으로 부처님의 말씀이다.[281]

② 내가 모처에서 보니 대중에 노덕들이 많아서 율장에 밝은데, 내가 거기서 친히 이 말을 듣고 기억한 것이라, 모두 경, 율에 의한 것이니 참으로 부처님 말씀이다.[282]

③ 내가 모처에서 보니 많은 비구들이 모두 경을 가지고 율을 가지고 모경(母經)을 가지고 있었는데, 내가 거기서 친히 이 말을 듣고 기억한 것이니 모두 경, 율에 의한 것이라, 참으로 부처님 말씀이다.[283]

④ 내가 모처에서 한 비구를 보았는데 그는 나이가 많고 지혜 있는 분이었다. 내가 그에게서 친히 이 말을 듣고 기억한 것이니, 다 경, 율에 의한 것으로서 참으로 이것은 부처님의 말씀이다.[284]

---

280) 『根本說一切有部毘奈耶雜事』, T 24, 389b22. ;"如是應知教有眞僞, 始從今日當依經教不依於人."

281) 『根本說一切有部毘奈耶雜事』, T 24, 389b24～389b25.; "我從如來親聞是語聞已憶持, 說斯經典說此律教, 眞是佛語."

282) 『根本說一切有部毘奈耶雜事』, T 24, 389c02～389c04. ;"我於某住處見有大衆, 多是耆宿善明律藏, 我於彼處親聞是語聞已憶持, 皆依經律眞是佛語."

283) 『根本說一切有部毘奈耶雜事』, T 24, 389c10～389c12. ;"我於某住處見有衆多苾芻, 皆持經持律持母經. 我於彼處親聞是語聞已憶持, 皆依經律眞是佛語."

284) 『根本說一切有部毘奈耶雜事』, T 24, 389b24～389b25. ;"我從如來親聞是語聞已憶持, 說斯經典說此律教, 眞是佛語."

다른 경전과 다른 점은 세 번째(③)로 언급한 많은 비구들이 가진 '모경(母經)'이다. 참과 거짓을 파악하는데 있어서 모경(母經)의 의미는 그 진위를 알기 어렵게 만들 것이다. 사람에 의지하지 말고 경교에 의지하라는 말은 경과 율에 대한 많은 시비와 논란에 대한 권위 있는 사람들의 말을 다 듣지 말고 철저하게 경과 율을 검토하여 살펴서 진위를 밝히고자 하는 것이다. 이것은 『근본설일체유부비나야잡사』도 별로 다르지 않다 모경(母經)은 경전의 일종으로 많은 비구들이 가지고 있다면 그 진위의 파악이 힘들 것이다. 또 여러 비구들이 그것을 외우고 익혀서 진실로 부처님의 가르침이라고 여기고 주장한다면 진위 여부의 판별은 불가능해 보인다.

『근본설일체유부비나야잡사』의 문맥 구성은 먼저 위설 일 때의 4 가지 가능성에 대하여 하나하나 경문과 율교를 열람하여 보고 틀리면 부처님의 말씀이 아니니 버리라고 충고한다. 그리고 다시 진설일 때 처소에 돌아와서 경문과 율교를 보고 대조하여 틀리지 않으면 경·율의 가르침에 의하여 잘 취한 것이니 받아서 가져야 한다고 4가지 경우를 각각 언급한다. 다른 텍스트에서 열거하는 방식과는 다르게 따로 따로 위설일 경우 4가지를 언급한 후에 다시 진설일 경우 4가지를 언급하였다. 이 『근본설일체유부비나야잡사』도 아난에게 정보 전달자의 역할을 부여했다. 이렇게 각각 위설 4가지와 진설 4가지에 대한 당부를 일일이 하고 전반부 4가지를 '흑설(黑說)'이라고 하고 후반부 4가지를 '백설(白說)'이라고 규정하였다. 그리고 다시 『근본설일체유부비나야잡사』에서 서두에 주장한 것을 반복하여 '비구가 경교에 의지하고 사람에 의지하지 않는 것이니 마땅히 이와 같이 배우라'[285]고 하며 그렇지 않으면 부처님이 말씀하신 것이 아니라고 마무리하고 있다.

2. 공동체에서 정보의 진위문제

공동체는 정보의 진위(眞僞)문제를 어떻게 해결하고 있는가? 정보의 진위문제는 현대뿐만 아니라 고대에도 중시되었다. 먼저 현대가 정보의 홍수 속에서 잘 전달된 정보체계를 취득하고 이용하며 발전했다는 점은 높이 살만하다. 현대에는 정보의 편리성으로 인하여 언제든지 손쉽게 의문점을 여러 곳에서 찾아 해결할 수 있다. 그런 정보의 제 1차적 매체로서 실례를 든다면 인터넷이 될 것이다.

우리가 사이버 상에서 취한 정보의 진위 여부를 밝히고자 한다면 다른 매체와 자료를 대조함으로써 쉽게 밝힐 수 있다. 다만 주목할 점은 그 진위여부를 밝히기보다 그대로 수용하는 입장에 서 있다는 것이다. 정보의 진위에 앞서 그대로 수용하는 입장이 더 익숙하게 자리 잡고 있다.

고대 경전은 진위에 대한 문제에 있어서 어느 매체보다 더 높은 신뢰도를 가지고 있다. 이 논의에서 강조하고자 하는 것은, 고대 경전은 그 정보의 수집과 전달과정에 대한 확실한 주의와 관심을 기울이도록 하고 있다는 점이다.

이러한 주의와 관심을 기울이는 이유는 고대 경전을 통해서 그 당시 사회적 공동체의 정보 진위 판별방법을 알아보기 위

285) 『根本說一切有部毘奈耶雜事』, T 24, 390b04. ;"是謂苾芻依於經教不依於人, 如是應學."

함이다. 이것은 공동체의 온전함을 보전하기 위한 필연적 방법의 모색이며, 미래의 공동체에 있어서도 계통을 그대로 보존하고자하는 당부적 역할을 한다.

특히 불교의 경전은 구전으로 전달하는 방식에 의해서 정보가 전해졌으며, 그 중에서도 믿을 만한 사람에 의해서 전해지는 말을 '성언량(聖言量)'이라고 하여 진위 여부를 밝히는 것을 보다 우선으로 자리 매김하고 있다. 이 점은 부정될 수 없는 점이다. 그렇지만 불가의 가르침에도 정보의 전달자에 대한 의심과 그것을 확인할 수 있는 절차에 대하여 세밀하게 논의하고 있다.

정보는 전달하는 사람에 의해 오도될 수 있다. 또 그 당시의 사회적 배경 아래서 정보를 오도함으로써 실권자나 정보 전달자의 의향이 첨가된다는 사실을 수많은 역사 속에서 확인할 수 있다. 초기 불교 경전들은 이러한 점에서 많은 객관성을 소유하고 있음이 큰 장점이라 할 수 있다. 이러한 장점을 가진 초기 경전들에서 그 실례를 들 수 있는 대목이 있기에 그 근거를 토대로 하여 경전의 진위(眞僞)여부에 대한 신중하고 유보적인 태도에 대하여 살펴보고자 한다. 우리가 믿고 있는 경과 율이 어떤 점에 근거하여 의존하고 있으며, 그 '경과 율'의 가르침을 실행하고자 하는가에 대한 근거 물음을 신중히 하도록 하고 있다.

초기 『열반경』은 경과 율의 정보가 정확한 것인가에 대하여 면밀한 주의를 기울이라고 제시하고 있으며, 경과 율에 대한 정보 전달자의 엄격한 태도에 대한 필요성을 언급하고 있다. 이러한 점은 우리에게 경전을 제대로 살피고 이해함으로써 많은 돌 속에서 보석을 찾을 줄 아는 안목을 기르도록 하고 있다.

고대 경전을 읽을 때 중요한 점은 방대한 자료에서 진위의 여부를 판단할 줄 아는 안목이다. 진위여부의 판단 기준이 고대 텍스트에 있으며 우리는 이를 주의 깊게 가려낼 필요가 있다. 이를 초기 『열반경』에서 거론하고 있으며, 6종의 이본(異本)에서 각기 다른 관점을 가지고 철저하게 '진설인가 위설인가'에 대한 주의력을 우리에게 요청하고 있다. 구전으로 전해지는 텍스트에 대한 다각적인 접근 방법이 있을 수 있다. 그중에서 중요한 것은 고대 경전을 읽으면서 우리가 무차별적으로 받아들이기보다 정확한 접근법에 의해서 첨가된 부분과 삭제된 부분, 그리고 강조된 부분을 골라냄으로써 오용 가능성을 최대한 줄이고자 하는데 있다.

불경 텍스트에 올바르게 접근하려면, 우선 '진본인가 위본인가'의 문제가 기준이 되어야 한다. 초기 『열반경』의 '경과 율에 대한 에피소드' 부분을 살펴보면 텍스트를 편성할 때 전체적인 기준이 되는 경과 율이 이전에 있었을 것으로 추정된다. 그 이유는 현존하는 자료는 고대의 것으로 보이나, 이 경전이 편찬되기 이전에 고대 경전상의 문제가 있었다는 것을 알 수 있기 때문이다. 왜냐하면 진위 여부를 판별하는 우선의 방법으로 경과 율을 비교하라고 제시하고 있기 때문이다. 고대 경전을 분류 작업을 통해 현존하는 경·율이 여러 가지 결집문제를 저변에 깔고 있음을 텍스트 분석 결과 알 수 있게 되었다. 초기 『열반경』은 시대적으로 결집 이전에 있었을 것으로 추정되지만, 이 부분에서 다시 한 번 그 대목이 후대에 첨가된 것이 아닌가 의심을 갖게 한다.

우선 고대의 『열반경』에 대한 텍스트 안에서의 정보의 진위에 대한 면밀한 검토가 있었다. 그러므로 논의의 관점은 초기 『열반경』의 6종의 텍스트에 한정하였으며, 그리고 다시 밖으로 관점을 돌려서 이 부분에 대한 첨가 여부의 논의가 거론되는 것이 타당할 것이다. 초기의 『열반경』 안에서 논의의 초점을 충실히 잡을 수밖에 없는 이유는 '경과 율의 진위 문제'를 객관성 있게 서술하면서 상세하게 다루고 있다는 점이다. 이것은 고대 공동체가 얼마나 정보에 있어서 신중한가를 보여주고 있기 때문에 자세한 논의가 필요하다.

3. '경과 율'의 시대적 상황

텍스트의 분석에 있어서 최대의 고비가 되는 점은 "정보를 전달하는 사람이 어떤 사람인가? 정보 원천의 가치가 어떠한가? 정보의 원천이 확실한가?"에 대한 연구가 될 것이다.

초기 『열반경』의 6종의 이본(異本)의 텍스트는 여러 가지 상황의 비교와 등장인물, 사건 등을 엄밀히 살펴보도록 하자. 초기 『열반경』전들이 붓다의 설법을 직접들은 제자들에 의하여 구전으로 전해 왔다는 사실로 인하여, '사실을 기록한 사건 열거에 불과하다'는 대승 쪽의 설명에 대하여 우리는 동의할 수 없다.

사실의 기록은 객관적인 것을 우선하므로 그런 기록에서 철학적 논의와 종교적 심오함을 읽어 낼 수 있어야 한다. 그런 점에서 초기 『열반경』의 6종은 그런 과제를 후대에게 부여할 여지를 남겨주는 텍스트임이 분명하다.

『열반경』의 51개의 에피소드에는 각각 다르게 첨부되고 설명되는 상황이 있기는 하지만, 큰 맥의 줄거리는 한 방향으로 흐르고 있다. 만약 '경(Sutta)과 율(Vinaya)의 문제'[286]에 있어서 그 내용이 후대에 첨가된 증거가 뚜렷하다면, 고대의 텍스트에 대한 이견을 제시함으로서 텍스트에 대한 세밀한 분석을 필요로 하는가? 또 후대에 첨가한 내용이 고대의 경전인 『열반경』에 들어가 있을 수 있는지에 대해서도 결정해야 한다. 역사적 사실로 대표되는 초기 『열반경』에 대하여 진위 여부의 엄밀한 검토를 다시 한차례 요구해야 한다는 점에서 두 가지의 창을 열어야 하는 고단함이 있다. 그러나 그런 번거로움은 우리가 고대텍스트에서만 만나볼 수 있는 수수께끼를 푸는 즐거움이 될 것이다. 또 고대의 텍스트 자체에서 '경과 율의 진위여부'를 문제 삼음으로써 우리가 초기 경전에 더 다가갈 수 있을 것이다. 전승된 말에 부닥침에서 텍스트는 우리에게 질문을 먼저 설정한 것이다. 즉 우리에게 말을 걸어오는 텍스트, 작품, 흔적과 같이 전승된 것들은 스스로 우리에게 질문을 제기하면서 우리의 생각을 열어 놓았다.[287]

초기 『열반경』의 '경과 율에 대한 문제'를 해결함에 있어서 후대에 있었던 '결집문제'[288]는 당시의 상황을 분석적으로 해

---

286) MPS [DN x vi, 4, 8～11]; 『佛說長阿含經』, T 1, 17b 26～18a 22; 『佛般泥洹經』, T 1, 167a 17～167c 6; 『般泥洹經』, T 1, 182c～183a 19; 『大般涅槃經』, T 1, 195c 5～196a 14; 『根本說一切有部毘奈耶雜事』, T 24, 389b～390b 4; 이 부분에 대한 이차 텍스트로는MPSV를 참조한다.

287) 박순영, 「이해와 정보해석학」 『해석학연구』(한국해석학회, 2004), 131쪽.

288) 결집(結集, saṃgītī)이란 경, 율, 논 삼장의 집성을 말한다 붓다가 직접 설한 말(佛語, buddhavacana)로서, 이것을 아함(阿含, Āgama)이라 한다. 가르침의 기본선(基本線)이 된다는 의미로서 경(經, Sūtra)이라고 한다. 그

결하는 좋은 실마리가 될 수 있다. 초기의 『열반경』류는 '라자가하(Rājagṛha)와 바이샬이(Vaiṣāli) 결집'에 대한 자료보다 선행한다. 선행한다는 사실은 뒤에 언급될 만한 문구가 초기 열반경전에 수록되어 있기 때문이다. 앞의 것은 뒤에 언급되는 '결집'에 관한 경전들을 통해서 다시 추적해 볼 수 있다.

우리는 이것을 인식해서 객관적으로 고대의 텍스트와 자유롭게 소통하게 할 수 있다. '경과 율의 진위 여부'는 우리가 고대 텍스트에게 말을 걸어오는 것이 아니라 고대 텍스트가 우리에게 말을 거는 것으로 능동적인 반응의 하나로 생각될 수 있을 것이다. 해석하는 주체가 해석해야 할 대상은 단순한 문자화된 텍스트의 의미만이 아니라, 넓은 의미에서의 텍스트, 즉 인간의 삶과 세계, 문화 일반에 관련된 의미의 문제이다.[289] 이것은 '경과 율의 진위 여부'문제가 역사적 사건 아래

러나 넓은 의미로는 이 밖에 제자나 후대의 사람의 경의 뜻을 해석한 논(論, Śāstra)과 교단의 규칙을 집성한 율(Vinaya)이 있다.

제 1결집(오백결집)… 석존 입멸 직후에 대가섭(Mahākāśyapa)의 소집으로 왕사성(王舍城) 교외 칠엽굴(七葉窟)에서 500명의 비구가 모여 부처님이 남기신 법과 율을 집성했다고 한다. 이 때 경장(經藏, Sūtrapiṭaka)은 주로 아난다에 의해서, 그리고 율장(律藏, Vinayapiṭaka)은 주로 우바리에 의해서 암송되었고, 나머지 비구들이 그것을 확인하고 검증하는 형식으로 진행되었다. 그러나 이 때 집성된 형태가 현재의 것 그대로는 아니다.

제 2결집(칠백결집)…불멸 후 100년경에 야사(Yaśa)의 소집으로 와이샬리에서 700명의 비구가 모였다고 한다. 이 때 다시 경장과 율장의 수정·보완과 논장(論藏, Abhidharmapiṭaka)의 집성이 이루어진 것으로 보인다.

제 3결집(天人결집)…아쇼카왕 시대(서기 3세기)에 수도인 빠딸리뿌Em라(Pāṭaliputra)에서 팃사(Moggaliputta Tissa)의 주재로 경·율·논 삼장의 전부를 집성하였다. 제 1, 제 2 결집본이 남방 전통과 북방 전통 양쪽의 불교계에 전래된 반면, 제 3결집본은 남방불교에만 전래되었다.

제 4결집…서기 전 2세기의 까니슈까(Kaniṣka)와 시대에 와수미트라(Vasu mitra)의 주재로 카시미르국의 비구 500명이 모여 삼장에 해석을 붙였는데, 이것이 『대비바사론(大毘婆沙論)』이 되었다고 한다. 남방불교에서는 이 결집을 인정하지 않고 있다.

서 어떻게 해석되고 있는가를 알려는 문제와 관련된다.

'결집의 문제'는 붓다의 양대 제자인 '아난과 가섭'간의 양극화로 인하여 그 당시 치열한 논의의 자료로서 제공될 수밖에 없으며, '온건파와 엄격주의'로 대별되는 두 파의 '경과 율'에 대한 시각은 후대에 많은 연구물들을 낳았다. 초기『열반경』류에서 붓다를 시봉하는 인물인 아난은 각각의 에피소드에서 여러 가지 역할을 하였다. 아난은 붓다 옆에서 상황에 맞는 여러 가지 해결방법을 직접 보고 배웠다. 그러므로 '경과 율'이라는 대전제에 앞서서 붓다의 직접적인 문제 해결을 직접 지켜본 아난에게 '경과 율의 진위 문제'의 참여는 자연스럽고 당연시되었다.

그러나 상황은 붓다가 열반하고 나서 많은 변화를 겪었다. 붓다 사후에 제자들의 결집 상황에서 가섭의 엄격주의적 방식은 아난과 많이 어긋났으며, '경과 율에 대한 문제'로 치달았다. 사회적 배경과 정치적 배경이 실지로 어떠했는지는 역사 속에 묻혔으나, 후대의 학자들과 경전상의 논의를 통해 두 제자간의 대립적 구도를 이해함으로 용이한 경전의 해석의 시각을 열 수 있다.

4. 고대 공동체에서 본 '경과 율'

6종의 경전을 살펴 본 결과 우리는 몇 가지의 결론에 도달할 수 있다. 경전에서 정보의 근원지는 거의 '노비구, 장로'를

289) 박순영, 「매체문화와 정보해석학」『철학과 현상학 연구』(한국현상학회, 2006), 198쪽.

언급한다는 점이며, 후대 공동체 구성원들이 이들 '노비구, 장로'에게서 배운 것이 진설일 가능성에 대한 확인을 부탁하고 있다는 점이다. 또 '여러 비구들'이 정보의 근원지로 등장한다는 점은 다수의 원리에 의해서 소수의 진설이 은폐될 가능성에 대한 위기감을 감지했다는 점이다. 또 주목할 점은 '아난다'에게 확실한 정보처로서의 역할을 하게 하는 몇 종의 경전들이다. '아난다'에게 힘을 실어줌으로써 후에 '결집'문제를 대비함에도 불구하고 '가섭'의 주도 아래서 행해졌다는 점이다. '『열반경』'과 '결집'의 미묘한 문제는 많은 자료를 토대로 여러 측면에서 검토가 요구된다.

경전 중, 빨리본에서는 정보의 진위 여부에 대한 냉혹한 평가를 자제하고 있으며 중간적 입장에서 평가하고 있다. 그런 반면에 『불반니원경』에서는 위설에 대한 판단이 가해졌을 때, 진설을 믿지 못한 비구에 대한 추방까지 불사하고 있다.

위설이 제시되었을 때, 그것이 맞지 않는다는 것을 경과 율에서 살펴서 진위를 가른다. 이것은 다섯 개의 경전에서 제시하고 있다. 경전에 의거하여 진위를 판단한다는 점에 있어서 일치를 보이고 있다. 다만 『불반니원경』은 이 부분이 다른 각도로 쓰여 있어서 제외된다.

또 아난에게 힘을 실어주는 경전은 『불반니원경』, 『반니원경』, 『근본설일체유부비나야잡사』의 3가지로 경과 율의 진위 여부를 경전에서 비교하여 알아보는 것을 전제로 하면서도 아난에게 판정할 수 있는 자격을 '경과 율' 외로 부여하고 있다.

친히 이 말을 듣고 기억하고 있다는 것은 구전에 의한 암기로 전달된 것을 의미한다. 이런 점은 많은 취약점을 가지고 있으며 많은 비구들이나 지혜가 출중한 장로에 의해서 설해 졌을 때 의심하기 힘든 상황을 연출하게 된다. 그것을 일소에 해결할 수 있는 것은 경과 율에 대조하여 비교하여 고찰하는 것이다. 6종의 모든 경전이 이것에 대해서는 이견이 없다.

고대 『열반경』의 '경과 율에 대한 문제'는 적극적인 해석과 소극적인 해석을 동시에 고려하여 접근할 수 있다. 적극적인 해석은 경과 율에 대한 신뢰도를 높인다는 점에서 인정될 수 있는 문제이며, 소극적인 해석은 출처에 대한 흐름을 읽어감으로써 위경도 진설일 가능성을 인정하는 것이 될 것이다. '경과 율의 문제'에 관한 이 논의의 첫 번째 창을 고대 텍스트에서 열었다면, 두 번째 창은 이 에피소드가 왜 결집이 있었던 당시에 끼어들지 않고, 『열반경』이란 텍스트에 들어있는지에 대한 의심에서 또 열어볼 수 있다.

고대의 종교 창시자에 대한 이야기가 어는 정도 문학과 밀접하게 각색되었다는 것은 인정되는 사실이다. 이런 사실은 불교 외에 다른 종교에서도 손쉽게 발견되는 '신격성'을 목적으로 하는 아름다운 각색이므로 어느 정도는 인정되며 문학적 성격으로 보인다. '고대의 텍스트'[290]는 대승의 텍스트에 비하여 많은 것이 새롭게 부여될 여지를 후대에게 남겨둔다. 작가의 감성적 서술을 최대한 억제하면서 서술적으로 차례대로 써내려간다는 점에서 그렇다. 그런 면에서 후대인 들이 '고대의 텍스트'를 읽고 그 뉘앙스와 방식에서 새로운 점을 부여하는

290) '고대의 텍스트'는 초기 텍스트라고 함이 타당할 것이다. 소승과 대승으로 구별하여 가르는 것 보다 '고대의 텍스트'라고 함이 초기 경전류에 대한 긍정적 인식을 줄 수 있다는 점에서 '고대의 텍스트'라고 부르고자 한다.

것은 까다롭기만 하다. 냉정함을 잃지 않은 텍스트에서 찾아야 할 '진위 문제에 관한 것'은 마치 연주자가 감정을 싣지 않고 악보를 그대로 연주할 때, 청중이 그 곡에 대한 객관적 평가를 내려야 하는 것처럼 어렵다. 연주자가 더 강조하고자 과장하거나 꾸미는 손놀림의 기술적인 트릭을 제거한 연주처럼 무미건조한 연주도 없을 것이다. 그런 연주에서 청중은 그 곡에 대한 가감 없이 곡 자체를 받아들일 수 있을 것이다. '고대의 텍스트'는 우리에게 가감 없는 텍스트 자체를 받아드리게 한다.

우리는 말 걸어오는 그 무엇에서 출발해야 한다. 선입관은 고정된 것이 아니라 언제나 교정될 수 있는 잠정적인 선입관일 뿐이다. 우리 자신의 선입관을 철저히 유보한다는 것을 의미하는 것인데,[291] 이는 '경과 율의 문제'에도 적용할 수 있다. 객관적으로 보면서 유보의 상태로 놓아두는 것은 엄밀한 의미에서 부정이 아니라 진정한 의미로의 접근을 가능하게 한다.[292] '고대의 텍스트'는 다시 새롭게 감정과 열정을 찾아서 재편성할 수 있는 여분을 우리에게 준다는 점이 대승의 텍스트에서는 볼 수 없는 점이다.

그러나 그러한 문학과 역사 사이를 구별해서 추려야 한다면 냉정함을 갖춘 제 3자적 입장을 소유해야한다. 또한 첨부된 내용이라고 인정이 될 때 의도하고자 하는 바를 파악하여 비교하는 것이 텍스트를 더 관찰할 수 있는 방법이다. 그런 의도를 갖게 하는 당사자들을 그 문맥과 내용에서 주의를 기울인다면 파악할 수 있다. 고대의 텍스트에서 『열반경』에 나오는 여러

291) 박순영, 「해석학」『철학과 현실』(통권 17권, 1993년 여름), 133～134쪽.
292) 박순영, 위의 책, 134쪽.

개의 에피소드는 잔잔한 드라마틱한 요소로 펼쳐져 있으며 작은 클라이막스가 독립적으로 포함하고 있는 줄거리로 구성되어 있다.

이 '경과 율에 관한 문제'에는 그런 문학적인 요소가 다른 에피소드 보다 덜하며 그 나름의 중요한 당부를 집중적으로 하고 있다고 판단할 수도 있다. 그러나 다른 반대의 경우는 '경과 율에 관한 문제'의 관건은 이 정보의 내용이 객관적으로 미래 지향적이기만 한 것인가란 점과 이 내용에서 지칭하는 상대를 겨냥하여 논의를 펴나갔고 또 그런 논의의 개입이 확실하다면 후대에 첨가된 확률이 높음을 유추할 수 있다는 것이다. 이것은 '결집에 관련된 자료'를 면밀히 검토한다면 확인할 수 있을 것이다.

고대 공동체에서 '경과 율'의 문제는 그 진위 가능성에 대하여 많은 의심을 낳는 대목이다. 이점은 이 에피소드가 공동체의 확립과 관련되어 있으며, 율장의 법조문 이상으로 중요한 위치를 차지하고 있기 때문이다.

그렇다면 초기 불교에 있어 율장의 계율은 어떠한 과정을 통해 성립된 것일까? 초기불교문헌에 있어서 어떤 조목들은 완비된 형태의 모습을 보여주고 있으며 때로는 미비 된 형으로 나타나고 있다. 이는 계율이 불교성립부터 완비되어 나타난 것이 아님을 입증하는 것이라 하겠다.[293] 계율은 개인적인 생활을 조정하는 윤리적 도덕율이며 단체적으로는 교단의 질서를 유지하는 법규가 되며, 종교적인 측면은 깨달음으로 나아가

293) 신성현, 「初期 戒律 成立에 대한 問題」『韓國佛教學』 26권(한국불교학회, 1994), 161쪽.

는 것이다.[294] 시일이 지남에 따라 불교만의 독자성을 이루게 된 과정에 계율은 초기 『열반경』과 율장의 텍스트에서 핵심적으로 그 배경적 지식과 엄격성으로 자리하였다고 생각된다.

하지만, 율장은 초기 『열반경』에서 논의한 문제와는 다른 관점으로 율을 취급하고 있다. 확정적인 율에 대한 의심이 없다는 점에서 후대 것으로 보인다. 부파 분열 이전부터 조문 제정의 근거로서 혹은 조문의 타당성을 강조하기 위해 율장이 확립되었다고 한다.[295] 그러나 초기 『열반경』에서 보이는 근거의 조심성에서 율장은 벗어나 있으며 거의 확정적인 결과물들로 채워졌다고 할 수 있다. 초기 『열반경』과 율장들에서 이러한 차이점이 있다고 하더라도 공동체의 화합에 그 목적을 두고 있다는 점에 있어서는 공통성을 지니고 있다.

붓다가 생전에 이 '경과 율'의 문제를 거론했다면 공동체의 기본이 되는 법과 율이 상정되어 있었다는 증거가 될 것이며, 그렇지 않고 이 부분이 후대에 첨삭된 부분이라면 붓다가 생전에 주장했다는 근거를 만들기 위해 초기 『열반경』에 끼어들었다고 보는 것이 타당할 것이다. 두 가지 가능성을 다 열어놓고 우리가 생각해야 될 것은 공동체에 확고한 조항들이 필요했다는 것이다. 다만 '경과 율'이 고대 공동체에서 하나의 큰 지침으로 자리하고 있다는 점에서 많은 주의가 필요할 뿐이다.

294) 신성현, 「十住毘婆沙論의 戒律思想」『韓國佛教學』제 14집(한국불교학회, 1990), 349쪽.

295) 平川彰, 『율장연구』(박용길 역), 340쪽.

2절 초기불교 공동체에서 바라문 유입의 사례

이 절은 『율장』「대품」의 '가섭 삼형제가 상가 공동체에 유입되는 에피소드'를 소개한다. 초기 『열반경』에서 '붓다는 꾸시나가라에서 외도 수밧다를 마지막 직제자로 삼았다'는 44번의 에피소드를 내용으로 한다.

1. 『율장』「대품(*Mahāvagga*)」과 초기 열반경에서 보인 바라문

『율장』「대품」과 초기 『열반경』을 논의의 중심으로 선정한 이유는 당시 불교 공동체인 '상가(Saṃgha)가 어떻게 구성되었는가'를 보여주는 대표적인 사례가 그 안에 있기 때문이다. 특히 최상류층인 바라문이 초기 상가의 기반을 제공한 사례이다. 그리고 붓다 열반 직전에 바라문 유입은 실질적으로 상가 공동체에 지대한 영향을 주었다. 우선 『율장』「대품」의 전반적인 스토리를 살펴보자. 『율장』「대품」은 크게 7장으로 불타전기를 나누고 있다.

1. 정각(正覺)의 추구(Kapilavastu에서 Uruvelā까지)

2. 정각(正覺)성취(정각의 직접적인 준비와 정각의 내용)
3. 우루벨라에서 정각 후의 첫 주(週)들
4. 최초의 설법과 오비구(五比丘)의 귀의(Benares에서의 초전법륜)
5. 야사(Yaśas)와 그의 가족 친구들의 귀의
6. 제 2차 우루벨라에서의 주석(住錫)(Śāriputra와 Maudgalyāna의 귀의 등)[296]

이 절에서 거의 역사적 사실처럼 여겨지는 이야기(야사와 오비구가 상가 공동체에 합류했다는 등)는 제외하고, 가섭 삼형제가 붓다에게 승복하는 신비적인 에피소드를 중심으로 논의하겠다. 붓다가 보인 신통력은 바라문의 위세를 꺾었다. 그것으로 인해서 상가 공동체가 기반을 잡을 수 있었다. 특히 『율장』「대품」에서 붓다가 바라문을 제압하기 위해 보인 신통력은 시간적인 선후관계로 인해 후에 가탁(假託)된 일부로 보인다. 이 부분은 경전에서 많은 분량으로 할애되었기 때문에 거론해 보고자 한다. 이것은 뒤에 다시 논의하겠다.

이 에피소드에서 붓다는 18가지의 신통력을 선보였다.[297]

---

296) 서성원, Mahāvagga I (동국대 인도철학대학원편집, 2003), 3~7쪽.

297) 빨리 『율장』을 중심으로 주요 내용을 정리하면, '독룡의 항복', '사천왕의 청법', '제석천의 청법', '범천의 청법', '(붓다가) 가섭의 마음을 알아차려 공양하러가지 않고 북구로주에 가서 발우에 든 음식을 가져 아뇩달 호수에서 드시는 사건', '인드라신이 연못을 만들고 돌판을 놓아둔 사건', '카쿤다 나무가 스스로 가지를 굽인 사건', '인드라 신이 누더기 옷을 널어놓은 돌판을 자져다 준 사건', '염부제 동산에서 과일을 가지고 오는 사건', '염부제에서 망고 열매를 따오신 사건', '염부제의 아말라카(āmalaka)나무에서 열매를 따오신 사건', '염부제의 하리타카(harītaka)나무에서 열매를 따오신 사건', '33천에 가서 파리차따(pāricchatta)나무의 꽃을 가지고 오신 사건', '신통으로 500개의 장작을 한번에 쪼개신 사건', '신통으로 500개의 불이 한번에 피워지는 사건', '신통으로 500개의 불을 한번에 꺼버린 사건', '추운 겨울밤에 500개의 화로를 만들어 결발

이들 에피소드를 볼 때, 붓다는 3천 5백까지의 교화 신통을 가섭 삼형제에게 다 보였다고 할 수 있다.

빨리 『율장』, 마히세시카(Mahīśāsaka) 학파의 『오분율』, 담마굽타카(Dharmaguptaka) 학파의 『사분율』에서 붓다가 우루벨라 가섭에게 보인 신통에 관한 기술은 거의 유사하다. 순서상으로 처음과 끝 부분의 신통이 동일한 내용으로 구성되어 있고, 부분별 신통에서 약간의 차이를 보인다. 붓다의 신통에 관한 기록은 빨리 『율장』과 『사분율』이 상당히 유사하며, 보다 정교하고 구체적인 붓다의 신통에 관한 기술은 『사분율』이 단연코 우세하다. 『오분율』의 내용은 다른 『율장』에 나타나지 않는 여러 가지 기술들이 보이지만 생략된 부분도 있다. 여기서는 붓다가 '불을 제압하는 신통력'을 빨리 『율장』, 『오분율』, 『사분율』의 텍스트에 근거해서 논의하겠다. '불'이 가진 상징성은 바라문의 우세를 말한다. 초기 불교 공동체는 '불'을 제압하는 붓다로 인해서 어떠한 이미지를 남기게 될까?

그 다음으로, 초기 『열반경』(*Mahāparinibbāna-suttanta*)에서도 바라문에 대한 긍정적인 수용이 있었다. 초기 『열반경』은 붓다 생전의 여정에 관한 완벽한 기술이 들어 있기도 하지만, 붓다가 마지막에 유언의 당부 형식으로 내용을 전달하고 있다는 점이 독특하다. 입멸 직전, 붓다의 말은 다른 초기 경전에서 볼 수 없는 집중력을 지니고 있다. 붓다의 집중력 있는 당부들은 51개의 에피소드와 함께 전해진다. 여기서는 '바라문 수밧다에게 내린 출가의 기회'를 논의의 범위로 한정한다. 붓다는

행자들의 몸을 따뜻하게 한 사건', '큰비가 온 뒤에도 먼지가 날리는 땅 위를 경행하는 이적을 보이신 사건'들이다.

적극적으로 바라문 수밧다의 출가를 허가했으며, 또한 출가를 하려는 다른 이들에 대한 주의와 당부를 했다. 이 에피소드가 가진 권위는 붓다의 어조에 있다. 우바리의 암송은 치밀한 계율의 확립을 상징한다고 할 수 있다. 그렇다면, 이전에 있었던 붓다와 제자들간의 대화를 초기 『열반경』에 찾는다면 고대 상가 공동체의 모습을 유추할 수 있지 않을까? 상가 공동체가 성립되고 체계화되는 과정을 이론이 아니라 사례를 중심으로 살펴보는 것은, 역사상 가장 오래 되었다고 하는 전형적인 상가공동체 모델을 찾을 수 있기 때문이다. 상가가 어떻게 구성되고 자리 잡혀가는가를 아는 것은 출가자의 생활을 아는 것 뿐만 아니라 불교 전반에 관해 인지하는 것을 의미한다.

2. 『율장』「대품」 에피소드에서 거론된 바라문 유입

2.1. 바라문의 상징적인 '불'을 제압하다

『율장』「대품」에서 보여진 붓다의 신통력은 신화적 의미로 간주되지만 붓다에게 그다지 어울리지 않는다. 그 이유는 『율장』「대품」에서 보인 붓다의 신통력은 불교가 합리적이고 과학적이라는 현대의 평판을 저버린 사건의 일종이기 때문이다. 하지만 사회학적이라고 치부하거나 문헌학적인 연구라고 말하더라도, 『율장』「대품」에서 거론된 이야기는 경전을 읽는 이들을 당황스럽게 한다. 그러나 초기 불교가 신화의 개념을 지닌 인도 사회에서 성장하고 그 기능을 다하기 위해 전설적인 껍질을 벗어 던지기 직전의 사건이라고 본다면 수용하기 쉬울 수 있다.

'불'을 지배하는 용과 그것을 제압하는 신통력은 바라문교와 불교의 충돌로 해석할 수 있으며, 신통력으로 제압하는 충돌은 곧 이어서 후원과 지지의 기반이 된다. 초기불교의 교리가 세상을 설득할 만한 합리성을 지니고 있다고 하더라도, 초기에는 그것만으로는 충분하지 않았을 것이다. 초기불교 공동체가 교리로 대중을 압도하여 신뢰받을 수 있게 된 것은 조금 지난 후대 일이다. 여기에서 논의하고자 하는 것은 이 부분에 있다. 초기불교가 합리적인 교리를 대중적으로 전하기 위해서는 신화적이고 상징적인 무엇인가가 우선적으로 필요했을 것이다.

바라문교와 초기불교는 서로 간에 복종하지 않으면 배척할 수밖에 없는 상황을 겪게 된다. 『율장』「대품」의 '신통력에 관련한' 기술에서는 교리의 반대와 비판을 통한 논쟁이 아니라 신비적인 상황을 연출해서 승부를 통하여 명쾌한 해답을 내놓았다. 다시 말해, 교리에서의 압도적인 우세가 아니라 마술과 같은 힘과 신비적이고 환상적인 분위기로 바라문을 제압했다는 것이다. 초기경전에서 나타나는 신비적인 요소들은 이곳에서 종교의 상징적인 경험과 일치한다고 할 수 있다.

그러나 종교의 경험이 상징적인 표현만 있고 교리적인 표현이나 개념적인 묘사가 없었다면 역사적 사건이 되지 못한다. 『율장』「대품」은 상징적인 표현뿐만 아니라 교리적이고 개념적인 묘사를 적절하게 구사한다. 분명하게 법(法), 연기(緣生), 공(空)의 교리도 간단하게 거론하고 있다.[298] 『율장』「대품」은 이

298) 『五分律』, T 22, 110b18. ; 하지만 부파시대 만큼 논쟁적이라고 할 수

부분에서 붓다의 신통력만큼이나 교세의 확장도 그 시작을 알렸다고 할 수 있다.

그때 우루벨라에는 세 명의 결발행자인 우루벨라 가섭, 나제 가섭, 가야 가섭이 살고 있었다.…세존은 …가섭 결발행자에게 이와 같이 말했다. "만약 너에게 지장이 없다면 (너의) 화당(火堂)에 하루 밤 머물고자 한다."…

(우루벨라 가섭) "지장 없습니다. 여기에 신통력이 있는 사나운 용(뱀 : nāga)들의 왕은 신통력이 있는 용이며, 맹독이 있습니다. 그대(세존)을 해치게 될까봐 두렵습니다"…

(세존) "용은 나를 조금도 해치지 못한다. 너 가섭은 화옥(火屋)을 허가하라."…

그리하여 세존은 화옥으로 들어가서 초좌(草座)를 준비하고서 결가부좌를 하고 난 뒤 몸을 똑바르게 향하게 하고 나서 면전에 주의집중을 나타나게 하고서 앉았다. 그러자 용은 세존이 들어와 있는 것을 보았다. 보고서 괴롭고 슬퍼 연기를 내었다. 세존은 이와 같이 생각했다. '내가 이 용의 피부와 가죽과 살과 힘줄과 뼈와 골수에 상처를 주지 않고서 불을 가지고 (용의) 불을 소멸시켜야겠다.' 그리하여 세존은 이와 같은 염력의 단련으로 연기를 내었다. 그러자 그 용은 화를 참지 못한 채 불타올랐다. 세존 역시 화계(火界)로 들어가서 불타올랐다. 솟아오르는 빨갛게 빛나는 화당은 타오르는 빨갛게 빛나는 불꽃과 같이 되었다.…그리하여 세존은 그 밤이 지난 후에, 이 용의 피부와 가족과 살과 힘줄과 뼈와 골수에 상처를 주지 않고 불을 가지고 (용의) 불을 소멸시키고 발우에 던

있다거나 치밀한 구조를 지니진 못했다.

> 져놓고 우루벨라 가섭에게 보여주었다. …우루벨라 가섭은 "대 사문의 위력은 실로 대신변(大神變)이다.…"고 말했다.[299]

나가(nāga)는 인도에서 '뱀' 또는 '용'을 지칭한다. 바라문의 숭배 대상인 '뱀 또는 용'은 일종의 토템이즘을 표현한다. 뱀이나 용을 숭배하는 이유는 뱀이나 용의 영리함, 힘, 교활함이 바라문에게도 전해질 수 있을 것이라는 믿음에서 시작되었다고 할 수 있다. 뱀은 민간 신앙적인 성향을 나타낸다. 민간 신앙적이라는 것은 아리안이 이주하기 전 토착민인 드라비다족이 수목, 여신, 동물 등을 숭배한 것을 말한다. 아리안은 제식을 위주로 한다. 초기 경전에는 아리안과 비아리안의 두 요소가 공존하고 융합하는 경향을 보인다.

베다 시대에는 제사 의식이 단순했으나 브라흐마나 시대부터 희생제물이 등장하고 제사 의식도 복잡하고 성대하게 되었다. 우빠니샤드에 이르러서 바라문의 제사는 거부되었고 초기 베다의 정신으로 돌아가고자 하는 성향이 나타났다. 민간 신앙적인 뱀을 숭상하거나 불의 이미지를 내세운 우루벨라 가섭은 사문이기보다 바라문에 가까워 보인다. 사문은 수행을 위주로 하는 출가 집단이지만, 바라문은 재가 생활을 우선으로 하면서

---

299) Vinaya Pitakaṃ, Mahāvagga Ⅰ, 14.5-1,;… tena kho pana samayena Uruvelāyaṃ tayo jaṭilā paṭivasanti Uruvelakassapo Nadīkassapo Gayākassapo'ti… bhagavā …Uruvelakassapaṃ jaṭilaṃ etad avoca : sace te Kassapa agaru, vaseyyāma ekarattaṃ agyāgāre'ti.… caṇḍ 'ettha nāgarājā iddhimā āsiviso ghoraviso, so taṃ mā viheṭhesīti.…app eva maṃ na viheṭheyya, iṅgha tvaṃ Kassapa anujānāhi agyāgāran ti. …atha kho bhagavā agyāgāraṃ pavisitvā tiṇasantharakaṃ paññāpetvā nisīdi pallaṅkaṃ ābhuñjitvā ujuṃ kāyaṃ paṇidhāya parimukhaṃ satiṃ upaṭṭhāpetvā atha kho so nāgo bhagavantaṃ paviṭṭhaṃ addasa, disvāna dukkhī dummano padhūpāsi. atha kho bhagavato etad ahosi : 이하 생략.

제식에 힘쓴다. 베다적인 성격에 입각하면, 가섭이 속한 단체는 수행하기보다 그 근본에 제사를 중심으로 해탈을 이루려고 한다. 가섭에 속한 집단은 단순한 제사도구를 사용하고 불을 숭상하며 용을 숭배한 것으로 보아 정통 바라문의 성향을 가지고 있다.

특히 이 집단은 불의 신성성과 그 근원적인 원리가 불에서 시작한다는 믿음을 가졌다. 불을 숭상하고 불을 다스리는 용이 머무른 장소는 신성하다. 신성불가침의 장소인 화당(火堂)을 붓다에게 내어준 것 자체가 타부(taboo)를 어기는 것이다. 우르벨라 가섭은 신성한 화당을 붓다에게 내어주면서 두려움 내지 공포를 느낄 수 있었으며, 최상의 숭배 대상인 '불을 지키는 용'에 의해서 붓다가 희생될 것이라는 가정을 하였다.

타부를 어기는 자는 재앙이나 벌이 주어지기 때문이다. 인간을 신성한 동물보다 격하시킨 바라문은 붓다의 태연한 모습으로 인해서 토템이즘에서 고등종교로 점진적으로 발전하는 계기를 마련했다고 볼 수 있다. 초기 불교의 상황은 이러한 토템이즘과 정면으로 승부해야만 하는 절박성을 지니고 있었다. 우루벨라 가섭은 토템이나 주술, 제의식이 아니라 인간 붓다에게서 발견할 수 있는 신통력을 선택했다. 바라문교는 제의중심의 종교라고 할 수 있기 때문에 제의에 주술적인 힘을 부여하였고, 제의를 관장하는 우루벨라 가섭은 붓다가 용을 제압함으로써 그가 가지고 있는 제의용 도구를 버렸다.[300] 이것은 자신의 종교를 버린 것이며 마음까지 승복한 것이다. 『율장』「대품」의 의도로 볼 때, 바라문의 교의적 제사와 민간 신앙보다도

---

300) 『四分律』, T 22, 796b14～796b16.

붓다의 신통 모습이 우월하다. 환상적이고 신비스러운 불을 지배하는 용, 그 용을 숭상하는 바라문, 바라문이 머리 숙여 승복한 붓다, 이렇게 이어지는 상하관계는 붓다에게 모아지는 관심을 집중시키기에 충분하다.

이것은 초기 불교가 대부분 종교적인 신격화와 우상화를 겪어야 한다는 사실을 입증한다. 붓다의 신통력은 근본적인 진리에 대한 진술은 아니기 때문에 이 에피소드가 가진 신비적인 언어표현을 이해하려는 자세가 필요하다. 신화적, 신비적 표현은 현대인이 이해할 수 없게 묻혀 있을 수 있다. 붓다가 용을 물리친 신통력과 같은 사건은 대승경전에서는 찾아 볼 수 없다. 대승경전에서 보인 신격화와 우상화는 점점 늘어나는 경향을 보이지만, 초기경전에서 표현하는 전달방식과는 다르다. 초기 경전에서 기술한 표현 방식은 인도적 상황에서 당시 사람들에게 의인화해서 이해하기 쉽게 이야기 형식으로 구성됐다. 시대적 변화에 맞게 경전의 양식도 변모하지만 붓다의 신통력을 내세운 이 부분은 신앙과 긴밀하게 관련된다.

대승경전에서 볼 수 없는 특별한 방식의 신앙이 왜 『율장』「대품」에 있는 것일까? 이런 신비스러운 신통력의 전승이 『율장』「대품」에서 강조되는 이유는 무엇 때문인가? 이 특별한 뭔가는 다른 종교에서도 볼 수 있는 어떤 것일 수 있다. 다시 말해서, '물을 포도주로 만드는 기적'이나 '불을 다스리는 용을 제압하는 신통력'은 같은 맥락이다. 고대에 맞는 세속화된 종교의 양태라고 생각해도 좋을 것이다. 고대 인도에서 '불'의 상징적 위력이 사라지는 것은 이러한 특수한 표현방식의 신앙이 쇠퇴하고 있음을 나타내는 것이다. 또한 붓다가 금지한 민간신앙을 대중의 심리적인 안정을 위해서라면 허용할 수 있다는 실례로 융통성 있게 표현되었을 것이다. 붓다가 먼저 가섭에게 접근해서 화당에 머물기를 청한 이유에는 다분히 의도적이기 때문이다. 붓다는 가섭을 찾아가 귀의시키고 교단을 만들 의도가 있었던 것이다. 초기불교시대에 이러한 다양한 신화적 이야기가 공존한다. 그러나 이 에피소드를 강조하는 이유는 초기불교가 미개종교에서 고등종교로 발전하는 진화개념을 내포하고 있음을 말하기 위한 것이 아니다. 초기불교의 종교적 인식 구조 안에는 사회적 논리성이 없어 보이고, 혼돈의 형태를 보이더라도 고전 속에 보이는 다채로움은 초기 불교의 근원이 무엇인지를 발견할 수 있는 특징을 가졌다. 윤리적인 정의와 가르침은 철학의 범주에 국한되지만, 종교의 형태를 가지려면 신앙을 자극하는 그 무엇인가가 필요하다. 이 에피소드는 전승된 초기 경전의 성격에 걸맞는다.

초기 불교 공동체가 시작되는 시기에 여러 가지 표현 방식과 태도와 선호에 있어서 갈등이 있을 수 있다. 불을 지배하는 용을 제압하려는 붓다의 동기는 어떤 것일까? 충동적이고 우연적인 사건에 불과하다고 보기 어려운 것은 초기불교 문헌에 기술되어 있다. 『율장』「대품」은 초기 교단사에서 보고 듣는 모든 이들에게 선전적이고 공동체를 확장할 수 있는 부가적인 동기를 함께 할 뿐만 아니라 매혹적으로 그 힘을 드러내고 있다.

『율장』「대품」은 전문적인 구성을 갖추고 있어 일반 개인과 집단을 흔들어 놓고 교세의 기반을 성공적으로 잡았음을 보여준다. 『율장』「대품」은 비구, 비구니, 우바새, 우바이, 그리고 다른 종교 집단에게도 집중할 수 있는 무엇인가를 보여준다.

붓다가 바라문보다 신통력이 뛰어나다는 이야기는 바라문 집단이나 일반 개인에게 효과적이다.

그 당시 그들이 문자를 모르는 사람들이었기에 종교적 위세를 떨친 바라문을 제압하는 방법으로는 탁월하다. 문자를 모르는 사람들은 구전으로 전하는 말에 익숙하다. 구술성은 체계적, 종속적이기보다는 첨가적이며, 분석적이기 보다 집합적이다. 구술된 이야기의 전달은 장황하고 다변적이다. 그래서 인간의 생활세계와 밀착해 있으며, 담론적인 성격이 강하며 객관적인 거리 유지보다 감정 이입되며 참여적이다.[301] 보고 듣는 이에게 매혹적인 이 이야기는 구술에서 문자화되어 환원되었을 것이라고 생각된다.

한편, 다른 관점으로 이 이야기를 살펴볼 수 있다. 붓다는 독룡과 싸울 때는 시봉하는 사람이 없었으나 『사분율』에서는 시봉하는 아습지(阿濕卑)라는 사람을 거론하고 있다.[302] 아습지는 유행하는 사문으로 있다가 붓다를 시봉하는데 이것은 '불'을 지배하는 용을 물리친 붓다에게서 시봉하는 사람을 발견할 수 없었다는 것과 비교된다. 용을 물리친 신통력이 『율장』「대품」에 가탁되어 들어갔다는 주장을 내세울 수 있는 것은 시봉한 인물의 유무(有無)에 관한 사건으로 제기될 수 있다. 붓다를 시봉한 인물이 나타난 것은 상당한 시간이 경과한 후 일 것으로 추측되는데, 동일한 텍스트에서 시봉한 인물이 없었다 있었다 하는 것은 특별히 주목하지 않을 수 없다. 이것으로 독룡에 대한 에피소드가 당시에 좀더 신비스럽게 붓다

---

301) 박순영, 「이해와 정보해석학」『해석학연구』(한국해석학회, 2004), 125쪽.
302) 『四分律』, T 22, 0798c05.

위상을 높이고자 하는 일부의 작가들에 의해 새롭게 창작되어 들어간 것은 아닌가라는 추측을 가능하게 한다. 가섭 삼형제의 스토리는 초기 불교 당시에 실존했던 이야기가 아니라 이전에 우루벨라 지방에서 전해오는 전설이 유명세를 타고 전해졌다고 본다. 그래서 붓다의 정각에 맞추어 가섭 삼형제의 스토리가 삽입되었을 가능성도 제시할 수 있다.

이런 자료들은 신화로 퍼지고 성장하여 종교적 믿음으로 굳어져 역사적인 사건으로 전환되었다. 초기불교에서 전설과 역사는 역동적으로 활성화된다. 그래서 그 전설의 성장으로 공동체는 화합의 커다란 전환을 가져온다. 처음부터 이런 전설들은 경쟁적이지 않았지만 후에 긍정적으로 나타나게 되었다. 초기 붓다에 대한 전설은 더욱 신속하게 퍼져서 각각의 학파로 스며들어 퍼지게 되었다는 결론을 내릴 수 있다.

2.2. 초기불교 공동체의 기반을 제공하는 사례

초기불교 공동체에 들어가는 방식은 처음에는 '오라 비구여' 만으로도 가능한 선래비구(善來比丘)라는 방식을 통해 시작되어서 후대에는 3귀의 5계로서 점차 복잡한 방식을 통해 자리잡는다.[303] 붓다는 바라나시(Varṇā)시에서 아즈냐타 카운디냐(Ajñāta kauṇḍinya, 阿若橋陳如), 바슈파(Vāṣpa, 婆師波), 바드리카(Bhadrika, 跋堤梨迦), 마하나만(Mahānāman, 摩訶南), 아슈바지트(Aṣvasīt, 我說示)로 최초의 제자들을 구성했다. 그리고 야사

303) 신성현, 「初期 戒律 成立에 대한 問題」『韓國佛教學』제 19집(한국불교학회, 1994), 162쪽.

(Yaśa) 등 5명의 양가집에서 출가한 제자들과 50명의 젊은이들에게 계를 주어서 초기 상가를 이루었다. 산자야가 200명의 동료를 데리고 붓다에게 간다. 그 후 우루벨라에서 가섭 삼형제를 만나고 신통력을 발휘해서 1000명을 교단에 합류시켰다. 1250명이라는 공동체의 규모가 이때 형성된다.

전설적인 이야기에 속하는 이들의 사례는 무엇을 의미하는가? 고행에 동참한 동료 사문이 붓다의 제자들이 되었다는 것, 우수한 집안의 귀한 자제들이 상가에 들어온 것, 육사외도 중에 한 인물이 동료를 이끌고 교단에 합류한 사건, 우루벨라 마을의 역량 있는 인물의 영입으로 인한 대집단이 초기 상가로 유입한 것 등은 상가의 기반이 조성된 것을 말한다. 특히 우루벨라 가섭은 원로 종교인으로 유명하다. 노련한 대종교인과 1000명이나 되는 그의 제자들을 개종시켜 제자로 삼았다는 것은 군웅이 할거하며 격렬한 논쟁이 계속되던 당시 종교계에 극히 충격적인 사건이 아닐 수 없었다. 붓다는 여기서 성공했기에 그의 명성은 마가다에서 일거에 드높아졌다.[304)]

우루벨라 마을에서 일어난 에피소드는, 『율장』「대품」의 작가들에 의해 첨가되었거나 이것이 신도들의 희망에 의해서 가필되었다고 하더라도 장소의 정확성, 다시 말해서 우루벨라 지방이라는 지형의 고유명사가 거론된 것은 그 지방의 집단의 규모를 가늠하게 한다. 신비한 불을 숭상하는 종족의 호전성은 붓다의 상가 안에 완벽하게 편입되었다.

붓다가 정각(正覺)을 우루벨라에서 이루고 정통바라문을 출

---

304) 신성현, 「초기불교 상가분열에 대하여」,『인도철학』제 13집(인도철학회, 2003), 67～68쪽.

가시킨 것은 획기적인 사건이다. 왜냐하면 정통 바라문은 출가하지 않기 때문이다. 『율장』「대품」은 나이든 가섭이 젊은 붓다의 제자가 된 사건을 놀라운 사실로 기술한다. 빨리 『율장』은 "마가다국에 있는 천명의 결발행자와 산자야에게로 출가한 250명의 유행자들이 붓다에게 범행을 닦는다"[305]고 전한다.

「대품」에서 "대사문인 붓다가 마가다국의 사람들과 모든 산자야의 사람들을 끌어가면 이제 누구를 또 귀의시키게 될까?"[306]라는 문장도 보인다. 이는 마가다국 사람들이 위기감을 느끼고 있음을 나타낸다. 기원전 6세기경에 이런 현상은 사회불안으로 자리했을지도 모른다. 바라문 전통의 위기이기 전에, 마가다국 사람들 사이에서 출가자로의 유입은 사회적인 위기였을 것이다. 이러한 상황은 전쟁으로 인한 인력의 피해도 아니고, 다른 국가로의 유입도 아니기 때문에 마가다국 사람들의 불안은 컸을 것이다. 이것은 초기 승단의 사실로 인정하고 있어 주목된다.

『율장』「대품」에는 사리뿟다와 목갈라나도 출가해서 붓다의 상수제자가 된다. 이 둘은 상가 공동체의 지도자격인 인물들이다. 초기 교단사에 있어 사리뿟다나 목갈라나의 존재는 상가의 위상을 나타낸다. 원래 산자야의 제자들이었으나 붓다의 수석제자들이 된 것이다. 육사외도인 산자야의 제자들이 상가 공동

---

305) Vinaya Pitakaṃ, Mahāvagga I, I.24. 5 :idāni anena jaṭilasahassaṃ pabbājitaṃ, imāni ca aḍḍhateyyāti paribbājaasatāni Sañjayāni pabbājitāni, ime ca abhiññātā-abhiññātā Māgadhakā kulaputtā samaṇe Gotame brahmacariyaṃ carantīti.

306) Vinaya Pitakaṃ, Mahāvagga I, I.24. 5 ;…mahāsamaṇo Māgadhānaṃ Giribbajaṃ sabbe Sañjaye netvāna, kaṃ su dāni nayissatīti.·· nayissatī를 의역해서 "출가하게 될까"라든지, "귀의시킬까"로 번역한다.

체에 합류했다는 것은 지도층의 영입으로 사회적 변화의 흐름을 말한다.

사회적 변화의 흐름을 인정하더라도, 불교 상가 공동체가 급속한 성장과 발전을 이룩하게 된 것은 신통력을 발휘한 붓다의 탁월성에 있다. 또한 불교교단이 여타 종교교단에 비해 차별화 된 특징을 지니고 있음을 말할 수 있는데, 평등관을 상가 제도 운영에 그대로 구현시킨 것이다. 계급에 관계없이 붓다의 가르침을 실천할 수 있는 자는 상가 공동체에 들어올 수 있었기 때문에 급진적 발전을 꾀할 수 있었다.[307]

한편, 바라문 계급 출신의 사문은 불교의 상가 공동체처럼 수계하고 구족계를 받았다고 하더라도 다시 일상의 생활로 되돌아 올 수 없었다. 고대 유행자는 사문의 생활과 단절하지 않는 집단이었다. 반면 상가 생활은 그렇지 않았다. 자기 자신의 청빈한 생활이 너무나 가혹하다고 느낄 때마다 계를 자유로이 포기할 수 있다. 법을 위반했어도 우선 자신이 모든 것을 책임져야 하고 그 다음에 계에 대한 책임을 진다. 출가자 자신이 세속적인 생활로 돌아가기를 원한다면 언제든지 "상가 공동체의 교리와 계를 포기 한다"고 공포한다. 그러면 출가자는 아무 거리낌 없이 떠날 수 있다. 다시 수행자로서 복직하기를 원하면, 공동체는 그를 쫓아버리지 않는다.[308] 초기 상가 집단은 들고나는 생활이 자유로웠기 때문에 바라문의 사문 생활보다는 유동적이었다고 할 수 있다.

---

307) 신성현, 「초기불교 상가분열에 대하여」『인도철학』제 13집(인도철학회, 2003), 69~70쪽.

308) Oldenberg, Buddha : His Life, His Doctrine, His Order(Indological Book House, Delhi, 1971), 353~354쪽.

이것은 초기 불교 공동체에서 후대 불교 공동체까지 이어지는 특징이라 할 수 있다. 초기 상가 공동체는 다른 사람에게서 강요받는 것이 아닌, 자신의 자발적인 의지에서 공동체에 참여한다. 상가에 들어간다고 해서 부(富)가 주어지는 것도 아니고 더더욱 명예가 주어지는 것도 아니다. 상가의 규칙에 따르고 싶은 의지가 없다면 계는 언제든지 버릴 수 있다. 사계(捨戒)의 권한마저도 주고 있는 것이다.[309] 초기 상가 집단의 이런 유동적인 시스템에도 불과하고 마가다국에서 양가의 청년들과 유력한 인사들의 출가는 사회적 파장을 불러일으켰다. 초기 교단사에 있어 사회적인 근간을 뒤흔드는 바라문들의 유입은 신비적이고 신화적인 요소를 포함하고 있더라도, 초기불교 공동체의 기반을 확실하게 제공하는 사례가 된다.

3. 초기『열반경』에서 보인 바라문 수밧다의 유입이 갖는 의미

3.1. 수계와 구족계를 동시에 해결하다!

바라문이 일반적으로 존경받았던 사회적 분위기를 수용하여, 초기 경전은 바라문이라는 용어마저 받아들였다. 지식을 가진 바라문은 복전(福田), 즉 공덕(punya)을 쌓는 밭으로 존경하여야 한다고 밝히고 있다. 상가 공동체가 그리 세력을 가지지 못

309) 신성현, 「初期佛教에 있어서 戒와 律의 相補性」,『동국사상』 25권(동국대학교 불교대학학생회, 1992), 47쪽.

하였던 초기 불교에서는 이 또한 받아들이는 입장이었다.[310] 최초에는 이상적 수행자를 바라문이라고 하여 이를 받아들인 사례가 있다. 그 일부를 초기 『열반경』 텍스트인 '바라문 수밧다의 유입'을 통해서 살펴보자.

『열반경』 텍스트에서 바라문 수밧다는 수계와 구족계를 동시에 허가받은 인물이다. 불교 상가에 들어가 수행하고자 하는 경우 개인의 의지가 우선되어야 하며 상가에 들어가서는 교단의 유지를 위한 통제를 받아야 한다. 교단의 성립은 상가를 구성하고자 하는 구성원의 의지(volition)에 기초한다. 사람들이 모인 이상, 단체의 행동을 위한 객관적 규범이 요구된다. 전자는 주관적인 개인의 결의이며, 후자는 단체규칙이다.[311] 수밧다는 자발적인 의지를 가진 자이며 단체 규칙에서 예외적으로 특별하게 허용된 인물이다.

단체 규칙에 해당하는 것이 구족계이다. 상가에 들어갈 때 의식을 구족계라고 하는데 그 원어는 우빠삼빠다(upasampadā)다. '戒를 具足한다'라는 의미가 있다. 구족계의식(具足戒儀式)은 계율의 조문(學處, 즉 戒)을 수지 할 것을 결정한다.[312] 수계와 다르게 구족계는 누구에게나 무조건적으로 허락하는 것이 아니라 제한이 따른다. 사회질서를 혼란하게 한 경우, 상가의 생활을 파괴하는 경우 등에는 구족계를 허락하지 않는다는

---

310) 신성현, 「初期 戒律 成立에 대한 問題」, 『韓國佛教學』제 19집(한국불교학회, 1994), 164쪽.

311) 신성현, 「初期佛教에 있어서 戒와 律의 相補性」, 『동국사상』 25권(동국대학교 불교대학학생회, 1992), 47쪽. 이 논문에서 주관적인 개인의 결의를 계(sīla)라고 하고 상가 단체 규칙을 율(vinaya)이라고 한다.

312) 신성현, 「初期佛教에 있어서 戒와 律의 相補性」,『동국사상』 25권(동국대학교 불교대학학생회, 1992), 46쪽.

단서 조항이 있었다.[313] 일반적으로 상가는 생활과 교육이 함께 이루어지는 공간으로 제자는 화상에게 교법과 일상생활의 행의(行儀)를 배워서 비구의 자질을 키운다.[314] 화상은 출가자에게 구족계를 주며, 출가의 세계로 들어가는 데 큰 은혜를 베풀어 준 비구이다.[315] 상가 공동체의 화상제도의 성립은 일단 맺어지면 해소될 수 없다. 부모와 자식 간의 관계라 할 수 있다.[316] 그런데 수밧다는 이 화상제도에 벗어나 직접 붓다에게 구족계를 받은 것이다. 수계와 구족계를 동시에 받게 된 바라문 수밧다(Subhadda)는 누구인가?

그의 프로필을 간략하게 소개하면, 고귀한 신분인 바라문의 최고위층[317]출신으로 붓다의 마지막 여정지인 꾸시나라에서 살았다. 『대반열반경』에 의하면, 수밧다는 120세의 나이에도 불구하고 총명하고 지혜가 많은 바라문으로 모든 사람들에게 존경을 받았다.[318] 수밧다는 붓다가 곧 후야(後夜)에 열반할 것이라는 소식을 듣고 아난에게 붓다를 보게 해달라고 요청하

---

313) 신성현, 「初期佛教教團와 國家와의 關係」, 『불교학보』제 34권(동국대학교 불교문화연구원, 1997), 324～325쪽. 구족계를 허락하지 않는 경우를 『율장』에서는 대략 20가지 정도로 들고 있다. 그 중에 노비, 채무자, 도적의 사람이 포함된다. 노예와 채무인이 구족계를 받아 버리면 노예와 주인과 채권자는 재산상의 손실을 입는다. 죄를 범하여 관가로부터 추적받는 사람이 비구가 되어 죄를 사면 받는 일이 있으면 사회혼란과 기강은 확립되지 않는다. 『율장』에 인연담은 이러한 사례를 소개한다.

314) 신성현, 「초기불교 상가에서 화상과 제자의 관계」『인도철학』제 22집(인도철학회, 2007), 135쪽.

315) 이자랑, 「초기불교 교단의 종교의식과 생활」『불교평론』 14(불교평론사, 2003), 69쪽.

316) 신성현, 「초기불교 상가에서 화상과 제자의 관계」,『인도철학』제 22집(인도철학회, 2007), 140쪽.

317) Udiccabrāhmaṇam ahāsālakula.

318) 『大般涅槃經』, T 1, 203b24～25.

지만, 세 차례나 거절당한다. 붓다가 우연히 그 대화를 듣고 수밧다를 들어오도록 허락해서 열반 직전에 바라문을 받아들였다.

『열반경』 텍스트에서 바라문 수밧다는 빠른 이해력을 가진 것으로 나온다. 수밧다는 붓다에게 다른 종파 교설에도 진리가 있는가를 물었다. 붓다는 그것에 관하여 논의할 시간은 없으나, 팔정도(八正道)의 중요성을 강조해 "팔정도 없이는 어떠한 방법으로도 해탈하지 못한다"고 했다.[319]붓다 시대에도 외도들이 성행하여 자신들의 주장을 펴나갔다. 그러나 시대의 흐름에 따라 바른 진리와 논리는 밝혀졌으며 지속되어 나아갔다는 것을, 우리는 역사를 미루어 인식할 수 있다.[320] 바라문 수밧다가 자신의 논리와 사고보다도 당시의 팔정도라는 진리에 매료되었다면 이 에피소드는 타당성을 가진다.

이런 맥락에서, 팔정도를 부각시킨 것은 초기 불교시대에 적절하게 외부 교설과 비교에서 우위를 점거했다고 볼 수 있다. 초기에 붓다는 깨달은 것을 사성제로 정리하고 팔정도로 실천방법을 삼았다. 팔정도는 당시 붓다와 그의 제자들이 수행해야 될 항목이었다. 『율장』「대품」이 신비적인 신통력을 통해 바라문을 제압했던 반면, 초기 『열반경』은 팔정도라는 교리의 우세로 바라문을 압도했다. 팔정도는 수행자를 위해 확립된 수행의 위계로 정리된 것이다.[321] 팔정도의 중요성을 붓다에게서

---

319) 초기시대는 '사성제와 팔정도'를 중시했고, 부파시대는 '연기설'을 중요하게 생각했으며, 대승시대에는 '육바라밀'을 근간으로 했다고 본다. 이것은 시대를 따라 보인 불교 공동체의 이념이라고 할 수 있겠다.

320) 신성현, 「악어의 눈물」『법시』(법시, 1987), 49쪽.

321) 붓다가 바라문 수밧다에게 강조한 팔정도를 살펴보자. 정견(正見)은 사성제를 이해하는 것이다. 정사(正思), 정어(正語), 정업(正業)은 마음, 말,

들은 수밧다는 교단에 합류시켜 줄 것을 요청한다. 이것은 붓다의 가르침을 듣고서 그것에 의해 수행하고자하는 의지에서 생긴 것이라 할 수 있다. 이러한 의지로 모였기 때문에 단체에서 지키기 힘든 규율도 바르게 행할 수 있는 것이다. 상가의 단체 규칙은 엄격하지만 개인은 그것을 엄수할 것임을 인정하고 들어가므로 엄격한 규율을 지키는 것마저도 감수한다. 비구가 상가의 규칙을 지키는 것은 자발적인 의지이다.[322] 그렇다면 수밧다에게 어떠한 규율이 적용되었는가?

> "수밧다여! 이 가르침과 규율에서 이미 외도 제자인 어떠한 사람이 실로 출가자의 신분을 원하며, 구족계를 원하며, 네 달 동안 (견습기간으로) 머문다. 네 달을 지낸 후에 마음을 집중한 비구들은 비구의 지위를 얻기 위해서 출가하고 구족계를 얻는다. 그러나 이 점에 관해서 개인의 차별들이 있음이 알려졌다"라고 한다.[323]

행위를 바르게 갖는 것이다. 정명(正命)은 수행자들이 공동체 규율에 순종하는 생활을 말한다. 정사, 정어, 정업, 정명은 수행자들이 계라는 형식을 통해 요구되는 생활 태도이다. 정정진(正精進)는 현재의 악을 끊고 미래의 악을 방지하고, 미래의 선을 생겨나게 하고 생겨난 선을 증가시키도록 힘쓴다. 정념(正念)은 몸이 부정함을 알고, 감각이 고통임을 알며, 마음은 무상하고 제법은 무아인 것을 관찰하는 것이다. 정정(正定)은 선정에 귀일하는 것이다. 정정진, 정념, 정정은 수행자들이 구체적으로 하는 실천 방법인 4정근, 4념처, 4선정을 균형 있게 실천하도록 이상화시켰다. 다카자키지미도, 『불교입문』(신법인역, 김영사, 1989), 158~159쪽.

322) 신성현, 「初期佛教에 있어서 戒와 律의 相補性」, 『동국사상』25권(동국대학교 불교대학학생회, 1992), 47쪽.

323) MPS [DN. x vi 5.27~30], 152~153쪽. ;'Yo kho subhadda añña-titthiya-pubbo imasmiṃ dhamma-vinaye ākaṅkhati pabbajjaṃ, ākaṅkhati upasampadaṃ, so cattāro māse parivasati. Catunnaṃ māsānaṃ accayena āraddha-cittā bhikkhū pabbājenti upasampādenti bhikkhu-bhāvāya. Api ca m'ettha puggala-vemattatā viditā'ti.

'내면의 청정한 의식은 도덕적으로나 정신적으로 해탈의 상태인 아라한 상태에 도달하는 과정에서 기인한다'[324]고 보기 때문에 붓다는 견습기간으로 머물 것을 주장한다. 'parivasati'는 '머물다', '별주(別住)하다'로 견습기간을 가짐을 의미한다.[325] 붓다 생전에 공동체를 와해하려고 했던 데와닷다도 일정 기간 머무는 생활을 찬성하지 않았다. 상가 공동체 구성원들 사이에서도 이에 대한 찬반 논쟁은 계속되었다. 그러나 붓다는 별주(別住)를 500년 동안 지속될 계율이라고 하였다. 출가공동체의 구성원이 되기 위해서는 별주(別住)기간은 필수적이다. 왜냐하면 수행자는 가정 안의 삶을 티끌로 가득 찬 것으로 보고, 출가의 삶을 공기처럼 자유롭고 어떠한 방해도 없이 열린 공간과도 같다고 보기 때문이다. 출가의 이익은 홀로 있는 상태에서 삶을 풍미함에 있다. 별주(別住)는 속세의 삶에서 상가 공동체에 들어가는 데 완충적 역할을 한다. 별주(別住)는 개인의 의식 상태를 순화시키기 위한 기간이며, 상가 공동체에 들어온 출가자에게 정화의 기운을 불어넣는다. 공동체가 완전하기 위해서는 개인적인 성향이 청정해야 한다.

또한 이 문구에서 '개인들 간의 차별이 있음'을 전제한다. '개별적 차이점'은 출가하려는 사람들마다 다른 수행 기간을

---

324) Suraj Narain Sharma, Buddhist Social and moral education(Parimal Publications Delhi, 1994), 168쪽.

325) 경전마다 수습기간은 다르다. 이 기간은 일명 시험기간이다. 빨리본, 『유행경』, 『대반열반경』에서 4달, 『불반니원경』에서 3달, 『반니원경』에서는 '삼 개월 시험 후에 삼 년 동안 허물이 없으면 이백 오십 계를 준다'며 대체로 유사한 수습 기간을 설정한다. 『반니원경』의 "이백 오십계"는 후대 상가공동체의 구체적인 계율 수를 거론한 것으로 후대 삽입되었다고 본다. 수습기간은 대체로 유사하지만, 상가 공동체에서 행하는 전체적인 교육과 실천을 위한 기간으로는 짧았다.

말한다. 비구의 수행기간을 언급하므로 '수밧다에 대한 붓다의 특별한 배려'가 두각을 나타낸다. 바라문 수밧다는 '수계기간', 다시 말해서 일명 통상적인 견습 단계를 거치지 않고 즉시 붓다의 허락을 받아낸 인물이기 때문에 붓다에 의해 귀의하게 된 직제자 이상의 의미를 갖는다.[326)]

> 실로 유행자 수밧다는 세존의 면전에서 출가 신분을 얻었고, 구족계를 얻었다. 구족계를 받은 지 얼마 되지 않은 자이나 실로 존자 수밧다는 홀로 멀리 격리되어서 게으르지 않고 열심히 정념하며 거주하였다. 바로 그 위없는 범행(梵行)의 완성을 그 자신 스스로가 체험하고 실천하고 획득하고서 그는 별주했다. 오래지 않아 좋은 가문의 젊은 사람들이 집을 떠나서 출가자가 되었다.[327)]

'출가 신분을 얻었고 구족계를 얻었다'는 구절은 바라문 수밧다가 출가 신분과 구족계를 동시에 얻었다는 정황을 말한다. 후대 수계와 구족계를 구별했다는 점에서 초기시대 상황이 주목된다. 이 문구에서 특별하게 보아야 할 것은 '오래지 않아 좋은 가문의 젊은 사람들이 집을 떠나서 출가자가 되었다'는 것이다. 초기 경전에서 자주 등장하는 이 언설은 출가 공동체의 규모 확대를 뜻한다.

『율장』「대품」에서도 같은 문구가 보인다. 거사의 아들 야사

---

326) DPPN(1974), 1230～1232쪽.

327) MPS {DN. x vi. 5.27～30], 152～153쪽. 30. ;…Alattha kho subhaddo paribbājako Bhagavato santike pabbajjaṃ, alattha upasampadaṃ. Acirūpasampanno kho pan'āyasmā Subhaddo eko vūpakaṭṭho appamatto ātāpī pahitatto viharanto. Na cirass'eva yass'atthāya kulaputtā sammad eva agārasmā anagāriyaṃ pabbajanti.

가 출가했을 때, 많은 젊은이들이 그를 따라 출가한다. 이 사건은 초기 상가공동체가 규모적으로 큰 성공을 거둔 사례이다. 거사의 독생자인 야사가 출가를 결정하면서부터 많은 바라문이 따라서 출가한다. 경제가 확대됨에 따라 새로운 사회적 실력자로 부상한 거사 계층이 사회적 권력을 획득한다. 이들 계층은 초기 공동체에 재정적 도움뿐만 아니라 정신적인 힘을 실어준다.

수밧다 출가 후에 '좋은 가문의 젊은 사람들이 출가하게 되었다'는 특정한 인물을 따라 출가한다는 『율장』「대품」과 같은 효과를 보인다. 또한 남아 있는 가족들은 재정적인 후원자가 된다. 이 문구는 초기 경전에서 자주 반복되면서 재가 공동체와 상가 공동체를 긴밀하게 한다. 바라문 수밧다 출가가 가져온 결과는 외부적으로는 공동체 확대이며, 내부적으로는 좋은 습성을 가진 구성원의 유입이다.

바라문 수밧다의 경험을 붓다가 인정했다는 의미 외에 훌륭한 바라문의 유입은 상가 공동체의 위상을 높인다. 그 위상은 붓다고사 주석에서 수밧다에게 행한 의례를 통해 구체화된다.

> 장로가 전하는 말로 그를 한 쪽의 끝자락으로 인도하고, 물그릇에서 마실 수 있는 물을 가지고, 머리를 적시게 하고, 피부의 다섯 가지 (머리, 털, 손톱, 이, 가죽)를 선정 수행의 토대[業處]라고 말하고 나서, 털과 수염을 깎고, 황색의 가사들을 입히고, 귀의처를 제공하고, 세존의 면전으로 데려왔다. 세존은 구족계를 주고 나서 관념수행을 이야기하셨다. 그는 그것을 취하고서 (남의) 눈에 띄지 않게 정원의 한쪽 끝에 있는 경행 장소로 (갔다.) (그는 관념수행

에) 의지하고 정진하면서 마라(Māra)를 막았고, 무애해(無碍解)를 통해서 아라한의 경지를 성취하였기 때문에 세존에게 절하고 앉았다.…[328]

붓다의 면전에서 구족계를 받는 바라문의 의례는 흥미롭다. 업처를 말하고 머리털과 수염을 깎고 노란색 가사를 입는 등의 절차는 대승의 상황과 같다. 그러나 마음의 어떠한 형식에도 치우치지 않고 아라한의 경지를 성취한다는 무애해의 언급은 초기 출가자의 삶을 이끈다. 무애해는 모든 것이 영원하지 않다는 무상성의 이해로 고통을 지배하는 상태를 알아 집착을 없애고 적정인 열반을 얻는 것이다.

붓다 살아 있는 동안에는 모든 사람이 붓다에게 귀의하고 교단으로 들어갔다.[329] 이것이 수계의식이다. 종교적 의식인 수계식을 통해 제자와 스승이 정을 주고받는다. 공동체의 입문식인 수계식은 바라문이즘에서 영향 받았다. 붓다의 종교적 계율은 거의 바라문의 고행적 경향을 지녔고 바라문의 입법식과 불교 수계식은 외부의 인물을 공동체 구성원으로 들어오게 하는 의식이지만, 바라문의 종교 의식은 더 형식적이고 복잡하고 신비적이라 다르다. 신참자는 지도자와 스승에게 마음을 다해 복종한다. 일반적으로 불교에서는 신, 영혼, 법사(法師)가 없다.

---

328) SV(Buddhaghosa's CommentaryⅡ, Stede, London : PTS, 1971), 590～591쪽. ;Thero kira tam ekam-antam netvā udaka-tumbato pānīyena sīsam temetvā taca-pañcakam kammaṭṭhānam kathetvā, kesa-massum ohāretvā kāsāyāni vatthāni acchādetvā saraṇāni datvā Bhagavato santikam ānesi. Bhagavā upasampādetvā kammaṭṭhānam ācikkhi. So tam gahetvā uyyāhassa ekam ante caṇkamam adiṭṭhāya ghaṭento vāyamanto Māraṃ nisedhento saha-paṭisambhidāhi arahattam patvā āgamma Bhagavantam vanditvā nisīdi. …

329) 中村元, 『原始佛教』(정태혁역, 동문선, 1993), 195쪽.

그래서 개인 자신이 중간 매개자 없이 도덕적 기준을 가지고 정통하게 깨달아야 한다. 이것은 붓다에 의해 지시되었다. 바로 불, 법, 승을 귀의처로 삼고 다른 어떤 살아 있는 존재나 신등을 귀의처로 삼지 않는다.330) 수밧다에게 행해진 의례는 초기 의례와 공동체의 정신을 혼합시켰다.

3.2. 초기불교 공동체가 확립되는 사례

붓다는 초기 공동체의 구성원으로 바라문을 받아들였다. 수계와 구족계를 동시에 해결한 이러한 사건은 공동체의 순수성과 거리가 있는 사건이다. 하지만 초기 공동체는 구성원을 폭넓게 받아들여 화합의 모델을 선보였다. 그래서 '수밧다의 에피소드'가 화합이란 테마와 연결해 볼 수 있다. 특히 수밧다 이야기는 공동체 구성원에 대한 명확한 기준이 된다.

첫째, '바라문 수밧다의 문제'가 '거친 자갈밭에 씨를 뿌릴 것인가, 기름진 옥토에 씨를 뿌릴 것인가'에 답을 준다. 붓다는 척박한 땅에 씨를 뿌리는 것보다 옥토에 씨를 뿌릴 것을 원한다. 붓다가 근기에 맞게 설법하였듯이 바라문이지만 수밧다가 지닌 수행의 경험을 인정한다. 붓다가 그에게 출가의 길을 열어준 것도 수밧다의 근기가 수승하기도 했지만, 붓다 자신이 바라문을 인정했기 때문이다. 인도에서 바라문은 여러 제사 의식을 왕에게 가르치면서, 왕을 범천신 대제공(大祭供)의 시주로 격하시키고 그 제공물로서 부귀를 차지한다. 그렇다면

330) Oldenberg, Buddha : His Life, His Doctrine, His Order(Indological Book House, Delhi, 1971), 353~354쪽.

붓다가 인정한 바라문은 무엇을 의미하는가? 바라문은 본래 그런 것이 아니었다. 바라문은 세속의 모든 유한하고 무상한 욕망과 쾌락에서 초탈하여 무소유 · 무일물한다. 또 바라문은 살생, 투도, 음행, 기만 등을 멀리하고 자비, 유화, 진실, 근면으로 성자, 정각자, 해탈자가 되는 것이다.331)

> "나는 단지 어떤 이가 바라문의 자궁에서 태어났거나 모태에서 나왔기 때문에 바라문이라고 부르지 않을 것이다.…땅에 길게 땋아 늘인 머리에 의해서도, 가족이 없어서도, 출생에 의해서도, 바라문이 되지 않는다. 단지 진리와 정의가 그에 있고, 청정함이 그 안에 있는 이가 실로 바라문이다."332) "그의 지식에 깊이가 있고, 현명하며, 옳은 길과 그른 길을 판단할 줄 알며, 높은 이상과 목표를 가진 이를 나는 바라문이라고 부를 것이다."333)

붓다 자신이 이러한 바라문이기도 하다. 이 부분에서 붓다는 진정한 바라문의 이상을 제시한다. 붓다는 계급적인 바라문보다 인격적인 바라문을 인정한다. 붓다는 태생에 의해 주어진 신분을 허락하는 카스트 방식을 거부한다. 바라문의 의식과 제례 방식은 복잡하고 번거롭다. 외부로 드러나는 형식인 종교적인 의례의 효과를 믿지 않으며 개인의 청정한 마음을 강조한

---

331) 원의범, 『불교사회제도』(한국불교대학, 스리랑카 국립 팔리불교 대학교 한국 캠퍼스, 1991), 40쪽.

332) Dhammapada, 395; Na c'āhaṃ brahmaṇaṃ brūmi/ yonijaṃ mattisambhavaṃ Bhovādi nāma so hoti/… 393; Na jaṭāhi na gottena/ najaccā hoti brāhmaṇo /Yamhi saccañ ca dhammo ca / so sucī so ca brāhmaṇaṃ.

333) Dhammapada, 403; Gambhīra paññaṃ medhāviṃ maggāmaggassa kovidaṃ Uttamatthaṃ anuppattaṃ tam ahaṃ brūmi brāhmaṇaṃ.

다. 붓다가 수밧다에게 수계와 구족계를 내린 것은 바라문의 청정한 마음을 인정한 결과라고 할 수 있다.

둘째, 불교에서 온건주의로 대표되는 아난의 반대에도 불구하고 붓다가 바라문을 공동체 구성원으로 허락한다. 바라문은 형식적으로는 불교보다 복잡한 의례 절차를 거치지만 불교가 제자를 가르치고 훈계하는 엄격한 교육방법을 따라가지 못한다. 바라문 수밧다가 상가의 엄격주의로 대표되는 교육 절차를 넘어 출가의 길을 접했다는 것이 주목된다. 상가는 엄격한 출가적 교육을 통하지 않고서는 들어 올 수 없으나, 수밧다에게는 예외적으로 허락되었다.

초기 『열반경』에서 우리는 상가 공동체에서 볼 수 없는 포용성을 살펴 볼 수 있다. 이것은 『율장』과 비교해 보면 알 수 있다. 『율장』에서 보이는 많은 조문들을 살펴 볼 때, 붓다 열반 직전에 설한 보편적인 공동체의 규율과는 다르다. 『율장』에서 조문의 수가 많다는 것은 계율이 발전하였다는 것을 의미하지만, 그 조문에 따른 규칙은 구성원을 폭 넓게 이해하기 부족하다. 『율장』은 각각의 조문에 의해 화합을 위한 수정과 제재로 발달하였다. 공동체의 화합을 위해 수정과 제재의 조문이 『열반경』에서는 구성원을 포용하고 교육한다. 그 사례로 초기 『열반경』 텍스트는 다른 이를 공동체에 수용하기 위해 분류별 성향을 소개하고 있다.

> "세상에 네 무리의 사람이 있는데, 한 무리는 빈궁하여 스스로 살아가지 못하여 비구가 되고자 하고, 한 무리는 부채를 갚지 못하여 비구가 되고자 하고, 한 무리는 부림에 있어서 마땅히 그 때

에 쓸모가 없어서 비구가 되고자 하며, 한 무리는 높은 선비로 행함이 청정하고 더러움이 없어서 무수한 세상에 부처님이 한 분 계시다는 것을 듣고 부처님의 경전을 보고 흘연히 마음을 깨달아 집을 버리고 욕심을 버리어 세상의 영화로움을 탐하지 않고 와서 비구가 되려고 한다."[334]

"법을 받고 계에 나아가 사문이 되는 자에는 네 가지 인연이 있으니, 모두 도를 사모하고 즐거워하는 뜻이 있다. 내가 열반 한 뒤에 혹 관료에서 벗어나서 사문이 되려고 하며, 혹은 나이가 많아 사문이 되려고 하며, 어떤 이는 가난하여 사문이 되기를 원하며, 또 어떤 이는 바른 행을 익히려고 사문이 되기를 원한다"[335]

"만일 현명한 이가 바른 행을 익히려거든 나이 많고 빈곤하거나 관료에서 벗어나서 도를 닦으려 하는 이는 옷과 먹을 것을 구할 뿐이지만 법의 말씀을 수지 독송하고 만일 범행이 있는 이라야 가히 오래 머무르게 되리니 오히려 이런 것을 좇을 지라도 많은 사람으로 하여금 편안케 하고 또 많은 사람들이 제도를 얻게 하며 세간이 의지하게 되고 천상과 인간들을 이롭게 한다."[336]

---

334) 『佛般泥洹經』, T 1, 172b06～172b09; "世有四輩人, 一輩貧窮不能自活, 欲爲比丘, 一輩負債無以償, 欲作比丘, 一輩在役當時無用, 欲作比丘, 一輩高士行淨無穢, 聞無數世乃有一佛, 睹佛經典欣然心寤, 捐家棄欲, 不貪世榮, 來作比丘."

335) 『般泥洹經』, T 1, 188a10～188a12; "受律就戒作沙門者, 有四因緣, 皆有慕樂近道之意, 我滅度後, 或離縣官, 求作沙門, 或年老耆, 求作沙門, 或貧困劣, 求作沙門, 或習正行, 求作沙門."

336) 『般泥洹經』, T 1, 188a13～188a16, ;"若夫賢才習正, 耆老貧困, 及離縣官, 來爲道者, 其於衣食, 趣得而已, 受誦法言, 如有梵行, 可得久住, 猶爲從是令多人安多人得度, 世間得依, 利諸天人."

상가 공동체는 외부에서 유입되는 이들에게 많은 관심을 보인다. 위에서 언급한 내용은 좀 온건하고 교화적이다. 하지만, 점차적으로 교단이 증대되면서 품행이 좋지 않는 출가자가 들어와 사람을 죽이기도 하고 물건을 훔치기도 하는 현상들이 나타나기 시작하면서부터 계율조항은 제정된다. 그러나 교단이 확립되기 이전에는 일반적이고 보편적인 계가 중시된다.[337] 보편적인 계를 중시하고 있다는 점을 볼 때, 초기 『열반경』 텍스트는 교단의 확고한 확립 이전에 형성되었을 수도 있다. 초기 불교의 도덕주의와 계율주의가 형식화 고정화되어 그 본연의 의미를 상실해 가는 것을 우려하여 경계한[338] 내용이 이 에피소드이다.

『불반니원경』에서는 공동체에 유입되는 이들을 '빈곤한 이', '빚을 갚지 못한 사람', '부림에 있어서 쓸모없는 이'와 '청정한 이'로 나뉜다. 고대에도 출가하려는 자가 여러 가지 이유로 상가를 그 자신의 도피처로 삼아 문제가 되었다. 빚을 갚지 못한 사람이 상가 공동체로 들어오면 처벌을 하지 못한다. 이것은 당시 나라 법으로 정해졌다. 『반니원경』에서는 상가에 들어오고자 하는 이들을 '관료에서 벗어난 사문', '나이가 많은 사문', '가난하여 사문이 되려는 이' 그리고 '바른 행을 익히려는 이'로 구분한다. 『반니원경』은 상가로 들어오고자 하는 인물 모두가 도를 사랑하고 즐거워한다고 단정하며 긍정적으로 표현한다. 그렇지만 그들의 의도를 면밀하게 묘사한다. '빈곤하

---

337) 신성현, 「初期 戒律 成立에 대한 問題」, 『韓國佛教學』 26권(한국불교학회, 1994), 166쪽.

338) 신성현, 위의 책, 167쪽.

거나 관료에서 벗어나 온 사람'은 옷과 먹을 것을 구하기 위해 상가로 들어온 것이라고 단정한다. '범행이 있는 이'가 상가에 들어오면 오래 머무르고 많은 사람을 제도한다. 그래서 세간 사람들이 '범행자'에게 의지하여 신앙생활을 한다. 범행자는 재가자에게 상가의 긍정적 이미지를 심어준다. '범행'을 거론한 것은 다른 종교를 가진 이들의 품성을 인정한 것이다. 붓다는 다른 이들의 귀의 사유를 상가 공동체의 청정성에서 찾는다. 범행과 청정은 맥을 같이 한다. 범행이 인도전통에서 온 단어라면, 청정은 불교적이다. 이 두 단어는 시간과 노력을 요하는 수행과 연관된다. 범행을 갖춘 바라문은 청정성을 지닌 불교적 전통에 흡수된다고 할 수 있다.

마지막으로, 수밧다의 에피소드를 '이상적인 보시'라는 관점에서 볼 수 있다. '수밧다 출가에 대한 허락'은 수밧다의 입장에서 필요하고 원하는 것을 준 보시이다. 초기 『열반경』 텍스트 상에서 붓다는 가장 큰 이익인 법 보시를 수밧다에게 내린다. 상가 공동체는 집단적 입장에 개인을 받아들인 것이 아니라, 개인의 입장을 먼저 살펴서 이해한 다음 공동체 안으로 받아들였다. 이런 관점은 『율장』과도 비교된다.[339] 『율장』에서는 공동체의 화합을 우선시해서 제재하고 공동체 구성원으로서 자격을 잃게도 한다. 하지만 초기 『열반경』 텍스트에서는 개인을 받아들여 공동체 화합을 다져간다. 붓다는 『열반경』 텍스트와 『율장』 텍스트에서 공동체를 끌어가는 핵심 인물이다.

---

339) 여기서 『율장』은 『율장』「대품」과는 다르다. 『사분율』 60권, 『오분율』 30권, 『마하승지율』 40권, 『십송율』 61권, 『근본율』 50권, 『근본설일체유부비나야』 3권, 『근본살바다부율섭』 14권, 『선견율비바사』 18권 등 계율을 중심으로 한 경전을 말한다.

두 텍스트는 '화합'의 문제에 대해 방법적 차이를 보인다.

붓다의 입멸은 공동체의 위기이다. 이러한 위기를 통해 공동체는 새로운 이미지를 형성하려는 노력이 필요하다. 바라문의 상가 유입은 일반적으로 까다로운 절차와 의례 행위가 공식적으로 작용했을 것이다. 상가 공동체가 민주적일 지라도 그 안에서 권력을 장악한 집단은 외부 인사에게 부당한 강요나 거부가 없었다고 하기 어렵다. 초기불교의 시대적 상황과 입장이 바라문을 상가 공동체에 유입하는 특정한 사례를 낳았기 때문에 공감하는 자세가 우선해야 한다. 전형적인 사례이기보다 특수한 사례인 것은 바라문의 신인도 문제를 우선한 붓다의 견해 때문이다. 이는 붓다 입멸이라는 위기의 파고(波高)를 경험하기 전에, 바라문이 공정하게 공동체에 유입되기를 기대한 심리에서 이 에피소드는 벗어났다.

3절 암바빨리를 통해 본 여성문제

불교 문학에서 자주 등장하는 암바빨리 여인을 소개하고자 한다. 붓다는 외살리에서 유녀 암바빨리에게 가르침을 주었다. 외살리 리차비족과 암바빨리가 붓다의 공양문제로 이야기하였다. 붓다는 리차비족의 공양을 거절하고 암바빨리의 공양을 받았다. 이 같은 내용이 14번, 15번, 16번 에피소드이다.

암바빨리, 그녀는 누구인가? 왜 초기 『열반경』 텍스트에서 그녀의 이야기가 독립된 에피소드로 전개되는가? 그녀를 경전들에서 인용한 의도는 무엇인가? 이러한 물음에 간단히 답할 수 없다. 그 이유는 초기불교 시대의 여성 문제가 이 에피소드에 나타나 있기 때문이다. 초기 『열반경』에서 '붓다가 암바빨리 여인에게 공양을 받게 되는 사건'은 단순히 '재가자에게 받는 공양' 이상의 의미가 있다.

이 절의 구조는 각 시대별 여성문제를 이론적으로 정리한 것과 암바빨리 에피소드의 구조분석을 두 축으로 한다. 여성에 대한 조감(鳥瞰)을 우선으로 하고, 에피소드 형식의 와감(蛙瞰)을 통해 고대 경전의 사례를 전달하기 위해서이다.

불교 안에서 여성의 지위를 조사하기 전에 오랜 세월 동안 다양하게 전개된 여성 문제들을 지적하는 것은 가치 있다. 여기에는 다양한 문화적 간극(間隙)이 존재한다. 인도 문화의 시대적 배경을 고찰해보면 여성 문제와 관련이 깊다. 그 관련성은 여성에게 부정적이지만, 불교 문헌에서 보여진 암바빨리 에피소드는 여성의 위상을 부각시킨다.

1. 붓다 이전의 시대적 변화에 따른 여성

1.1 힌두이즘의 여성

인도 땅에 원래 거주하고 있는 드라비드인이 모계 가족사회 구조를 가졌었다는 사실과, 철기 문명을 가진 아리안인이 공동사회의 수호신으로 여신을 숭배하였던 드라비드인을 혐오하면서 젠더(Gender)에 대한 자연스러운 구도 변화가 생겼다는 것을 우선 인지해야 한다. 카스트 계급의 시작은 원주민인 드라비드족의 노예계급과 지배계급인 아리안족으로 나눴으며, 후대로 갈수록 세분화되었다.

카스트 제도는 인도에서 제사를 관장하는 사제 계급을 사회 중심으로 놓고, 고립적이고 폐쇄적인 농업과 목축업에 종사하며 경제활동을 영위하는 바라문 문화를 완성시켰다. 베다 종교가 발전되면서, 브라만은 우주를 관장하는 복잡한 의식의 안내자로서 의무를 부여받았다. 가정에서 특별하게 교육된 전문가가 필요했고, 이것은 남성 브라만 계층에게만 주어졌으며 여자 형제들은 아버지가 허락했을 때만 교육을 받았다. 아들은 아버지가 죽었을 때 장례 의식을 행하기 위해 필요했다. 왜냐하면, 천상의 세계로 들어가서 다시 자신의 가계 남자로 태어난다는 관념이 있었기 때문이다. 또한 여자로 태어나지 못하도록 하는 의식이 있었는데, 그 이유는 딸들은 결혼하기 전까지 환영받지 못하는 짐스러운 존재였기 때문이다.[340]

베다가 후대로 발전되면서 제식은 남성 중심으로 치러졌다. 오래 전부터 내려오는 고대 인도의 업설, 윤회설에 근거해 공동체의 사회 구조는 폐쇄적인 양상을 띈다. 여성은 기본적으로 아이를 낳고 기르며 남편과 부모의 보조자로서 역할을 한다. 그래서 베다 종교에서 브라만 사제들은 우월한 지위를 가졌고 여성의 지위는 축소됐다.

『마누 법전』[341]에는 여성과 관련된 언급이 보인다. 여기서는 '여성은 결코 독립될 수 없으며[342]심지어 그녀가 집에 있을 때조차도 독립 될 수 없다',[343] '아버지, 남편, 자식에게 보호되고 종속되어야 한다'[344]고 전한다. 『마누 법전』에서 의하면, 여성은 남성들에 의해 가정 안에서 하는 활동까지도 제한받는다. 『마누 법전』에서 남성들은 여성의 권리를 의도적으로 축소하여 성문화시켰다.

한 때 모계사회였던 인도 원주민인 드라비드족에 대한 정벌에서 아리안족은 부계 혈통을 중시했지만, 무속적인 원주민의 제사 의식이 자리 잡아가는 상황에서 가부장적인 체계를 도입

340) Jhingran, Aspects of Hindu Morality(Delhi, Motilal Banarsidass, 1989), 92쪽.

341) 『마누법전』이 종교적 법전이라는 이름하에 BCE 100년경에 성문화됐다. Radakrishnan, A Source Book in Indian Philosophy(Princeton, Princetion University Press, 1957), 172쪽, 189～192쪽. 여성에 관한 부분만 발췌한다.

342) Manu Smṛti Ⅸ. 3

343) Manu Smṛti Ⅴ, 147.

344) Manu Smṛti Ⅸ, 3, Ⅴ, 148.

하지 않으면 안 되었을 것이다. 신에 대한 제사의식의 주도권을 남성인 브라만이 잡았다. 따라서 브라만은 상위 계급으로 절대적 위치를 차지했다. 아리안들은 가부장제도에 의한 대가족 생활을 영위하여 점차로 대가족, 씨족, 부족을 구성했던 것으로 추정된다.[345] 모계 사회에서 가부장 제도의 변화는 인도의 문화, 정치, 사회에서 서로 혼합되면서 발달한다.

아리안들이 지배하는 사회구조가 초기불교 시대상의 밑그림이다. 그래서 붓다가 제시하는 계층에 대한 열린 구조는 전환적인 역할을 담당하기에 충분했다. 붓다의 견해와 행위는 불교 자체에만 영향을 미친 것이 아니라, 힌두이즘, 유교 외의 다른 전통에도 영향을 미친다. 또한 여성 문제는 특별히 친족, 혈족 관계 뿐 만 아니라, 심리적인 한계까지 기능상으로 영향을 주었다.[346] 고대 시대부터 여성의 사회적 위치를 점검하는 것은 초기 불교시대와 그 이후 불교에서 여성의 역할에 대한 이해를 돕는다.

힌두이즘에서 여성의 위치는 초기 불교 사회에 깊숙이 남아 있다. 고대의 인도에서 여성의 역할을 점검하는 것이 불교에서 여성을 이해하는 데 도움이 된다. 여러 힌두 전통들에서 '젠더, 종교, 사회, 지위' 들은 서로 복잡하게 연결된다.[347] 특히 인도에서 젠더는 계급제도 안에서 연구되며 많은 문제들 중의 하

345) 辻直四郎, 「神話と傳說」『印度』(偕成社, 1943), 167쪽.

346) Harvey, An Introduction to Buddhist Ethics(Cambridge University Press, 2000), 354쪽.

347) Arvind Sharma, "Women in Hinduism", in Today' Woman in World Religions(Albany : SUNY Press, 1994). ; Uma Chakravarti, "Conceptualising Brahamanical Patriarchy In Early India, Gender, Caste, Class and State"(Economic and Political Weekly, April 3, 1933), 579～585쪽.

나다. 카스트나 계층, 그리고 나이라는 계급 안에서 젠더 문제를 거론하기에는 상당한 주의가 필요하다. 왜냐하면, 권력은 젠더라는 하나의 문제에 의해 해결될 수 있는 것이 아니며 가족 그리고 사회적 지위에 기초하기 때문이다. 평등은 일반적으로 인도 사회에서 말하는 계급과 거리지만 시대의 흐름과 주어진 환경을 이용할 때 이상적으로 실현된다.

1.2 힌두이즘에서 영향 받은 여성관

힌두 사회에서 여성은 수행 생활에 참여할 수 있었는가? 불교가 출현하기 전에 인도사회는 여성을 경시하는 풍조가 팽배한 힌두 사회였다. 고행 생활도 주로 남자에 의해 유지되고 여성은 수행자를 유혹하는 인물로 나타난다.[348] 초기불교 경전에서도 비슷한 입장을 보인다. 마라(Māra)의 딸들이 붓다를 유혹하는 장면[349]은 '여성의 비하'를 의식한 시대적 영향으로 보인다.

문학 작품이 남성들에 의해 주도적으로 쓰여졌다고 해도, 초기불교 시대의 사회상에서 여성에 대한 완전한 평등은 없었다고 보는 것이 타당할 것이다. 초기경전이 힌두이즘에 영향 받아서, 젠더의 대립적 구도로 여성을 참여시켰다고 볼 수 있다. 초기 『열반경』 텍스트에서도 붓다가 인간으로 겪는 고통

348) Harvey, 위의 책, 355쪽.

349) 서성원, 『초기 · 부파불교 연구』(법경스님 논문집 발간모음, 2004), 66~67쪽. 변화무쌍한 외모와 요염한 자태로써 붓다를 매혹시키려는 내용이다.

을 언급했기 때문에, 붓다가 마라 딸의 유혹에 넘어갔다고 하더라도 붓다를 한 인간으로 본다면 문제가 될 수 없지 않을까? 마라가 문학적 흥미를 돋우기 위해 붓다와 대치되는 것은 인정할 수 있어도, 마라 편에 여성이 있었다는 것을 문제 삼을 수 있다.

그런데 하필이면 유혹하는 상대가 마라의 딸인가? 마라는 악(惡)을 상징하며 이 같은 입장은 초기 경전이나 대승경전에서 일관된다. 일관된 견해는 초기 텍스트에서 보이는 마라와 붓다의 대립에 근거한다. 여성이 더 마라 편에 가깝게 느껴지도록 표현한 이유는 시대적 흐름 속에서 묵혀온 오래된 관습이다. 이런 전거들을 살펴볼 때, 초기 힌두이즘의 여성에 대한 견해는 초기불교 문학에까지 영향을 주었다. 고행 생활을 방해하는 데 여성의 유혹이 있었다는 우빠니샤드 전거나 붓다를 유혹하는 마라의 딸들은 여성을 보는 편견적인 견해를 반영한 것이다. 그렇지만 초기불교 텍스트에서 보여진 여성은 예외적으로 마라의 딸들에 대한 신화적 요소를 제외하고는 일관되게 여성의 지위 상승에 무게를 둔다. 이것은 당시의 인도 사회에서 여성의 지위를 보 잘 것 없이 보는 견해와 다르다.

불교가 발생하던 인도에서 여성은 밖에서 활동할 수 있었는가? 여성은 마을이나 도시의 공동체 생활에서 논의할 때도 참여할 수 있는 권리를 향유하지 못했다.[350] 그러나 시대적으로 사상적인 가치관의 차이로 인하여 여성에 대한 변화가 일어나게 됐으며 그 과도기적 단계에 초기불교가 자리한다.

---

350) 리영자, 『불교와 여성』(민족사, 2001), 140쪽.

1.3 초기불교의 여성

불교는 업설, 즉 행위를 강조했기 때문에 아들이 장례 의식을 수행하는 것은 필수적인 것만은 아니었다. 자신의 행위로 인해 사후가 결정되므로 여자이고 남자이고는 중요하지 않았다. 일반적으로 초기불교 시대에 개인 여성은 더 유리한 위치에서 존경받았으며 독립적으로 자신의 삶을 살았다.[351] 그래서 여성의 지위는 남성과 근접하게나마 동등하게 평가된다.

불교 입장으로 보면, 딸로 태어나는 것은 결코 우울해 할 일이 아니다.[352] 초기불교에서 여성은 단지 아이를 낳아 기르는 역할만으로 여겨진 것도 아니고 결혼만을 목적으로 하지도 않았다. 호너는 초기불교 텍스트를 젠더의 평등적인 관점으로 요약했는데,[353]가정에만 한정된 이전 체계에서 벗어나 전환된 공동체의 성향을 볼 수 있다. 하비는 힌두이즘에서 변화된 불교의 특징을 6가지로 다음과 같이 정리했다.[354]

(1) 붓다는 비구, 비구니, 우바새, 우바이를 깨닫게 하기 위해 법을

---

351) Horner, Women Under Primitive Buddhism : Laywomen and Almswomen (Routledge & Kegan Paul; Delhi, Motilal Banarsidass, 1930), 82쪽.

352) SN Ⅰ, 86(tr. Rhys Davids and Woodward, The Book of Kindred Sayings, 5 vols., London, PTS, 1917-1930) 붓다는 코살라의 빠세나디(Pasenadi)왕의 아내인 말리카(Mallikā) 왕비가 딸을 낳아서 우울해 있을 때, 아들을 낳는 것도 보다 딸의 탄생이 더 좋다고 가르쳤다. "진정 여자는 남자보다 낳을 수 있으니, 현명하고 덕이 있으며, …종교 지도자인 남자아이를 낳을 수도 있고, 좋은 아내로써 조언할 수 있다."등 으로 딸도 가족에게 기여하는 것이 가능하다고 설명했다.

353) Horner, 위의 책, 287～288쪽.

354) Harvey, An Introduction to Buddhist Ethics(Cambridge University Press, 2 000), 357쪽.

가르쳤다.[355]

(2) 사부대중의 장점과 단점은 붓다의 지식과 수행을 유지하거나 사라지게 하는데, 유사한 영향을 미친다.[356] 상가 공동체는 '비구, 비구니, 우바새, 우바이'에게 법에 따라 지혜, 징계, 또는 자부심을 수행할 수 있게 계발된다.'[357] 이 같은 장점과 단점은 남성과 여성을 똑같이 극락과 지옥으로 이끈다.[358]

(3) 여성은 정신적 능력과 권위에서 남성과 동등하다.

(4) 비구니는 비구와 같은 정도의 지위까지 발전한다.

(5) 붓다는 비구, 비구니, 우바새, 우바이가 법에 대한 가르침을 수행할 수 있을 때까지 열반하지 않는다고 설명된다.[359]

(6) 붓다는 남성과 여성에게 같은 가르침을 주었고 여성에게 특별한 가르침을 주었다.

초기불교 공동체는 사부대중을 위한 것으로 출가자와 재가자 모두에게 법을 적용한다. 법에 따른 수행하도록 한 것과 여성과 남성에게 지위와 능력, 그리고 징계와 처벌도 동일하다. 출가자인 남성과 여성의 지위에도 차별이 없었다. 특히 마라가 붓다에게 열반에 들 것을 권하는 장면에서 붓다는 '비구, 비구니, 우바새, 우바이가 법을 수행할 때까지 열반에 들지 않겠다'

---

355) SN Ⅰ, 196.

356) AN Ⅲ, 247(tr. Woodward and Hare, The Book of Gradual Sayings, 5vols, London, PTS, 1932~1936)

357) AN Ⅱ, 8(tr. Woodward and Hare, The Book of Gradual Sayings, 5vols, London, PTS, 1932~1936)

358) AN Ⅴ, 283-287(tr. Woodward and Hare, The Book of Gradual Sayings, 5vols, London, PTS, 1932~1936)

359) DN Ⅱ, 104, 113(tr. Riys Davids, Dialogues of the Buddha, 3vol., London, PTS, 1899~1921)

고 한다. 초기불교의 공동체 범위는 출가와 재가, 그리고 여성과 남성에 대한 구조적 체계로 이전과 다르게 확대하여 열린 공동체의 범위를 강조한다. 브라만이즘과 힌두이즘에서 보이는 폐쇄적인 공동체의 성격은 발전된 공동체의 모델로 변화했다.

여기서 주목해야 할 것은 (6)인데, '여성에게 특별한 가르침'을 준 경우가 초기 『열반경』 텍스트에서 언급한 '암바빨리 여인'이다. 하비도 '암바빨리 여인'을 주목한다.[360] 여성에게 특별한 가르침이란 특별한 여성에게 붓다가 가르침을 주었다는 것이다. 그녀의 상황, 인품, 사회적 지위가 계급에 관련된 젠더의 문제가 아니라 독립적이고 주체적인 경향을 소유한 여성이라는 점에서 특별하다.

2. 초기 『열반경』의 암바빨리 여인

2.1 암바빨리와 리차비족의 계층적 차이

암바빨리를 논하기 전에 그녀 이름의 어원적인 조사가 필요하다. 불전에서 보이는 고유명사는 그 사건이나 인물을 통째로 내포하는 경우가 많다. 어원적으로 암바빨리(Aṃbapālī)를 살펴보면, 'amba'와 'pālī'로 된 복합어다. 'amba'는 산스끄리뜨어로는 'āmra'이며 내수(奈樹)라 번역되는데, 망고 나무를 말한다. 'pāla'는 '√pa'에서 나온 말로 '주인, 수호자, 파수꾼, 보호자'이다. 'amba'는 어원이 알려지지 않았으며 불교 이전 문헌에서도 나타

360) Harvey, An Introduction to Buddhist Ethics(Cambridge University Press, 2000), 357쪽.

나지 않는 단어이다. 아마도 비-아리안(anāriyan) 계열로 보인다.[361] 여기서 '아리안'과 비-아리안'이라는 용어는 불교 텍스트에서 종종 찾아볼 수 있으나 인종(人種)을 나타내는 의미로는 볼 수 없다. 인종의 우월성과 관련된 '아리안'은 도덕과 정신적 우월성을 완전히 은폐시켰다. 불교도들은 문맥에서 언어 이외의 뜻을 나타내기에 인종 또는 태생에 관련된 어떠한 것도 피했다. 아리안은 '고귀한, 신성한'이란 의미로 사용된다. '비천한, 부도덕한'의 의미를 가진 '비-아리안'이란 용어는 어떻게든 불교에서 인종 차별을 무시했다는 설득력 있는 증명을 들고 있다.[362] 그 설득력 있는 증거로 제시될 수 있는 사례가 암바빨리에서 '암바(amba)'가 비-아리안 계통의 용어라는 것이다. 그녀는 아리안이 아니다.

물론 '암바빨리'는 사람이름이다. 그녀의 이름에 의미를 부여할 수밖에 없는 이유는 초기 『열반경』 텍스트에서 대립 각을 세우는 리차비족의 등장이 있기 때문이다. 두 계층의 차이는 분명하다. 붓다가 여성의 공양을 허락했다는 것은 오래된 계층 구조에 변화를 의미한다.

리차비족은 이차(離車)족을 말하며 왓지국의 종족 명으로 수도는 와이샬리이다. 붓다 당시에 이 종족이 와이샬리 성에서 붓다에게 공양한 적이 있다. 이 종족의 이름은 널리 알려진 바 있는데, 지금의 벵갈 지방 찬파란 주(州)의 모티하리(Motihari)

---

361) Rhys Davids, The Pali Text Society Pali-English Dictionary(London, Henley and Boston, 1986), 74쪽.

362) 원의범, 『佛教社會制度』(韓國佛教大學, 스리랑카 국립 팔리불교대학교 한국캠퍼스, 서울 : 1991. 1), 113쪽 : Malalasekera, Buddhism and the Race Question(Buddhist Publication Society, kandy 1974), 9쪽.

가 본거지이다. 비사리성(毘舍離城) 찰제리족의 이름으로 알려졌다. 찰제리족은 크샤트리아의 계급으로 귀족, 호족으로 번역된다.[363] 그 선조가 한 덩이 고기에서 나왔기 때문에 '박피(薄皮)'라는 이름을 얻었다.

귀족인 리차비족과 비-아리안 계통의 이름을 가진 암바빨리의 대립은 고대 인도의 사회적 배경에서 비교조차 하기 힘들다. 제사 의식에서 우위를 점했던 남성은 여성에 의해 종교적인 상황에서 그 입지를 순간 잃어버렸다.

2.2 암바빨리 에피소드의 유무 문제

'암바빨리가 역사적으로 존재하는 인물인지?', '그녀가 실존 인물이라면 붓다에게 공양한 사건이 실제로 있었는지?'에 관련된 에피소드의 유무(有無) 문제는 초기 『열반경』이 사실만을 전한다는 관점에 역행할 수 있기에 신중히 논의해야 할 필요가 있다. 이와 관련하여 리스데이비스는 '공양의 사건이 있었는가?'라는 의문을 제시했다.[364] 빨리본에서 암바빨리 여인에 관한 첫 문장은 "kho"라는 불변화사를 사용한다. "kho"는 "그때, 참으로, 정말로"라고 번역된다.

> 그 때 유녀 암바빨리는 들었다. "세존께서 외살리에 도착하시어 자신의 망고 동산에 머물고 계신다"[365]

---

363) 홍법원편집부, 『佛教大辭典』(1998), 540쪽; 재인용 『善見論10』.
364) Davids, Rhys., Dialogues of the Buddha Part Ⅱ(PTS, 1977), 102쪽, n. 1.
365) MPS {DN. xvi Ⅱ.14}, 95쪽.; Assosi kho Ambapālī gaṇikā.

리스데이비스에 의하면, "Kho"라는 몇 개 안 되는 중요하지 않은 불변화사를 이용해 빨리본Ⅱ. 24에서 '세존이 자리에서 일어나셔서'라는 말까지 이 시점이 이어진다고 보았다. "Kho"라는 불변화사는 빨리본 Ⅱ.14의 "세존이 외살리에 도착하신 그 때"부터 빨리본 Ⅱ. 24에서 "세존이 자리에서 일어나셔서"까지이다. 이는 비나야 제 1권 pp. 231～233에서도 똑같이 그대로 쓰였다.[366)]

하지만 이 사건이 와이샬리(Ⅱ. 14-18)에서 벌어지기 위해서는 코티 마을로 이동하는Ⅰ.34 위로 돌아가 봐야 한다. 다시 말해서, Ⅱ.5의 내용 '붓다는 코디 마을에서 충분히 머문 후에 나디카 마을로 갔다'는 Ⅱ.18과 Ⅱ.19 사이에 끼워 넣어야만 한다. 지형적으로 붓다는 코티 마을에서 와이샬리의 암바빨리 동산을 거쳐야만 비데하 읍(邑)에 도달할 수 있기 때문이다. 그리고 이 Ⅱ.11에서는 붓다가 암바빨리의 동산에만 도달하였지, 그가 그곳에 가서 초대받은 공양을 함께 하기 위해 간다라는 Ⅱ.19에 해당하는 내용은 없다. 다시 말해서 암바빨리가 공양하겠다고 해서 거처하는 곳에 붓다가 갔었다는 사건 자체는 시간적으로도 지형적으로 맞지 않다는 주장이다. 율장에서도 "붓다가 암바빨리 숲에 이미 있었고 코티 마을에 있지 않았다. 암바빨리가 붓다를 방문했다"[367)]고 언급한다.

두 텍스트에서 암바빨리의 에피소드 서술은 약간의 변화가 보인다. 붓다고사는 이 명확한 모순을 간과하고 언급하지 않았다는 점을 중요시한다.[368)] 공양한 사실이 있었는가 없었는가의

366) Davids, Rhys., 위의 책.
367) Vin, Ⅰ.231-3.

지형적 문제와 시간적 모순을 고려하지 않더라도 암바빨리의 서술 내용은 주목하지 않을 수 없다. 이런 모순점을 전제하더라도 빨리본과 다른 한역의 텍스트의 내용은 나름대로 일관된다.

2.3 암바빨리에 대한 붓다의 승낙

암바빨리에 대한 붓다의 승낙이란 '공양을 허락하는 것'을 말한다. 암바빨리가 붓다를 만나 공양할 수 있도록 약속한 것이 주요내용이다. 암바빨리 문제를 각 판본들과 비교해서 여성문제를 어떤 방식으로 접근했는가는 후대 여성문제를 이론적으로 다룬 것보다 중요하다. 왜냐하면, 초기경전은 붓다의 언설처럼 논쟁을 일삼는 것에서 벗어나 있기도 하지만, 각 판본들과 동일한 사건을 원전 연구라는 비교차원에서 사례적으로 접할 수 있기 때문이다.

> "유녀 암바빨리는 매우 훌륭한 수레들에 호위됐으며, 그 중에 가장 훌륭한 수레에 올라타고…수레가 갈 수 없는 곳까지 수레를 타고 가서, 수레에서 내려 발로 걸어서 세존에게 가까이 갔다"369)

빨리본은 여성 문제에 엄격한 상좌부 계통이라 서술방식에 주의를 요한다. 암바빨리 여인이 유녀인 것은 다른 한역들과 같다. 빨리본의 특징은 훌륭한 수레들에 둘러 쌓여서 호위 받

---

368) Davids, Rhys., 위의 책.

369) MPS [DN. x vi 2.14], 95쪽, ;··· bhaddaṃ yānaṃ abhirūhitvā bhaddehi bhaddehi yānehi Vesāliyā niyyāsi, ···.Yāvatikā yānassa bhūmi yānena gant vā yānā paccorohitvā pattikā va yena Bhagavā ten' upasaṃkami.

왔다는 것이다. 여러 수레들에 둘러 쌓였다는 것, 그리고 가장 훌륭한 수레 위에 그녀가 있었다는 것은 암바빨리의 배경을 알려준다. 수레가 갈 수 없는 곳까지 가서 세존에게 다가갔다는 것도 그녀의 지위가 평범한 유녀가 아니었음을 말한다. 이처럼 상좌부 계통의 텍스트는 유녀의 지위를 높게 서술하였다.

> "한 음녀가 있었는데, 이름이 내녀였으며, 5백 음녀 제자를 두었다.…5백 음녀 제자 모두에게 이르기를, 의복과 수레를 좋게 잘 차리게 명하고, 성안에서 나와 출발하여, 부처님의 처소에 이르러 부처님을 뵙기를 원하여 무릎을 꿇고 절하려고 했다"[370]

암바빨리가 거느린 권속의 정확한 숫자는 어디서 나왔는가? 『불반니원경』은 빨리본과 『유행경』에서 보이지 않는 '5백 명의 제자'를 언급한다. 그녀들 모두가 동일하게 의복, 수레를 치장했다고 한다. 이러한 모습을 볼 때, 그 행사는 집단의 성격이 있었음을 알 수 있다. 하지만, 주체는 개인 암바빨리로 보는 것이 타당하다. 『불반니원경』과 『반니원경』[371]은 흡사하다.

『근본설일체유부비나야잡사』에서는 암바빨리는 대중에게 얼굴이 단정하기로 알려진 암몰라 숲의 주인이라고 했다. 고유인명 사전에서도 암몰라 정원의 주인이라고 한다.[372] 후에 그녀

370) 『佛般泥洹經』, T 1, 163b29～163c03, ;"有婬女人. 字奈女. 有五百婬女弟子. 於城中聞佛以來在奈園中. 皆敕五百婬女弟子. 令好莊衣嚴車. 從城中出. 至佛所欲見佛. 爲佛跪拜."

371) 『般泥洹經』, T 1, 178c25～178c26. ;"奈女聞佛從 諸弟子自越祇來. 卽嚴車衣服.從五百女弟子. 俱出城詣奈園. 欲跪拜侍覲." ;"내녀는 …곧 수레와 옷을 곱게 단장하고 5백 명의 여자 권속을 데리고 함께 성을 나와 내녀 동산에 이르러 무릎 꿇고 절하고자 했다"

372) DPPN (PTS, 1974), 155쪽.

가 상가 공동체에 귀의하고 승가람을 보시했다는 정황으로 보아 정원이나 숲을 소유한 것은 틀림없어 보인다. 상가에 한 보시는 공덕을 낳는 것으로 믿어져, '복덕과 공덕을 산출하는 밭(福田)'이라 불린다. 초기경전에서도 이 말이 나타나는데, 이것은 당시 인도의 보편적 사고방식이 불교에 채용된 것이라고 볼 수 있다.[373] 후대의 보시 공덕은 출세간적 깨달음과 결부짓는 교리로 발전한다. 붓다가 정사의 기증을 받아들인 것은 재가신자로 하여금 공덕을 쌓게 하기 위한 일종의 종교적 행위이다.[374]

> "좋은 옷과 영락(瓔珞)을 갖추고 이를 스스로 장식하고 모든 여자 권속들에게 명하여 서로 따르게 하고 보배수레를 타고 세존의 처소로 나아가는데 숲에 도착하자마자 곧 수레에서 내려서 도보로 나아갔다."[375]

암바빨리가 여자 권속들을 거느렸으며 붓다를 친견하는 자리에 그들을 대동한 정황들은 집단의 리더 위치에서 통솔력을 발휘한 것이다. 이 장면은 인도의 사회풍속의 한 장면이기도 하다. 『잡아함경』에서 암바빨리는 붓다가 암라원에 계신 것을 알고, "자신의 수레를 장엄하게 꾸미고 그것에 올라 비사리성을 출발해 세존의 처소에 이르러 공경하고 공양하려고 했다

373) 中村元, 『불타의 세계』(김지견역, 김영사, 1984), 261쪽.
374) 김선근, 「인도불교 교단의 성립과 발전 그리고 쇠퇴 I」『불교학보』 제36집(동국대학교 불교문화연구원, 1999), 27쪽.
375) 『根本說一切有部毘奈耶雜事』, T 24, 385c29～386a02, ;"著妙衣瓔而自莊飾. 命諸女屬共相隨從. 乘駕寶車詣世尊處. 旣至林所便卽下車徒步而進."

."[376]고 전했다. 앞에서 거론한 빨리본이 수레가 갈 수 없는 곳까지 간 것과 비교된다. 여기서는 세존의 처소가 있는 숲에서 내렸다고 한다.

> "암바리 여인은 얼굴의 단정함이 세계에서 제일인데, '부처님께서 머지않아 곧 반열반하시기에 마지막으로 비사리성을 보신다'는 말을 듣고, 마음이 슬프고 괴로워 울면서 눈물을 흘렸고, 곧 5백 명의 권속과 함께 5백 개의 수레를 장엄하고 차례로 성을 벗어나 부처님의 처소에 왔다"[377]

『대반열반경』은 이차족이 먼저 부처님의 처소로 왔었다고 해서 다른 경전과 차별된다. 암바리가 세계 제일의 미인이라며 대내외적인 인물임을 표출하고, 그에 따르는 권속과 수레를 5백 개 소유한 재력가임을 나타냈다. 인물 위주로 프로필을 소개하고 붓다와 관련된 일들을 연결한다. 『근본설일체유부』에서 암바빨리는 대중에게 용모가 단정하기로 알려졌다고 밝히고 있다.

붓다는 출가하기 전에 왕족 생활을 하였기 때문에 여성들의 외모와 꾸밈에 어느 정도 안목이 있었다. 검소한 수행자의 생활을 하더라도, 예전에 궁중 생활에서 보아온 화려함을 암바빨리 모습에서 찾을 수 있었을 것이다. 암바빨리의 화려함은 그녀가 붓다를 존경하기에 정성을 다한 마음가짐과 차림의 표출

376) 『雜阿含經』, T 2, 174a04～174a06, ;"卽自莊嚴乘車. 出鞞舍離城. 詣世尊所. 恭敬供養."

377) 『大般涅槃經』, T 1, 194c05～194c08, ;"爾時菴婆羅女. 顏容端正世界第一. 聞佛不久當般涅槃. 最後見於毘耶離城. 心懷悲懊.涕泣交流. 卽與五百眷屬. 嚴五百乘車. 次第出城. 往詣佛所."

이다. 그녀의 정중한 차림과 공손한 태도는 붓다의 위상을 높인다. 붓다가 수준 높은 격조를 알아봤다는 견해도 제시할 수 있다.

『열반경』 텍스트에서 암바빨리 소개가 일반적이고 관용적인 표현이라 생각될 수 있지만 그렇지 않다. 6종의 텍스트에서 암바빨리는 절대적인 위치를 차지한다. 대승 경전들이 천편일률적으로 암바빨리를 부정적으로 그린 반면, 초기 경전들이 그녀를 귀한 존재로 서술했다.

초기 『열반경』의 대화를 통해, 암바빨리는 예의바른 여인으로 기록됐다. 붓다와 그 제자들에게 그녀의 너그러운 공양은 의도적으로 리차비족의 고상함을 넘어서 우선으로 주어진다. 인간적인 입장에서 말하자면, 붓다는 모든 면에서 그녀를 배려했다고 본다. 어떤 이는 이 이야기를 통해서 '여자는 죄인이다'라는 이전에 언급된 교리가 생각난다[378]고 까지 한다. 이 에피소드는 종교 창시자를 신성시하기 위해 젠더를 편파적 바라보는 일반적인 시각에서 벗어났다.

인도의 사회적 전통에 따르면, 여성의 종교생활은 남성보다 더 헌신적이고 활동적이고 지적이라고 말하기 어렵다. 여성이 인도 전통으로 다시 돌아가기를 원하지 않는 것은 분명하다. 불교 전통에서 여성은 개인적인 의견을 내세울 수 있었다. 또 여성은 불교를 마을마다 전파할 수 있는, 다시 말해서 인도사회에서 통용되는 구술 방식들을 알았다.[379] 구전(口傳)의 전통

378) Bigandet, The life or Legend of Gaudama : the Buddha of the Burmese 'Legend of the Burmese Buddha'(2nd ed., London, Routledge, 2000), c1912, 258쪽.

379) José, 위의 책, 102쪽.

은 종교적 포교에서 중추적 역할을 한다. 초기 불전에서 우바이 공양을 자주 언급하는 것도 이러한 사실을 입증한다. 종교적 참여가 브라만 제식에서 보인 일방적이고 한정된 구성원의 행사가 아니라 법문의 가르침과 공양이라는 교환성과 열려있는 공동체 구성원의 참여로 확립된다. 암바빨리 여인이 적극적으로 종교 활동인 공양을 할 수 있었던 것은 그 당시의 사회적인 변화 속에서 초기불교가 여성들에게 많은 가치를 부여하고 있다는 것을 말해 준다.

2.4 수레 교통사고

암바빨리 여인의 수레와 리차비족의 수레가 부딪힌 에피소드를 일명 고대에서 일어난 '수레 교통사고'라고 할 수 있다. 초기 경전들은 이 사고를 공통적으로 거론한다. 수레 교통사고를 우연하게 일어난 사건으로 간주할 수 없는 이유는 붓다에게 올리는 공양에 비중을 두면서 계층 간에 힘겨루기 방법으로 묘사하고 있기 때문이다.

> "암바빨리는 젊은 리차비족들의 차축(車軸)을 차축으로, 수레바퀴를 수레바퀴로, 멍에를 멍에로 엎어버렸다."[380)]

생생한 수레 교통사고는 무엇을 의미하는가? 깜짝 놀라는 충돌 장면은 그만큼 박진감 넘친다. 순간적 충돌 사건은 초기

---

380) MPS [DN. x vi 2.14], 96쪽. ; Atha kho Ambapāli- gaṇikā daharānaṃ daharānaṃ Licchavīnaṃ akkhena akkhaṃ cakkena cakkaṃ yugena yugaṃ paṭivaṭṭesi.

시대 계층 간 구별이 있었기에 각색조차 힘든 부분이다. 현대에서 일어난 교통사고처럼, 수레 사고는 공포스럽거나 위협적인 장면이 아니었다. 이 사고는 남성의 이미지가 강한 것이고 여성의 이미지가 여린 것이라는 일상적인 개념을 바꾼 셈이다. 암바빨리는 짜릿한 스릴감을 느끼지 않았을까?

초기 『열반경』 텍스트의 이 에피소드에서 그녀는 당당하게 남성과 투쟁했다고 볼 수 있다. 투쟁은 인간과 인간 사이의 전쟁이 아니라 존재자들을 최초로 구분 짓고 그들의 위치, 신분, 품위를 그 자리에 맞게 존재하도록 해 주는 원초적인 것이다.[381] 수레 교통사고에서 그녀의 우위는 암바빨리의 투쟁의 결과물이다. 또한 암바빨리 수레가 리차비족 수레를 엎어버렸다는 사실은 암바빨리가 리차비족보다 붓다 공양에 능동적이라는 의미를 함께 던져준다. 초기 『열반경』 작가들은 공양의 능동적 의미를 일부러 깜짝 놀라는 순간을 통해서 즐긴 것은 아닐까? 계층 간의 갈등은 충격적인 상황에 의해 표면화된다. 능청스런 암바빨리가 수레를 거칠게 몰아서 리차비족의 수레를 공격했다는 각색은 유머러스하다. 초기 『열반경』의 장르적 특성을 감안해도 이 부분은 코믹하면서도 드라마틱하다.

이 사건을 더욱 클로즈업하는 장면은 수레 교통사고 후 두 계층 간의 대화다. 암바빨리는 붓다에게 공양하기로 했다고 리차비족에게 약 올리듯이 말했으며 '백천만금'과 붓다의 공양을 바꾸자는 리차비의 의견을 거절했다. 리차비족은 암바빨리 여인에게 공양의 기회를 빼앗긴 것을 분개했다. 동시에 귀족과

381) 이승종, 「여성과 철학」, 『연세학술논집』 제 31호(연세대학교 대학원 총학생회, 2000), 28～29쪽.

여성이 붓다에게 공양 할 수 없었다.

『유행경』에서는 예차 사람들이 붓다를 보러 가는 길이었으며, 암바빨리가 붓다에게 공양 약속을 받고서 돌아오는 길에서로 만났다고 한다. 예차 사람들보다 암바빨리가 빨랐다. 이 부분만을 보면, 종교 행사에 여성이 적극적이었다고 봐도 좋을 것이다.

> "수레를 너무 빨리 몰고 가는 바람에, 예차 사람들의 보배수레와 충동하여 저들의 깃발과 일산을 부러뜨렸으나 길을 피하지 않았다."[382]

수레가 충돌해서 상대편의 깃발, 일산을 망가뜨렸어도 암바빨리가 피하지 않는 것에 의도성이 있지 않았을까? 무엇인가 형언하기 어려운 듯한 느낌이지만, 암바빨리의 카리스마가 느껴지고도 남음이 있는 대목이다. 은연중에 암바빨리는 붓다에게 공양하는 것을 예차 사람들에게 알리고 싶었는지도 모른다.

예차 사람들은 암바빨리에게 "누구의 힘을 믿기에 가면서 길을 비키지 않고 우리 수레를 들이받아 깃발과 일산을 다 부러뜨리는가?"[383]라고 물었다. 예차 사람들은 그녀의 행동에 놀랐던 것이다. 예차 사람들도 암바빨리의 당돌함에 다른 의미가 있을 것으로 생각한 듯하다.

여기서도 암바빨리가 붓다에게 공양하기로 한 약속을 리차

382) 『遊行經』, T 1, 013c10～013c11, ;"諸隸車. 時. 車行馳疾. 與彼寶車共相鉤撥. 損折幢蓋而不避道."

383) 『遊行經』, T 1, 013c11～12, ;"汝恃何勢. 行不避道. 衝撥我車. 損折麾蓋."

비족이 '백천량금'과 바꾸자고 했고 거절되자 '백천량금의 16배'를 제안했다. 다시 '나라 재물의 반을 준다'는 제안도 거절했다. 예차 사람들은 "초복(初福)을 저 여자에게 빼앗겼다"[384] 고 했다. 암바빨리가 흔쾌히 예차인들의 제안을 받아들여도 되었으리라 생각되지만, 이목을 집중시키는 공양의 사건은 신선한 의미로 암바빨리를 돋보이게 한다. 예차인의 요구는 암바빨리의 거절로 무산된다. 만약 이전에 이러한 상황이었다면 귀족은 일방적인 통보 형태로 요구했을 것이고, 여성은 이행해야만 했을 것이다.

'수레 교통사고 뒤에 오는 결과들'은 시사하는 바가 크다. 붓다에게 공양을 올리는 것이 아주 귀한 사건이라는 사실 외에도 여성과 귀족들이 동등한 역할을 하며, 또는 그 이상으로 향상된 여성의 지위를 찾을 수 있게 한다. 불교 이전에 여성들이 의례에 보조적 역할만을 수행했던 것과 이 에피소드는 다르다. 이 에피소드는 적극적인 공양의 주체로 여성이 거론되었으며 두 계층 간의 전면적인 대립을 보인 사건으로 표면화됐다.

이 사건은 붓다가 여성을 파격적으로 발탁했다고 보아도 가능하지 않을까? 긴장되고 집중되는 사건에서 즉각적인 의미를 찾을 수밖에 없는 장면이다. 드라마틱한 요소와 의도된 구성에서 붓다가 여성에게 관대할 뿐 아니라 약속이라는 면에서 평등한 입장에 놓여 있다. 암바빨리 여성의 적극적인 종교 활동은 리차비족 보다 한 발 앞서 있다. 귀족 수레를 전복시켰고 충돌하는 사건들이 암바빨리에 의해 주도된다. 사회적 지위가

---

384) 『遊行經』, T 1, 013c22～23, ;"今由斯女闕我初福."

있는 여성의 종교 활동 참여가 넓어진 것만을 말하는 것이 아니라, 여성의 적극적인 행위는 젠더의 편견과 계층을 뛰어넘었다.

2.5 거절당한 리차비족

초기 『열반경』에서 리차비족의 등장은 암바빨리 보다 화려하게 기술된다. 빨리본에서도 암바빨리처럼 수레들의 호위를 받으면서 붓다에게 간 것은 동일하다. 리차비족의 옷과 장신구들의 기술은 거만한 차림으로 표현된다.

> "그 중 몇몇의 리차비족들은 푸른 검정 색깔에, 푸른 검정 옷에, 푸른 검정 장신구를 해 푸른 검정이었다. 그 중 몇몇의 리차비족들은 노란 색깔에, 노란 옷에 노란 장신구를 해서 노랗다. 그 중 몇몇의 리차비족들은 붉은 색깔에, 붉은 옷에, 붉은 장신구를 해서 붉었다. 그 중 몇몇의 리차비족들은 흰 색깔에, 흰옷에, 흰 장신구를 해서 희었다."[385)]

붓다고사는 "푸른색은 자연스러운 색이 아니다"[386)]라고 한다. '푸른색 화장품을 바른 것'[387)]이라고도 한다. 또한 "푸른색 화장품을 바른 리차비족은 자연스럽지 못하다"고 한다. 이런 주석은 리차비족의 꾸밈이 인위적이고 어색함을 말한다. 붓다고사는 리차비족 차림을 '푸른색의 무명천, 황마, 실크'[388)]옷감

---

385) MPS [DN. x vi 2.15].

386) SV(1971), 545쪽; Tattha na tesaṃ pākāṭī-vaṇṇo nīlo.

387) SV(1971), 545쪽; Nīla-vilepana-vilittattā pan'etaṃ vuttaṃ.

으로 차려 입었다고 한다. 인도에서 무명천, 황마, 실크는 귀하다. 무명은 인도에서 구하기 힘든 천이다. 황마는 매우 섬세한 천의 일종이다. 실크는 고급옷감으로 취급된다.

빨리본에서 언급한 '푸른 옷에, 푸른 장신구'를 주석서는 '푸른색 보석과 푸른색의 꽃으로 장식했다'[389]고 전한다. 다른 색들도 마찬가지다. 푸른, 노랑, 붉은, 흰 색 등을 언급한 것은 리차비족이 화려하게 장식했다는 것을 의미한다. 푸른 장신구가 푸른 보석이라면 에메럴드, 노랑 색은 호박, 붉은 색은 루비, 흰색은 다이몬드일 가능성이 높다. 고대 인도는 귀한 보석들이 많았기 때문에 리차비족들이 이러한 종류의 보석으로 장식했을 가능성이 크다.

자타카의 언급에 의하면, 7,707명의 리차비 왕들이 있었다[390]고 한다. 색깔에 맞추어 장식한 리차비족들의 차림으로 각각 리차비 왕들이 전통적으로 고수한 색깔이 있지 않았을까? 이런 생각은 어디까지나 외살리에 사는 리차비 왕들이 공화제 국가 형태를 갖춘 집단이었다는 설명에서 유추된다. 리차비인들은 7,707명의 왕들에 의해 국가가 운영되었고 각각의 왕들은 독립적인 재산과 주권을 소유했다. 리차비족들은 각각의 다른 문화를 소유해서 다른 보석과 색깔로 장식한 것은 아닐까? 다르게 표현하자면, 리차비에게만 있는 대표적인 문화가 아닌가 싶다.

---

388) SV(1971), 545쪽; Nīla-vatthā ti paṭṭa-dukūla-koseyy'ādīni pi tesaṃ nīlān' eva honti. .

389) SV(1971), 545쪽.; Nīlālaṅkārā ti nīla-maṇīhi nīla-pupphehi alaṅkatā.

390) Beni Prasad, Theory of government in ancient India(Central Book Depot; 2d rev. ed edition, 1968), 156~162쪽, 참고.

리차비족은 기이하고 과장된 장식물, 치렁치렁하고 현란한 복장, 화려한 분장을 했다. 이런 차림은 사람에 따라 매료되기도 하겠지만 많은 사람들이 싫어 할 수도 있다. 다른 면으로 살펴볼 때, 리차비족은 문화를 잘 보존하고 역사성이 나름대로 있어 가치 있는 종족으로 추정된다. 그 이유는 그들만이 가진 옷차림과 전통적인 공화제를 소유한 것으로 보이기 때문이다. 리차비왕들이 장려하고 적극적으로 육성하였다면 이런 차림들을 즐기는 애호가들도 많았을 것이다. '암바빨리 에피소드'에서 리차비족들 차림은 다른 보석과 색깔들로 장식했다는 사실에서 추정 가능하다.

> "…그 중에서 푸른 말과 푸른 수레를 타고, 푸른 의복, 푸른 일산, 푸른 당기, 푸른 번기에 관속들은 모두 푸른색이었고,…황색 말, 황색 수레를 타고, 황색 의복, 황색 일산, 황색 당기, 황색 번기에 관속들도 모두 황색이었으며, 붉은 말…, 흰말…, 검은 말…"[391]

빨리본에서 색깔, 옷, 장신구가 거론되고, 『불반니원경』에서 '말, 수레, 일산, 당기, 번기'가 더 보태어져 큰 행차로 자리한다. 푸른 색, 황색, 붉은 색, 흰 색, 검은 색의 다섯 가지 색깔이 거론되어 화려함을 나타냈다. 장식물은 『불반니원경』이 빨리본보다 다양하다. 다른 한역 경전들에서 거론된 장식물은 거

391) 『佛般泥洹經』, T 1, 164a01～164a07, ;"中有乘靑馬靑車. 靑衣靑蓋. 靑幢靑幡. 官屬皆靑. 中有乘黃馬黃車. 黃衣黃蓋. 黃幢黃幡. 官屬皆黃. 中有乘赤馬赤車. 赤衣赤蓋. 赤幢赤幡. 官屬皆赤. 中有乘白馬白車. 白衣白蓋. 白幢白幡. 官屬皆白. 中有乘黑馬黑車. 黑衣黑蓋. 黑幢黑幡. 官屬皆黑."

의 유사하기에 생략한다. 색깔 별로 차려 입은 리차비족들의 행차는 위엄 있는 권위와는 거리가 있고 수선스럽고 번잡하다.

비겐데트에 의하면, "리차비족은 재정적 후원자로 아름다움을 경쟁적으로 보이듯이 훌륭하고 부유해 보이는 옷차림을 하고 왔다. 붓다는 그들이 곧 파멸해서 불행하게 될 것을 예견했으나, 제자들에게 현혹적인 식사 초대에 응할 것을 권했다. 그렇지만, 그들은 필연적으로 죽을 운명이었다."[392]고 했다. 리차비족의 옷과 장신구들의 화려함을 보고 경제적 지위와 위치를 가늠하리라는 의견과는 다르다. '아름다움을 경쟁적으로 보이듯이'라는 표현에서, 붓다는 리차비족의 태도에 불손함이 있었기 때문에 부정적이었을 것이다.

이런 견해에 의거한다면, 텍스트에서 붓다가 리차비족의 공양을 거절한 의도를 엿볼 수 있다. 빨리본에서 리차비족은 붓다에게 "…내일 비구승단과 함께 저희들의 공양을 받아 주십시오"[393]라고 청했고, 붓다는 "…나는 내일 암바빨리 유녀로부터 공양 청을 받았다"[394]고 해서 거절했다. 다른 경전도 비슷하다.

붓다가 리차비족의 공양을 거절한 것은 먼저 여성과 약속했고 그것을 지켰다는 의미만을 갖고 있는 것은 아니다. 붓다는 계급, 남성과 여성, 개인과 단체의 차이에서 어떤 것도 우선하지 않고 먼저 약속한 것을 중시했다. 이는 모든 존재에 절대적

392) Bigandet, 위의 책, c1912, 260쪽.

393) MPS [DN. x vi 2.18] Adhivāsetu no bhante Bhagavā svātanāya bhattaṃ saddhiṃ bhikkhu-saṁghenāti'

394) MPS [DN. x vi 2.18] 'Adhivutthaṃ kho me Licchavī svātanāya Ambapāli gaṇikāya bhattan'ti.

인 차별을 두지 않고 있다는 것이다.[395] 그러나 이것은 주의 깊게 여성 문제를 보지 못하고 간과한 것이다. 붓다가 먼저 약속한 사람이 여성이기에 지켰다는 기준에 의거해서, 우리가 여성문제를 개입한 것은 아닌지 생각해 보아야 한다.

그 당시의 사회적 지위에서 여성이 많은 사건들에서 당연하게 제외된 것을 생각한다면 여성문제를 무리하게 개입한 것은 아니다. 남성이 먼저 약속했기 때문에 여성이 약속의 대상에서 소외되었다는 에피소드는 발견되지 않았다. 여성에 관한 이 에피소드는 혁신적이다. 고대 모계사회에서 여성 권위를 어느 정도 드라마틱하게 회복시켰다. 논리상으로 여성의 지위 회복이라는 타당성을 '암바빨리 에피소드'에서 재평가한다. 그 기준은 페미니즘이 아니라 일반적인 젠더의 사회적 편견에서 벗어났다는 점이다. 이것은 문학적으로 여성과 남성을 기술하는 것으로 생물학적 특성과 기대감 모두를 재평가하는 일이다.[396] 초기『열반경』의 기술은 계층보다도 인품 위주의 차별에 붓다가 손을 들어 주었다는 인상을 준다. 거만한 리차비족 보다는 겸손한 암바빨리 여인이 종교적 행위에 더 적합하다.

3. 초기 공동체에서의 여성

'암바빨리'란 명칭은 대승 경전들에서도 종종 등장했지만 그녀에 대한 시대적 배경과 붓다와 관계가 명확하게 드러나 있지 않고 인용 위주로 표현됐기 때문에 많은 오해의 소지를 불

395) 백도수,『대장경에 나타난 여성불교』(불교여성개발원, 2001), 124쪽.
396) José, 위의 책, 25쪽.

러일으켰다. 대승 경전에서 그녀는 천한 여인으로 잠시 언급돼 지나치는 경향이 있다. 암바빨리에 대한 느낌은 불전연구에서 부정적 이미지를 가졌지만 긍정적인 결과로 전환돼 사용된다.

붓다 이전의 시대적 배경은 독립적인 여성에게 긍정적이지 못했고, 붓다를 통해서 회복되어 가는 여성의 권리가 초기 『열반경』 텍스트의 '암바빨리 에피소드'을 통해 새롭게 정리되었다고 할 수 있다. 초기 『열반경』 텍스트에서 그녀는 대승 경전들이 거론하는 한 두 줄의 문구[397]와는 대조적으로 장황하다. 초기 경전의 이해는 대승 경전의 압축적인 문구에 풍부한 정보를 정확하게 보유하고 있다고 본다.

이 에피소드에 착안한다면, 초기시대에 다각적인 계층 간 접근이 시도됐으며 여성 문제가 시대적으로 변화되는 시점에 초기 『열반경』 텍스트가 쓰여졌음을 알 수 있다. 암바빨리가 후에 아라한의 지위를 얻어 상가 공동체에 합류해 출가자가 된다. 그렇지만, 초기 『열반경』 텍스트에서 그녀는 공동체 일원인 재가자로 나타난다. '암바빨리 공양 에피소드' 하나만으로 여성의 지위가 회복되었다고 결론 내리기는 부족할 수 있다. 그러나 의미 있는 사건이 주는 파장은 획기적인 변화가 아니라 점차적인 변화를 동반한다.

불교 문학은 어쨌든 간에 남성들의 대화 방식 안에서 쓰여졌다. 불교 공동체에서 남자들은 지도자로 대다수를 차지했

---

397) 대승의 한 두 줄의 문구는 다음과 같다. 元曉, 『涅槃宗要』(한국불교전서), 1-539 中~下, ;"爲顯引出佛性故說掩羅樹芽爲譬 …因引佛性故說應身 是故說貧女懷輪王譬," 부처를 끌어내는 성품을 나타내기 위해 암라나무의 싹을 비유로 말하였다.…부처의 성품을 끌어내기 때문에 응신을 말하니 가난한 여인이 전륜성왕을 잉태하는 것과 같은 비유를 들었다.

다.[398] 이는 불교 뿐 만 아니라 기독교에서도 마찬가지이다. 오래된 카톨릭의 전통에서 예수의 신성을 보존하기 위해 많은 사실이 은폐되었다. 예수의 여인인 '막달라 마리아'가 창녀라고 언급된 것이나 암바빨리 여인이 '기녀'라고 소개한 부분을 볼 때, 같은 맥락이 아닐까 생각된다. 인도에서 '기녀'라는 직업이 사회적으로 어떤 평가를 받았는가는 오늘날의 시각으로 판단하기에는 무리가 있다. 고유인명 사전에 의하면 암바빨리를 '고급창녀'[399]라고 소개한다. 고대인도 사회에서 '기녀'는 사회적으로 상류층에 속한다. 그러나 대승 경전에서 언급한 암바빨리는 상류층이 아닌 것만은 확실하다. 여기서 논하고자 하는 것은 사회적 직업이 시대에 따라 다르게 평가됐다는 사실을 말하려는 것이 아니라 젠더에 대한 편견을 종교라는 관점에서 논의하려는 것이다.

종교는 거의 남성들에 의해 주도적으로 신성에 가치를 두었으며 종교적 위상을 높이는 방법으로 사실의 왜곡이 있을 수 있다. 현대 학자들에 의해서 예수의 여자인 '막달라 마리아'가 높은 계층의 신분을 가진 여성으로 밝혀졌다. 예수가 유대법에 의하면 그 당시 그 나이에 결혼하지 않을 수 없었다. 붓다도 암바빨리 여인의 공양을 받았다는 점을 인정하고자 할 때, 초기 경전의 집필자들이 그녀의 지위를 '기녀'라고 격하시켜 붓다가 행한 행위에 높은 가치를 두고자 할 수도 있었을 것이다. 초기 『열반경』에서 그녀의 경제적 조건과 인품, 그리고 붓다에게 행한 공양의 정도[400]을 참고하면, 그녀는 다른 고위 계층

398) José, 위의 책, 102쪽.
399) DPPN(1974), 155쪽.

에 버금가는 지위를 가지고 있었다.

붓다에 의해 여성이 소중한 약속의 대상으로 자리한 것은 이전 힌두 사회에서 여성이 생물학적인 관점으로 아이를 낳고 기르며 중요한 종교 의식에서 보조적인 역할을 수행하는 차원과는 다르다. 주도적인 종교의식의 주인으로 행세하게 된 것이다. 그녀의 이름 암바빨리에서 '빨리'가 '주인'이라는 의미가 있는 것처럼, 초기불교 안에서 여성은 가정과 일에 유능할 뿐 아니라, 문학과 종교에서도 창조적인 역할을 수행한다.[401)]

붓다는 '사람은 누구나 법 앞에 평등하다'는 평등정신으로 구제한다. '사람이 귀하고 천한 것은 태어날 때부터 정해진 것이 아니라 그가 어떠한 행동을 하느냐에 달렸다'고 업설을 편 것이다.[402)] 그것은 남녀문제에 있어서도 다르지 않으며 당시 계급과 남녀노소를 불문하고 모두 부처님 제자로 받아들여 평등한 공동체를 이룬 것이다.[403)] 붓다가 여성에 대하여 이렇듯, 표명한 것은 평등주의적인 입장이었다. 초기 『열반경』에서 '붓다의 발아래 눈물 흘린 여인'에 대한 붓다 사후에 엇갈린 평가, '경전 결집에 있어서의 여성의 소외'는 당시 사회와 연관

---

400) 빨리본 Ⅱ. 19~21을 보면, '음식을 붓다와 그 제자들에게 공양하고, 동산을 기증하였다'고 전한다. 『유행경』에서는 14b9 이후에 '이백 오십 명의 비구들에게 공양하고,…동산, 숲, 방, 집, 옷, 바루 등을 상가 공동체에 보시하였으며, 탑을 세우고, 절을 짓고 동산의 과일로 시원함을 보시하고 다리와 배로써 사람을 건네주고…'라고 전하고 있다. 다른 경전들도 비슷하게 전하고 있다.

401) José, 위의 책, 102쪽.

402) 전호련, 「한국 비구니 승가의 현황과 방향」『종교교육연구』 제8권(한국종교교육학회, 1999), 334쪽; 석지현, 『숫타니파타』, 서울 : 민족사, 1993, 41~42쪽 재인용; Dhammapada, 393; 『金剛經』 第 23, 「淨心行善分」 T 8, 751c.

403) 전호련, 위의 책, 334쪽.

을 가지면서 볼 때, 여성을 열등시한 것이다.

붓다가 여성을 공동체의 구성원으로 인정한 것은 사실이지만 오해의 소지가 있는 문구들도 보인다. 붓다는 비구교단에 끼칠 혼란과 재가신도와의 문제 등을 깊이 고려하여 여성 출가를 허락하고서 다음과 같이 말한다.

> "범행이 오래 머무르지 못한다. 마치 논이나 보리밭이 더럽혀지면 그 논밭이 반드시 거칠어지는 것처럼, 여성이 들어온 교단은 곧 혼란해 질 것이다. 그리고 정법(正法)은 응당 1,000년을 머무를 것인데, 이제는 500년만 지속될 것이다."[404)]

이와모도(岩本)는 이 경전의 구절에 의거해 여성 멸시 사고가 붓다의 기조라고 주장한다. 앞에서 인용한 대로 비구니의 출가로 불법이 오래 가지 못한다고 한다면 불교 교단으로는 치명적이다. 붓다가 이를 예시하면서까지 출가 여성의 존재를 허가했다는 것은 상상조차 불가능한 일이다.[405)] 이렇게 붓다가 논한 것은 젠더 차별 의식이 아니라 출가 생활의 난관을 인식하고 예방 차원으로 경계한 것이다. 또 문제가 되는 점 중에 하나는 구족계인데, 상가 공동체의 질서를 유지하기 위하여 남성인 비구가 지켜야 할 구족계는 250조인 반면, 여성 비구니의 계는 348조이다.[406)] 출가에서는 동등하지만 그 성립이 불안

---

404) 中村元, 『原始佛教の生活倫理』(東京 : 春秋社, 2003), 24쪽.

405) 永田瑞, 『律典の女性觀』(印度學佛教學研究, 27卷2號<通卷54>, 1979), 708쪽.

406) 平川彰, 『律藏の研究』(東京 : 山壹房佛書林, 1970), 421쪽.; 원의범은 소승율부에 나타난 비구계 250(빨리본에는 227계)와 비구니 348계(빨리본에는 311계)가 있다면서, 대승 계율사상은 그 근본 원인이 소승에서 지

정하기에 지켜야 할 계율에 차이가 생겼다고 보는 것이 옳을 것이다.

중요한 것은 붓다가 여성을 출가시켰다는 점이며, 이는 깨침의 영역에서 성차별(性差別)이라는 것은 있을 수 없음을 입증하는 것이다. 남녀평등을 이상으로 부르짖는 서구 사회의 여성 참정권, 여성 종교성직자의 허용 역사와 비교해 볼 때 이는 엄청난 사건이다. 만약에 2300년의 역사로 되돌아가 당시 사회 입장에서 생각해 본다면 혁명이라 할 수 있다.[407]

이러한 사례들을 살펴 볼 때, 젠더에 대한 의견은 붓다에게 의미가 없어 보인다. 여성다움과 남성다움은 변증법적으로 모든 인간 존재가 서로 교환하는 양상을 가진다.[408] 붓다가 확립하고자 하는 공동체의 상태는 필연적으로 동등하고 상호 보완적인 상태다. 예전의 계층적 관습이 팽배하던 시대에 새로운 지위 체계를 세우는 것은 초기불교 공동체에서 우선적으로 해야 할 과제였다.

우리는 초기 불교에서 여성의 긍정적이고 의미 있는 발전에 주목해야 한다. 이런 발전적 의미의 한 가운데에 '암바빨리 에피소드'가 자리한다. 붓다가 리차비 족에게 공양 받을 것을 거절하고, 암바빨리 여성에게 공양 받은 것은 사회적 변화였고 여성의 지위를 향상시켰다. 붓다가 설한 법은 여성도 남성도

나친 형식적 계율편중주의 대한 비판으로 보았다. 원의범, 『현대불교사상』(집문당, 1982), 171～172쪽.

407) 신성현, 「律藏에 나타난 男女差別의 問題」『불교학보』제 32권(동국대학교 불교문화연구원, 1995), 252쪽. 이 논문에서는 『四分律』 제 48권, 「比丘尼 건도」 T 22, 923 上를 거론한다. 아난은 붓다에게 " '女性도 出家修道하면 궁극에는 아라한과를 얻을 수 있다'고 말씀하신 적이 있다"며 아난이 여성 출가에 적극적이었다는 에피소드를 거론한다.

408) José, 위의 책, 25쪽.

아니고 높지도 낮지도 않으며 계층에 차별을 두지 않는다. 이는 후대 대승불교에도 영향을 주었다.[409] 이 시점을 기준으로 해서 초기불교 시대의 암바빨리 에피소드가 갖는 의미는 여성 공동체 구성원으로 확실한 입지를 가졌다고 봐도 무방할 것이다. 이 에피소드는 후대로 갈수록 여성의 입지를 굳게 하는 단초 역할을 한다.

---

409) Buddhist Thought에 의하면, 재평가되는 여성의 역할과 지위는 후기 대승 탄트라(tantric)에서 볼 수 있다. 만달라(maṇḍala)의 중앙에 위치한 단독으로 있는 주요한 신을 보거나, 춤추는 시중드는 인물에서 알 수 있듯이, 탄트라 불교에서 여성과 여신성은 현저하게 증가되었다. 이 탄트라 경전에서 여자의 지위는 높은 상태이며, 구체화되어 지혜의 원천으로 간주되고 있다. 탄트라의 사회 환경에서 여자는 전문직과 교사로서 기능을 하였던 것이 거의 확실하다.; Paul Williams, Buddhist Thought(Taylor & Francis Group, London and New York, 1999), 200쪽. 239쪽, 240쪽, 242쪽.; Caṇḍamahāroṣaṇa Tantra viii:29-30에 의하면 "여성은 天(하늘)이고, 법이며, 진정으로 높은 고행(tapas)이며, 불(佛)이며, 승(僧)이며, 완전한 지혜이다."고 하여 여성을 언급하였다.; 『金剛經』 第 23, 「淨心行善分」; D hammapada, 393.

4절 찬나 범단법과 그 외의 조항들

이 절은 초기 『열반경』에서 붓다가 유언 형식으로 "세존은 비구 상가에 네 가지 가르침을 당부하였다."는 에피소드 45번을 내용으로 한다. 유언의 당부는 '내가 이 세상에 없거든 이렇게 하라'는 형식으로 이루어진다. 붓다가 거론한 당부는 직접적이고 그 항목들은 매우 구체적이다. 6종의 초기 『열반경』 텍스트에서 그 항목들은 거의 동일한 내용으로 언급된다. 본 장에서는 붓다가 직접 설법하였다고 전해지는 빨리 텍스트의 항목 순에 따라 거론할 것이다. 다른 부파 텍스트들의 경우는 해당 텍스트가 제시하고 있는 조항 순서에 따랐다. 붓다가 제시한 항목은 네 가지이다.

1. 붓다가 당부한 공동체를 위한 네 가지 항목

붓다가 제시한 네 가지 항목은 제1항 '법과 율을 스승으로 삼아라', 제2항 '호칭문제', 제3항 '소소계 문제', 그리고 제4항 '찬나에게 내린 범단법'이다. '찬나의 에피소드'에 등장하는 이 네 가지 항목들은 공동체에 대한 조직적 체계를 우선으로 하여 내려진 붓다의 세심한 결정으로 나름대로 확고한 기준을 세우고 있다.

그 첫 번째는 '붓다 사후에 법과 율을 스승으로 삼으라'는 것이다. 이것은 초기 『열반경』의 대표적 언설이다. 붓다는 이 언설이 자신의 사후에 흔들림 없는 가르침의 표준이 될 것으로 믿었다. 두 번째는 '호칭문제'인데, 이는 붓다가 조직 체계 확립을 위해 내린 결정이다. 세 번째는 '소소계 문제'로 결집의 상황과 맥이 닿아 있다는 점에서 미래 지향적인 이야기 거리를 제공한다. 네 번째 항목 '찬나에게 내린 범단법'은 공동체 혹은 집단주의에 협력하지 않은 개인 찬나에 대한 언급이다. 각각의 항들이 공동체 안위 문제와 연결되어 있어 찬나[410]에 대한 구체적인 언급은 특별한 의미를 가진다. 네 번째 항목에서 주목할 점은 '찬나'라는 인물을 거론하면서 일종의 형벌을 내리도록 붓다가 권고하였다는 사실에 있다.[411] 붓다가 내린 징계조치는 확고한 것이었다. 율장에서도 '찬나'에 대한 구체적인 언급이 있거니와, 이 인물에 관한 두 문헌의 성격 묘사는 동일하다.

붓다가 입멸 직전에 당부한 이 네 가지 항목들을 초기 『열

---

410) 三枝充悳는 『インド佛教人名辭典』(法藏館, 1987)의 찬나 편에서 다음과 같이 서술하였다(Channa(P.)는 천노(闡怒), 천타(闡陀)라고 음사한다.) 석가족의 노예의 아들로 태어나 붓다가 처음 고향에 돌아갔을 때 출가한다. 붓다와 그의 가르침을 가까이 하여 오히려 교만하게 되고, 붓다가 입멸하기 직전에 범단죄(梵檀罪)에 처해진다. 범단죄(梵檀罪, brahmadaṇḍa)는 (그가) 아무리 말을 걸어도 누구 하나 그의 친구가 되거나 대답조차 할 수 없는 벌칙이다. 그는 다른 몇 가지 악사(惡事)를 저질렀고, 그때 제계(制戒)의 동기를 만들었다. 그러나 그 후 분발하여 수행에 힘씀으로써 깨달음을 얻었다. 『Theragāthā』의 제 69게송을 설한다.

411) 대체로 초기 『열반경』에서는 부정적인 인물에 대하여 막연하게 제약과 경계를 게을리 하지 말 것을 당부한다. 법과 율에 위배되는 인물에 대한 당부를 '경계하라'로 일관하고 있는 것이다. '승단의 질서를 파괴하려는 자'가 있으면 '이런 비구를 경계하라' 등으로 서술하고 있지만, 구체적 실명과 죄명을 들어서 서술하고 있지는 않았다.

반경』 텍스트를 통해 살펴봄으로써 붓다의 의도에 구체적으로 접근할 수 있다. 더불어 이 텍스트에서 언급되는 조항들은 '결집 문제'와 관련이 있으며, 후대 공동체의 변화 정도를 가늠할 수는 지표이기도 하다. 특히 '결집 문제'와 관계를 따져보는 것은 공동체가 변화과정을 겪었다는 사실을 인정하는 셈이 된다. 이러한 변화를 인정하는 데 어떠한 근거들이 제시될 수 있는가? 보수적인 입장에 있던 장로들은 시대의 흐름과는 상관없이 오로지 기존의 율을 고수해야 한다고 주장했지만, 대도시의 승원에서 살며 시대적 흐름에 민감할 수밖에 없었던 비구들은 변화를 요구했다.[412)]

핵심적인 인물인 붓다가 입멸하여 그에 따른 변화가 있었다는 일반적인 사실보다는 더욱 구체적인 항목들의 변화 과정을 거론하는 것이 중요하다. 그러기 위해서는 시대적 차이를 보이는 고전 텍스트에 관한 분석이 필수적이다. 초기 『열반경』의 텍스트들은 이에 대해 온전히 그 근거들을 제공한다. 각각의 경전들이 묘사하는 표현방식과 내용을 통해 붓다가 말하는 공동체의 실체를 생생하게 전달받을 수 있는 것이다.

우리가 주목할 점은 이 네 가지 항목들을 살펴봄으로써 붓다 생전의 공동체의 실상을 엿볼 수 있다는 것이다. '결집'의 사건에서 나타나는 결과 역시 주목을 요한다. 초기 『열반경』에서 거론한 문제임에도 불구하고 각 항목에 대한 해석상의 차이가 보인다. 각 항목에 대한 공동체 주체자의 상이한 해석을 보게 됨으로써 붓다가 바라는 공동체를 더 자세히 관찰할

---

412) 이자랑, 「초기불교 교단의 종교의식과 생활」 『불교평론』(현대불교신문사, 2005), 346쪽.

수 있다는 점에서는 이는 매우 중요하다. 초기 『열반경』 텍스트에 등장하는 네 항목은 붓다의 정확한 의도를 짚어볼 수 있는 결정적 근거들이다. 각 부파의 경전들이 일관되게 주장하는 맥락들은 근거들에 대한 의심을 일축시키고 있어 네 가지 항목을 온전히 검토할 수 있는 여건을 조성해준다.

1.1 법과 율

붓다가 당부하는 첫 번째는 '법과 율을 사후에 스승으로 삼으라'는 것이다. '법과 율'이라는 단어는 초기 『열반경』의 모든 텍스트에서 언급된다. 이 첫 번째 당부는 승단을 이끌고 있는 카리스마적 인물에서 경전의 진리로 넘어가는 지배 양식의 변화를 의미한다. 공동체의 리더가 살아있을 때는 모든 가치 기준이 붓다에게 있었으나, 붓다가 열반한 후에는 그 기준이 없어지게 된다. 그 결과 법과 율이 새로운 기준으로 자리하게 된 것이다. '법과 율에 의지하라'는 당부는 인간 중심의 지배 양식에서 문자와 언어인 '법과 율'을 중심으로 공동체가 이동되어야 한다는 뜻이었다. 이는 부파 불교의 서막을 알리는 것이었다. 아울러 공동체가 논쟁의 중심 한 가운데로 들어갈 수밖에 없는 여건이 마련되었음을 말해주는 것이기도 했다.

붓다는 미래에 '법과 율'을 통해 공동체를 이끌 수 있다고 생각하였다. 그 논거들은 『열반경』 텍스트들에서 말하는 법과 율에서 찾을 수 있다. 법과 율에 대한 섬세한 묘사에서 우리는 각 부파가 지향하는 방향 또한 알 수 있다.

빨리본의 문구를 살펴보면, 다른 한역 경전에서 볼 수 없는 추측과 가정의 발언들이 발견된다. 그 가운데 'Siyā kho pana'는 후대에 있을 혼란스러움에 대한 보완책을 직접적으로 제시한다. 붓다가 죽고 나서 "아난다여 너는 이렇게 생각할 것이다. '말하는 주인은 가셨다. 우리는 더 이상 스승이 없다'라고 생각할 수 있는데, 그런 식으로 생각해서는 안 된다"[413]는 식으로 주의를 주는 가정과 추측의 말이 그 예다. 이 말은 스승이 가셨고 의지하고자 하는 스승의 말을 다시 듣지 못한다고 하여 실망하지 말라는 뜻을 담고 있다. 즉, 붓다가 가고 난 뒤에도 '내가 가르치고 설한 법과 계율이 [너희들한테 있어] 내가 열반에 든 뒤에 스승이 될 것이다'[414]는 해답을 내놓은 것이다. 법과 계율을 스승으로 삼으라는 것은 스승과 동등한 자격이 법과 계율에 주어졌음을 의미한다. 법과 계율이 붓다 사후에 기준으로 자리할 것이라는 자문 자답성의 문구인 셈이다. 이는 공동체가 변화의 한 가운데 있을 때, 혼돈을 막아줄 스승으로서의 역할을 한다. 『유행경』[415]에서도 이와 유사한 논조를 발견하게 된다.

---

413) MPS, DN. Ⅱ, 154쪽. 1. ;Siyā kho pan' Ānanda tumhākam evam assa : "Atītasatthukaṃ pāvacanaṃ n'atthi no Satthā ti. Na kho pan'etaṃ Ānanda evaṃ daṭṭhabbaṃ. "Tumhākam"은 복수 이인칭대명사의 한 형태이지만, 한 사람에 대해서도 사용되는 경우가 있다. 이것은 상대방을 존중해 직접 그 상대를 지칭하지 않기 위해서다. 또한 부드럽게 들리기 때문이기도 하다.

414) MPS, DN Ⅱ, 154쪽. 1. ;Yo vo Ānanda mayā Dhammo ca Vinayo ca desito paññatto, so vo mam'accayena Satthā.

415) 『遊行經』은 찬나에 대한 범단벌에 대하여 엄격하게 거론한 뒤에, 붓다 입멸 후에 경과 율을 스승으로 삼으라고 하고 있다. 순서 상 빨리 경전과 차이가 있으나, 아난에게 경과 계가 있으므로 염려하지 말 것을 당부한다는 점에서 맥을 같이 한다.

> "마땅히 스스로 마음을 걷어잡아라. 아난아, 너는 여래가 멸도한 뒤에는 다시 보호할 이가 없어 닦아오던 것을 잃으리라고 생각하는가. 그런 생각은 하지 말라, 내가 부처가 된 뒤로 지금까지 말한 경(經)과 계(戒)는 곧 네가 보호하고 네가 지켜야 하는 것이다."[416)]

이 경전에서는 붓다의 멸도 후 기준점이 없어졌다 해도 경과 계를 지키고자 한다면 걱정할 것이 없다는 점을 인식시켜준다. 즉, 붓다가 생전에 설한 경과 계가 있었으며, 이것을 보호하고 지니도록 당부하고 있는 것이다. 법과 계율이 기준 점으로 보호막 역할을 할 것이라는 점과 법과 율이 수지해야 할 대상임을 정확하게 알리는 것이다. 『불반니원경』에서도 붓다의 사후에 경과 계를 그 믿음의 근거로 삼으라는 가르침이 제시되고 있다.

> "내가 열반한 후에, '부처님이 갔기 때문에 다시 믿을 것이 없다'고 말하지 말고 나의 경(經)과 계(戒)를 믿어야한다. 내가 열반한 후에 서로서로 받들고 이용하여 경을 보고 계를 받들어 250계를 지니라."[417)]

붓다는 제자들에게 믿고 의지하는 대상으로 존재했다. 하지만 붓다의 부재는 제자들에게 믿고 의지할 대상을 잃어버렸다

416) 『遊行經』, T 1, 26a24～26a28. ;"當自撿心. 阿難, 汝謂佛滅度後, 無復覆護, 失所持耶. 勿造斯觀. 我成佛來所說經戒, 卽是汝護, 是汝所持."
417) 『佛般泥洹經』, T 1, 172b21～172b24. ;"吾泥日後, 無得以佛去, 故言無所復怙. 當怙經戒, 吾泥日後, 轉相承用, 翫經奉戒, 執二百五十戒."

고 생각하게 만들었다. 그와 같은 상황에서 붓다가 설법한 경과 계가 붓다를 대신하여 의지할 대상으로 자리하게 된 것이다. 특히 『불반니원경』은 250계라는 구체적인 계율의 수를 거론한다. 이는 이 시기에 이미 계율이 체계를 갖추고 있지 않았는가 하는 추측을 갖게 한다.

『반니원경』에서는 부처가 말한 십이부경(十二部經)[418]을 구체적으로 설명하면서 잘 수지(受持)할 것을 전한다. 아울러 십이부경을 법으로 칭하며, "법을 좇는 이는 현세에 편안하여지고 현세에 앎을 얻게 된다"[419]고 말한다. 이 법을 잘 들어서 법답게 실행하고, 자세히 받아 지니고 읽고 외우며 바른 마음으로 생각하면 깨끗한 도가 오래 머무르게 된다는 것이다. 법과 계를 스승으로 삼는 실천 방안에 대해 이 경전은 '반드시 법교(法教)를 이어서 항상 한 달에 두 번씩 계법을 강설하고 육재일(六齋日)에 높은 자리에서 경을 외우고 마음을 경에 돌리어 부처가 생존했을 때와 같이 하라'[420]고 말한다. '경과 계'에 관심을 갖도록 하는 실천적 방법을 거론하고 있는 것이다. 정확한 날을 지정하고 모임의 방법까지도 제시하였는데, 그것은 붓다 생존 때와 같은 방법이다. 붓다와 같은 위치에서 십이

418) 『般泥洹經』, T 1, 188a18～188a21. ;謂佛所說. 十二部經, 一文, 二歌, 三記, 四頌, 五譬喩, 六本記, 七事解, 八生傳, 九廣博, 十自然, 十一道行, 十二兩現, 是名爲法. ;십이부경의 첫째는 문(文)이요, 둘째는 노래요, 셋째는 기(記)요, 넷째는 송(頌)이요, 다섯째는 비유이며, 여섯째는 본기(本記)요, 일곱째는 사해(事解)요, 여덟째는 생전(生傳)이요, 아홉째는 광박(廣博)이요, 열째는 자연(自然)이요, 열한째는 도행(道行)이요, 열두째는 양현(兩現)이니 이것들을 명구(名句)로 삼는다.

419) 『般泥洹經』, T 1, 188a16～17. ;"從法者, 現世得安, 現世得解."

420) 『般泥洹經』, T 1, 188a24～188a26. "必承法教, 常用半月, 望晦講戒, 六齋之日, 高座誦經, 歸心於經, 令如佛在.";『金剛經』 第 十五「持經功德品」.

부경을 보라는 뜻이다.

*Sumaṅgala-vilāsinī*를 통해서 붓다고사는 이 '법과 율'에 대한 항을 좀 더 장황하게 거론한다. 후대의 텍스트이기 때문인지 무척이나 그 내용이 상세하다. 후대 법과 율이 다양하고 폭넓게 세분화되어 해석되었다고 볼 수 있는 측면이다. 초기 『열반경』의 텍스트가 단순 간략하며 함축적인 것에 비해 후대 붓다고사의 주석서는 하나하나의 문구에 의심의 여지가 없도록 명쾌하게 설명하고 있다. 이에 대해 횡적인 연구가 더 바람직하다고 보는 학자들도 있다. 후대 주석들이 지나칠 만치 자세하지만, 경전만을 해석한다면 결핍된 요소를 지닐 소지가 있기 때문에 부분적인 주석이 필요하다. 그렇다면 주석서에서 언급한 경과 율에는 어떠한 요소가 덧붙여졌는가?

> 지금 비구승가(比丘僧伽)에게 교계(教誡)를 시작하였다. … '그는 실로 나의 사후에' 라는 것은 그 법과 율이 나의 사후에 너희들의 스승임을 뜻한다.
>
> 나에 의해서 실로 세워졌다:[즉] '이것은 가벼운 것이고 이것은 중대한 것이다. 이것은 용서할 수 있는 것이고 이것은 용서할 수 없는 것이다. 이것은 세간죄(世間罪)이고 이것은 시설분(施設分)이다. 이것은 계를 어긴 사람의 면전에서 일어난다(죄를 참회하고 승단에 복귀한다). … 모든 율장은 내가 열반에 들었을 때 너희들에게 스승으로써 의무를 행하게 될 것이다. 나에 의해서 세워진 4念處, 4正斷, 4神足, 5根, 5力, 7覺支와 8正道가 있다. : … 그 모든 경장은 내가 열반에 들었을 때 너희들에게 스승으로써 의무를 행하게 될 것이다. 나에 의해서 세워진 이 5蘊, 12處, 18界, 4聖諦,

22根, 9因, 4食, 7觸, 7受, 7想, 7思, 7心이 있다. 거기에서 이 많은 욕계의 법들과 색계의 [법들과] 무색계의 [법들과] 구경의 [법들과] 출세간의 [법들과] 세간의 [법들과] 초세간의 [법들이] 있다. 이 법들을 분별하고 분별해서 … 논장은 내가 열반할 때 너희들에게 스승으로써 의무를 행하게 될 것이다. … 이렇게 해서 이 팔만 사천의 법 온(法蘊) 들이 세워졌다. 나는 홀로 반열반에 든다. 그러나 나는 지금 홀로 훈계하고 가르친다. 내가 열반에 들었을 때, 이 팔만 사천의 법문들을 너희들에게 가르칠 것이고 훈계할 것이다. 이와 같이 세존은 많은 임무를 보여주면서 '그것이 나의 사후에 스승이다'라고 가르치고서 다시 오지 않으시고 실천을 보이면서 이와 같이 말했다.[421)]

---

421) SV (Buddhaghosa' s Commentary on the DN Ⅱ, Stede, London : PTS, 1
971), 'mahā parinibbāna-satta-vaṇṇanā' 591～593쪽. : 6.1 Idāni bhikkhu-sa
ṇghassa ovādaṃ ārabhi. Taṃ dassetuṃ atha kho Bhagavā ti ādi vuttaṃ.
Destio paññatto ti Dhammo pi desito c'eva paññatto ca, Vinayo pi desito
c'eva paññatto ca, paññatto nāma ṭhaptio paṭhapto ti attho. So vo mam'ac
cayenā ti, so Dhamma- Vinayo tumhākaṃ mama accayena Satthā. "Mayā
hi vo ṭhiten'eva : Idaṃ lahukaṃ idaṃ garukaṃ, idaṃ satekicchaṃ idaṃ a
tekicchaṃ, Idaṃ loka-vajjaṃ idaṃ paññatti-vajjaṃ, ayaṃ āpatti puggalass
a santike vuṭṭhāti, ayaṃ āpatti gaṇassa ayaṃ saṇghassa santike vuṭṭhātī ti
satt'āpatti-kkhandha-otiṇṇe vatthusmiṃ sakhandhaka-Parivāro ubhato Vibha
ṇgo mayā Vinayo nāma desito, taṃ sakalam pi Vinaya-piṭakaṃ mayi pari
nibbute tumhākaṃ Satthu-kiccaṃ sādhessati. Thiten'eva ca mayā ime cattā
ro satipaṭṭhānā cattāro sammappadhānā cattāro iddhipādā pañc'indriyāni p
aña balāni satta bojjhaṇgā ariyo aṭṭhaṇgiko maggo ti : Tena ten'ākārena ī
me dhamme vibhajitvā vibhajitvā Suttanta-piṭakaṃ desitaṃ, taṃ sakalam
pi Suttanta-piṭkaṃ mayi parinibbute tumhākaṃ Satthu-kiccaṃ sādhessati.
Thiten'eva mayā ime pañca kkhandhā dvādas'āyatanāi aṭṭhā rasa dhātuyo
cattāri saccāni dvāvisati indriyāni nava hetū cattāro āhārā satta phassā sat
ta vedanā satta saññā cetanā satta cittāni. Tatra api ettaka dhammā kama
avacarā ettakā rūpa avacarā ettākā arūpa avacarā ettakā pariyāpannā etta
kā apariyāpannā ettakā lokikā ettakā lokuttarā ti : ime dhamme vibhajitvā
vibhajitvā catu-vīsati samanta-paṭṭhāhaṃ ananta-naya-mahā-paṭṭhāna-patima
ṇḍitam. Abhidhamma-piṭakaṃ desitaṃ, taṃ sakalam pi Abhidhamma-piṭak
aṃ mayi parinibbute tumhākaṃ Satthu-kiccaṃ sādhessati. Iti sabbam p'eta

초기 『열반경』 텍스트들의 ‘법과 율’이 예(禮)의 차원이라면, 주석서에서 거론되는 ‘법과 율’은 지켜야할 법칙으로 간주된다. 어겨서는 안 되는 것이다. 그것은 색계와 무색계의 철학적인 법들과 출세간과 세간의 인간사적 법들을 총 망라한 장대한 법이다. 논장까지 시설되었고 팔만 사천의 법으로까지 펼쳐졌다. 단순한 의미에서 나아가 엄격하고 세세하게 변화된 것이다. 주석서에서 언급하는 대로 ‘법과 율’은 거대하게 분석되어서 스승의 의무를 다 하였다. 분류의 차이에도 불구하고 장대한 법과 율은 스승의 가르침으로서 후대에까지 존속될 것임이 강조되었다.

> “내가 열반에 드는 것을 보고 정법(正法)이 여기에서 영원히 끊어졌다고 말하지 말라. 왜냐하면 내가 옛적에 여러 비구들을 위하여 제정한 계 즉, 바라제목차와 또 그밖에 말한바 가지가지 미묘한 법이 곧 너희들의 스승이니 내가 세상에 있는 것과 다름없다.”[422]

ṃ abhisambodhito yāva parinibbānā panca-cattāḷisa vassāni bhāsitaṃ lapitaṃ, tiṇi Piṭakāni paṇca Nikāyāni nav'aṇgāni caturāsīti dhamma-kkhandha-sahassānī ti : evaṃ mahā-ppabhedaṃ hoti. Iti imāni caturāsīti dhamma-kkhandha-sahassāni tiṭṭhanti. Ahaṃ eko va parinibbāyāmi, ahañ ca pan'idāni eko va ovadāmi anusāsāmi. Mayi parinibbute imāni caturāsīti Buddha-sahassāni tumhe ovadissanti anusāsissanti. Evaṃ Bhagavā bahūni kāraṇāni dassento so va mam'accayena Satthā ti ovaditvā, puna anāgate cārittaṃ dassento yathā kho panā ti ādim āha.

422) 『大般涅槃經』, T 1, 204b27～204c01. ;“汝勿見我入般涅槃便謂正法於此永絶. 何以故, 我昔爲諸比丘, 制戒波羅提木叉, 及餘所說種種妙法, 此卽便是汝等大師, 如我在世, 無有異也.”

『대반열반경』이 여타의 『열반경』 텍스트와 다른 점은 그것이 아난다에게 전하는 당부가 아니라 비구들을 위한 당부였다는 점이다. '법과 율' 대신에 바라제목차를 거론한 점 역시 차이다. 그렇다면, 이와 비슷한 입장을 지닌 『근본설일체유부비나야잡사』를 살펴보자.

> "너희들 비구야, 내가 열반한 뒤에 이와 같은 생각을 할 것이다. '우리에게 이제 큰 스승이 없으시다'라고 그러나 너희들은 그런 소견을 일으키지 말라. 내가 너희들로 하여금 매양 반월마다 바라제목차를 설하게 하였으니, 이것이 너희의 큰 스승이며 이것이 너희들 의지처로서 내가 세상에 머무는 것과 다름이 없다."는 것을 알아야 한다.[423]

『대반열반경』과 『근본설일체유부비나야잡사』를 살펴보면, 유사점을 발견하게 된다. '바라제목차'라는 용어의 등장이 똑같고, 비구들에게 당부하였다는 점에서도 일치한다. '바라제목차'라는 용어로 알 수 있는 것은 붓다 재세시에 이미 그것이 성립되어 있었다는 사실이다. 두 종류의 텍스트에서 동시에 이 용어가 나타난다는 사실로 보아 바라제목차가 존재했을 것으로 추정된다. 따라서 붓다가 말하는 '법과 율'과 동등한 위상에서 그것을 보아야 한다. '법과 율을 스승으로 삼아라'는 항목은 6종의 『열반경』 텍스트에서 표현을 달리 해 나타나지만, 하나의 큰 흐름에서 볼 때 일관된 가르침이었다는 것을 알 수

423) 『根本說一切有部毘奈耶雜事』, T 24, 398c29～399a03. ;"汝等苾芻, 我涅槃後, 作如是念. 我於今日無有大師. 汝等不應起如是見. 我令汝等每於半月, 說波羅底木叉, 當知, 此則是汝大師是汝依處, 若我住世無有異也."

있다.

1.2 호칭 문제

붓다가 당부한 두 번째는 '호칭 문제'이다. 붓다는 입멸 후에 공동체 구성원들의 상하관계를 우려했기에 이 '호칭'에 대한 설명으로 그 대안을 세웠다. 이 '호칭 문제'와 관련하여 붓다가 살아 있을 당시 통용되던 호칭과 붓다 사후에 비구들 간에 통용된 호칭 간의 차이에 주목하여 공동체의 위계질서에 나타난 변화를 살펴볼 수 있다.

어떻게 호칭하는가에 따라서 사람들 사이의 관계는 설정되기 마련이다. 제삼자는 두 사람 사이에 오고 가는 대화 속 호칭을 통해 그 관계를 파악한다. 붓다는 『열반경』의 텍스트에서 제삼자로서 역할을 하고 있다. 붓다 사후 공동체 구성원들 간에 사용할 호칭을 명확하게 규정해놓은 것은 그들 사이의 관계 설정이 모호해지지 않도록 하기 위해서이다. 또한 제삼자들이 호칭을 듣는 것만으로도 구성원들 간의 관계를 분명히 알 수 있도록 하기 위해서다. 호칭 자체가 공동체 구성원들의 관계 규정의 기준이 되는 셈이다. 고전의 텍스트에는 붓다가 당부하는 형태로 이러한 호칭들이 나타나는데, 이는 공동체를 원활하게 유지하기 위한 톡톡한 방편이었다.

"아난다여! 지금 비구들은 서로에게 '벗'이라는 말로 대화한다. 내가 떠난 뒤에 그와 같이 대화해서는 안 된다. 아난다여, 나이 많은 비구는 나이가 어린 비구에게 이름 또는 성 또는 벗이라는 말로 대화해야 한다. 나이가 어린 비구는 나이가 많은 비구에게 '대덕이시여' 또는 '구수여'라고 대화해야 한다."[424]

그렇다면 비구들 간의 호칭은 붓다의 생전과 사후에 어떻게 변화했는가? 'āvuso'라는 말은 '벗이여'라는 뜻의 호칭으로 붓다 생전 비구들 간에 통용되었다. '벗이여'라는 호칭은 비구들 간에 상하관계가 뚜렷하지 않았음을 보여준다.

한편 붓다 생전에 붓다를 부르는 호칭은 'bhante'였으며, 그 뜻은 '대덕이시여'다. 율장에 의하면, "비구들이여, 여래를 이름을 말하거나 '벗이여!'라고 불러서는 안 된다. 여래는 존경받아야 할 사람이며, 정각자(正覺者)이기 때문이다."[425]라고 전하고 있다. 이를 통해 붓다에게는 '벗'이라는 호칭이 사용되지 않았음을 알 수 있다.

이 텍스트를 통해 확인할 수 있는 한 가지 분명한 사실은 비구들 간의 호칭이 '벗이여'로 규정되어 사용되었다는 것이다. 'āvuso'라는 말은 우리말로 '벗'이라고 번역되지만, 빨리어에서 이 호칭은 비구들 사이의 대화에서 정중한 표현으로 사용되던 용어였다. 비구들 간에 '벗이여'라는 호칭을 사용해 대화한다는 것과 붓다에게 이 '벗'이라는 호칭을 사용하지 않았다는 사실은 승단 공동체의 중심에 붓다가 있었음을 말해준다.

붓다는 그의 사후 이러한 호칭의 사용에 변화가 있을 것임

424) MPS, DN. Ⅱ, 154쪽. 2. ;'Yathā kho pan'Ānanda etarahi bhikkhū añña maññaṃ āvuso-vādena samudācaranti, na vo mam' accayena evaṃ samudā caritabbaṃ. Theratarena Ānanda bhikkhunā navakataro bhikkhu nāmena v ā gottena vā āvuso-vādena vā samudācaritabbo, navakatarena bhikkhunā t herataro bhikkhu "bhante" ti vā "āyasmā" ti vā samudācaritabbo.

425) 『律藏』 大品, I. 9쪽

을 예고한다. "내가 떠난 후에 그와 같이 대화해서는 안 된다."라고 붓다가 말한 것은 그의 사후 공동체의 핵심이 자신에게서 다른 장로비구들에게로 옮겨질 것임을 예견했기 때문이다. 상가는 엄격하게 상하관계가 존재하는 공동체로 그 내부의 질서를 잘 유지하게 하기 위해 이러한 호칭상의 기준이 필요했다.

후대 공동체의 상하관계에는 이렇듯 엄격함이 배어 있었다. 이런 변화 속에서 호칭은 질서를 유지하는 데 매우 중요한 역할을 담당했다. 나이 많은 비구는 나이 어린 비구에게 이름 혹은 성(性)을 부르거나 '벗이여'라는 호칭을 사용했다. 그런데 붓다 생전에 비구 동료들 간에 사용되던 칭호가 그의 사후 아랫사람에게 사용하는 호칭으로 변한다. 나이가 어린 비구는 나이가 많은 비구를 '대덕이여!' 또는 '구수여!'라고 불러야 했다. 'bhante'는 붓다 생전에 붓다를 부르는 호칭이었으나, 붓다 사후에는 장로비구들을 부르는 호칭으로 바뀌었다. 또 '구수'는 나이를 갖춘 이에게 사용되던 칭호로 연륜을 감안한 호칭이었다. 빨리본의 이러한 호칭 변화를 통하여 붓다 생전과 사후를 축으로 공동체의 성격이 변화되었다는 것을 알 수 있다.

빨리본에서 'thera-tara'는 '더 연장자인'이라는 의미로 'tara'는 비교급의 접미사다. 'navaka-tara'도 '더 젊은'이란 뜻으로 비교급 'tara'을 취한 형태이다. '더 연장자인 비구는 더 젊은 비구에게 벗이라고 대화해야 한다'라는 문구를 통해 볼 때, 두 비구를 구분하는 근거가 '나이'였다는 것을 알 수 있다. 그러나 이것이 법랍을 뜻하는 것인지는 확실치 않다.[426] 빨리본과

426) 같은 『열반경』 텍스트에서 '아난다와 수밧다의 대화'를 살펴보면, 아난

붓다고사 주석서에서 이에 대해 보다 상세히 거론하지 않았기에 고대 텍스트에 나타나는 비교급에 따라 문자적으로 해석하는 편이 옳을 듯싶다.

그리고 후대에 결집이 진행되는 동안에 완벽한 공동체의 체계 속에서 거론된 '납수(臘數)'의 경우 승단의 조직이 체계적인 토대를 갖춘 이후에 사용된 호칭이기 때문에 본 연구에서는 고대 텍스트의 번역을 그대로 따르고자 한다. 이보다 후대 것인 대중부 텍스트 『마하승지율대비구계본』을 보면, "자기의 납수(臘數)를 억념(憶念)한다"[427]는 문구가 있다. 이때의 납수는 구족계를 받고 나서부터의 연수를 말한다. 비구는 이 납수의 대소(大小)를 따져 작은 비구는 큰 비구에게 예배하며 자리를 양보하고 세족수(洗足水) 등을 준다. 납수가 같으면 달의 전후, 같은 달이면 일수의 전후, 동년 동월 동일에 구족계를 받은 비구는 그 날의 오전인가 오후인가 등을 따져 선후배의 순서를 정한다. 따라서 비구가 자기의 납수를 기억한다는 것은 곧 집단생활의 위계질서를 바로 잡는 기준을 의식한다는 뜻이다.

상좌부 계통 텍스트인 『열반경』과 대중부 계통의 텍스트인 『마하승지율대비구계본』에서 구성원을 부르는 호칭들의 의미는 두 가지 풀이가 가능하다. '나이'와 '연수'의 문제, 즉 세속

다는 수밧다를 '벗이여'(āvuso)라고 칭하였고, 수밧다는 아난다를 '구수여'(āyasmā)라고 칭하고 있다. Mahā-parinibbāna-suttanta[DN. Ⅱ, 148~150쪽] 23. 다른 경전들에서 수밧다의 나이가 아난보다 많다는 것을 유추할 수 있다. 빨리본에서는 호칭에 비교급을 사용했다. 그러나 수밧다가 외도라는 점을 감안한다면, 법랍과 유관하다고 할 수 있을 것이다. 다른 한역의 초기 『열반경』 류에 쓰인 용어로 보아서는 나이에 관계된 것으로 보인다.

427) 『摩訶僧祇律大比丘戒本』, T 22, 549a에서 六念法의 '셋째, 날마다 스스로 납수(臘數)를 억념(憶念)한다.'는 문구에서 참조.

의 나이를 말하는 것일 수도, 구족계를 받은 납수를 말하는 것일 수도 있다. 이는 보다 면밀한 검토가 필요한 문제이다. 상좌부 계통의 빨리본의 경우 나이와 관계가 있고, 대중부 계통의 『마하승지율대비구계본』에서는 정확히 납수를 언급하고 있다는 점이 주목될 필요가 있다.

*Sumaṇgala-vilāsinī*에서 붓다고사는 이에 대하여 다음과 같이 설명하였다.

> "그 때에 '대화하다'는 이름으로나 성(性)으로 대화하고 사용한 것이다. 신참자가 들어오고서 : '티싸 나가(Tissa Nāgā)'라는 이름으로 한다. 또 '가섭 고타마'라는 가문으로 한다. (즉) 벗 티싸여! 벗 가섭이여! 라고 이와 같이 '벗이여'라고 부르는 것으로 대화하여야 할 것이거나, 존자여! 또는 구수(具壽)여! 라고 (즉) 존자 티싸여! 구수 티싸여! 라고 이와 같이 대화되어야 할 것이다."428)

이는 세속에서 이름과 가문의 성으로 서로 대화하고 불러주었지만, 상가의 공동체에 들어와서는 그 호칭이 변화하여 '벗 티싸여!', '벗 가섭이여!'라고 하거나 '존자 티싸여!', '구수 티싸여!'라고 대화하여야 한다는 설명이다. 상하관계에 관한 한 이 부분의 주석은 빨리본보다 상세하지 못하다. 『수망갈라윌라시니』에서 붓다고사는 '벗'과 '존자' 그리고 '구수'를 이름이나

428) SV (Buddhaghosa's Commentary on the DN Ⅱ, Stede, London : PTS, 1971), ;'mahā parinibbāna-satta-vaṇṇanā' 592쪽. 2. Tattha samudācarantī kathenti voharanti nāmena vā gottena vā ti:Navako ti, avatvā : Tissa Nāgā ti : evaṃ-nāmena vā; kassapa Gotamā ti : evam gottena vā; āvuso Tissa āvuso kassapā ti : evaṃ āvusa-vādena vā samudācāritabbo;bhante ti vā āyasmā ti vā ti : bhante Tissa, āyasmā Tissā ti : evaṃ samudācaritabbo ti.

성과 함께 붙여서 부르라고 하여 빨리본처럼 상하의 위계질서를 설명하고 있지는 않다. 그러나 공동체의 질서를 유지하기 위해 '호칭문제'가 거론되었다는 점은 같다.

놀라운 점은 고대 시대에 호칭 파괴 문화가 확산되었고, 후대에 와서 그 변화된 호칭의 어감을 확인할 수 있다는 것이다. 공동체는 평등한 관계에서 수직적 관계로 발달하였다. 붓다 당시에는 수직적 관계의 획일성과 규격을 벗어나 효율성과 합리성을 추구한 것으로 보인다. 그러다 붓다 사후에 호칭의 변화가 있어 이를 통해 분명한 상하관계의 엄격함이 유지되었던 것을 알 수 있다. 호칭의 변화를 제안한 것은 붓다이다. 붓다 당시에 일반화된 호칭이 통용되었다는 것은 그것이 공동체 상호 간의 소통과 친목 도모에 유용하였기 때문이다.

『유행경』에서는 구체적인 호칭의 예를 들고 있지는 않지만, 여타 경전들의 경우와 호칭 사용의 취지는 다르지 않다. 일례로 이 텍스트에서 '위아래는 서로 화(和)해 마땅히 예도를 따르라'[429]고 말함으로써 상하관계의 질서를 강조하고 있다. '위아래는 서로 화합하라는 것'은 곧 승단의 화합을 의미하는 것이기도 하다. 『유행경』에서도 구체적으로 호칭을 언급하지 않으나, 공동체가 서로 화합할 것을 직접적으로 주문하는 문구를 볼 수 있다. "아난아, 내가 열반 후에 여러 비구들은 각기 차례를 따라 크고 작은 이가 서로 공경하며 성(性)을 부르지 말고 이름을 부를 것이다"[430]라는 표현으로 『대반열반경』 역

429) 『遊行經』, T 1, 26a28～26a29. ;"上下相呼. 當順禮度."

430) 『大般涅槃經』, T 1, 204c01～204c03. ;"阿難. 我般涅槃後. 諸比丘等. 各依次第. 大小相敬. 不得呼姓. 皆喚名字."

시 이를 거론한다. 이 텍스트에서 성(性)을 부르는 것은 그 존재가 속세의 인연에 연결되어 있다는 것을 뜻한다. 붓다는 깨닫기 전에 '석가(Sakkha)', 곧 석씨의 아들이라는 명칭을 가졌지만, 출가하면서 법명을 쓰게 되었다. 아울러 '성(性)을 부르지 말고 이름을 부를 것'을 요구한 것은 속세의 끈을 놓고 승단의 화합을 위해 노력하도록 독려하기 위한 의도에서다. 한편 '차례를 따른다'는 것은 위와 아래를 구별한다는 뜻이다. 이에는 상하가 있게 되면 자연스럽게 공경심이 생긴다는 함의가 있다. 그리고 '차례에 따라 크고 작은 이'라 말한 것은 나이 또는 납수를 의미할 수도 있다.

> "또 오늘부터 젊고 아래인 비구는 어른이고 나이 많은 비구에게 그 씨족과 성명을 부르지 말고 마땅히 대덕이라고 하거나 혹은 구수(具壽)라고 부를 것이며, 늙은 비구는 젊은이에게 마땅히 구수라고 불려진다."[431]

이처럼 상가 공동체는 나이를 기준으로 그 구체적인 호칭을 거론하면서 위계적 체계를 잡아갔다. 『근본설일체유부비나야잡사』는 나이에 따라 비구들 간에 경어를 쓰도록 했다. '대덕(大德)'은 빨리어로 'bhante'를 표현한 것인데, 출가 연수에 따라 경륜이 많은 비구를 부르는 호칭이다. '구수(具壽)'는 비구에 대한 또 다른 호칭이며 'āyasmā'에 대응하는 용어다. 이 경전에서는 '벗' 이란 칭호인 'āvuso'가 언급되고 있지 않다. 빨리

431) 『根本說一切有部毘奈耶雜事』, T 24, 399a03～399a05. ;"又始從今日, 小下苾芻於長宿處, 不應喚其氏族姓字. 應喚大德或云具壽. 老大苾芻應喚小者爲具壽."

본에서 '장로'라는 칭호 역시 'thera'인데, 나이가 어린 비구가 나이 많은 비구에게 사용하는 호칭이다. 『근본설일체유부비나야잡사』에서 '老大苾芻'라고 언급한 것은 '나이를 먹은 비구'를 가리키는 것으로 보인다. 따라서 이 경전에서의 호칭이 나이와 무관하지 않다는 것을 알 수 있다. 해석상으로도 '대비구(大苾芻)'는 앞의 '老大苾芻'에 근거하여 볼 때, 나이 먹은 비구라고 하는 편이 옳다.

붓다는 "나이 먹은 비구[大苾芻]는 젊은이[小]에게 마땅히 가엾이 하는 생각으로 널리 보호하여 인자한 마음을 내고 혹은 의발과 발락, 허리띠 따위로 함께 서로 공급하여 모자라는 일이 없이 하여라"[432]고 말한다. 이는 호칭문제를 거론하면서 대(大)비구가 소(小)비구에게 베풀 수 있는 일을 제시하는 상황이다. 이 『근본설일체유부비나야잡사』에서는 소(小)비구에 대한 호칭을 생략하고 있다. 존경의 대상인 장로 비구들은 젊은 비구들을 보살펴야 한다. 이때 상하의 관계를 원만하게 유지하기 위한 방편으로 '호칭'을 문제삼는다. 그 호칭이 비구들 간의 관계 역할을 설명해주는 것이다. 그렇다면, 비구들 간의 관계 역할에는 어떠한 것이 있는가?

"서로서로 공경하고 받들기를 효도로 어버이 섬기는 것 같이 하며 장로 비구는 당연히 후배와 상좌를 가르치되 내가 있을 적과 같이 해야 한다. 후진 비구가 만일 질병이 있으면 장로 비구는 응당 관심을 가지고 잘 보살피고 간호하도록 해야하며, 교리에 통달

432) 『根本說一切有部毘奈耶雜事』, T 24, 399a06～399a08. ;"然大苾芻於小者處. 應可存情哀憐覆護生慈念心. 或以衣鉢鉢絡腰條. 共相濟給, 勿令闕事."

하고 경을 독송하며 부드럽게 잘 지도하여 부처님의 계를 지니게 하면 우리의 도가 오래 전해질 것이다."[433]

『불반니원경』은 장로비구의 의무를 거론하면서 후배를 잘 보살피는 일에 비중을 두어 가르치고 있다. 더 나아가서 교리를 잘 전수하고 계를 지니는 데 모자람이 없을 것을 강조한다. 붓다 생전의 도가 그대로 이어지게 하는 데 장로비구의 책임이 막중하다는 것이다. 화합과 더불어서 경과 계의 온전함이 붓다의 도를 장구히 전하는 길이므로 장로비구는 신참 비구들을 잘 지도해야 한다. 이에는 경과 계를 붓다 사후에도 이어가기를 바란다는 뜻이 내포되어 있다.

'호칭문제'와 관련된 경전들의 구체적인 언급에서 확인할 수 있는 공통된 사실은 그것이 공동체의 위계질서 확립과 깊이 관련되어 있다는 점이다. 승단 화합의 문제는 붓다 생전과 사뭇 다른 양상을 띨 수밖에 없다. 따라서 붓다 사후 그 체계를 어떻게 정비할 것인가가 관건이다. 그 구체적인 방법은 비구들 간에 상하의 차이를 두는 것이었다. 붓다는 이를 명확히 하는 기준점으로 호칭문제를 거론했던 것이다.

1.3 소소계(小小戒)

붓다의 세 번째 당부는 '상가가 원한다면, 소소한 계율을 제거하라'는 것이다. 여기에서 유의할 점은 '결집'[434] 때 승단의

433) 『佛般泥洹經』, T 1, 172b24～172b27. ;"轉相敬奉. 猶孝事親. 耆年比丘. 當敎後嗣. 猶吾在時. 後進比丘. 若得疾病. 耆舊比丘. 當有乃心消息占視. 明教讀敎. 喩誨以和順. 持佛戒. 吾道可久."

비구들이 소소하게 계율을 잘 지킬 것을 논의하였다는 사실이다. 이는 붓다의 '소소계 문제'와 상충되어 관심을 갖게 된다.

빨리본에서 붓다의 당부는 시대와 상황에 맞는 충고로 보인다. "아난다여, 붓다 사후에, 승가가 원한다면, 소소한 계법(戒法)들을 제거하라."[435]고 전해진다. 부처님이 돌아가신 후 사소한 것까지 잘 지켜야 한다는 왕사성 결집의 논란거리[436]가 이

---

434) 모든 자료는 붓다가 열반하는 그 해에 라자가하에서 결집이 있었다는 점에서 일치한다. 긴 연대기에 의하면 B. C. 486년이고, 짧은 연대기에 의하면 B. C. 368년이다. 바이샬리 결집은 열반의 100년과 110년 사이에 위치한다 : Sinhalese 자료는 긴 연대기를 적용한다. 그 결과로 B. C. 386년에 둔다. Kālāśoka의 통치기간 10년째에 대응한다 : 두 산스크리트 문헌은 짧은 연대기를 따르는데, Sarvastivādin Vinaya(T 1451, P.450a 28)뿐만 아니라 Hsüan-tsang(T 2087, P.909b 14)은 B. C. 25년에 결집을 놓고 있다. 즉, 마우리아의 Aśoka 성별(聖別)식 후 10년에 놓고 있는 것이다.
역사적인 문제를 일으키는 것은 불교문헌에서 거의 없었다. 뛰어난 설명과 초기 서지학(L. De Vallée Poussin, Councils, ERE. IV, 179-185쪽)에서 발견할 수 있다. 그때 이래 개관 연구 문헌의 두 작품이 보이는데, 이것들은 권위를 가진 채로 남게 된다. J. Przyluski, Le Concile de Rājagṛha, paris, 1926 : Fravuallner, Die buddhistische Konzile(ZDMG, CⅡ, 1952), 240～261쪽.

435) MPS, DN. Ⅱ, 154쪽.; 3. Ākaṇkhamāno Ānanda saṃgho mam'accayena khuddānukhuddakāni sikkhāpadāni samūhantu.

436) Lamotte Etienne(E), History of Indian Buddhism(Louvain, 1988), 124～126쪽. 사건의 서술- 수많은 설명 가운데서 처음 두 결집에 몰두하고 있다. 여기서는 Pāli VinayaⅡ(284～308쪽)을 요약한다. 다른 어떤 것보다 더 우월하게 가치가 있기 때문이 아니라 Singhalese의 지식인들의 학문적인 본체에 의해서 권위를 가지기 때문이고, 이치에 맞는 형식의 의관에서 사건들을 제공하고 있기 때문이다. 이 Vinaya에서 라자가하(Rājagṛha) 결집에 대한 설명이 예비적인 소개 없이 갑작스럽게 시작된다. 파바(Pāvā)에서 꾸시나가라(Kuśinagara)의 오백 비구들 승단에서 여행하던 가섭(Kāśyapa)에게 아지비까(Ājīvika)가 7일 전에 미리 예견하고서 붓다의 죽음을 알렸다. 그의 어떤 동료들은 슬퍼했고 좀 더 현명한 다른 사람들은 피할 수 없는 일음을 알고 단념했다. 그러나 수밧다(Subbaddha) 비구는 공공연하게 붓다를 잃음에 기뻐하여 그를 관찰한 비구들을 노하게 한다. 그는 모든 비구들이 지금 자유롭게 그들이 바라는 바대로 살아야 한다고 제안했다. 가섭은 무질서함이 승단에 스며들지 못하게 할 책임을 지우기 위해서 비구들에게 법(dharma)과 율(vinaya)의 합송을 제안했다. 그는 그들의 요구로 499 아라한을 골랐고, 비록 아라한은 아니지만 붓다의 가르

대목에서 의심의 여지를 낳는다. '소소계를 버려도 좋다'라는 것은 『율장』의 오백건도(五百犍度)에서도 보이며 '무엇이 소소계인가?'라는 것이 문제가 되었다. 아난이 붓다에게 계의 내용을 물어 보지 않았기에 1 결집 시 소소계에 대한 여러 가지 해석이 나온 것이다.[437] '결집'에서 아난의 죄목으로 소소한 계가 문제되었던 점과 다르게 이 초기『열반경』 텍스트에서는 소소계를 버리라고 말한다.

'소소계' 문제를 히라가와아끼라(平川彰)는 또 다른 관점에서 보고 있다. 『대반열반경』에서 석존은 열반에 드실 즈음 아난에게 '승가가 하고자 한다면 소소계를 버려도 좋다'[438]고 유언한다. 이것은 석존의 성도 이래 45년 사이에 상당히 많은 수의 계율이 제정되었음을 추정케 한다. 그렇기 때문에 석존의 재세에는 바라제목차가 성립되어 있었다고 단정할 수 없다. 그렇지만, 그것을 적극적으로 부정하는 자료 역시 찾아볼 수 없

침에 가장 정통한 아난다를 소집하였다.

공동협의 후에 오백 비구들은 우기 동안 라자가하로 가기로 결정했다. 법과 율의 합송은 거기서 형태를 갖추게 되었다. 바로 그 날 아침 비밀 회의에서 아난다가 갑자기 깨달음을 얻어서 아라한과에 도달했다. 회의가 그 다음에 열렸다. 가섭은 우발리(Upāli)에게 율(Vinaya)를 물었다.

아난다는 동료들에게 말했다. 죽기 전에 붓다가 소소한 학처를 승단에서 폐지하도록 권한을 부여하였다. 그러나 아난다는 붓다가 의미하는 소소한 것들을 구체적으로 그에게 물어보지 못했다. 때문에 집회 날 소소계 일치에 관계하여 의견의 일치를 보지 못했다. 가섭은 붓다에 의해서 공포된 모든 학처들을 구별함 없이 폐지하지 않고 존속시켜야만 한다는 것을 제안했다. 제안은 받아들여졌다. 그런 다음 결집에서 장로가 아난에게 일련의 비난의 말을 걸었다. 가섭은 소소한 학처에 대하여 붓다에게 질문할 것을 간과했다는 이유로 비난받았다.

437) 신성현, 「初期佛教에 있어서 戒와 律의 相補性」, 『동국사상』25권(동국대학교 불교대학학생회, 1992), 45쪽.

438) 『大般涅槃經』, T 1, DN, vol. Ⅱ, 154쪽;『南伝大藏經』, 第7券, 142쪽.; 『遊行經』「長阿含經」, T 1, 26a.

기 때문에 불재세(佛在世)시에 약간의 조문을 포함한 바라제목차가 성립되어 있었다고 가정할 수 있다.[439] 이런 히라가와아끼라의 논의에 대하서는 이미 바라제목차에 관해 앞에서 언급한 대로 『대반열반경』과 『근본설일체유부비나야잡사』를 통해 알 수 있다. 즉, 법과 율에 의지하라는 1항에서 붓다 재세시에 이미 바라제목차가 있었음이 거론된 것이다. 그러므로 히라가와아끼라의 바라제목차에 관한 논의는 초기 『열반경』들에서 새롭게 다시 정리하는 셈이 된다.

'제거하라'는 만약 제거하기를 바란다면 그것을 제거하라는 의미이다. '누구' 제거하는가'라고 확실히 말하고서 생각과 말을 실로 정했는가? 라는 것은 대가섭의 위력이고 사견이다.

세존을 이해한다.; [즉] '[너희들은] 제거하라'라고 말해진 것 역시 경전 결집의 시기에 가섭은 제거하지 않을 것이다.'라는 그런 생각으로부터 정해졌다. 그 때에 몇몇의 장로들이 이와 같이 말했다 : '사바라이(四波羅夷)를 정하고 나서 나머지들은 소소한 것들'에 관해서 500결집에서 소소한 것들이 유래되었다. 여기 이점은 선견율비바사(善見律毘婆沙)율 주석에서 설해진 결정이다.

"존자 나가세나여! 어느 것이 작은 것이고 어느 것이 사소한 것인가?"라고(물었다.) 밀란다 왕으로부터 질문을 받고서

---

439) 平川彰, 『二百五十戒の硏究 I』(春秋社, 1993), 70～71쪽. 여러 가지 관점에서 생각하여 볼 때, 불멸 후 얼마 되지 않은 시대에 '衆學法을 제외한 百五十餘條'가 성립해 있었다고 생각할 수 있다. 따라서 佛在世에 약간의 중학법도가 더해진 바라제목차의 골격은 이미 성립해 있었다고 보아도 좋을 것이다.

누군가 다시 말했다. '대왕이여! 돌길라(突吉羅)는 작은 것이고 악설(惡說)은 사소한 것'이라고 말했다는 것은 나가세나 장로가 소소한 것을 알고 있다.'는 것이다.

가섭 장로도 그것을 알지 못하였다. "벗이여! 승단은 나로부터 배워라, 우리들의 학처는 재가녀, 재가자들을 위한 것이 아니다. 이것은 실로 사문들과 부처님의 제자들을 위해서 시설되었다. 이것은 실로 시설되지 않았다"라고 (한다.) 만약 우리들이 소소한 학처를 제거한다면 말하는 사람들이 있을 것이다. "사문 고타마가 화장될 때까지만 성문들을 위해 규정된 학처이다. 스승이 그들을 위해 살아있을 때만 이 학처들에서 배웠었고, 지금 스승이 반열반하는 때에는 이 학처들에서 배우지 않는다" 라고 (한다.) 만약 승단을 위해 상가가 건전한 발우를 규정하지 않았으면, 시설하지 말아야 하고, 규정되지 않은 것을 제거하지 말아야 할 것이다. 이와 같이 시설된 학처들은 수지하고 설해져야 할 것이다. 이것이 발표되었다는 것은 갈마의 규(羯磨儀規)에서 듣게 되었다 라고 (한다.)440)

---

440) SV (Buddhaghosa' s Commentary on the DN Ⅱ, Stede, London : PTS, 1971); 'Mahā parinibbāna-satta-vaṇṇanā', 592~593쪽. 3. ;Samūhanatū ti ā kaṇkhamāno samūhanatu, yadi icchati samūhaneyyā ti attho. Kasmā pana samūhanathā ti ekaṃsen'eva avatvā vikappa-vacanen'eva ṭhapesī? ti. Mahākassapassa ca balaṃ diṭṭhattā. Passati hi Bhagavā : 'Samūhanathā' ti vutte pi saṇgīti-kāle Kassapo na samūhanissatī ti, tasmā vikappen'eva ṭhapesi. Tattha ekacce therā evaṃ āhaṃsu : 'Cattāri Pārājikāni ṭhapetvā avasesāni khuddânukhuddakānī' ti ādinā nayena pañca-satika-saṇgītiyaṃ khuddânukhuddakā āgatā va. Vinicchayo p'ettha Samanta-ppāsā-dikāya Vinay'aṭṭhakathāyaṃ vutto. Keci pan'āhu : 'Bhante Nāgasena katamaṃ khuddakaṃ katamaṃ anukhuddakaṃ' ti : Milinda-raññā pucchito : 'Dukaṭaṃ Mahā-rāja pi khuddakaṃ dubbhāsitaṃ anukhuddakan' ti vuttattā Nāgasena-tthero khuddânukhuddakaṃ jānāti. Mahākassapo thero pana taṃ ajānato : 'Suṇātu me āvuso saṇgho! Sant'amhākaṃ sikkhāpadāni gihi-gatāni, gihī pi no jānanti : Idaṃ vo samaṇānaṃ Sakya-puttiyānaṃ kappati, idaṃ vo na kappatī ti.

붓다의 소소계 폐지론에 대하여 가섭이 '결집'에서 다른 결론을 얻었다는 것을 주석서는 명백히 보여준다. 소소계에 대한 이 부분의 논의는 소소계가 '작고 사소한 것'이라고 정의한 뒤 예를 들어 설명하는 방식을 취하고 있다. 예컨대 '돌길라(突吉羅)는 작은 것이고 악설(惡說)은 사소한 것'이라는 표현을 거론할 수 있다.

한편 바라이, 즉 육취죄(六聚罪)는 승단에서 추방되는 무거운 죄로 소소계와 대비된다. 바라이는 단두죄(斷頭罪) 또는 구빈죄(驅賓罪)라고 하여 중죄에 해당하는 것이었다. 그리고 『십송율』에서 거론된 '사바라이(四波羅夷)'는 사중죄(四重罪)라고 하여 비구로서의 자격을 잃은 음계(婬戒)와 도계(盜戒)와 살인계(殺人戒)와 대망어계(大妄語戒)를 가리킨다.[441] 이상의 네 가지의 중한 죄를 범하면 비구가 공동체인 승가에서 추방된다.

바라이(波羅夷 : pārājika)는 250계 중에서 가장 무거운 죄인데, 국가의 법률로 말하면 사형에 상응하는 형벌이다. 불교에서 승가 공동체로부터 추방은 최고의 형벌이지만, 신자로는 남을 수 있다. 바라이가 되면 비구의 자격을 잃기 때문에 그 사

Sace mayaṃ khuddânukhuddakāni sikkhāpadāni samūhanissāma, bhavissanti vattāro:'dhūma-kālikaṃ samaṇena Gotamena sāvakānaṃ sikkhāpadaṃ paññattaṃ. Yāva nesaṃ Satthā aṭṭhāsi, tāv'ime sikkhāpadesu sikkhiṃsu, yadā imesaṃ Satthā parinibbuto, na dān'imesu sikkhāpadesu sikkhantī ' ti. Yadi Saṇghassa patta-kallaṃ Saṇgho appaññattaṇ na paññāpeyya paññattaṃ na samucchindeyya, yathā paññattesu sikkhāpadesu samādāya vatteyya. Esā ñatti'ti kammavācaṃ sāvesī ti.

441) 『十誦律』, T 23, 1a. 여기서 음계는 여성과 통하는 것, 도계는 타인의 소유물을 훔치는 것, 살인계는 사람을 죽이는 것, 대망어계는 자신이 불도 수행상의 어느 단계에 이르지 않았는데도 성자라고 거짓말을 하여 다른 사람으로부터 존경이나 공양을 받는 것을 뜻한다.

람은 환속된다. 따라서 비구가 살인을 행하고 바라이 죄를 범해 승가로부터 추방되어 속인이 되었을 때, 비구 때의 살인을 이유로 국왕은 그의 처벌 여부를 세속 법률에 따라 결정한다. 이에 승가는 일체 관여하지 않는다. 즉, 비구가 살인을 범하거나 도둑질을 범하였어도 비구 자격을 가지는 동안은 마가다 법률로 처벌하는 일은 없었다.442)

이 주석서에서 "'사바라이(四波羅夷)를 정하고 나서 나머지 소소한 것들'은 500결집에서 유래되었다"고 한다. 이는 아난이 '소소한 것'이 어떠한 것인지 붓다 생전에 물어보지 못한 것과는 다르게 500결집에서는 소소한 것을 정했다는 의미로 풀이해 볼 수 있다. 붓다고사의 주석서가 후대의 것임을 감안할 때 소소계에 대한 정의는 붓다가 내린 것이 아니란 점은 확실하다.

선견율비바사(善見律毘婆沙)율 주석은 율장 주석서이기 때문에 초기 『열반경』 보다 후대 것이다. 『열반경』에서 붓다가 내린 '소소계를 제거하라'는 결정을 '결집'의 과정에서는 위배하였다. 붓다의 결정에 따르지 않고 소소계를 지킨 이유와 관련하여 '결집'의 상황을 대변해 주는 언급이 『수망갈라윌라시니(Sumaṇgala-vilāsinī)』에서 보인다. "만약 우리들이 소소한 학처를 제거한다면 이렇게 말하는 사람들이 있을 것이다. 사문 고타마가 화장할 때까지만 성문들을 위해 규정된 학처이다. 스승이 그들을 위해 살아 있을 때만 이 학처들에서 배웠고, 지금 스승이 반열반한 때에는 이 학처들에서 배우지 않는다"라는 문구가 그것이다. 이러한 논리에서 붓다가 재세시에 주장한

---

442) 平川彰, 『原始佛教の硏究』(第一章第三節, 「サソがの超世間性と國家權力との關係」).

'소소계를 제거하라'는 설은 폐기되었던 것이다.

소소계 논쟁의 결과는 이후 율에 관한 문제에 대해 합의점을 찾지 못하는 근본적인 원인이 된다. 기존의 율을 고수하는 보수파 가섭은 불제불개변 원칙을 근거로 내세워 율은 붓다만이 바꿀 수 있는 것이며 그 어느 누구도 함부로 손댈 수 없다는 입장을 굳건하게 지키지만, 다른 입장을 지닌 비구들은 붓다가 소소계의 폐지를 인정한 점, 그리고 현실적으로 기존의 율 중에는 지키기 어려운 규칙이 포함되어 있는 점을 들어 율의 변화를 호소했다. 화합을 최상으로 여기는 승단이 큰 충돌을 불사하면서도 서로 양보할 수 없었을 만큼, 이 문제는 출가자들에게 중대하고 심각한 문제였다.[443]

한편 전호련은 구족계를 대승적으로 재해석한다. 초기 『열반경』 텍스트를 인용해 "소소계는 버려도 좋다"는 허락을 붓다가 내렸다고 해석하는 동시에 사분율을 인용해 "소소계는 잡쇄계(雜碎戒)"라고 주장하고 있는 것이다. 그러나 전호련은 "가섭은 소소계가 무엇인지 모른다는 이유로 붓다가 제정한 계율은 단 한 조목도 빠뜨리지 않는다는 원칙하에 계율을 결집했다"고 말하며 이것을 율장의 원형으로 주장한다.[444] 그리고 시대와 장소가 변함에 따라 그 시대를 살았던 대중들에 의해 계율은 조목에 집착하기도 하고, 계율을 제정하신 붓다의 근본정신을 살려 계율을 지니기도 한다고 설명한다. 따라서 그러한 교단사에 대한 이해와 계율정신에 대한 통찰이 없으면

443) 이자랑, 「소소계(小小戒)에 관한 논쟁」, 『불교평론』(현대불교신문사, 2005), 349쪽.

444) 전호련, 「한국 비구니 승가의 현황과 방향」, 『종교교육연구』 제8권(한국종교교육학회, 1999), 338쪽.

혼란을 일으킬 여지가 있다. 또한 붓다가 계율을 제정한 근본 뜻이 반영되지 못할 가능성을 배제할 수 없을 것이라는 주장이 전호련의 입장이다.445)

다시 『열반경』 텍스트의 관점으로 돌아가 보자. '붓다의 소소계 폐지'는 다원적 성격을 인정한 것이라고 볼 수 있다. 공동체라는 이름 하에 상가의 규율이 획일적이거나 강제적인 성향을 가져서는 안 된다는 입장에서 '소소계를 제거하라'는 요구가 제기된 것이다. 그럼에도 불구하고, 후대 결집에서 이는 인정되지 않았다.

권력과 지배적 성격을 지닌 집단이 결정한 가치들을 통해 대부분의 공동체는 모든 분배 영역이 영향을 미친다. '결집'의 상황이 그러하다. 가치나 가치들의 집합은 통상적으로 공동체의 핵심인물들에 의해 독점된다. 붓다 사후 '결집'에서 이는 여실히 드러난다. 그것은 '결집' 주체자들이 갖는 힘과 결속에 의해 보존되었다고 볼 수 있다. 만일 그것을 소유한 개인이나 집단이 다른 수많은 가치들을 강제할 수 있다면, 그것을 지배적 성격이라고 규정할 수밖에 없을 것이다. 붓다는 이 지배적인 성향에 대해 우려했으며, 초기 『열반경』에서 공동체의 네 가지 항목 중 '소소계 문제'는 이를 극명하게 보여준다. 후대의 결집에서 나타난 '소소계의 인정'은 집단에 대한 소유자들의 힘과 결속을 위한다는 명분 아래 묵인되었다.

'소소계를 제거하라'는 붓다의 말은 도덕적으로 허용 가능한 여러 가지 방식이 있을 수 있다는 점을 인정한 것이었다. 그리고 그것은 후대의 공동체가 이를 부정하지 않으리라는 생각에

445) 전호련, 위의 글, 338~339쪽.

서 내린 당부였다. '소소계의 제거론' 그 자체가 다원주의적인 정의 원리들이 형식적이지 않다는 것을 의미했던 것이다.

'소소계'에 관한 문제는 붓다의 생전과 사후에 공동체의 원리로 변화한다. 그것은 역사적이고 문화적인 특수성의 필연적인 귀결이었다. 이 모든 차이는 사회적 가치들 그 자체가 갖는 서로 다른 이해로부터 나타난 것이었다. '소소계 문제'는 공동체의 이해에 관한 노력에서 기인되었으며, 다른 이유와 근거를 들어 상이한 주체들이 정한 절차에 따라서 분화되었다. 붓다는 '소소계를 제거함'으로써 다른 가치들을 인정하고자, 즉 공동체를 통합하기 위해서 그 같은 결정을 내렸던 것이다.

1.4 찬나에게 내린 범단법

초기 불교 시대의 비구는 평범한 보통의 인간이었다. 욕망이 크고 성을 내며 어리석은 이가 많아 화합과 평화를 실현하는 일이 말처럼 쉽지 않았을 것이다. 따라서 수행자가 모여서 집단생활을 영위하는 상가 공동체의 경우 화합이 그 중요한 목적이 될 수밖에 없었다.[446] 이에 대처하는 붓다의 방법을 여기에 소개하고자 한다.

붓다가 당부한 네 번째는 '찬나에게 내린 범단법'이다. '범단(Brahma-daṇḍa)'은 '범천(梵天)의 매' 혹은 '최상의 벌(罰)'이라는 뜻으로 글자 그대로 번역하면 '성스러운 몽둥이'이다. 이것은 '범단(梵檀, 梵壇)'이라 음사 되었고, '묵빈(默擯)'이라 번

446) 신성현, 「초기불교 교단에서 가섭과 아난의 관계」, 『불교학보』제 36권 (동국대학교 불교문화연구원, 1999), 253쪽.

역되었다. 묵빈이란 죄를 짓거나 고만(高慢)하여 화합하지 않는 수행승에 대한 벌칙으로 그에게 말을 걸거나 상대하지 않는 것을 의미한다.

초기 경전(Pāli-Nikāya) 내에서 '범단(brahma-daṇḍa)'이 항상 묵빈의 의미로만 사용된 것은 아니다. 『암밧따경(Ambaṭṭha sutta)』에서 '범단(brahma-daṇḍa)'은 두렵고 위협을 느끼는 '범천(梵天)의 벌'로 사용되었다.447) 다시 말해 서로 말을 하지 않거나 상대하지 않는 것이 아니라 두려움을 느끼게 하는 무서운 벌을 부여한다는 뜻이다. 그렇다면 빨리본에서 찬나에게 부여된 범단벌이란 무엇인가?

> " '아난다여, 붓다 사후에 찬나 비구에게 범단벌을 가해야 한다. 세존이시여, 어떤 것이 범단벌입니까?
>
> 아난다여, 찬나 비구가 원하는 것을 말하게 하더라도 그는 비구들과 말해서도 안되고, 충고해서도 안되고, 가르쳐서도 안 된다.' "448)

'찬나가 원한다면 말하게 하라'는 문구는 찬나의 성품을 단적으로 암시한다. 이에는 찬나가 입이 험하고 욕설을 잘 하

---

447) Maurice Walshe, The Long Discourses of the Buddha : A Translation of the Dīgha Nikāya(Pub Group West, Notes no. 156, Natl Book Network, BPS. 1966), 549쪽. ;Atha kho tassa rājā Okkāko bhīto brahmadaṇḍena tajjito Khuddarūpiṃ dhītaraṃ adāsi. 그리하여 옥까까 왕은 범천(梵天)의 매(罰)에 위협을 받자 두려워서 딸 쿳다루피를 주었다. D. I . 96.

448) MPS, DN II, 154쪽. 4. ;'Channassa Ānanda bhikkhuo mam 'accayena brahma-daṇḍo' ti. 'Katamo pana bhante brahma-daṇḍo' ti ? 'Channo bhikkhu yaṃ iccheyya taṃ vadeyya, so bhikkhūhi n'eva vattabbo na ovaditabbo na anusāsitabo' ti.

는 비구라는 뜻이 담겨 있다. 그래서 하고 싶은 대로 내버려두라는 것이다. '범단(brahma-daṇḍa)'은 죄를 범한 자를 의도적으로 소외시키는 최상의 처벌이다. 침묵이 제일 좋은 약이기에 스스로 깨달을 때까지 상대하지 않는 것이다.[449] 『유행경』은 찬나에게 내린 범단법에 대해 다음과 같이 전하고 있다.

> "'천노(闡怒)비구는 노예 무리로서 처음부터 제 고집대로 부리고 있습니다. 부처님이 멸도하신 뒤에는 어떻게 해야 합니까?'
>
> 부처님은 아난에게 말하였다. '내가 멸도 한 후에 만일 저 천노가 위의에 따르지 않고 교계를 받지 않거든 너희들은 마땅히 함께 범단벌을 행하라, 모든 비구들에게 명하여 더불어 말하지 말고 서로 왕래하지 말고 가르치기와 일하기를 함께 하지 말라."[450]

이 텍스트에서는 예전의 카스트 계급 '노예의 무리'에 대해 언급한다. 이는 이 텍스트가 여타의 텍스트와 다른 점이다. 본래 출가자에 대해서는 카스트를 이야기하지 않는데, 천노라는 출신을 거론한 것이다. 아울러 '말하지 말고 서로 왕래하지 말고 가르치기와 일하기를 함께 하지 말라'는 뜻으로 범단벌을 정의하고 있다.

---

449) 한역본들은 빨리본과 내용 면에서 비슷하지만, 순서에 있어서 다르다. 빨리본은 찬나의 범단법을 가장 나중에 언급하고 있는 반면에 한역본들인 『유행경』, 『불반니원경』, 『반니원경』은 찬나의 범단범을 먼저 언급하고 있다. 또한 찬나(Channa)라는 이름의 음사가 각각의 한역경전에서 차이를 보이지만 동일인물을 지칭한다고 볼 수 있다. 여기서는 각각의 경전에서 언급하는 이름으로 설명할 것이다. 예컨대, 빨리본의 '찬나'라는 명칭이 가장 일반적으로 통용되고 있다.

450) 『遊行經』, T 1, 26a18～26a21. ;"闡怒比丘虜榲自用, 佛滅度後. 當如之何. 佛告阿難. 我滅度後. 若彼闡怒不順威儀. 不受教誡. 汝等當共行梵檀罰. 勅諸比丘不得與語. 亦勿往返教授從事."

“ ‘전단(栴檀)이라는 이름의 비구가 한 사람 있습니다. 성질이 급하고 꾸짖기를 좋아하여 여러 비구들과 자주 다툽니다. 부처님께서 열반하신 후에는 저희들 비구가 어떻게 부처님의 경과 계를 받들어야 합니까.’

부처님께서 아난에게 말하였다. ‘내가 열반한 후에는 너희들은 그와 다시 말하지 말 것이니 여러 비구들이 그와 말하지 않으면 전단비구는 여러 비구들과 자주 다툰 것을 부끄럽게 생각할 것이다.”[451)]

『불반니원경』은 ‘전단’의 성격에 대해서 자세히 언급하고 있으며, 공동체의 화합을 저해하는 인물로 그를 평가한다. 또 범단벌이라는 용어를 사용하고 있지는 않지만, ‘그와 다시 말하지 말 것이니 여러 비구들이 그와 말하지 않으면 전단 비구는 여러 비구들과 자주 다툰 것을 부끄럽게 생각할 것이다’고 하여 범단벌에 해당하는 처벌을 언급하고 있다. 즉, ‘스스로 부끄럽게 생각’하도록 만듦으로써 범단벌의 효과를 기대하고 있는 것이다.

“ ‘천(梴) 비구는 천성이 패악하고 다급하여 욕하기를 좋아하고 말이 많으니, 부처님이 열반하신 후에는 어떻게 합니까.’ ‘내가 열반한 후에 천 비구를 위하여 범단벌을 하여 여러 대중들이 침묵

---

451) 『佛般泥洹經』, T 1, 168c10～168c15. ;“有一比丘. 名栴檀. 比丘急性喜罵. 數鬥諸比丘. 佛般泥洹以後. 我曹諸比丘. 當云何共事佛經戒. 佛語阿難. 我般泥洹已. 若曹莫復與語. 諸比丘不與語. 栴檀比丘. 當思推懷重慚愧悔數鬥諸比丘.”

(默屛)을 지켜 그를 상대하지 말아라. 그러면 그는 부끄러움을 느껴 저절로 뉘우치게 될 것이다.' "[452]

『반니원경』에서 아난은 천(梴)의 성격을 직설적으로 설명한다. 아울러 범단벌이란 용어를 사용하고 침묵의 효과를 기대한다는 점에서는 『불반니원경』과 같다. '부끄러움을 느껴 저절로 뉘우칠 것'을 이 텍스트 역시 가르치고 있는 것이다.

> " '차익(車匿)비구에게는 당연히 중한 벌을 주어야 한다.' 아난은 부처님께 물었다. '어떠한 중한 벌을 주어야 합니까' 부처님이 말하였다. '아난아, 중한 벌을 주려면 일체 비구들이 그와 함께 말하지 말 것이다' "[453]

『대반열반경』에서는 차익(車匿)의 이야기가 빨리본과 마찬가지로 마지막에 언급된다. 다른 세 가지 항을 거론한 후 차익에 대해 이야기하고 있는 것이다. 이 경전에서 언급하는 중한 벌은 '함께 말하지 않는 것'이다.

> " '세존이시여, 천타(闡陀)비구는 성질이 사나와서 많이 성을 내고 급합니다. 그래서 모든 비구에게 항상 불순하고 추악한 말을 하는데, 부처님께서 멸도하신 후에 어떻게 함께 생활(共住)하겠습니까' 부처님이 말하였다. '아난아, 내가 멸도 후에 천타와 같은

---

452) 『般泥洹經』, T 1, 184b10～184b13. ;"如梴比丘. 性弊悷急. 好罵數說. 佛泥曰後當如之何. 佛告阿難. 我泥曰後爲梴比丘. 作梵檀罰. 令衆默屛. 莫復與語. 彼當爲慚而自改悔."

453) 『大般涅槃經』, T 1, 204c04～204c06. ;"車匿比丘. 應與重罰. 阿難問佛. 與何重罰. 佛言. 阿難. 與重罰者. 一切比丘勿與共語."

악성(惡性)비구는 묵빈(默擯)으로 다스려라. 그가 그때, 만약 뉘우치고 경앙심을 일으키거든 대중이 고친 것으로 알고 함께 기뻐하면서 평상시와 같이 말하도록 하라' "[454]

『근본설일체유부비나야잡사』에서는 '성격이 사나와서 많이 성을 내고 급하며 항상 불순하고 추악한 말을 하는 비구'를 '악성비구'라고 규정한다. 또한 '악성비구'는 다른 비구들과 화합하지 않는 존재로 정의된다. 『근본설일체유부비나야잡사』에서는 악성비구를 묵빈으로 다스리라고 가르친다. 범단벌이란 용어 대신에 묵빈을 사용하고 있는 것이다. 또한 이 텍스트에는 가장 바람직한 공동체의 운영원리에 '함께 생활[共住]'을 도모하는 조항을 포함시키고 있다. 찬나는 함께 하는 생활[共住]에서 다른 구성원들로부터 거부된다. 이와 관련하여 함께 생활을 못하게 해서 뉘우친다면 평상시와 같이 공어(共語), 즉 함께 말하여도 된다고 설명이 하고 있다.

'범단벌'의 효과는 찬나를 대중과 대화하지 못하게 함으로써 소외감을 느끼게 하는 데 있다. 즉, 견디기 힘든 상황에서 홀로 생각하고 반성하도록 만드는 것이다. 공동체에서 계급간의 관계는 의사 전달 행위로 이루어지는데, 실천적인 대화를 위해 잠정적인 공간이 있어야 한다.[455] 대화의 성공은 지배에서 자유로운 분위기 속에서 대화에 참여한 사람들의 능력에

454) 『根本說一切有部毘奈耶雜事』, T 24, 391c21～391c25. ;"闡陀苾芻性懷猛惡多瞋造次. 於諸苾芻常出不順麤惡言詞. 佛滅度後云何共住. 佛告阿難陀. 我滅度後. 闡陀惡性苾芻應默擯治之. 彼被治時若生憂悔起敬仰心. 衆知改者共施歡喜如常共語."

455) 박순영, 「하버마스의 해석학」, 『철학』 12권(1978), 111쪽.

부합된다. 공동체 내부에서 계급 간의 분쟁은 성공적인 대화를 통해 해소될 수 있다.[456] 붓다가 찬나에게 내린 범단벌의 효과는 대화의 중단을 통해 스스로 깨닫게 하는 데 있다. 찬나의 성격은 보통의 비구들에게서 흔히 나타나는 것이었다. 승단에서는 이러한 비구들에게 제약을 가함으로써 승단의 질서가 바로 설 수 있게 한다.

초기 『열반경』의 텍스트들에서 찬나의 이름이 각각 다르게 표현되는 것은 각 부파가 음사하면서 나타난 현상이다. 하지만 같은 인물임이 분명하다. 붓다가 생전에 찬나에 대한 징벌을 미리 아난에게 당부한 사건은 '결집'에서도 거론된다. 후대 '결집' 회의에서 아난은 찬나 비구에게 징계 처분이 내려졌음을 통고하기 위해서 코삼비로 가도록 하였다.[457] 다른 항목이 '결집'에서 차이를 보이는 데 반해 '찬나의 범단법'만은 동일하게 결론지어졌음을 알 수 있다. 『수망갈라윌라시니』에서 붓다고사는 "선견율비바사에서 유래된 범단법도 결집에서 결정되었다."[458]고 전한다.

찬나의 악성은 율장에서도 언급된다. 『근본유부율』에서는 '악성위난학처'라 하고, 도선 율사는 '악성거승위난계'라고 불렀다. 이 계의 제계(制戒) 인연이 된 것은 『빨리율』에 의하면 찬나(闡陀, Channa)였다고 한다. 이 찬나와 석존이 출가해서 성을 나올 때의 어자(御者)인 찬나(Channa)가 동일 인물인지는

456) 박순영, 위의 글, 113쪽.

457) Lamotte Etienne(E), 위의 책, 126쪽.

458) SV (Buddhaghosa' s Commentary on the DN, Stede, London : PTS, 1971), 'mahā parinibbāna-satta-vaṇṇanā', 593쪽. 4. Brahmadaṇḍa-kathā pi saṃgītiyaṃ āgatattā Samantappāsādikāya vinicchitā.

판단하기 힘들다. 아까누마지젠(赤沼智善)의 경우 이를 다른 인물로 보고 있다.[459] 어쨌든 찬나는 코삼비에 살았고, 여러 가지 불선행(不善行, anācāra)을 행한 인물임에는 분명하다. 비구들이 그에게 충고했을 때, 찬나는 다음과 같이 대답했다. "벗이여, 그대들은 나에게 무슨 말을 하려고 생각하느냐? 나야말로 그대들에게 말해야 한다. 佛은 우리들의 것이다. 法은 우리들의 것이다. 우리들의 聖主(ayya-putta)에 의해 법은 깨달아진 것이다."[460] 이러한 답변을 통해 비구들이 찬나의 불여법(不如法)에 충고한 것을 거부하였다고 전한다.[461]

---

459) 赤沼智善, 『印度佛教固有名詞辭典』(法藏館, 1967), 128쪽. 그러나 동일 인물로 묘사하는 텍스트도 발견된다. Woodward, The Book of the Kindred Sayings. Ⅲ(PTS, 1975), 112쪽, : Cf. D. ii, 154(brahma-daṇḍa). Owing to the he could get no speech with them. Hence his wandering away to Benares. At S. iv, 55-60 he kills himself owing to an incurable disease. 비고) 전재성, 『쌍윳따니까야 4권』(2000), 313쪽, 주석 332.

찬나라는 인물들을 살펴보면, 칼로 자살을 한 찬나(Channa)가 Channovādasutta, MN. Ⅲ. 263에 나온다. 사리뿟따와 찬나의 대화로 구성된 이 텍스트에서는 부처님께서 사리뿟따에게 자결한 찬나가 아라한이 되었다고 설명한다. 즉, 찬나가 부처님과 사리뿟따 재세 이전에 죽었다는 것이다.

하지만 범단법에 등장하는 찬나(DN. Ⅱ. 154)는 세존의 열반 시기에 언급되며, 그에 대한 내용(SN. Ⅲ. 132)도 아난다와 찬나의 대화로 구성돼 있다. 『칸다상윳따(Khanda-saṃyutta)』의 주석서 『사랏따빠까시니(Sāratthappakāsinī)』를 통해 비구 찬나에 대해 좀 더 정확한 정보를 얻을 수 있다. 붓다고사는 주석서에서 비구 찬나가 세존과 한 날 한 시에 태어나(Jātaka. Ⅰ. 54) 붓다 마부로 붓다가 출가하는 날에 함께 했고, 후에 출가하여 '우리 부처님, 우리의 법'이라고 하면서 무례하고 악의적으로 행동함으로써 범단의 벌을 받았다고 말한다.

460) 『南伝大藏經』, 제1권, 298.

461) 다른 율장도 제계(制戒)의 장소가 코삼비이고, 제계의 인연이 된 이는 천타라고 밝히는 점에 일치한다. 『승기율』에서는 "이 때 장노 천타는 악성(惡性)으로 함께 말하기 힘들고, 모든 비구가 여법(如法)·여율(如律)로 가르쳐도 함께 말을 하지 않으면서 이와 같이 말했다. "모든 장로여, 나에게 혹 좋다거나 나쁘다는 말을 하지 말라. 나도 모든 장로의 좋고 나쁨을 말하지 않겠다. 왜냐하면 그대들은 모두 잡성(雜姓)으로서 우리 집의 민리(民吏)이었다. 예를 들면 까마귀의 잡유골(雜類骨)을 포함해 모아서 한 곳에 둔 것과 같다. 어찌 나에게 불법승사(佛法僧事)를 가르치려

만약 비구가 '악구성(惡口性)'이어서 설계(說戒)에 포함되는 학처에 의해 교계(敎誡)를 할 때, 비구들이 여법·여율로 말하는데도 자기(비구)를 '함께 말해서는 안 되는 자'라 한다. 그래서 그는 다음과 같이 말한다. "장로들이여, 나에게 혹은 좋은 일이거나 나쁜 일이거나 어떤 일이라도 말하지 말라. 나도 또한 장로들에게 만약 좋은 일이거나 나쁜 일이거나 어떤 일이라도 말하지 않을 것이다. 장로들이여! 나에게 말하는 것을 그만 두라"라고 (한다). 저 비구는 비구들에 의해 다음과 같이 말해지게 될 것이다. "장노여! 설계에 포함되는 학처에 의해 교계를 할 때, 비구들에 의해서 여법·여율로 말하는데도 자

하는가?""라고 전한다. 즉, 불타가 석가족 출신이고 천타도 석가족 출신이므로 출생을 자랑삼아 다른 비구의 교계를 거부하였던 것이다. 『오분률』은 천타가 범한 계행으로 "천타비구는 종종 죄를 범하고, 백의사(白衣舍)에 들어가서 上床下床하는 것이 모두 여법하지 않다. 별중식(別衆食)하고, 자주자주 먹고, 비시(非時)에 취락에 들어가기에 선한 비구라고 말할 수 없다"고 기술한다. 『五分律』, 卷 3, T 22, 21b.

여기에 설해진 것은 逸提法에 금지된 계행이다. 어느 것이나 小罪이다. 『십송율』도 '장노 천타가 小悔過罪를 범했다'고 말한다. 『十誦律』 卷 4, T 23, 27.

『근본유부율』은 "이때에 구수 천타는 이미 범죄를 하고서도 여법하게 說悔하지 않는다"(『根本說一切有部毘奈耶』, 권16, T 23, 707상.)고 말하고, 천타가 여법하게 참회하지 않았으므로 제 비구가 충고하면, 천타는 "그대들은 나의 好惡를 말하지 말라. 나도 역시 제구수의 好惡을 말하지 않겠다."라고 말함으로써 다른 비구의 간언을 거부했다고 전한다. 한편 『사분율』에서는 이를 다음과 같이 전하고 있다. "이 때에 천타비구는 악성으로 사람의 말을 받아들이지 않고 모든 비구에게 말하였다. "그대는 나에게 혹 호악(好惡)를 말하지 말라. 나 역시도 또한 모든 대덕의 好나 惡를 말하지 않겠다."『四分律』, 卷 5, T 22, 599a.

찬나 비구는 '共語'를 거부한다. 그러나 불교의 승가에서는 자기의 과실을 지적 당하면, 감사하게 받아들이고 죄를 인정한 후 참회하며 서로 간고하고 서로 교계하면서 수행하는 것이 정도다. 이처럼 다른 사람에게 충고하지도 않고 타인의 충고 역시 받아들이지 않는 것은 불교 수행에 위배하는 것이기 때문에 엄하게 가책하고 승잔죄를 제정하게 된 것이다.

기를 '함께 말해서는 안 되는 자'라고 말하지 말라. 장로여! 자기를 '함께 말하는 자'라 하라. 비구들도 또한 교계에 있어서 장로에 대해서 여업·여율로 말해야 하고, 장로도 또한 교계에 있어서 비구들에게 여법·여율로 말해야 한다. 이와 같이해서 또한 世尊·如來·阿羅漢·正等覺者의 衆會는 하나로 결합되고, 곧 상호간에 서로 이야기하고 서로 죄에서 벗어나도록 하여야 한다"라고 (한다). 이와 같이 해서 그 비구는 비구들에 의해 말해지게 될 때 그 일을 버리면 좋고, 만약 버리지 않으면 그 비구는 비구들에 의해 그것을 버리도록 하기 위해서 세 번까지 추구되고 간고(懇告) 될 것이다. 세 번까지 추구되어서 그 일을 버리면 좋고, 만약 버리지 않고 수지하고, 견지하여 서 있으면 승잔(僧殘)이다.[462]

악구성은 '악어(惡語)을 뜻하는 말로 교계하기 어려운 성질

---

462) Tatia, PLS (no 16, Tibetan Sanskrit Work Series, Nālanda, patna, 1975), 11~12쪽. bhikṣuḥ kho puna durvacakajātīyo bhoti. so uddeśaparyāpanehi śikṣāpadehi bhikṣūhi śikṣāyāṃ sahadharmeṇa sahavinayena vucyamāno āt mānaṃ avacanīyaṃ karoti, so evam āha-mā me āyuṣmanto kiñcid vadatha kalyāṇaṃ vā pāpakaṃ vā. aham apy āyuṣmantānāṃ na kiñcid vakṣyāmi kalyāṇaṃ vā pāpkaṃ vā viramathāyuṣmanto mama vacanāya. so bhikṣu bhiṣūhi evam asya vacanīyo-mā āyuṣmamm uddeśaparyāpannehi śikṣāpade hi bhikṣūhi śikṣāyāṃ sahadharmeṇa sahavinayena vucyamāno ātmānam av acanīyaṃ karohi. avacanīyaṃ evāyuṣmān ātānaṃ karotu. bhikṣūpi āyuṣma ntaṃ vakṣyanti śikṣāyāṃ sahadharmeṇa sahavinayena, āyuṣmān api bhikṣ ūn vadatu śikṣāyāṃ sahadharmeṇa sahavinayena, evaṃ saṃbaddhā kho p unas tasya bhagavato tathāgatasyārhataḥ saṃyaksaṃbuddhasya parṣāyad id am anyam anyasya vacanīyā, anyonyāpatti-vyutthāpanīyā. evaṃ ca so bhik ṣū bhikṣūhi vucyamāno taṃ vastuṃ pratinissareya ity etaṃ kuśalaṃ, no ca pratinissareya so bhikṣu bhikṣūhi yāvantṛtīyakaṃ samanugrāhitavyo sam anubhāṣitavyo tasya vastusya pratinissargaya. yāvantṛtīyakaṃ samanugrāhi y amāno vā taṃ vastuṃ pratinissareya ity etam kuśalaṃ, no ca pratinissarey a tam eva vastuṃ samādāya pragṛhya tiṣtheya samghāti śeṣo.

을 갖추고 있고, 다른 사람의 교수(教授)를 시인하지 않고, 다른 사람의 가르침을 받아들임에 교묘함이 없는 것'[463]을 말한다. 또 '악성의 말을 받아들이지 않는다는 것은 사람의 교회(教誨)를 인정하지 않고 받아들이지 않는 것'[464]을 뜻한다. 악성으로써 타인의 말을 받아들이지 않는다고 하는 것은 선한 비구가 순한 말로 바르게 다스림에 어긋나지 않고 바르게 권하여 가르치려 할 때, 스스로 자기 감정을 사용해서 받아들이지 않는 것을 가리킨다.[465]

범단법은 이 악구성에 대한 징벌이다. '찬나의 범단법에 대한 에피소드'에서 우리는 징벌의 주체자와 수용자를 찾을 수 있다. 징벌의 주체자는 훌륭한 것들을 '산출하는 사람이고 징벌의 수용자는 그것들을 수용하는 사람이다. 그런데 만약 벌을 받는 것이 훌륭한 것들을 경험하는 일이라면, 그것은 선한 것이다. 여기서 징벌의 주체자는 붓다가 될 것이며, 징벌의 수용자인 '찬나'는 이 범단법을 수용하는 존재로서 선한 것들을 수용하고 유용한 것을 경험하게 된다. 즉, 벌을 받는 것은 선한 것을 수용해서 유용한 것을 경험하는 일인 것이다. 나아가 잘못을 저지른 찬나가 올바르게 벌을 받게 된다면, 그 벌을 받기 이전보다 훨씬 나아지게 된다. 범단법을 받아서 사악함을 덜어버리기 때문이다.

'찬나에게 내린 범단법'은 가장 수치스러운 것이 무엇인가를 말해준다. 그리고 그것이 가장 악한 행위임을 보여준다. 가

463) 『南伝大藏經』, 제 1권, 300.
464) 『四分律』, T 22, 599c.
465) 『根本說一切有部毘奈耶』, T 24, 708a.

장 수치스러운 것은 항상 가장 큰 고통이나 가장 큰 해악을 준다. 붓다는 찬나에게 이러한 벌을 준 것이고, 찬나에게 부여된 범단법은 새로운 사람으로 거듭 날 수 있는 기회의 처벌이다. 악구성을 그대로 간직하고 있으면서도 그러한 것들을 제거하지 못한 사람이 있다면 더 불행할 것이기 때문이다.

이러한 네 가지 충고는 붓다가 돌아가신 후에 나열식 가르침을 강조한 것이다. 찬나에게 벌을 내리라는 강한 충고는 승단의 위기에 강하게 대처하라는 주문으로 볼 수 있다. 찬나에 대한 범단법은 찬나에게만 가해진 것이 아니라 후대에 있을 육군 비구들에 대한 엄한 훈계이기도 하다. 범단법이라는 중한 처벌에 찬나는 불만을 토로하였으나 곧 후회하고 청정한 법의 가르침을 따랐다는 『오분율』의 전거들[466]로 짐작컨대, 시기적절하고 효력 있는 법이었다는 것을 알 수 있다. 이 범단법은 붓다의 징계 조치였고, 이 조치의 실행은 아난다에게 위탁되었다. 이 징계 조치를 선고하자 그의 자만심과 독자성이 억제되어 겸손해지고 그의 눈이 열리게 되었다. 찬나는 따로 떨어진 곳에 거주하면서 열심히 수행하여 마침내 아라한이 되었고, 따라서 그 징계도 자동적으로 소멸되었다.[467]

찬나에게 부여된 범단법은 법과 율을 스승으로 삼으라는 충고, 비구들 간의 위계질서를 세우기 위한 호칭 문제, 소소한 계율에 너무 치중하지 말라는 권유와 더불어 구체적인 항목으로 거론되면서 당부하고 열거되었다. 이 항목들은 후대의 '결집' 문제와 많은 연관성을 지니고 있다. 후대의 결집에서 이

---

466) 『五分律』, T 22, 192a05～192a19.
467) DPPN(London : PTS, 1974), Channa 편.

네 가지 항목이 다른 방향으로 거론된다는 점에서 과연 어느 것이 진정 붓다의 의도였는지 다시 생각해 보게 한다.

2. 찬나 범단법의 의의

'찬나 범단법과 그 외 조항들'에서 초기 불교의 공동체를 위한 원형 중 일부인 네 가지 항목에 대하여 살펴보았다. 네 가지 항목을 살펴보면서 '결집'의 상황과 비교해 얻은 결과는 '많은 사람들이 찬성하는 것은 보편성이 있겠지만, 진리는 대중적인 것이 아니다'라는 사실이다. 이러한 맥락에서 마하 가섭이 초기 불교 석존의 직설을 계승했다고는 하나, 마하 가섭이 주최한 1 결집이 완전한 것이었다고 보기는 어렵다. 또한 그 결집이 확고한 전통을 획득하여 상좌부(上座部, Theravāda)로서 분열을 일으키지 않고 100년 간 존속되었지만, 그 안에서 진정한 공동체에 대한 붓다의 의도가 온전히 고려되었다고 확신할 수는 없다.

그럼에도 불구하고 분명한 사실은 다른 항목과는 다르게 찬나의 처벌에 대해서만큼은 『열반경』 텍스트와 '결집'이 같은 원칙으로 일관된 태도를 보인다는 점이다. 이는 공동체의 이익과 가치에 해악을 끼칠 수 없다는 단호한 붓다의 당부가 반영된 결과이자 상가의 확고한 바람이기도 했다. 결과적으로 찬나에게 내리는 벌이 '결집'에서도 설득적 동의를 얻은 셈이다. 악구성을 지닌 비구에 대해 붓다는 가정을 통해 다원성이란 차원에서 유연한 대처의 가능성을 열어놓았다. 후대에 이것을 붓다의 확고한 의지로 오인하여 공동체의 독점적 지배에 의해서 처벌이 내려진 것은 아닌가 하는 의문을 제기해 볼 수 있다. 이러한 의심은 소소계에 대한 견해의 차이를 고려할 때, 충분히 가정할 수 있는 부분이다.

공동체에 대한 완전한 보호막은 온건함과 엄격함의 두 요소를 공유하는 데 있다. 초기 『열반경』에서 붓다의 온건함은 제1항 '법과 율을 스승으로 삼아라'와 제3항 '소소계의 폐지'의 주장에서 충분히 표현되고 있다. 엄격함이 강조되는 부분은 제2항 호칭에 관한 문제와 제4항 찬나에게 내린 범단법을 거론하는 대목에서다. 특히 찬나에게 내린 범단법에 해당하는 조항은 처벌적 요소를 지니고 있다는 점에서 공동체의 질서를 위해 세운 법이라고 할 수 있다. 미리 세운 법으로 후대의 공동체를 위한 보호막을 삼은 것이다. 다른 각도에서 본다면, 범단벌을 받은 찬나는 공동체에서 추방당한 인물이 아니라 공동체가 끌어안은 인물이라고 할 수 있다. 바라이가 상가의 처형과 같은 처벌이라면, 찬나의 범단법은 처벌하고 용서하면서 교육하는 법이다.

바라이는 '사람의 목을 쳐서 다시 붙일 수는 없는 것'이라는 비유적 표현에서 알 수 있듯이 엄격성을 중시한 처벌이다. 승단에서 추방당한 사람이 다시 승단에 들어오는 것 자체를 허락하지 않는 벌인 것이다. 『열반경』에서는 이 바라이를 범한 사람에 대해서 언급하고 있지 않다. 후대에 공동체 조직이 세분화되고 방대해짐에 따라 승단은 엄격성을 더욱 강조하게 된다. 이러한 맥락에서 고대 초기 텍스트에서 확인할 수 있는 붓다 재세시의 설법이 과연 어느 정도로 그 공동체의 원형을 반영한 것인가가 의문으로 남는다.

『열반경』과 율장의 바라제목차와의 비교는 공동체의 특징과 관련하여 선명한 차이점을 드러낸다. 율장의 바라제목차는 비구들이 생활하면서 나타나는 결함을 보완하기 위해 제정된 것이다. 비유담이 먼저 제시되고 조문이 뒤따라 제시되는 구도에서 이러한 의도를 확인할 수 있다. 다시 말해 비구는 바라제목차를 외우고 숙지하고 지켜야 비구의 자격이 주어지는 것이 아니라 청정한 생활을 하다 겪게 되는 사건들를 통해서 비구의 자격을 얻게 되는 것이다. 이는 비구 개인과 상가에 있을 비난에 대해 경계하기 위해서 붓다가 재세시에 제정한 것이다. 법이 있고 그 법에 맞추어 인간을 끼어 맞춘 것이 아니라, 인간이 먼저이고 그 인간을 위해 제정된 인본주의적인 방편이 바로 이 같은 학처인 것이다.

그러나 초기 『열반경』은 그 관점이 다르다. 『열반경』은 처방적 차원의 범단법과 그 외의 조항들을 설명한다. 열반을 목전에 둔 붓다의 상황이 그 발화의 배경이었다는 것을 고려하면, 그 차이를 보다 잘 이해할 수 있다. 그 구체성으로 볼 때, 여기서 거론한 네 가지 항목들의 열거는 상가 공동체의 안위에 대한 기준에 그 맥락이 닿아 있음이 분명하다. 하여 결코 분리될 수 없는 사항들이다.

제 4장 붓다 입멸로 인한 공동체의 확산

1절 대진동(大震動)

1. 대진동 에피소드 구조

붓다 입멸에서 신비적인 사건이 공동체를 집약시킬 수 있을까? 이 논의는 종교의 상징성인 '대진동(大震動, mahābhūmicāla)'을 공동체와 연결해 본다. '대진동'이라는 사건은 초기 경전에서 후기 대승 경전에 이르기까지 수없이 언급된다. 대진동의 원형을 초기 『열반경』에서 찾는다면 대승과의 뚜렷한 차이를 알 수 있지 않을까? 초기 경전이 신비적으로 붓다 주변의 특별한 상황과 대진동을 연결시키는 반면, 대승경전은 전후 사정을 거론하지 않았다. 불교 경전 전반에서 대진동을 거론한 의도는 각기 다르지만 주의를 집중시킨다. 쯔가모또 게이쇼는 대진동에 관련된 기술들을 일목요연하게 분류하여 정리한다. 쯔가모또 게이쇼가 원형이라고 거론한 12가지는[468] 모두 타당하

---

468) 쯔가모또게이쇼가 대진동을 분류한 것에 의하면, 대진동의 원형은 세 경전으로 압축된다. 그는 대진동을 소개한 경전들에서 ①-③가 원형이라

다.

여기서 다룰 것은 초기 『열반경』 텍스트 *Dīgha Nikāya, X VI. Mahāparinbbāna Suttanta*, Ⅲ. 1-48을 중심으로 하겠다.[469] 붓다 입멸은 대진동으로 인해 집중되는 효과를 본다. 그렇다면 대진동 에피소드가 공동체의 확산에 기여하는가? 이것은 불교 문학에서 붓다의 위상과 관련되며 공동체를 하나로 묶는 역할을 담당한다. 초기 『열반경』에서는 붓다의 입멸과 '대진동'을 전후해 일어난 사건들을 연결해서 붓다의 입멸 과정이 우주로 확산되는 상징적 효과를 볼 수 있다. 가장 극점에 놓여 있는 붓다의 입멸은 심리적, 우주론적, 미학적 입장을 공동체의 사건으로 깊게 성찰할 수 있다.

'대진동의 에피소드'를 통해 소우주인 개인으로부터 가장 커다란 우주적 떨림을 통해 하나의 상징적 공동체가 연결돼 있음을 본다. 열반 직전에 붓다가 펼친 정신세계는 성인 죽음이 어떠한 것인가를 알 수 있게 한다. 성인인 붓다가 입멸 직

고 주장한다. 塚本啓祥, 『初期佛教教團史の研究』(山喜房佛書林, 1966), 195～196쪽.

① Udāna, 6. 1 Āyasuṃ
② Saṃyutta Nikāya Ⅴ. Mahāvagga, vii. Iddhipadasaṃyutta(LI),10. Cetiya(SN. v .259)
③ Aṅguttar Nikāya Ⅷ, vii, Bhūmicāla-vaggo
④ Mahāparinirvāṇasūtra, ed. Waldschmidt(15. 5-18. 9)
⑤ 『根本有部雜事』, 義淨譯(大正24, 387c-388c)
⑥ Hdul-ba phran-tshegs-kyi gshi, ed. Waldschmidt(15.5-18.9)
⑦ Divyāvadāna, Māndhātāvadāna, pp. 200-208.
⑧ 『佛般泥洹經』, 白法祖譯(大正1, 164c-165b)
⑨ 『般泥洹經』, 失譯(大正1, 180b-181a)
⑩ 『長阿含・遊行經』, 仏陀耶舍・竺仏念共譯(大正1, 15b-17b)
⑪ 『大般涅槃經』, 法顯譯(大正1, 191b-192c)
⑫ Dīgha Nikāya, X Ⅵ. Mahāparinbbāna Suttanta, iii. 1-48.

469) 에피소드 46번.

전에 체험하는 '오르고 내리는 정신적 세계'를 '대진동'이란 우주적 체계와 연결한다. 내면의 정신적 세계에서 외부의 우주적 세계로 순간의 이행을 보여준 대 사건이 '대진동'으로 표현된다. 대진동의 우주적인 해석을 통해 성인 죽음이 외부의 자연적 현상과 교감을 가진다. 이는 초기 불교가 가진 당시의 사회·문화적인 공동체가 인도 사상과 연결되었음을 제시하기도 한다.

'대진동'은 진동, 지진이 보이는 현상으로 감각에서 오는 작은 떨림과는 다르게 외부의 놀랄만한 대 광경이다. 미동이 아니라 가장 커다란 움직임과 소리를 동반하는 떨림의 장엄한 현상이다. 천둥치고 놀라운 기적이 일어나고 범천과 제석천이 붓다 열반 순간에 위대한 것을 보여주는 일종의 종교 현상이다. 인도에서 범천과 제석천은 막강한 힘을 소유한 신으로 묘사되나 불교로 편입되면서 붓다의 권속에 속한다.

우주와 교감하는 대 사건을 '대진동'으로 표현한 것은 내면의 작고 정교한 정신세계가 외부 장엄하고 숭고한 사건으로 펴진 것이다. '대진동'은 붓다 입멸에 대한 우주와 소통이며 성인의 입멸에 대한 우주의 반응이다. 한 개인의 입멸이 아니라 공동체의 입멸이며 다른 변화된 공동체를 예견하는 우주적인 반응이다. 당시 인도의 '나와 우주가 하나라는 우주관'인 범아일여 사상[470]은 '대진동'이란 사건에 영향을 주었던 것으로 보인다.

470) Chādogya Upaniṣad Ⅲ. 14. 1-3.

2. 대진동 에피소드 분석

2.1. 정신의 세계

성인이 죽음에 이르는 정신의 세계는 붓다의 열반 직전에 있었던 의식의 단계를 거론한 것이다. 죽음의 상황은 지각, 감각, 인식의 작용이 정지된 다음에야 올 수 있다. 붓다 입멸 직전의 정신세계는 상승하고 하강하는 과정으로 일반인이 죽음으로 인해 경험하는 단계와는 다르다. 이것은 억제된 마음에서 오는 것이 아니라 안정된 마음을 소유한 사람에게서 나오는 단계이며 성인만이 그 경로를 거친다. 붓다의 정신은 깨달음의 세계이기 때문에 주목받았다.

그 정신의 세계는 어떠한가? 붓다의 열반은 상수멸에 이르고 다시 상수멸에서 비상비비상처, 무소유처, 식무변처, 공무변처에 들어가고 제 4선, 제 3선, 제 2선, 초선에 있다가 제2선, 제 3선, 제 4선의 세계로 들어갔다 나오면서 열반에 이른다. 부처님은 끝까지 자신이 열반에 든다는 사실을 인식하고 열반에 들었다. 불교의 교리적 문제에서 이점은 논쟁의 여지가 많아서 아직 확실한 합의에 이르지는 못했다. 4선정에 들고, 공무변처, 식무변처, 무소유처, 비상비비상처까지 거친 후에 상수멸에 이르렀다.

이런 인식적 경로를 통해 붓다가 열반했다는 주장은 우리가 실제로 직접 체험해 보기 전에는 알기 어렵다. 그러나 누구나 한 번은 이것을 초기불교의 신비적인 관점으로 이해하기

보다 현상세계의 고무적인 방법을 들어주는 차원에서 인식해야 할 것이다. 거북이가 헤엄쳐서 육지에 이르러서 꽃구경도 하고 바람이라는 것도 체험해 보고 날아다니는 나비도 보았지만 바다로 돌아와 설명한다고 해서 알 수 있는 것은 아니다. 다시 말해서, 언어로 모든 것이 표현되는 것은 아니다. 그렇지만, 표현의 매체는 언제나 언어로 귀착된다. 언어에 대한 이해는 탐구의 주제가 무엇이건 절실히 요청되는 과제임에[471] 틀림없지만 대진동의 에피소드에서는 예외적이었다. 경험하지 못하면 알 수 없기 때문이다.

붓다의 가르침도 깨달음에 이르는 간접적 길라잡이일 뿐이지 깨달음의 경험을 대신할 수는 없다. 그렇지만 언어가 반드시 불충분한 표현 수단에 불과한 것만은 아니다. 언어는 분명 경험을 대신 할 수는 없지만 경험의 의미를 보다 풍부하게 한다. 즉 경험의 의미는 언어를 통해 다양한 방식으로 드러내 소통한다.[472] 이 에피소드는 고유한 경험을 우리에게 전달한다.

붓다 열반은 초선, 2선, 3선, 4선의 사선정을 거쳐, 4등지, 상수멸까지 들어간 것[473]으로 그친 것이 아니다. 상수멸에서

---

471) 이승종, 「차이와 반복 : 노장과 들뢰즈」(이승환 2005에 수록, 예문서원, 2005), 65～66쪽.

472) 이승종, 「거듭나는 삶 : 헤세의 『싯다르타』」(연세철학연구회 2006년 봄 정기 학술발표), 5쪽.

473) MPS[DN. xvi.6.8～10] ;Atha kho Bhagavā paṭhamajjhānaṃ samāpajji, Paṭhamajjhānā vuṭṭhahitvā dutiyajjhānaṃ samāpajji, Dutiyajjhāhā vuṭṭhahitvā tatiyajjhānaṃ samāpajji. Tatiyajjhānā vuṭṭhahitvā catutthajjhānaṃ samāpajji. Catutthajjhānā vuṭṭhahitvā ākāsānañcāyatanaṃ saṃāpajji. Ākāsānañcāyatana-samāpattiyā vuṭṭhahitvā viññaṇañcāyatanaṃ samāpajji. Viññāṇañcāyatana- samāpattiyā vuṭṭhahitvā ākiñcaññāyatanaṃ samāpajji. Ākiñcaññāyatana-samāpattiyā vuṭṭhahitvā nevasaññā-nāsaññāyatanaṃ samāpajji. Nevasaññā-nāsaññāyatana-samāpattiyā vuṭṭhahitvā saññā-vedayita-nirodhaṃ samāpajji; 그리하여 세존은 초선에 들어갔다. 초선에서 출정하고 나서 제 2

출정하여 거꾸로 4등지를 거쳐, 다시 4선, 3선, 2선, 초선, 그리고 다시 초선, 제 2선, 제 3선, 제 4선에서 출정한 세존이 반열반에 들었다[474]고 한다. 붓다 열반의 정신세계는 성인이 돌아가실 때 이러한 단계를 거친다고 제시한다.

붓다가 입멸 진전에 경험한 초선, 제 2선, 제 3선, 제 4선은 어떠한 경지일까? 초기 불교적 해석과 인식론적 해석으로 살펴보자. 우선 초선은 마음이 욕계(欲界)의 탐욕이나 억압으로부터 떠난 상태다.[475] 깨닫고 관찰하는 마음이 초선 안에 있어

선에 들어갔다. 제 2선에서 출정하고 나서 제 3선에 들어갔다. 제 3선에서 출정하고 나서 제 4선에 들어갔다. 제 4선에서 출정하고 나서 공무변처에 들어갔다. 공무변처에 들어가고 나서 출정한 뒤에 식무변처에 들어갔다. 식무변처에 들어가고 나서 출정한 뒤에 무소유처에 들어갔다. 무소유처에 들어가고 나서 출정한 뒤에 비상비비상처에 들어갔다. 비상비비상처에 들어가고 나서 출정한 뒤에 상수멸에 들어갔다.

474) MPS[DN. xvi. 6.8～10] ;Atha kho bhagavā saññā-vedayita- nirodha-samāpattiyā vuṭṭhahitvā nesavasaññā- nāsaññāyatanaṃ samāpajji. Nevasaññā-nāsaññāyatana-samāpattiyā vuṭṭhahitvā ākiñcaññāyatanaṃ samāpajji. Ākiñcaññāyatana-samāpattiyā vuṭṭhahitvā viññāṇañcāyatanaṃ samāpajji. Viññāṇañcāyatana-samāpattiyā vuṭṭhahitvā ākāsānañcāyatanaṃ samāpajji. Ākāsānañcāyatana-samāpattiyā vuṭṭhahitvā catutthajjhānaṃ samāpajji. Catutthajjhānā vuṭṭhahitvā tatiyajjhānaṃ samāpajji. Tatiyajjhānā vuṭṭhahitvā dutiyajjhānaṃ samāpajji. Dutiyajjhānā vuṭṭhahitvā paṭhamaṃjjhāhaṃ samāpajji. Paṭhamajjhānā vuṭṭhahitvā dutiyaṃjjhānaṃ samāpajji. Dutiyajjhānā vuṭṭhahitvā tatiyajjhānaṃ samāpajji. Tatiyajjhānā vuṭṭhahitvā catutthajjhānaṃ samāpajji. Catutthajjhānā vuṭṭhahitvā taṃ samanantarā bhagavā parinibbāyi; 그리하여 세존은 상수멸에 들어가는 것으로부터 출정한 후에 비상비비상처에 들어갔다. 비상비비상처에 들어가는 것으로부터 출정한 후에 무소유처에 들어갔다. 무소유처에 들어가는 것으로부터 출정한 후에 식무변처에 들어갔다. 식무변처에 들어가는 것으로부터 출정한 후에 공무변처에 들어갔다. 공무변처에 들어가는 것으로부터 출정한 후에 제 4선에 들어갔다. 제 4선으로부터 출정한 후에 제 3선에 들어갔다. 제 3선으로부터 출정한 후에 제 2선으로 들어갔다. 제 2선으로부터 출정한 후에 초선에 들어갔다. 초선으로부터 출정한 후에 제 2선으로 들어갔다. 제 2선으로부터 출정한 후에 제 3선으로 들어갔다. 제 3선으로부터 출정한 후에 제 4선에 들어갔다. 제 4선으로부터 출정한 후에 곧 바로 세존께서 반열반에 드셨다.

서 사려분별(思慮分別)이 있고 언어가 그 안에 존재한다. 제 2선은 지혜와 복덕이 충만해서 기쁨과 즐거움이 있는 경지이지만,[476] 사려분별이 없으므로 언어도 존재하지 않는다. 제 3선은 기쁨은 없고 즐거움만 있어 마음의 평정을 이룬 세계로[477] 사려분별과 언어가 없다. 제 4선은 괴로움도 없고 즐거움도 없어서, 마음이 조금도 동요되지 않는 경지다.[478] 사려분별의 작용과 언어는 없다.

초선을 제외하고 다른 선정의 상태는 사려분별과 언어가 존재하지 않는다. 선정의 수준이 높을수록 언어와 개념의 작용은 무의미해 보인다. 사려분별은 무엇인가에 붙들려서 그것을 구체화하기 때문에 자유자재한 경지로 이동을 방해한다. 붓다는 초선, 제 2선, 제 3선, 제 4선의 경지를 자유자재로 드나들었다. 연구자는 제 2선의 경지가 매우 어렵다고 생각된다. 제 2선은 생각과 분별없이 기쁨과 즐거움이 있는 상태를 말한다. 일상생활 속에서 일반인이 겪을 수 없는 경지로 보인다. 범부는 생각과 분별이 있어야 기쁨과 즐거움을 지각할 수 있기 때문이다. 제 3선의 경지는 마음의 통제로 인해 경험할 수 있다고 본다. 즐거워하는 감정에서 평정을 찾을 수 있다는 사실은 마음을 안정되게 하지 않으면 어렵다. 제 4선의 '괴로움도 없고 즐거움도 없는 상태'의 경지는 동요 없는 마음과 맞닿은 듯 하다.

붓다는 초선에서 4선까지 반복되는 과정을 보인다. 붓다의

---

475) 서성원, note.
476) 서성원, note.
477) 서성원, note.
478) 서성원, note.

정신세계가 보인 감정의 올라감과 내려감의 진폭은 엄청나다. 초선, 제 2선, 제 3선, 제 4선의 경지는 육신의 경로(眼, 耳, 鼻, 舌, 身, 意)를 차단해야만 경험할 수 있다. 육체로 통하는 감각기관을 차단한다는 것은 어떤 의미일까? 열반의 상태가 아니라고 확신할 수 있을까? 세속에서 설명할 수 있는 의식의 단계가 아니다. 성인의 의식은 살아있으되 죽지 않으면서 수행의 절정으로 나가 호흡이 끊이지 않는 사람의 정신세계를 보여준다.

붓다가 4선정 후에 들어간 공무변처, 식무변처, 무소유처, 비상비비상처는 어떤 경지인가? 공무변처는 무색계 마음을 대상하여 작용하는 '空[허공]'을 뜻한다. 선(禪)의 마음이 머무는 장소라는 의미도 가진다.[479] 모든 물질을 떠나 마음을 공(空)에 두는 정신세계다. 식무변처는 공무변처를 초월한 무한한 알음알이다.[480] 공에도 마음을 주지 않고 마음을 대상에 의탁하여 객관 대상에 정신을 모으는 경지다. 무소유처는 '아무것도 없음'이다. 무소유처는 공무변처의 알음알이가 지금 존재하지 않음을 대상으로 한다.[481] 비상비비상처는 인식이 극도로 미세해져서 인식 등의 마음 부수들이 있는지 없는지 분간하기 어려운 심리상태다. 비상비비상처의 증득은 인식을 포함했다고도, 제외되었다고도 할 수 없기 때문에 이런 이름이 지어졌다. 이런 유형의 마음에서 인식(想)의 마음 부수가 너무나 미세하기 때문에 더 이상 인식 기능을 수행할 수 없다. 이 경지는 인식

479) 대림, 각묵스님, 『아비담마 길라잡이』(초기불전연구원, 2002), 159~162쪽.
480) 대림, 각묵스님, 위의 책, 159~162쪽.
481) 대림, 각묵스님, 위의 책, 159~162쪽.

을 가졌다고 할 수 없다. 인식이 완전히 사라진 것도 아니고 설명할 수 없는 형태로 남아있다.[482]성인의 죽음은 4선, 4등지, 상수멸에 이르는 상승 곡선으로 올라갔다가 하강한다는 것이 정설[483]이다. 상승하고 하강하는 곡선 끝에 열반이란 상황과 맞물려 대진동이 자리한다.

이것은 공동체의 폭을 넓게 하는 정신적인 작용으로 상징성을 갖는다. 붓다 입멸 직전에 보인 붓다의 정신세계는 공동체와 어떤 관련이 있을까? 이런 정신세계는 남아있는 사람들에게 죽음의 단계를 보이기 위해 또는 열반이란 극적 상태를 위해 시범적으로 보일 수 있는 사건이다. 더 나아가서 공동체 구성원들에게 수행의 본보기를 보여 미래 수행자들에게 정진하도록 당부했다고도 볼 수 있다. 이런 공동체의 상징적 의도가 확실하다면 주체는 누구일까? 주체는 붓다인가? 아니면 초기『열반경』의 작가들인가?

초기 『열반경』에서 붓다의 정신세계가 열반경 작가들에 의해 표현된 것 자체는 놀라운 일이 아닐 수 없다. 붓다의 정신세계와 『열반경』 작가들의 언어적 표현은 '무엇을 의미하는가?'하는 문제와 '그것이 어떻게 언제 말해지게 되는가?'라는 것은 별개의 독립된 문제이다.[484] 붓다가 경험한 정신세계가 중심이라면, 『열반경』 작가가 붓다의 정신세계를 서술한 것은 주변이다. 중심은 자족적인 완벽한 것이기에 다른 것에 의존할 수 없고, 따라서 주변의 것과 관계 맺을 필요가 없는 것처럼

482) 대림, 각묵스님, 위의 책, 159～162쪽.

483) 바르스미스 note.

484) 이승종, 「글의 역사와 철학」, 『언론과 사회』(성곡언론문화재단, 1995), 153쪽.

보인다.[485] 그렇다면 붓다가 경험한 세계와 초기 『열반경』 작가들이 서술한 내용은 소통될 수 없다는 것인가? 붓다의 정신세계와 초기 『열반경』 작가들은 역사성을 가진 문헌에 쓰인 언어의 매체를 통해 연결된다. 이는 붓다가 경험한 정신세계가 언어를 넘어선 것과 상반되지만 거론되어야 한다.

붓다의 정신세계는 침묵하는 듯한 정적을 표면화하고 역동성을 내면화한다. 『열반경』 작가들이 설명한 붓다 입멸 직전의 정신세계는 언어의 외양적 통일성에 현혹되어 우리가 경험할 수 있는 세계와는 질적으로 다른 체계를 인위적으로 구성하였을지 모른다.

붓다가 경험한 정신세계가 이론이기보다 '표현이나 기술'에 해당한다면, 초기 『열반경』 작가들은 일반화가 초래할지도 모를 왜곡의 명백한 위험을 감수하더라도[486] 객관적 형태를 지닌 '이론'의 정신세계를 표현했다. 붓다가 직접 경험한 정신세계와 『열반경』 작가들이 표현한 것은 경전에 대한 주석만큼이나 긴밀하게 어우러져 현대 불교공동체에게 전해지고 있다.

다만, 각 경의 개권(開卷) 서두에 두는 여시아문(如是我聞), 즉 '나는 이와 같이 들었다'와 '삼보(三寶)에 귀의합니다'와 같은 말은 붓다의 존재를 상정하고 있는 것이다. 또한 아쇼카왕의 비문이라든가 경전에 나타나는 지형, 장소, 도시 등은 고고학적 증거와 일치한다.[487] 초기 『열반경』 텍스트에서 붓다와

485) 이승종, 「동일자의 생애」,『매체의 철학』(나남출판, 1998), 126쪽.

486) 이승종, 「글의 역사와 철학」, 『언론과 사회』(성곡언론문화재단, 1995), 149쪽.

487) Thomas, The Life of Buddha as Legend and History(New Delhi : Munshiram Manoharlar Publishers, 1992), 226쪽.

함께 등장하는 인물인 아난(Ānanda)은 25년 동안 시종일관 붓다를 시봉하였다. 그를 통한 기술은 열반경 텍스트의 작자 주장보다 사실에 비중을 두는 텍스트의 기술이라고 보는 것이 옳다고 생각한다.

2.2 우주적 해석

대진동에 관한 우주적 해석은 초기 『열반경』 텍스트에 국한된 것은 아니다. 초기 『열반경』 텍스트가 붓다 입멸과 관련해 우주적 해석으로 풀었다면, 『밀란다왕문경(Milindapañha)』에서는 '대진동의 여덟 가지 원인'을 우주적 해석과 더불어 신비적이고, 신화적인 요인으로 규명한다. 『밀란다왕문경』을 내용적으로 보면, 전통적인 상좌부 계통을 대변하고 있어서 초기 『열반경』 텍스트 빨리본에서 거론된 대진동의 의미와 일치한다. 초기 『열반경』 텍스트가 붓다와 아난의 대화로 구성된 반면,[488] 『밀란다왕문경』은 왕 밀란다(Milinda)와 장로 나가세나(Nāgasena)가 붓다의 가르침에 대한 문제들을 대론한 것[489]으로 붓다고사 이전에 쓰여졌을 것이라는 견해가 유력하다.

붓다에게 중요한 사건이 있을 때마다 대진동은 따라나왔다. 초기 『열반경』, 그 외 후대 대승 『열반경』과 『밀란다문경』을

488) 영문사편집, 『原始佛教』 「大般涅槃經」(1995), 58~61쪽.; 첫 번째 원인과 두 번째 원인은 이 텍스트를 참조하겠다. 나머지 여섯 가지는 밀란다경을 참조한다.

489) 金倉圓照, 『印度中世精神史』(1962), 195~237쪽. ;이 책은 역사상 실재 인물로서의 세속 군주와 출가 비구의 대담을 후세에 남긴 것인데, 그리스 사상과 인도 사상에 의한 토론이며 그 문화 교류의 일면을 보여주는 중요한 자료다.

통해 얻을 수 있는 결론은 공동체를 집중시킨 사건에 대진동이 자리한다. 특히 초기 『열반경』 텍스트에서 붓다는 죽음 전에 정신세계의 심오한 경지를 체험하면서, 외부 세계의 '대진동'으로 대 확산의 사건을 경험하게 한다. 이것도 공동체가 확산하는 상징적 의미로 볼 수 있다.

> '이 때를 당하여 크나큰 땅이 진동하고 하늘 북이 저절로 울리며 네 바닷물이 파도가 뒤집히고 수미산이 저절로 흔들리며 미친 바람이 거세게 일고 수목이 꺾여지며 으스스 쓸쓸한 기운이 평상시와 달랐다.'[490]

우주의 기운이 붓다의 열반이라는 사건을 계기로 일대 변화를 겪으며 완벽한 형태와 완벽한 상황으로 입멸의 정신세계를 '대진동'을 통해서 전환한다. '대진동의 에피소드'는 두 개의 관심 세계, 즉 공간적 세계와 시간적인 세계가 역사라는 개념 속에서 적절히 배분되었다. 땅이 진동하고 하늘이 변화하고 바닷물이 출렁이고 우뚝 선 수미산이 흔들리는 광경은 이전에 보았던 장면이 아니다. 바람이 지나가는 장면을 볼 수는 없지만 수목이 꺾이므로 눈으로 으스스한 기운을 느끼게 하는 공간적 변화에 큰 충격을 준다. 이런 마술적 능력, 비상한 것들은 인간을 정서적으로 매혹시키는데, 종교 공동체에서 이 같은 형태를 취한다.[491]

장엄한 공간의 변화와 대진동 후에 붓다 입멸은 시간의 완

---

490) 『大般涅槃經』, T 1, 205a29～205b03 ;"爾時大地震動天鼓自鳴, 四大海水波浪翻倒, 須彌山王自然傾搖, 狂風奮發, 林木摧折籲索枯悴, 駭異於常."

491) 마리안네 베버, 『사회과학논총』(양회수역, 을유문화사, 1975), 279쪽.

벽한 흐름을 알린다. 대진동의 장엄한 사건을 토대로 우리는 자신의 존재가 먼지만도 못하다는 것을 깨달을 수 있다. '대진동'의 진정한 의미는 이런 깨달음을 통해 우주만큼 위대해질 수 있는 정신을 배우는데 있다.

붓다 입멸 후에 대진동은 우주와 조화되는 상황으로 표현된다. 인생은 그 자체로 더 이상 향유되지 못한다. 그러한 존재의 이유를 안다면 우주의 교감은 더 크게 작용할 것이다. 대진동은 완벽한 청정함, 순수함을 입증함으로서 신(deva)의 특별한 능력에 의해 주저앉게 되는 현상으로 전율하고 흔들리며 진동하는 현상으로 나타난다.[492] 대진동은 사상의 전개 과정에 일어나는 신비한 변화 과정으로, 또 해석적 의미를 부여하는 과정에서 우주와 인간의 삶을 하나로 연결해 그 가치를 부각시킨다. 초기 공동체를 이해하는 과정에서, 우주와 인간의 삶이 연결되어 있다는 것은 연기적 이론을 바탕으로 해서 우주와 인간이 교감하고 있다고 할 수 있다.

또한 붓다 입멸에 대해 '인간, 자연 그리고 신'들이 붓다 입멸을 미학적인 경지로 끌어 올렸다. 물론 이것은 초기 『열반경』 게송을 지은 작가들의 의도이다. 하지만 경전에서 나오는 게송은 열반경 작가에게 집중되게 하지 않고, 게송을 읊조린 '인간, 자연 그리고 신들'에게 집중하게 한다. '대진동'은 붓다가 체험한 열반의 정신세계를 미학의 극치인 숭고미로 각인한다. 붓다 입멸로 인해 당시 공동체가 체험한 커다란 전율이다. 공동체 상징성은 게송들로 인하여 강조된다. 왜냐하면, '대진동'은 붓다의 정신세계를 이어받아서 미학적으로 표현하

492) Horner, Milinda's Questions I(PTS; Oxford, 1990), 162쪽.

고 있는 게송들이 뒤 이어 나오기 때문이다. 붓다 입멸은 대진동이란 사건과 더불어 초기『열반경』 전체에서 심오한 정신의 세계와 우주적 교감, 예술의 함축적 요소를 가진다. 극점에 놓고 있는 최대의 요인인 '대진동'은 이 구조 전체를 연결하는 핵심적 역할을 한다. 그 중추적 역할을 하는 '대진동'을 구조적으로 분석하는 것은 가장 깊이 있는 내면의 세계에서 가장 멀리 도달하는 우주적 세계를 하나의 공동체로 이해할 수 있게 한다. '우주적'이란 말에 비약적인 측면을 인정하지만, 신비적 통합도 하나의 통합임이 틀림없기 때문에 개체적인 특성의 해소 방법에 의존하지 않으면서[493] 공동체를 하나로 묶을 수 있도록 에피소드를 구성했다. 신비적 상징성은 규제된 법들보다 공동체를 깊이 있게 집중하게 하고 효과적으로 확산시킨다.

2.3 미학적 고찰

미학의 최대의 정점에 시문학 형태의 게송이 있다. 적은 단락의 게송은 감정과 사상을 최대치로 높게 상승시킨다. 게송, 즉 시는 그림이나 조각, 또는 음악 보다 한 차원의 높은 미학의 경지를 표현하는 수단으로 자리한다. 또한 현대 문학에서의 시의 길이가 길고 설명을 자세한 반면, 한시는 정형화된 규격을 가진다.

압축된 형태 안에서 절절함을 표현하는 초기『열반경』의 대진동과 연관되는 게송은 마음 깊이 내려 찌르며 슬픔의 깊이를 자유자재로 출렁거리게 하는 힘을 소유한다. 게송은 전형

493) 박순영, 「철학노트」『철학과 현실』(통권 14호, 1992년 가을), 23쪽.

적인 형식인 오언시(五言詩)로 되어 있으며 아름다움을 압축미로 표현한다. 아름다움은 선함의 아름다움보다 슬픔과 비통의 아름다움이 깊이를 더한다. 이 '대진동의 에피소드'는 미학적 관점에서 바라볼 때, 슬픔과 비통함에 '대진동'이란 놀라움과 경악의 숭고미를 함께 한다. 그래서 미학의 절정이라고 볼 수 있다. 대진동은 미적인 엄정함과 압도감을 드러내면서도 비범함과 특별함을 짧은 순간들에 깊이 있게 그려낸다. 엄청난 사건이지만 매력적이다.

붓다가 열반하는 상황에서 여러 범천의 읊조림은 천상에서 울려 퍼지는 시적인 운율로 '붓다 열반'을 가장 깊고 오묘한 위치에 놓이게 한다. 게송은 의미가 보편적이고 구체적이어서 비슷한 현상을 폭 넓게 제시하며 필연적으로 유사한 것을 이리저리 찾지 않을 수 없게 한다. 열반을 시점으로 읊조린 게송은 내적인 사건에 주목하는 일보다 더 위에서 통찰하고 제어하기 때문에 감각적인 분위기 속에서 정신의 창조물을 의도적으로 깊게 각인한다. 이런 게송들은 열반 당시의 이미지를 최대로 하기 위해 산문적인 표현을 자제하고 사상의 무게와 표현력이 깃들여 있는 시적 형식을 취해 열반의 극적 상황을 표현한다. 그래서 미학적으로도 극점에 있는 에피소드라고 할 수 있다. 이들 게송은 엄청난 사건에서 일어난 혼란을 공동체에게 차분하게 진정시키는 역할을 한다. 초기 『열반경』에서 연결된 게송들이 너무 긴 듯한 느낌을 주지만, 그 긴 호흡은 붓다의 입멸을 소중한 보석의 결정들로 내어놓은 듯 정갈하다. 여기서는 몇 개의 게송들만 살펴보자.

이때에 범천왕은 허공 중에서 게송으로 말했다.
일체 중생의 무리들은 다 마땅히 모든 음을 버려라
부처님은 위없는 높은 어른이거니 이 세간에 그를 짝할 이 없네.
여래는 큰 성웅이시라 두려움 없는 신통력 있네
세존은 웅당히 오래 사실 걸 그런데 이제 멸도 하시네.

그 때 제석천은 또 게송으로 말했다.
음행은 항상됨이 없어 다만 홍하고 쇠하는 법일 뿐이다.
태어난 자는 죽지 않음이 없으니 부처님의 멸도는 즐거운 것이다.

그 때 아나율도 또 게송을 지어 말했다.
부처님은 무위로서 머무르시고 나고 드는 숨길을 쓰지 않는다.
본래 적멸에서 와 그 태양은 이제 여기서 빠지셨네.

그 때 아난 비구도 다시 게송을 지어 말했다.
하늘과 사람들 두려움 품어 그 때문에 몸의 털은 꼿꼿이 서네
일체를 모두 성취했으니 정각은 멸도를 취하셨다.

그 때 금비라신도 또 게송을 지어 말했다.
세간은 모두 보호자 잃고 중생은 영원히 눈멀었도다.
정각으로서 사람 중의 영웅인 석가의 사자를 뵐 수 없구나.

그 때 부처님의 어머니인 마야부인도 다시 게송을 지어 말했다.
부처님 룸비니 동산에서 나 그 도는 널리 흘러 버렸네.

돌아와 본래 난 곳에 이르러 무상한 몸을 길이 버렸네.

그 때 쌍수 나무신도 또 게송을 지어 말했다.
어느 때에 또 다시 때 아닌 꽃으로 부처님께 흩으리
십력의 공덕을 두루 갖추신 여래는 멸도를 취하셨다.

그 때 사천왕도 또 게송을 지어 말했다.
여래는 위없는 지혜를 가지시어 언제나 무상을 말씀하시네.
중생의 괴로움의 결박을 푸시고 필경 적멸에 들으셨으니.

그 때 도리천왕도 또 게송을 지어 말했다.
여러 억 천만겁 동안을 위없는 도를 구해 이루셨나니
중생들의 괴로움의 결박을 푸시고 필경 적멸에 드시었도다.

그 때 화자재천왕도 또 게송을 지어 말했다.
세간은 길이 쇠하고 어두워라 큰 별과 달은 갑자기 떨어졌네.
무상의 덮인 바 되어 큰 지혜의 태양 길이 가려졌네.

그 때 다른 비구도 게송을 지어 말했다.
이 몸은 물거품 위태롭고 약하거니 또 누가 마땅히 이것을 즐겨하리.
부처님은 금강의 몸 이미 얻었었건만 그래도 무상으로 무너지시네.
모든 부처님의 금강의 몸도 다 무상으로 돌아간다네.
빠르게 사라지는 것이 적게 쌓인 눈과 같구나.
그 나머지는 다시 무엇을 바라리요.[494]

게송들에서 나오는 공동체 구성원들은 그 의미를 새롭게 한

---

494) 『遊行經』, T 1, 26c16～27b14 ;“時梵天王於虛空中以偈頌曰. 一切昏萌類 皆當捨諸陰 佛爲無上尊 世間無等倫 如來大聖雄 有無畏神力 世尊應久住 而今般涅槃.(본문 참조)爾時. 釋提桓因復作頌曰 陰行無有常 但爲興衰法 生者無不死 佛滅之爲樂.(본문 참조)爾時. 毘沙門王復作頌曰 福樹大叢林 無上福娑羅 受供之良田 雙樹間滅度. 그 때 바라문왕도 또 게송을 지어 말했다./북나무의 큰 수풀 위없는 복의 사라 숲/공양을 받는 좋은 밭이시여 쌍수 사이에서 멸도하셨네. 爾時. 阿那律復作頌曰 佛以無爲住 不用出入息 本由寂滅來 靈曜於是沒.(본문 참조) 爾時. 梵摩那比丘復作頌曰 不以懈慢心 約己修上慧 無著無所染 離愛無上尊. 그 때 범마나 비구도 또 게송을 지어 말했다./게으르고 교만한 마음이 없고 자기를 단속하여 높은 지혜 닦네/집착도 없고 물들음 없어 애욕을 떠난 위없는 높은 이네. 爾時. 阿難比丘復作頌曰 天人懷恐怖 衣毛爲之竪 一切皆成就 正覺取滅度.(본문 참조)爾時. 金毘羅神復作頌曰 世間失覆護 群生永盲冥 不復睹正覺 人雄釋師子.(본문 참조) 爾時. 密跡力士復作頌曰 今世與後世 梵世諸天人 更不復睹見 人雄釋師子.그 때 밀적역사도 또 게송을 지어 말했다./이 세상이나 또 뒤 세상과 범천 세계의 모든 하늘 사람도/다시는 또 사람의 영웅인 석가의 사자를 뵈올 수 없네. 爾時. 佛母摩耶復作頌曰 佛生樓毘園 其道廣流布 還到本生處 永棄無常身.(본문 참조)爾時. 雙樹神復作頌曰 何時當復以 非時花散佛 十力功德具 如來取滅度.(본문 참조)爾時. 娑羅園林神復作頌曰 此處最妙樂 佛於此生長 卽此轉法輪 又於此滅度. 그 때 사라 동산 수풀신도 또 게송을 지어 말했다./여기는 가장 묘하고 즐거운 땅 부처님은 여기서 생장하시고/곧 여기서 법의 바퀴 굴리시고 또 여기서 멸도 하셨네.爾時. 四天王復作頌曰 如來無上智 常說無常論 解群生苦縛 究竟入寂滅.(본문 참조) 爾時. 忉利天王復作頌曰 於億千萬劫 求成無上道 解群生苦縛 究竟入寂滅.(본문 참조) 爾時. 焰天王復作頌曰 此是最後衣 纏裹如來身 佛旣滅度已 衣當何處施.그 때 염천왕도 또 게송을 지어 말했다./이것은 부처님의 최후의 옷 지금까지 여래의 몸 싸고 있었네./부처님은 이미 멸도 했으니 이 옷은 장차 어디에 줄까. 爾時. 兜率陀天王復作頌曰 此是末後身 陰界於此滅 無憂無喜想 無復老死患.그 때 도솔천왕도 또 게송을 지어 말했다./이것은 이 최후의 몸 음의 세계는 여기서 멸하였으니/걱정도 없고 기쁨도 없고 다시 늙고 죽음의 근심도 없느니라. 爾時. 化自在天王復作頌曰 佛於今後夜 偃右脅而臥 於此娑羅園 釋師子滅度. 그 때 화자재천왕도 또 게송을 지어 말했다./부처님은 오늘 한밤중 지나 오른쪽 옆구리를 깔고 누우시네./이 사라 동산에 있어 석가의 사자는 멸도 하셨네. 爾時. 他化自在天王復作頌曰 世間永衰冥 星王月奄墜 無常之所覆 大智日永翳.(본문 참조)爾時. 異比丘而作頌曰, 是身如泡沫, 危脆誰當樂, 佛得金剛身 猶爲無常壞 諸佛金剛體 皆亦歸無常 速滅如少雪 其餘復何冀.”(본문 참조)

다. '범천왕, 제석천, 바라문왕, 아나율, 범마나 비구, 아난비구, 금비라신, 밀적역사, 마야부인, 쌍수나무신, 동산수풀신, 사천왕, 도리천왕, 염천왕, 도솔천왕, 화자재천왕, 다른 비구'등은 초기 공동체의 범위를 가름할 수 있다. 당시 시대적 분위기를 한 곳에서 알 수 있게 게송의 구절들이 차례로 연결되어 있다. 범천과 제석천은 인도 신들이 초기불교의 권속에 포함된 것을 의미하고, 사천왕, 도리천왕, 염천왕, 도솔천왕 등은 욕계의 신들을 언급한 것이다.

게송들을 읊조리는 당사자들에게서도 우리는 그 탁월하고 다양한 표현 방식을 음미할 수 있다. '별, 달, 쌓인 눈'등과 같은 자연적 표현과 '법의 바퀴, 중생들의 괴로움' 등의 종교적 표현이 열반의 애절하고 비통함을 아름답고 매끄럽게 처리한다. '몸의 털은 꼿꼿이 서네, 세간은 모두 보호자를 잃고, 중생은 영원히 눈멀었다'와 '큰 지혜의 태양 길이 가려지네' 등의 용솟음 치는 비유들을 통해서 애통함을 전수 받는다.

두 번째 게송에서 '부처님의 멸도는 즐거운 것'이라고 한다. 이 게송에서 성인의 죽음을 락(樂)으로 표현한 것에 관심을 기울일 필요가 있다. 일반적인 사람의 죽음은 슬픔의 감정과 곡(哭)을 동반하는 형상을 띠는 반면, 성인의 죽음은 동양의 경전에서 즐거움 또는 기쁨의 감정을 동반한다. 비구들의 애절함, 비통함의 표현보다 한 차원 높은 경지이다. 무상함을 이해하고, 성인의 죽음을 범부의 죽음과 차별한다. 성인의 죽음에 즐거움이란 감정이 함께 하는 것은 고차원적인 해석이다. 고통의 테마를 가진 감각적 자극은 우리가 생각하는 것과 달리, 아마도 기쁨이나 희열을 일으킬 것이다. 의지나 마음의 기능이 활발하지 못하면 그것에 고무되어 생·노·병·사의 고통이 일어나는 것을 파괴할 수 없다. 이런 관점에서 본다면, 이 게송은 아마추어적인 접근 방법을 찾아 볼 수 없다.

게송만이 수사적인 어법들의 탁월한 위상을 차지하고 있으며 그런 탁월성이 대진동이라는 큰 사건과 연결되어서 극적 표현을 최대로 한다. 이 부분에서 초기 『열반경』의 문학적인 클라이막스가 최대 미학적 정점으로 표현된다. 초기 『열반경』의 작가들은 의도적으로 게송을 집중적으로 연결시켰다. 이것은 어떤 효과가 있을까? '말', 다시 말해서 언어는 대체로 산문적이며, 풍부한 이미지로 치장된다. 전달의 요소에서 미사어구는 의도적으로 형성된 것이며 산문으로 표현하기보다, 게송의 형태를 지니는 것이 더 주의를 끈다. 산문 형식이 이런 형태를 띠었다면, '대진동에 관한 에피소드'는 이례적인 사건의 기술적 묘사로 전락한다. 게송의 연달음은 입멸과 대진동의 극적 요소를 같은 위치로 바라보게 하는 바램을 충분히 반영한다. 그래서 압축적으로 입멸의 허전함과 안타까움을 집약시킨다. 게송의 운율이 리듬을 띠고 선율적으로 흐르며 게송 하나하나가 울릴 때면 아주 흥미롭다.

기교적인 게송의 운율을 짜 맞추는 일은 내적인 표상을 감각화하여 다른 미학적인 것들, 회화에서 색채를 덧 칠해하는 것 보다 더 엄격한 결합이다. 대진동은 머리 속에 회화적으로 모습을 나타내며 게송들은 내면적인 표상들을 또렷하게 한다. 어쩌면 고대 텍스트에서 나타내는 게송은 자신의 감정을 자세히 표현하지 못할 수도 있다. 왜냐하면 단지 몇 자의 규정된 게송은 내면에서 떠오르는 대로 전달하기엔 음악이나 그림이

자아내는 표현에 미치지 못하기 때문이다. 모든 것을 운율 속에서 속박한다는 것은 상상을 제압하는 일이다. 경전에서 오해의 소지가 다분히 있는 게송의 사용은 우리에게 많은 어려움을 주지만, 한편으로 눈이나 귀의 감각으로 전해질 수 있는 것 이상의 상상력과 감성을 부여해서 공동체를 다음 세대로 자연스럽게 전향할 수 있도록 분위기를 이끈다.

대진동 에피소드가 공동체 전환을 상징적으로 표현하고 있어 구조적으로 완벽성을 갖추고 있다. 초기 불타전기의 신격화는 이런 에피소드의 개입으로 뚜렷한 형태를 띤다. 후대 『열반경』들에서 '대진동 에피소드'는 불타의 위대성을 강조하기 위해서 자주 사용되지만, 초기 『열반경』과 같이 조직력 있는 구성을 소유하지는 못한다. 초기 『열반경』은 당시 시대와 문학을 공동체적 요소를 통해 완벽하게 이해시키고 있다. 공동체의 이해는 붓다 입멸과 대진동이 우주와 교감하기 때문에 가능하다. 입멸의 역사적 사건은 상징적 · 신화적 사건과 연결된 것으로 고대 텍스트에서 종교 창시자를 부각시키고 집중시키기 위한 전개과정이다. 이 부분은 신화적 색채가 종교를 특별하게 보이고 집중시킨다고도 할 수 있다.

3. 대진동으로 바라 본 불교적 위상

'대진동의 에피소드'는 붓다의 내부와 외부를 하나로 통합한다. 붓다는 사유의 단계가 있음을 제시해 선정 수행의 독특한 형태를 직접 경험해서 생사윤회의 근원적 차이를 알린다. 4선을 넘나들고 비비상처에서 상수멸 까지 갔으며 다시 거꾸로 출정하여 4선에 갔다는 점은 정상적인 의식으로 돌아왔다가 입멸한 것[495]으로 깊은 사유의 과정이다. 붓다가 열반한 사건을 제자들이 아무렇게나 기술하지 않았다는 것은 6종『열반경』의 공통된 특징이다.

붓다가 열반에 드는 것은 '제자를 떠나는 것'과 '다른 세계로 가는 것'으로 입멸로 인한 변화이다. 무상함, 덧없음을 일상적인 삶 속에서도 깨달아야함을 인지시키는 차원에서 입멸의 당부가 보태진다. '일체는 빛나고 화려하고 사랑스럽고 즐거운 것으로 아무리 소중한 것이라도 결국 덧없는 것이어서 모두 이별하는 것'[496]이다. 슬픔을 억제하는 것이 진리를 깨닫는 과정으로 가는 것이다. 억제된 마음은 단순히 억누르고 참는 감정이 아니라 안정된 마음을 가진 사람들에게서 나오는 것이다. 붓다가 입멸 전에 안정된 정신세계를 시범적으로 보인 것도 제자들을 떠나면서 당부하기 위한 것이다.

붓다가 제시한 '열반은 등불이 꺼지듯이 그처럼 마음이 해탈하고 있네'라는 문구를 온전하게 이해해야 한다. '열반'은 물질적 정신적으로 보면 단순한 소멸로 볼 수 있으나 단순한 소멸로 볼 수 없는 절대적인 단계이다. 등불 꺼진 상태를 비유한 이 구절은 교리적으로 중요한 의미를 두며 게송의 문구들 역시 이 점을 강조해서 붓다의 위상을 가장 잘 대변한다.

사람들을 자연스럽게 살펴보면, '옅은' 미적 감각을 가진 이들과 '두터운' 미적 감각을 가진 이들로 대조 할 수 있다.

---

495)『佛般泥洹經』, T 1, 172c11.

496)『根本說一切有部毘奈耶雜事』, T 24, 400a17～400a18 ;"一切光華可愛樂事. 雖是尊重終歸 無常悉皆離別."

'옅은' 미적 경험들을 지닌 이는 작품과 무관한 연상들로 인해 그 작품 자체에 전적으로 몰입하지 못해서 그 경험의 강도가 희석된다. '대진동의 에피소드'는 '두터운' 미적 감각을 우리에게 전한다. 이 에피소드에 전적으로 몰입하게 만들고 경험의 강도를 충격적으로 느끼게 해서 『열반경』 텍스트를 읽고 있는 독자층을 겨냥한 사건일 수밖에 없다는 가정까지 하게 한다. 모든 감각이 이 에피소드에 집중할 수밖에 없는 이유는 너무 강하게 와 닿기 때문이다. 초기 공동체는 후대 독자들에게 이러한 감각적 요소를 강하게 심어 놓아서 텍스트에 집중시킨다. 이런 집중은 붓다 입멸 후, 공동체의 확산을 의도한 것이다.

세존의 입멸과 대진동은 동시에 있었으며 곧 잇따르는 최대의 장르인 게송으로 불교문학 작품에서 항상 쓰는 대진동을 예리한 감각으로 받아들이게 한다. 입멸과 대진동 그리고 절제된 게송들은 상호연관성을 충실하게 이행한다. 붓다 입멸은 이 『열반경』에서 최대의 전환이며 대진동이라는 감각으로 받아들인다. 부차적으로 모든 감각의 상황을 제어하기 위해서 또는 숭고한 입멸의 정신을 이상적으로 표현하기 위해 게송을 이어갔다. 대진동에 따르는 게송은 대진동을 그저 하나의 자연적 현상보다 한 차원의 높은 마음의 움직임으로 애절하게 표현했다.

대진동만이 거론된다면 그 단순한 놀라움의 상황을 제시하게 되는 것이며 이 에피소드에서 무엇인가 빠진 듯한 결핍적인 요소를 지닌 채 허망할 것이다. 또한 대진동의 현상을 빼버리고 붓다의 정신세계와 단순히 절제된 게송의 나열로 입멸의 상황을 표현한다면 극적 효과가 미미할 것이다. 붓다 입멸과 대진동, 그리고 게송이 연달아 놓여 있음은 논쟁의 여지가 있을지 모르더라도, 이 감각적인 표현을 위해 종종 최고의 시적인 감정과 표상을 연달아 소개하는 것이다. 게송의 반복에 따른 지루함이 아니라 감정과 깊이를 더욱 각인시킨다. 대진동 에피소드에서 마음의 대변혁, 사건, 그리고 미학적인 표현으로 조절하는 게송의 3 박자는 공동체를 완벽하게 집중시켜 부파 불교로의 확산을 이끈다.

2절 붓다의 장례법

붓다가 지금 열반에 드는 것처럼, 붓다의 입멸에서 거론되는 형식적 의례절차를 고대 텍스트는 생생하게 묘사하고 있는가? 문헌학적 자료로도 공동체 의례가 현대와 소통할 수 있는가? 텍스트들에서 묘사한 이 에피소드는 사리 공양, 장례 행렬, 장례의식으로 크게 구분된다. 세밀하게 분류하자면, 붓다가 돌아가시기 전의 상황들, 돌아가신 이후의 무상성에 대한 이견들, 제자들의 애통함, 사리 공양하는 재가자들, 성인의 입멸을 축제의 분위기로 이끄는 다양한 의식들, 7일이나 유보하는 장례 기간, 신과 인간들의 흥미진진한 장례 행렬, 향과 음악으로 어우러진 축제적 의례, 전륜성왕과 같은 방식의 붓다 유해 처리, 우주와 하나가 되는 장엄한 의식 등이다. 이 에피소드는 47번, 48번에 해당한다. 붓다 입멸로 인한 의례절차는, 출가자뿐 만 아니라 재가자의 참여, 그리고 신들의 참여로 인해 폐쇄적인 의식이 아니었다.

이러한 의식과 절차들은 초기불교 공동체가 화합하여 행하는 의례로서 붓다의 입멸이라는 사건을 시점으로 일어나는 에피소드이다. 입멸의 마지막 절차가 주는 사건들, 즉 초기 불교 공동체에서 행해진 붓다의 장례 의식은 아누룻다라는 제자로 인해서 행해진다. 그가 경전에 거론되면서, 초기불교만이 가지는 독창적인 세계관으로 끌어들이며 붓다의 장례법을 공동체적 의례와 교리로 자리하게 한다. 그의 등장, 그리고 그 후의 초기 공동체는 어떠한 변화를 겪었는가?

1. 아누룻다의 등장, 그 후 공동체의 변화

아누룻다, 그는 누구인가? 아니룻다는 붓다의 첫 번째 사촌이다. 『증일아함』에 의하면, 1차 결집에서 신뢰받은 인물로 천안 제일이라는 명칭을 얻었다.[497] 『수망갈라윌라시니』의 주석을 보면, '아누룻다 장로는 천안이 있는 것'[498]으로 유명했고 '천리 밖 우주에서 일어나는 모든 것을 안다'[499]고 한다. 아누룻다 자신은 천안을 가장 높은 재능으로 간주했다[500]고 한다. 붓다가 우기에 '타바팀사'에서 법을 설할 때, 아누룻다는 거기서 '그가 행한 위대한 것들을 사람들에게 알리기도 하였다'[501]고 했다.

이 에피소드의 전 상황에서, 아난은 붓다가 바로 열반하였다고 주장하는 반면, 아누룻다는 '붓다가 열반한 것이 아니고 상수멸정에 들어간 것'[502]이라고 밝힌다. 아난보다 아누룻다가

---

497) AN Ⅰ, 23.; DNC Ⅰ, 15

498) SV(Buddhaghosa's Commentary on the DN Ⅱ, London, 1971), 596쪽. 14.

499) SNC Ⅲ, 229.

500) SN Ⅴ 294-306,; MN Ⅰ,213.

501) DhC Ⅲ, 471.

502) MPS[DN Ⅱ. x vi.], 156쪽, 8. 'Na āvuso bhagavā parinibbuto, saññā -vedayita- nirodhaṃ samāpanno' ti.

붓다의 상태를 정확하게 알고 있었다. 후대의 맥락, 특히 1결집을 통해 볼 때 아누룻다와 아난 두 사람의 지위관계를 짐작할 수 있다. 아난다가 여전히 지도자임을 알면서도 그는 아난다를 아라한이 되기 전까지 제1결집에서 쫓아내었다.[503]

아누룻다는 붓다의 열반 소식을 다른 이들에게 전해서 붓다 장례절차를 진행하게 한다.[504] 또한 아누룻다가 아난을 시켜서 부처님의 사리에 공양하게 한다. 아누룻다가 붓다 장례절차를 지휘한 것을 통해서, 초기불교 승단에서의 그의 지위를 알 수 있다.

아누룻다는 붓다의 장례 행렬에서도 신들과 말라족의 유체 이동 방향을 조정하는 역할을 했다. 이 시점은 가섭이 등장하기 전의 과도기이다. 가섭이 등장해서 다비와 사리분배에 관여하기 전의 기간이므로 장례절차는 아누룻다에 의해 전적으로 지시된다. 특히 아누룻다는 출가자의 신분인데도 불구하고, 붓다의 장례 절차를 재가자들인 말라족에게 관여하게 한다. 그래서 공동체의 영역을 재가자들에게 확산한다. 아누룻다는 붓다의 장례에 참여하는 공동체를 인간들과 천신들에게 확대시키고 소통하게 하여 인간들과 천신들을 연결한다. 천안통을 가진 아누룻다가 인간 세계와 천신 세계를 설명하는 것은 신비롭다.

---

503) Rockhill, 위의 책, 151쪽.

504) 아누룻다, 아나율, 아니로타 등은 각각의 경전에서 칭하는 이름을 그대로 쓰겠다. 모두 동일인물이다.

1.1 붓다 입멸로 인한 무상성의 교리인식

각 텍스트에서 무상성에 대한 신과 인간들의 이견이 보여진다. 이 장례법 에피소드에서 두 계층 간의 상하관계를 살필 수 있으며, 공동체가 인간들에게 한정되지 않고 신들에게도 허용되었음을 알 수 있다. 여기서 상하관계라는 것은 무상성을 이해하는 계층에 차이가 있음을 말한다. 연구자는 신과 인간의 상하관계를 말하는 것은 아니라, 대체적으로 신들은 무상성을 인식했고, 비구들은 그렇지 못했음을 말하고자 한다. 텍스트는 '무상성'을 남아있는 비구들에게 강조한다는 점에서 신과 인간들의 대화를 소개한다. 이 에피소드의 특별한 점은 붓다의 입멸에 대한 안타까움을 '무상성'의 승화적 차원으로 거론해 적절하게 평정을 유지한다. 이본(異本)의 텍스트에서 '무상성의 교리인식'을 상가 공동체에 어떻게 강조하며, 무상성을 어떻게 표현하고 있는지 알아보자.

빨리본에서 아누룻다는 무상(無常)으로 붓다의 입멸을 슬퍼하는 비구들을 위로한다. 그러면서도 그는 비구들이 슬퍼하는 것을 '신들이 불평한다'고 말한다.[505] '신들이 불평한다'는 표현은 '비구들이 무상성을 이해하지 못했다는 것'을 의미한다. 거론된 무상성은, 붓다를 잃어 슬퍼하고 애달아함과 비교된다.

그렇다면, 신들은 어떻게 슬퍼하였는가? 그들은 '머리를 헤쳐 풀고 땅에 쓰러져 우는 장면'을 연출한다. 재가자인 바라문들과 하늘에 있는 천신들은 붓다의 입멸을 견디기 힘들어한다.

505) MPS[DN II. xvi.], 158쪽, 11. ;… devatā āvuso ujjhāyantī ti.

빨리본에 의하면, 아누룻다는 천신들이 슬퍼하고 있다는 것을 생생하게 알린다. 인간들이 슬퍼하는 것을 불평하는 천신들도 마찬가지로 슬퍼한다.[506] 이 점에서 모순된다. 그 이유는 천신들은 무상성을 이해한다고 했기 때문이다.

> "탐착을 제거한 천신들은 고요히 주의 집중을 가지고서 인내하고 있다. 형성된 것은 무상한 것이니 그것을 어떻게 얻을 수 있겠는가?"[507]

빨리본의 이 같은 말은 천신들이 인간들 보다 더 우월한 애도를 하고 있음을 표현한 것이다. 천신들은 무상성을 이해하고 있어서 인내한다. 붓다의 입멸에 대한 슬픔이 배제되어 있지 않으며 무상성에 대해서도 지나치지 않았다.

『유행경』에 의하면, 모든 비구들이 슬피 곡하고 부르짖으면서 스스로 억제하지 못하였을 때, 아나율 장로는 모든 비구들에게 '그치시오. 슬퍼하지 말라. 모든 천신은 위에 있어 혹시 의심스럽게 여겨 꾸짖으리라.'[508]라고 한다. 이점은 빨리본에서 '신들이 불평한다'는 대목과 대응한다. '신들이 꾸짖는다'는 표

---

506) MPS[DNⅡ. x vi.], 158쪽, 11. ;devatā ākāse paṭhavi-saññiniyo kese pakiriya kandanti, bāhā paggayha kandanti, chinnapapātaṃ papatanti āvaṭṭanti vivaṭṭanti : "atikhippaṃ bhagavā parinibbuto, atikhippaṃ sugato parinibbuto, atikhippaṃ cakkhuṃ loke antarahitan" ti."허공에서 땅을 생각하는 천신들은 머리를 헤쳐 풀고, 팔을 들어 울고 있다. 땅에 쓰러져 앞으로 뒤로 구르기도 하며 울고 있다. '붓다께서는 너무도 빨리 반열반에 드셨다 선서(善逝)께서는 너무도 빨리 반열반에 드셨다. 세상의 눈이 너무도 빨리 사라지셨다.'"

507) MPS[DNⅡ. x vi.], 159쪽, 11. yā pana devatā vīta-rāgā tā satā sampajānā adhivāsenti, "aniccā saṃkhārā, taṃ kut'ettha labbhā"

508)『遊行經』, T 1, 027b24. ;"止. 止. 勿悲. 諸天在上. 儻有怪責."

현은 신들이 비구들에게 주위를 줄 수 있다는 것과 동시에 아나율이 신들의 의중을 알고 있다는 것이다. 아나율과 신들의 권위를 함께 느끼게 한다.

이 텍스트에서 아나율의 권위를 알 수 있는 다른 부분이 있는데, 모든 비구들이 아나율에게 '위에는 얼마나 큰 천신들이 있는가?'를 물어보는 장면이다. 천신의 세계를 아나율이 알고 있었다는 것이다. 아나율은 "허공에 충만해 있다. 어찌 계량할 수 있겠는가"[509]라고 답한다. 주석서인 『수망갈라윌라시니』에서 아누룻다는 천안통을 가지고 있어서 천상의 신들이 슬퍼하는 광경을 인간들에게 설명한다.[510] 아누룻다가 신과 인간의 중간 역할을 하고 있다는 사실을 주석서는 강조한다. 빨리본에서 아누룻다가 무상성을 완전히 이해해서 '비구들을 위로하는 것', 그리고 주석서에서 그가 '신과 인간의 가교 역할을 하는 것'은 아누룻다의 위상을 보여주는 것이다.

초기불교의 신비적 문학성은 붓다에게만 국한된 것이 아니라 제자들에게도 적용된다. 특히, 『유행경』에서 아나율이 가지고 있는 능력을 비구들은 인정한다. 아나율의 존재가 붓다 입멸 후의 붓다를 대신한 것으로 보여지기도 하는데, 그 이유는 하늘에 있는 천신들의 상황을 비구들에게 묘사하듯 전함으로 그가 공동체에서 확고한 권위를 드러내고 있기 때문이다. 그는

509) 『遊行經』, T 1, 027b26~027b29. ;"充滿虛空. 豈可計量."

510) SV, 595쪽. 11. ;katham-bhūtā pana bhante āyasmā Anuruddho sallakkhe tī, ti devatā bhante kathaṃ āyasmā Anuruddho sallakkheti. kiṃ tā satthu parinibbānaṃ adhivāsentī ti? Atha tāsaṃ pavatti-dassan'atthaṃ thero sant' āvuso ti ādim āha. "장로 아누룻다는 (신들이) 어떤 존재인지 이해했는가? 라고 (한다). 존자여! 아누룻다가 어떻게 천신을 이해했는가? 어떻게 신들은 스승의 반열반을 참았는가? 라고 (한다). 그리고 장로가 그 사건을 본다는 의미가 있다."(아누룻다와 아나율은 동일인물이다.)

천신들이 붓다의 입멸을 슬퍼하는 상황도 생생하게 함께 전하고 있는데, 이것은 빨리본에서 무상성을 이해하고 있는 천신들의 모습과 상반된다.

『유행경』을 주목하는 이유는 앞서 언급한 경전과는 다르게 천신들이 꾸짖는 것에 대한 이유를 설명하지 않았고 무상성도 언급하지 않았기 때문이다. 『유행경』은 신들도 붓다의 멸도와 그로 인하여 세간에 올바른 잣대가 없게 됨을 아쉬워하였다는 것을 부각했다. 『유행경』에서 아나율은 천신을 어떻게 묘사했는까? 아나율은 천신들의 모습과 더불어 그들이 여래의 죽음을 인간들이 겪은 비통함과 마찬가지로 그려낸다. 인간과 신들의 감정에는 차이가 없다. 신들도 가슴을 치고 눈물을 흘린다.[511] 이것은 인간의 모습에서 신의 모습을 찾을 수 있는 인도 신화적 요소가 가미된 것이다.

『불반니원경』에서는 아나율에게 비중을 둔다. 아나율이 비구들, 왕과 신하, 백성들과 천신들까지도 애통함을 그치게 한다.[512] 특히, 『불반니원경』에서 천신들과 아나율의 관계를 명확하게 보여주는 문구가 확인되는데 '아나율이 위로 모든 천

---

511) 『遊行經』, T 1, 027b26～027b29. ;"皆於空中徘徊騷擾. 悲號躄踊. 垂淚而言. 如來滅度. 何其駛哉. 世尊滅度. 何其疾哉. 大法淪翳. 何其速哉. 群生長衰. 世間眼滅." "그들은 모두 공중에서 헤매고 떠들며 슬피 부르짖고 가슴을 치고 뛰며 눈물을 흘리면서 말한다. '여래의 멸도함은 어이 그리 빠른가? 세존의 멸도함은 어이 그리 빠른가? 큰 법이 빠지고 가리워 짐은 어이 그리 빠른가? 중생은 길이 쇠하고 세간에는 눈이 없어졌구나.' "

512) 『佛般泥洹經』, T 1, 172c28～172c29. ;"止諸比丘. 無使重哀. 止王及臣民. 止上諸天. 莫復哀慟." '모든 비구들에게 울음을 그치게 하여 다시 슬퍼하지 말도록 하오. 그리고 왕과 신하와 백성들도 울음을 그치게 하고 위의 여러 천신들까지 모두 그치게 하여 다시는 애통해 하지 말도록 합시다.'

신들의 울음을 그치도록 하니 모든 천신들은 애통하여 배나 더 슬퍼하였다'[513]고 한다. 『불반니원경』의 이 설명은 아나율의 위치를 천신들 보다 높게 상정한다. 무상성을 거론하고 있지 않음에도 불구하고 아나율이 무상성을 이해하는 것은 그의 출중함을 드러낸 것이다. 무상성이란 용어를 직접 제시하지 않고 간접적으로 시사하면서, 천신들이 무상성을 이해하지 못한다고 암시한다.

『반니원경』에서 아나율은 '천신들이 미혹하다 하겠다'[514]고 표현하였는데 천신들이 비구를 우습게 보는 경향을 나타낸 것이다. 비구들이 무상성을 모른다는 것을 빗댄 것이다. 그러나 천신들도 '근심하고 탄식하며 슬퍼한다'[515]는 것은 '천신들이 미혹하다 하겠다'는 것과 서로 모순된다. 이 텍스트에서 '자연율(自然律)'을 언급하고 있는데, '자연'을 무상(無常)으로 이해하여도 좋을 것이다. '자연'이라는 용어는 도교적 분위기가 풍기며 '율(律)'이라는 부분은 계율, 또는 법으로 해석할 수 있다.

『반니원경』에서는 연기법에 의한 무상을 설명하였는데 생과 사가 시작과 끝이 아니며 다시 윤회해서 거듭 낳게 됨을 강조한다.[516] 다른 텍스트에서 보이는 무상성을 설명하면서, '업, 윤회, 연기, 열반'의 붓다 교리를 직접 언급한다. 이 인용문은

---

513) 『佛般泥洹經』, T 1, 173a03～04.; "阿那律. 上止諸天. 諸天哀慟倍悲."

514) 『般泥洹經』, T 1, 188c27～188c29. ;"止止阿難. 曉衆比丘. 上天見此以爲荒迷. 安有捨家入自然律而不能用法利自解." '그치시오. 아난이여. 비구들을 깨우쳐 주시오. 천신들이 만일 이것을 보면 미혹하다 하겠소. 집을 버리고 자연율(自然律)에 들어온 이들이 어찌 법으로써 스스로 다스리지 못하는가.'

515) 『般泥洹經』, T 1, 189a04.; "中有憂歎自悲"

516) 『般泥洹經』, T 1, 189a05～189a07.

빨리본과 내용 면에서는 거의 유사하며 비구들에게 정진을 당부한다.

『대반열반경』에서 아누룻다가 여러 비구들과 천신들에게 말하는 것을 근거로, 다른 텍스트와 관점을 다르게 한다. 다른 텍스트에서는 인간들이 무상성을 이해하지 못하고 있음을 천신들이 지적한 반면, 이 텍스트에서는 아누룻다가 인간과 천신, 둘 다에게 무상성을 이해하지 못 함을 지적한다. 그래서 모순성이 없어 보인다. 그러나 다른 텍스트에서는 인간들이 슬퍼함을 천신들이 지적하고 다시 천신들도 슬퍼하는 모순성을 보인다. 『대반열반경』은 성(性)과 상(相)과 법(法)을 거론해서 대승경전의 분위기를 나타낸다.[517] 여래가 여러 비구와 천신들에게 무상성을 이미 설명했으므로 슬픔을 거두라고 한다. 붓다의 무상성이라는 교리인식이 신들보다 우선해서 비구들에게 전해진다.

『근본설일체유부』는 이 부분을 어떻게 묘사하는가? 천신들은 비구들이 무상함을 이해하지 못하고 근심하고 괴로워하는 것에 대하여 비하(卑下)한다.[518] 출가한 이들이 무상성을 모른

---

517) 『大般涅槃經』, T 1, 205c05～205c07. ;"諸比丘及以天人. 汝等不應生大憂惱. 如來. 前已爲汝等說諸行性相法皆如是. 云何猶故而悲泣耶." "여러 비구와 천신들, 너희들은 응당 크게 근심하고 괴로워하지 말 것이니 여래께서 전에 이미 너희들을 위하여 '제행(諸行)의 성과 상과 법이 모두 이와 같다'고 말하였다. 어찌 옛날처럼 슬피 울기만 하는가?"

518) 『根本說一切有部毘奈耶雜事』, T 24, 400a19～400a23. ;"時阿尼盧陀告阿難陀曰. 具壽宜應勸誘大衆. 且各裁抑勿乖儀式莫大悲號. 所以者何. 於此現有住百千劫長壽諸天. 皆生嫌恥. 作如是語. 云何苾芻於佛世尊善說法律而爲出家. 不能善觀諸無常事乃生憂苦." "그 때 아니로타가 아난에게 말했다. '구수여, 마땅히 대중에 권유하여 각기 자제하여 의식을 어기지 말도록, 슬피 울부짖지 않게 하십시오. 왜냐하면 여기에 현재 백천 겁을 사는 장수하는 천신들이 와 있는데, 그들이 모두 싫어하면서 이렇게 말하고 있소 '어찌하여 비구 부처님 세존의 법과 율의 선한 말씀에 출가하였

다는 점을 강조한다. 『근본설일체유부비나야잡사』에서 "이 천신들이 부처님의 열반하심을 보고 각기 비감을 품고 가슴을 치며 괴로워하다가 땅에 쓰러지기도 하고, 또 서로 깨우쳐서 제지하고, 모든 것은 다 무상하여 마침내 이별한다는 것을 이해하고 있다"[519]고 한다. 천신들은 비구들이 무상성을 이해하지 못함을 지적하는 것이 경전들의 일반적인 서술인데, 이 경전은 이 부분에서 애매하다.

6종의 『열반경』 텍스트를 종합적으로 검토하면, 인간과 천신들은 모두 붓다 열반을 슬퍼하였다. 공통되지만, 독특한 점은 아누룻다의 위치에 있다. 아누룻다가 천신의 세계를 비구들에게 설명하면서 붓다의 열반에 대한 슬픔을 자제하도록 한다. 아누룻다는 붓다 입멸로 인한 무상성의 교리인식을 확고하게 함은 물론이고, 붓다의 열반을 인간의 세계로 한정하지 않고 천신의 세계까지 확대한다.

1.2 사리 공양이 미친 공동체 확산

사리공양이란 일반 사람들이 붓다 유체에 공양하며 참여하는 의식이다. 그렇다면, 사리공양에 누가, 어떻게 참여했는가? 아누룻다가 아난에게 일러 사리 공양할 수 있게 일반인들을 참여시켰다. 붓다의 장례는 출가자가 아니고 바라문인 말라족

으면서도 능히 모든 무상의 일을 잘 관찰하지 못하고 근심하고 괴로워하는가' 라고 (한다.)"

519) 『根本說一切有部毘奈耶雜事』, T 24, 400a27～400b01. ;"而此諸天見佛涅槃. 各懷悲感椎胸懊惱悶絶于地. 亦有如前共相開解. 且各裁止乃至終歸無常悉皆離別."

이 주관한 것인데, 공동체가 비구 상가에만 국한하지 않았음을 보여준다. 재가자인 말라족에 의해 주관됨을 알리는 것은 여러 가지의 의미를 가진다. 초기 율장에서 거론하는 비구와 비구니의 승단 위주에서 재가자들도 적극적으로 포함된다.

빨리본은 아니룻다의 주장으로 아난이 쿠시나가라에 가서 말라족에게 붓다의 열반을 알리고 사리공양하기 적절한 시기를 알린다.[520] 주석서에서는 어떠한 것들을 공양해야 하는 가에 대하여 구체적으로 거론한다.[521] 꽃과 향의 종류도 당시에 다양했던 것으로 보이고, 붓다 입멸 후의 비구 상가의 자리 배정도 일정한 규칙이 있었던 것으로 보인다. '단단하고 부드러운 음식'이라는 주석서의 표현은 불교 텍스트에서 많이 보이는 상용구로 진미성찬이다. 좋은 음식들로 다양한 맛과 향, 질감들을 고루 갖춘 음식을 '단단하고 부드러운 음식'으로 표현하며, 이것은 붓다 장례의식이 성대한 잔치와 같음을 말한다.

빨리본은 말라족들이 붓다의 장례에 주도적으로 관여한 재가집단임을 명시한다.[522] 그러나 주석서에서는 이 부분이 보이

---

520) MPS[DNⅡ. x vi.], 159쪽, 12. ;atha kho āyasmā anuruddho āyasmantaṃ ānandaṃ āmantesi : 'gacch' āvuso ānanda, kusināraṃ pavisitvā kasinārakānaṃ mallānaṃ ārocehi : "parinibbuto vāseṭṭhā bhagavā, yassa dāni kālaṃ maññathāti."

521) SV, 596쪽, 12. Ten'eva karaṇīyenā ti : Kīdisena nu kho parinibbāna-ṭṭhāne-mālā- gandh'ādi-sakkārena bhavitabbaṃ? Kīdisena bhikkhu saṅghassa nisajja-ṭṭhānena bhavitabbhaṃ?Kīdisena khādani-yena bhojaniyena bhavitabban? ti : evaṃ yaṃ Bhagavato parinbbuta-bhāvaṃ sutvā kattabbaṃ, ten'eva karaṇīyena. 『수망갈라윌라시니』에서 " '행해져야 할 것'이란 것을 다음과 같이 설명한다. '반열반 한 곳에 어떠한 꽃과 향 등의 공양을 해야 합니까?', '어느 곳에 비구 상가를 앉게 해야 합니까?', '어떠한 단단한 음식과 부드러운 음식으로 하여야 합니까?', 이같이 세존의 반열반된 상태를 듣고서 무엇을 해야하는 것인가? 라고 한다."

522) MPS[DNⅡ. x vi.], 159쪽, 12. idam āyasmto ānandassa sutvā mallā ca malla-puttā ca malla-suṇisā ca malla-pajāpatiyo ca aghāvino dummanā ceto

지 않는다. 슬퍼하는 이들을 나열하면서 슬퍼하는 행위들에 대해서도 묘사한다. 집단 전체의 구성원들, 통곡하는 행위들을 구체적으로 묘사한다. 그렇다면, 공양의 내용은 어떻게 구체적인가?

빨리본은 모든 악기도구들을 모아서 연주한다고 한다.[523] 주석서에 의하면, "북을 가지고 연주한다"[524]고도 한다. 악기에 대하여 『불반니원경』에서는 12종류의 악기[525]를 언급한다. 음악 공양은 후대의 범패 의식을 방불케 한다. 이는 초기 『열반경』에서 보이는 종합예술의 성격을 보인다.

음악 공양에 이어서 공동체가 모일 때 필요한 장비도 설명하고 있다. '원옥'을 설명하고 있다. '원옥'은 뾰족 지붕을 가진 원형의 건물을 말하며 천으로 둘러싸여 설치한 것으로 보인다.[526] 붓다 장례가 공동체의 행사임을 알 수 있게 하는 것은

-dukkha-samappitā appekacce kese pakiriya kandanti, bāhā paggayha kandanti, chinna-papātam papatanti āvaṭṭanti vivaṭṭanti : "아난 존자에게 이 이야기를 듣고 말라족 사람들과 말라족 아들들과 말라족 며느리들와 말라족 아내들은 고통스러워하고, 느끼며 마음이 괴로워 불행하게 생각했으며, 어떤 한 무리의 사람들은 머리를 풀어 헤치고 팔을 들어 울고 있다."

523) MPS[DN Ⅱ. x vi.] 159쪽, 13. ;kusinārāyaṃ gandha-mālañ ca sabbañ ca tāḷāvacaraṃ sannipātethāti.' atha kho kosinārakā mallā gandha-mālañ ca sabbañ ca tāḷāvacaraṃ pañca ca dussa-yuga-satāni ādāya yena upavattanaṃ mallānaṃ sāla-vanaṃ yena bhagavato sarīraṃ ten'upasaṃ kamiṃsu,"쿠시나라의 향과 화환을 모두 모으고 음악가들을 집합시키도록 하라. 그리하여 쿠시나라의 말라족들은 모든 향과 화환, 음악들, 그리고 천 백유가를 가지고 우파바타나의 말라족 사람들은 사라 숲에 있는 붓다의 유해가 있는 곳을 향해 가까이 다가갔다."

524) SV, 596쪽. 13. ;Sabbañ ca tāḷāvacaran ti sabbaṃ turiya-bhaṇḍaṃ. Sannipātethā ti bheriṃ carāpetvā samāharatha. '모두 그리고 음악들'이란 모든 악기 도구를 말한다. 또 '집합시키도록 하라'는 것은….

525) 『佛般泥洹經』, T 1, 173a14. ;(華香雜寶. 其下如雪). "十二種樂."

526) MPS[DN Ⅱ. x vi.], 159쪽, 13. upasaṃkamitvā bhagavato sarīraṃ naccehi gītehi vāditehi mālehi gandhehi sakkarontā garukarontā mānentā pūjentā

이 '원옥'이며 공동체 모두가 한 공간에서 자리하기 위해 설치한 원형의 천막은 공동체가 모이기에 가장 알맞은 장소이다.

『유행경』에서 모여든 비구들이 밤새도록 법어(法語)를 강론한다. 그리고 나서 아나율은 아난에게 '그대는 성에 들어가 모든 말라족들에게 말하시오. 부처님은 이미 멸도하셨다. 보시하고 공양하고자 하는 사람은 이때를 놓치지 말라'[527]말했다. 이것은 빨리본과 유사하다. 빨리본에서는 말라족이 슬퍼하는 장면을 자세하게 묘사한 반면, 『유행경』은 생략한다.

『불반니원경』에서 아나율이 아난에게 말한 내용은 중요하다. 즉, 붓다는 비구 승가에서 장례를 주관하도록 허락하지 않았다. 붓다가 장례 절차를 바라문에게 맡도록 미리 구체적인 형태로 유언한다.[528] 다른 텍스트와는 다르게 아나율이 재가자들을 지정한 것이 아니고, 붓다가 특정인들 즉 바라문들에게 자신의 장례 절차를 주관하도록 한다.

『불반니원경』의 이 부분은 독특하다. 붓다가 바라문 중에서 오백 번째의 사람을 통해 단독으로 장례를 치르게 했다는 것은 다르다.[529] 다른 텍스트에서는 집단의 사람들로 하여금 장

---

cela-vitānāni karontā maṇḍala-mālāni paṭiyādentā evaṃ taṃ divasaṃ vītināmesuṃ. "붓다의 유해에 다가가서 춤과 노래와 연주와 화환과 향으로 존경하고 공경하며 공양했다. 천으로 된 차양을 세우고 원옥을 준비하며 하루를 보냈다."

527) 『遊行經』, T 1, 027c06～07. ;"汝可入城. 語諸末羅. 佛已滅度. 所欲施作. 宜及時爲."

528) 『佛般泥洹經』, T 1, 173a04～173a06. ;"佛不使吾等棺斂. 爾赴往告逝心理家. 吾等自能殯斂. 世尊有命. 令逝心理家棺斂殯葬. 無令有恨." "부처님께서 우리들이 관을 염하도록 아니하시었으니 그대는 바라문에게 가서 알리시되, '우리들이 스스로 염을 할 수 있지만, 세존이 바라문에게 염을 하고 장례를 맡도록 명령하셨으니, 유감이 없게 하도록 하시오.' "

529) 『佛般泥洹經』, T 1, 173a09～173a12. ;"某第五百人詣王訟曰. 乞獨殯葬. 王曰. 佛去衆生孤露. 和心無諍. 必盡孝心. 佛愍諸子. 令得景福. 王說斯事.

례를 주관하게 하는 반면, 여기서는 단독으로 한 사람이 장례를 주관하며 다른 사람이 도와주는 화합의 형태를 가졌다. 또한 이 텍스에서는 '효심'이란 용어를 썼다. '효심'이란 용어와 '여러 아들처럼'이라는 말은 초기 불교에서 '제자'를 아들 즉 'putra'로 표현하는 경향이 있는데 이 부분은 제자의 의미로 보는 것이 타당하다.

『반니원경』는 또 다르다. 아나율이 아난에게 명한 것은 성중의 사람들에게 공양의 기회를 주게 한 것이다.[530] 성중에 있는 화씨들이 부처님께 공양한 것이다. 아나율이 성중의 일반 사람들에게 장례의 절차에 참여하도록 했다. 화씨는 말라족을 의미한다.[531]

『대반열반경』에서는 왕사성 결집에서 문제가 된 '여인이 붓다의 발에 눈물을 흘린 것'에 대한 이야기가 나온다. 이것은 아난이 붓다에게 마지막으로 공양을 올리게 하는 대목에서 가장 연약한 여인에게 공양의 우선권을 준 것이다. 아난은 비구니와 우바이들이 공양 올리는 것이 끝난 것을 보고 다른 사람들에게 공양할 것을 허락한다. 아난은 사리 공양의 순서를 정

無不哽噎." "바라문들 중에 오백 번째의 사람이 왕에게 나아가 간청하였다. '단독으로 장례를 맞겠습니다' 왕은 말했다. '부처님께서 떠나시니 중생은 모두가 외로운 처지이다. 화합하는 마음으로 다투지 말고 반드시 효심을 다해야 한다. 부처님께서는 여러 아들처럼 어여삐 여기시어 모두 큰복을 얻게 하시느니라.' 왕이 이 말을 하니 모두들 목이 메었다."

530) 『般泥洹經』, T 1, 189a08～189a09. ;"佛已滅度. 所欲施作. 宜及時爲." "부처님이 열반하시었으니, 하고 싶은 일은 있으면 모두 와서 이 기회를 놓치지 말라."

531) 『般泥洹經』, T 1, 189a09～189a12. ;"諸華聞之. 莫不驚愕. 踊躄悲言. … 擧城中相會聚. 奉持華香. 詣佛舍利. 稽首作禮." "모든 화씨들은 이 말을 듣고 깜짝 놀라 슬퍼하였으며, 온 성중이 서로 모여 꽃과 향을 마련해 가지고 나와 부처님 유체 앞에 놓고 머리를 조아려 공손히 절하였다."

한 것이며 생전에 붓다에게 다가가지 못한 여인들을 우선으로 하여 공동체의 힘없는 계층에게 사리 공양의 기회를 주었다.[532)]『대반열반경』에서 이 부분은 사리공양의 순서에 관한 것이었으며 공동체에 여인들의 참여를 인정한 것이다.

『근본설일체유부비나야잡사』에서는 이 부분을 어떻게 표현했는가? 이 경전에서는 아니로타가 아난에게 시킨 것으로 되어 있다. 여래가 구시나성에서 열반에 들었기 때문에 사리 공양해야 한다고 하였다. 이는 붓다가 미리 당부한 것도 아니고 아니로타가 임의로 결정한 것도 아닌 것이 되었다. 공양에 대하여 이 텍스트는 모든 장사(壯士)들이 서로 의논했다고 하며, 갖가지 꽃다발과 도향, 말향, 소향과 모든 묘한 물건과 음성고악(鼓樂)을 가지고 사라쌍수 숲으로 가서 공양을 올렸다고 전한다. 이 텍스트에서는 장사들이 주관하였음을 언급하고, 향 공양으로 여러 가지 '도향, 말향, 소향 등'을 소개하였다. 대신 보상들, 남녀 권속, 대소 친지 등이 참여했다고 한다.

6종의 텍스트와 그 주석서를 살펴본 결과, 사리공양에서 공동체의 범위를 가름할 수 있다. 초기 경전에서 언급된 주체들은 그 당시에 공동체의 일원이다. 왜냐하면 중요한 붓다의 사리공양에 재가 공동체가 적극적으로 참여했기 때문이다.

1.3 축제적인 7일간의 유보기간

붓다의 유체는 다비하기 전까지 7일간의 유보 기간이 있었다. 다비하기 전까지 붓다 유체를 왜 그대로 둔 것인가? 인도

532) Lamotte Etienne(E), History of Indian Buddhism(Louvain, 1988), 126쪽.

의 날씨와 상황으로 보아서 유체를 일주일이나 유보하고 있었다는 것은 놀라운 일이 아닐 수 없다. 일반인의 죽음에서 우리는 이런 기간에 공동체의 해체를 접할 수 있다. 그러나 성인의 입멸은 공동체의 결집과 더불어 확대되어 갈 때, 어느 정도의 유보된 기간이 필요할 수 있다. 유보하고자 하는 이유는 경전마다 다르다. 공통적인 것은 7일간의 기간을 필요로 하는 경전은 축제적인 분위기로 장례의식을 준비한다.

빨리본에서 다비하기 전의 7일의 기간을 보내게 된 이유는 '오늘은 다비하기에 적절하지 못하기 때문이다.'[533]고 밝히고 있다. 공동체는 붓다의 멸도를 춤과 노래와 연주와 화환과 향 등으로 축제적인 분위기로 7일을 보냈다고 볼 수 있다. 공경하고 봉양하는 엄숙한 분위기가 있었지만, 춤과 노래와 연주, 그리고 향으로 치장된 의식은 축제적인 요소가 강하다. 축제는 인간들 사이에 드리워진 모든 차별을 잊고 유대와 일체감을 되찾는 사건일 뿐만 아니라 인간에 의해 소외되고 억압되고 적대시되었던 자연과 화해하고 하나 되는 잔치이기도 하다.[534]

---

533) MPS[DNⅡ. x vi.], 159쪽, 13. ;… "atikālo kho ajja bhagavato sarīraṃ jhāpetuṃ. sve dāni mayaṃ bhagavato sarīraṃ jhāpessāmāti." atha kho kos inārakā mallā bhagavato sarīraṃ naccehi gītehi vāditehi mālehi gandhehi s akkarontā garukarontā mānentā pūjentā cela-vitānāni karontā maṇḍala-mā lāni paṭiyādentā dutiyam pi divasaṃ vītināmesuṃ, tatiyam pi divasaṃ vīti nāmesuṃ, catuttham pi divasaṃ vītināmesuṃ, pañcamam pi divasaṃ vītin āmesuṃ, chaṭṭham pi divasaṃ vī tināmesuṃ. "'오늘은 붓다의 유해를 다비하기에 아주 적절하지 못하다. 내일 붓다의 유해를 다비해야겠다' 라고 하며 쿠시나라의 말라족들은 붓다의 유해를 춤과 노래와 연주와 화환과 향으로 존경하고 공경하며 공양했다. 천 차양을 만들어 원옥을 준비하며 보냈다. 천 차양을 만들고 원옥을 준비하며 둘째 날도 보냈다. 셋째 날도 보냈고, 넷째 날도 보냈고, 다섯째 날도 보냈고, 여섯 번째 날도 보냈다."

534) 이승종, 「축제로서의 삶」, 『축제와 문화』(연세대학교 출판부, 2003), 21쪽.

슬픔의 표현은 엄숙함에 깃들여 있지만, 큰 행사를 치러 내눈 고대의 행위 의례는 활발함과 화려함, 그리고 생기 넘치는 공동체 구성원들의 행위로 인해 결속과 화합을 다진다. 주석서에는 7일의 기간에 대하여 언급하고 있지 않다.

『유행경』은 빨리본과 다른 관점으로 일주일의 기간을 두고 있다. 『유행경』은 천신들이 7일의 유보기간을 제안했고 말라족에 의해서 그 뜻이 받아들여졌다.

『불반니원경』에서는 장례 행렬에 대한 유보 기간이 거론되지 않았다. 가장 많이 비슷한 텍스트인 『반니원경』에서 모든 귀족 대성들이 "7일 동안 음악, 향, 등촉 등으로 공양하여 우리들의 마음을 편안히 하고자 합니다"[535]고 유보기간을 두었다. 이 텍스트에서는 7일 동안 유체를 모셔둔다는 점에서 인간들과 천신들 간의 이견은 없다.

『대반열반경』에서 일주일 동안 천신과 사람들이 오랫동안 안락했다고 전한다. 『근본설일체유부비나야잡사』에서는 7일간을 머무르는 이유를 "하루나 이틀 사흘에 이 일을 할 수 없으니, 만약 7일만 머무르면 그대로 하겠습니다."[536]고 전한다. 여기서는 붓다의 장례 절차를 준비하는 기간이다. 『열반경』의 텍스트들은 각기 다른 관점과 이유를 제시한다. 이 7일은 장례 의식을 성대하게 하려는 절차상의 시간으로 보는데, 이것 또한 공동체의 몫이다.

다른 관점으로 살펴볼 수 있다. 아니룻다는 붓다가 바로 열

535) 『般泥洹經』, T 1, 189a13～189a15.; "諸豪姓言. 寧可僻期七日. 欲奉伎樂華香燈燭. 展我曹心."

536) 『根本說一切有部毘奈耶雜事』, T 24, 400c04～400c06; "我領其言. 然非一二三日能辦此事. 若至七日住者. 如前所爲方可成就."

반하지 않고 상수멸정의 기간이 있었다고 한다. 연구자가 보기에 붓다의 입멸을 재확인하는 기간이 될 수도 있다. 이런 특별한 이유에서 결정되었기보다는 공동체의 결속과 화합을 다지는 일주일로 보는 것이 타당하다.

1.4 장례 행렬로 본 신과 인간의 합일

붓다의 장례 행렬은 어떻게 묘사되었는가? 장례 행렬은 인간들뿐만 아니라 천신들까지 동참하였고 신과 인간의 공동체 요소가 인도의 배경 안에서 행해지는 축제적인 분위기로 치러졌다. 인도에서 신들과 인간과의 관계를 살펴보면, 신은 인간의 소망을 이루어주는 힘을 가지며, 인간의 운명과 고락(苦樂)의 열쇠를 쥐고 있었다. 신에게 운명을 의지하고 신의 은총을 얻기 위해 제사의식을 행하여 신을 기쁘게 하는 인간들은 곤란과 위험에 직면할 때 구원받았다. 아리안인들은 일반적으로 신들이 인간에 대해 관대함을 지녔다고 생각했다.[537] 신과 인간의 확실한 우열 관계는 초기 『열반경』 텍스트에서 붓다의 유체에 행한 의례로 다르게 자리하게 된다. 초기 『열반경』은 신과 인간의 관계를 붓다의 장례 행렬에서 서술하고 있다.

우선 신과 인간이 붓다 유체에 행한 의례를 살펴보자. 붓다 유체에 춤, 노래, 악기연주, 화환과 향의 공양은 경전들에서 공통된다. 다만 유체의 이동, 장례행렬 방향은 경전마다 다르다. 6종의 『열반경』 텍스트를 참고하여 도표로 정리해 보았다.

---

537) 김선근, 『인도 정통철학과 대승불교』(동국대학출판부, 2005), 46쪽.; 中村元, 『インド思想史』(東京 : 岩波書店, 1956), 8~9쪽.

『열반경』의 이본(異本)	신과 인간 의견	장례행렬 방향
Mahāparinibbāna-sutta	말라족	남쪽을 지나 남쪽 성으로 운반하고서, 남쪽으로부터 성 외곽으로 가서 화장
	천신(채택)	북쪽을 지나 북쪽 성으로 운반하고서, 북쪽문의 성으로 들어오고 나서, 중앙을 지나 중앙의 성으로 운반하고 나서, 동쪽문으로 나가고 나서 북쪽 성의 말라족 탑묘에서 화장
Sumaṅgala-Vilāsinī		아누룻다뿌라(실론의 옛 도시)의 남쪽문과 같은 장소를 거쳐 (동쪽문을 통해 동쪽으로 감) 제타 숲과 같은 곳에서 화장
遊行經	말라족과 천신들(일치)	동쪽 성문으로 들어가 서쪽 성문으로 나와 다비
般泥洹經	화씨동자와 천신들 참여	동자는 왼쪽과 천신은 오른쪽을 담당, 동쪽 성문으로 나와 성중을 돌면서 서쪽 성문으로 나와 구다신지로.
大般涅槃經	역사	성안을 두루 돌고 성 남쪽에서 화장
	천신(채택됨)	성을 두루 돌고 북쪽 문으로 들어가 성에 머물고 동쪽문으로 나가서 보관지제에 화장
佛般泥洹經 根本說一切有部毘奈耶雜事		유체의 이동방향 언급하지 않음

빨리본에 의하면, 말라족들이 당시 인도인들이 시체를 부정한 것으로 간주한 것에 어느 정도 동감한 것으로 보인다. 그래서 시체들은 보통 죽음의 신이 상징하는 방향인 남쪽을 통해서 성 밖으로 내보내려는 성향이 있다.[538] 빨리본에서 말라족들이 붓다의 유체를 들 수 없는 이유를 아누룻다에게 물어보았을 때 천신들의 뜻이라고 했다. 말라족과 천신들의 의견은 다르다.

말라족이 유체를 이동하려고 하는 곳은 남쪽이며, 천신들은 북쪽의 성인 '마쿠타반다나'라는 말라족들의 탑묘로 운반하려고 한다. 현장의 서술에 의하면, 탑묘라는 것은 말라인이 붓다의 죽음으로 땅에 쓰러질 때, 금강석 봉을 옆에 두었던 장소라고 한다. 인명사전에 의하면, 탑묘는 말라인들이 머리를 장식하는 신성한 장소이다. 다른 의미로 탑묘는 왕의 성별식 때 사용되었다.[539] 말라족들은 결국 천신의 뜻에 동의한다.

동쪽으로 바로 나가도 되는데 북쪽의 문을 통해서 성 가운데 한 중앙에 모셔놓았다가 동쪽 문으로 나가서 북쪽으로 향하여 유체를 안치하고자 한다. 부처님의 장례 행렬이 말라족의 원하는 행렬보다 더 많은 시간과 장소를 거치는 것으로 풀이할 수 있다.

『수망갈라윌라시니』는 빨리본을 주석한다.[540] '제타'를 거론

---

538) Gombrich, Theravāda Buddhism(A social History from Ancient Benares to Modern Colombo, London : Routledge & Kegan Paul, 1988), 123쪽.

539) PS Ⅱ 241, i .; DPPN Ⅱ, 397.

540) SV, 596쪽. 14. ;···Dakkhiṇato nagarassā ti Anurādhapurassa dakkhiṇa -dvāra-sadise ṭhāne ṭhapetvā, sakkāra-sammānaṃ katvā, Jetavana-sadise ṭhāne jhāpessāmā ti attho.'남쪽 성'을 '아누룻다뿌라(실론의 옛 도시)의 남쪽

한다. '제타'는 '아나타삔디카'라는 사람이 제타바나에 많은 금을 보냈고 거기에 사원을 지었다는 것에서 유래한다.[541] 붓다도 여기서 19번의 우기를 보냈다.[542] 이곳은 아마도 훌륭한 장소였을 것이다.

주석서에서는 '하수구장, 갈라진 틈, 오염된 것' 등을 언급한다. '하수구 쓰레기장'은 sandhi-samala-saṅkatīrā를 번역한 것이다. 'sandhi'는 '집의 갈라진 틈'을 의미한다. 'samala'는 '오염된 것'으로 배설물의 배수관을 뜻한다. 그리고 'saṅkatīrā'는 먼지 더미인데 쓰레기장을 말한다.[543] 이렇게 하찮은 곳까지 만다라 꽃잎이 무릎까지 차도록 내렸다는 것은 모든 곳에서 붓다 열반에 동참한다는 의미이다. '신들과 인간들의 춤'은 거의 환상적인 분위기를 자아낸다. 이 춤의 형태를 『수망갈라윌라시니』에서 "위에서는 신들의 춤이 있고 아래에서는 인간들의 춤이 있다. 이 같은 방법으로 노래를 한다. 또 신들의 중앙에 인간들이, 인간들의 중앙에 신들이 이와 같이 공경하고 공양하며 갔다."[544]고 설명한다. 신은 위에 인간은 아래 위치한다는 내용보다도 신들의 중앙에 인간들이 있고, 인간들의 중앙에 신들이 있다. 이것은 상하관계에 관련되기보다 붓다의 장례

문과 같은 장소에 놓고서 숭배하고 존경하고서 제타와 같은 곳에서 화장해야겠다.'

541) Vin Ⅱ, 158.

542) DhC Ⅰ.3. : ANC Ⅰ. 314.

543) SV, 597쪽. 16. Yāva sandhi-samala-saṅkatīrā ti ettha sandhi nāma ghara-sandhi, samalaṃ nāma gūtha-niddhamana-panāḷi, saṅkaṭīraṃ nāma saṅkāra ṭṭhānam.

544) SV, 597쪽. 16…Dibbehi ca mānusakehi ca naccehī ti upari devatānaṃ n accāni honti heṭṭhā manussānaṃ. Esa nayo gīt'ādisu. Api ca devānaṃ ant are manussā, manussānaṃ antare devatā ti evam pi sakkarontā pūjentā p ūjentā agamaṃsu.

에 함께 하는 공동체 구성원들의 모습을 보인다. 노래, 악기, 화환, 그리고 연주도 이와 같은 형태로 행해졌다.

세존의 유해가 성의 중앙으로 운반하였다는 주석서 내용에서 말라카의 스토리가 보태진다. 그녀는 유해에 넝쿨 장식물을 놓았다고 한다.[545] 주석서도 장례 행렬은 동쪽 문을 통해 동쪽으로 나가도록 한다. 인도에서 남쪽과 서쪽은 죽음의 방향이다. 신들이 붓다를 특별히 보아서 동쪽을 선택하였다.

말라족의 입장에서 보면, 성안에 시체를 들여놓은 것으로 성의 반경을 가로지르는 유체의 행렬이다. 고대 인도인들은 시체를 가져오거나 마을을 통과하는 것을 신성모독으로 간주하

545) SV, 597쪽. 16…Majjhena majjhaṃ-nagarassa haritvā ti. Evaṃ hariyamāne Bhagavato sarīre Bandhula-Malla-senāpati-bhariyā Mallikā nāma : Bhagavato sarīraṃ āharantī ti, sutvā attano sāmikassa kāla-kiriyato paṭṭhāya aparibhu ñjitvā ṭhapitaṃ Visākhāya pasādhana-sadisaṃ mahālatā-pasādhanaṃ nīhar āpetvā : Iminā Satthāraṃ pūjessāmī ti, taṃ majjāpetvā gandh'odakena dh ovitvā dvāre ṭhitā. Taṃ kira pasādhanaṃ tāsañ ca dvinnaṃ itthīnaṃ De vadāniya-corassa ca gehe ti tīsu yeva ṭhānesu ahosi.Sā ca Satthu sarīre dvā raṃ sampatte : 'Otāretha tātā Satthu sarīran' ti vatvā,… Sā taṃ disvā pa sannā patthanaṃ akāsi : 'Bhagavā yāva vaṭṭe saṃsarissāmi tāva me paṭiye kkaṃ pasādhana-kiccaṃ mā hotu, nicca-paṭimukka-pasādhana-sadisam eva sarīraṃ hotū' ti. Athā Bhagavantaṃ ukkhipitvā puratthimena dvārena nīha ritvā puratthimena nagarassa Makuṭa-bandhanaṃ Mallānaṃ cetiyaṃ, ettha Bhagavato sarīraṃ nikkhipiṃsu. '중앙을 지나서 중앙의 성으로 운반하고서'라는 것은 이와 같이 세존의 유해가 운반되었을 때, 반두라 말라 장군의 처인, 말라카(Mallika)는 : '그들이 세존의 유해를 운반한다'라는 것을 듣고서 자기 남편이 죽은 후에 쓰지 않고 놓아둔 비싸카 장식물과 유사한 넝쿨 장식물을 뽑아서 '나는 이것으로 스승을 공양할 것이다'라고 기뻐하면서 그것을 향료로 깨끗하게 하고 문 입구에 서 있었다. 장식물은 두 여자들의 집과 도둑 데바아니야의 집인 단지 3곳의 장소에만 있었다고 전한다. 스승의 유해가 도착되었을 때, "아버지들이여! 스승의 유해를 내려놓아라." … 그는 그것을 보고서 청정하게 되어 소망을 세웠다. :"세존은 윤회할 때까지 나를 위해 준비된 장식물이 행해져서는 안되며, 유해는 항상 장식물 같은 것으로 놓여져 있어야 한다."이제 세존을 들어올리고서 동쪽 문으로 운반하고서 동쪽의 성인 마쿠타반다나라는 말라족의 탑묘로 가라. 여기에 세존의 유해를 안치했다.

거나 불결함으로 간주한다.[546] 빨리본에서 붓다 유해가 성의 중앙을 통과하는 것은 이례적인 사건이다. 붓다 유체가 부정의 대상이 아니라 존경의 대상으로 보이며, 말라족의 평범한 장례 행렬에서 벗어나기를 원하는 신들의 유도로도 보인다.

『유행경』에서 말라족들과 천신들의 장례행렬은 차이가 없다. 그러나 구체적인 장소를 언급하고 있다. 말라족이 말하는 '높은 곳'이라는 장소를 '희련선하를 건너 천관사에 가서 다비하자'고 되어 있다. 말라족은 천신들에게 동의하면서, 축제적인 분위기로 장례행렬을 수행했다.

이 텍스트에서 축제적인 분위기를 인간들과 천신들이 조성한다. 고대의 장례 절차에서 이런 분위기는 인간과 더불어 천신들이 합류하기 때문에 시간이 흐르면 흐를수록 점점 더 흥겨운 분위기로 변모해 간다. 전형적인 공동체의 요소가 나타난다. 고대 텍스트에서 등장하는 테마 중 가장 흥미로운 것은 '장례 행렬과 축제 분위기의 결합'이다.

어떻게 죽음과 즐거움이 하나가 될 수 있는가? 이것은 의문점이지만 공동체의 집중과 화합의 한 차원에서 본 다면 붓다 장례 행렬로 인하여 그 지배력은 인간과 신들의 우주적 차원으로 확대한다. 이 에피소드에서는 하늘에 있는 신들과 인간들이 화합한다. 하늘은 제(帝)와 상제(上帝)의 의미로 파악하는 경우, 인간의 길흉화복을 주재하고 자연의 운행과 운명을 주관하는 인격적 성격을 갖는다.[547] 인격적 성격을 갖는다는 면에

546) Rhys Davids, Dialogues of the Buddha, 182쪽. ;같은 방식으로 Mahinda의 시체는 아누루다뿌라(Anurādhapura)의 도시에서 성의 중간을 지나서, 동쪽 문으로 운반되었다. 그리고 다시 남쪽으로 나갔다. Dīpavaṃsa XVII 102, 103.

서는 유교와 이 에피소드의 신들은 같다. 그러나 인간을 주재한다는 것은 하늘의 권위를 높이는 것이다. 다시 말해, 자연전체와 인간을 천기의 운행, 발용으로 보고 인간이 할 일은 인간에 내재된 천기활용을 보존하고 기름으로 천리(天理)를 닮아가면서 정밀하고 밝아져 마음속이 깨닫게 하는 것이다.[548] 인간이 천리를 닮으려는 마음은 하늘과의 화합을 추구한다기보다는 하늘을 이상적인 모델로 보는 것이다. 인간이 존재하는 한, 하늘과 신들에 대한 테마는 종교에서 끝없이 다루어질 것이다. 특히 붓다의 장례행렬에 신들이 참여한다는 것은 고유한 문화적 색채를 지니면서, 하늘을 인간 가까이에 두려고 하는 상제관과 아주 상관없지는 않다.

『반니원경』에서 화씨들이 여러 동자를 뽑아 황금 상여를 들고 구다신지에 가서 화장하려 했으나, 여러 동자들이 붓다 유체를 가까이 하여 상여를 들지 못한다. 『반니원경』에서도 화씨들이 천신들의 주장을 받아들였으며, 다른 텍스트와 다른 점은 부처님의 유체를 동자들과 천신들이 각각 왼쪽과 오른 쪽으로 비단을 사용해서 매게 했다는 점이다. 이것은 아주 환상적이다. 이 텍스트에서는 인간들과 천신들 간의 장례 행렬의 방향이 이견이 있어 보이지 않는다. 부처님의 유체를 이동하는 이들에게 약간의 차이가 있다. 화씨 동자들만이 유체를 들 수 있게 하는 것이 아니고, 천신들도 다른 한 쪽에서 유체를 이동하는데 참여한다.

547) 이광호, 「상제관을 중심으로 본 유학과 기독교의 만남」(유교사상연구, 제 19집, 2003), 539쪽.
548) 이광호, 위의 책, 34쪽.

다른 텍스트에서는 천신들이 축제적 분위기를 조성하는 반면, 인간과 천신들이 같이 유체를 운반한다. 다른 텍스트는 상하 관계가 분명한 반면 이 텍스트는 그렇지 않다. 하늘은 온갖 조화를 주재하며 형체가 높고 커서 끝이 없는 것[549]으로 보는 상하의 관계설정과는 사뭇 다르다. 인간성을 실현하는 삶 자체는 하늘이 부여한 것이라는 유학의 종교성[550]과 초기 『열반경』 텍스트에서 보인 장례법은 차이가 있다. 하늘이라는 공간에 존재하는 신들의 참여는 인간과 다른 독립적 개체로 인정된다. 신들의 의견과 인간들의 의견이 있다는 사실 자체는 인간의 본성을 하늘에서 관여한 것은 아니다. 만약 천신들이 천벌(天罰)과 신력(神力)의 선심에서 붓다를 옹호하고 악을 응징한다면 그것은 세속의 힘일 뿐이며 붓다의 힘은 아니다.[551]라는 말처럼 초기불교 경전에서 신들과 인간들은 독립된 개체이다. 초기경전는 인간을 우주적으로 확대시키는 차원에서 신들을 언급했다. 초기불교의 우주관이 대승불교로 발전하는 계기라고 할 수도 있다. 이 에피소드에서 신과 인간을 언급한 것은 초기불교에서 붓다의 권속 아래 여러 신들이 흡수되었다는 것을 입증하는 결과물일 수도 있다. 하늘과 인간을 이해하는 것은 불교 전반을 이해하는 중요한 역할이 될 수 있다.

『대반열반경』에서는 역사들이 아누룻다의 말을 듣고 천신들의 의견에 동의한다. 『대반열반경』에서는 역사들이 주관하였으며 장례 행렬의 방향은 천신의 의견이 채택된다. '보관지제(寶

549) 주희 · 여조겸 편저, 『근사록집해』(이광호역, 아카넷, 2004), 93쪽.
550) 주희 · 여조겸 편저, 위의 책, 96쪽.
551) 원의범, 「고려초기 윤리사상」『한국인의 윤리사상』(율곡사상연구원, 1992), 276쪽.

冠支提)'란 보옥으로 만든 관을 올려놓은 곳인데, 이곳에서 화장한다. 이 부분은 주석서에서 "스승의 유해에 장식물을 놓아두고, 장식물을 머리부터 발바닥까지 놓아두고, 황금색 세존의 유해를 7보로 만들어진 장신물로 치장하니 유달리 빛난다."[552] 라고 밝혔다. 다른 텍스트에서는 인간들이 관을 운반하는데 참여하였으나 이 텍스트에서는 천신들이 관을 들고 성안을 돌았다. 천신들이 장례 행렬을 인간 세계에서 행한 것이 된다.

『불반니원경』에서는 유체를 이동하는 방향은 언급하지 않았다. 인간들과 천신들이 축제적 분위기로 장례 행렬을 함께 했다. 말라족이라는 구체적인 부류를 거론하지도 않았다. '바라문과 백성들'로 장례 행렬을 치러낸 것은 장례 행렬에 출가자가 관여하지 않았다는 것을 말한다. 붓다의 장례 행렬은 대중적인 재가자들의 참여였다.

『근본설일체유부비나야잡사』에서는 장례 행렬에 대한 언급이 없다. 다른 이본의 텍스트에서 이 부분이 빠진 것으로 유일한데, 사리공양에 관한 것은 거론하였으면서 신들과 인간들의 장례 행렬은 보이지 않는 것은 아주 특이할 만한 점이다.

붓다 유해를 운반한 이들을 경전별로 요약하자면 다음과 같다. 빨리본에서 말라족은 축제적인 분위기를 동반하면서 남쪽 성을 지나 부처님의 유체를 화장하겠다는 생각을 가졌다. 그러나 붓다의 유체가 머리를 감은 8명의 말라족 상수들에 의해서 들어질 것으로 기대하였으나 들 수가 없었다. 『수망갈라윌라시

552) SV, 597쪽. taṃ pasādhanaṃ Satthu sarīre paṭimuñci, taṃ sīsato paṭṭhāya paṭimukkaṃ yāva pāda-talā gataṃ, suvṇṇa-vaṇṇaṃ Bhagavato sarīraṃ satta-ratana-mayena pāsādhanena pasādhitaṃ ativiya virocittha.

니』의 설명에 의하면, '8명의 말라 상수들'이란 중년의 힘이 있는 8명의 말라 왕들을 말하며 '머리를 감은'이란 '머리를 깨끗하게 하고서 목욕한 사람'[553]을 뜻한다. 다른 텍스트에서는 자세하게 수를 열거하지 않았으나 이 빨리본과 주석서에서 8명이라는 수를 거론한다. 다른 한역의 『열반경』류에서 아난다가 운반하기도 하고[554] 말라의 왕들, 또는 인드라와 브라만이 운반한다. 그리고 아이들이 선택되어 운반하였다고 전한다.[555]

산스크리트본에서는 나이 많은 말라가 지시하는데 여자는 기발을 들고 남자는 관을 운반하여 서쪽 문을 통해서 성 중앙으로 그것을 운반하고 동쪽 문을 지나 '마쿠타반다나'강을 건넌다.[556] 신들은 방향에 있어서 동의하지 않았고 꽃을 들고 행렬에 참여하기를 원했다. 티벳본에는 말라족들이 여자에게 관을 운반하도록 시켰으나 신들은 말라의 아들들에게 옮기도록 하였다.[557] 운반한 사람들은 경전마다 달랐다.

장례 행렬은 많은 의식을 동반한다. 의식은 엄중했다. 그러면서도 흥겨운 축제적 분위기는 빠지지 않았다. 엄중한 의식에 참여하는 주체들 또한 각 텍스트마다 장중하다. 우리는 붓다의 장례 행렬이 '어느 방향으로 어떠한 곳에 어떠한 형태로 치러졌는가'를 각 텍스트들에서 자연스럽게 그려볼 수 있다. 하나

553) SV, 596쪽. 14. Aṭṭha Malla-pāmokkhā ti majjhima-vayā thāma- sampannā aṭṭha Malla-rājāno. Sīsaṃ nahātā ti sīsaṃ dhovitvā nahātā.

554) 『佛般泥洹經』, T 1, 173b 25.

555) 『般泥洹經』, T 1, 189a20

556) MPS(범본). 410. 46. 8. evaṃ eva vāsiṣṭhā rājñaś cakra vartinaḥ / ata uttare tathāgatasyārhataḥ samya kasaṃbuddhasya/

557) Rockhill, The Life of Buddha and the Early History of his Order(London, William Woodville, 1884), 143쪽.

하나의 행위에 의미가 있고 그 행위를 하는 주체들에게서 배어 나온 의례는 단순한 장례 행렬이 아니었다.

2. 붓다와 전륜성왕에게 행한 유해 방식

붓다 장례법은 일반적인 장례 의례와 자연스럽게 비교할 수 있게 한다. 일상 범부의 죽음은 유예 기간을 주지도 않고 예고되지도 않는다. 죽음이 인간을 기습적으로 공격한다. 그러나 붓다의 입멸은 다른 의도를 가진다. 모든 이들이 두려워하는 죽음의 형태가 아니다. '한 사람을 잃고 나면 온 세상이 텅 비어버린 것 같다'는 느낌은 일상의 범부에서 느끼는 감정이다. 사람들을 삶으로부터 격리시키는 것, 즉 살아 있는 사람들의 공동체로부터 '나이든 사람, 죽어 가는 사람들이 암묵적으로 분리되는 것'이 범부의 죽음일 것이다. 죽음은 친한 사람들과의 관계가 점차 차가워지는 것이며 그들에게 삶의 의미와 안온함을 주었던 사람들로부터 멀어지는 것이다.

붓다의 장례법은 이러한 일상의 죽음과는 다르다. 그래서 붓다의 장례법은 '원형적, 자연적, 기본적 관념'을 주요 주제로 한다고 볼 수 있다. 이것은 사회적 역사적 관념까지 포함하며 미래 공동체에게도 영향을 미친다. 붓다 장례법은 마지막에 행해지는 의식이 아니라 그것은 하나의 근원 경험에서 나와 상징적으로 퍼진다. 붓다의 장례법에 행해진 의식은 경험과 권위의 종교 의식으로 원형에서 파생되어 공동체 확산에 기여한다. 이것은 자연법에 의거한 다르마적 원리에 입각한 것이며 전륜성왕의 통치 방식과도 닮아있다. 이 부분에서 불교 흥기 직전의 인도사회의 장례법, 특히 인도 제왕의 장례법과 전륜성왕 장례법을 비교하는 작업은 논의 중심에서 벗어나기에 다루지 않기로 하겠다.

붓다 장례법에 관한 초기 『열반경』의 이 에피소드는 그 형식과 절차를 이해하는 것이라고 할 수 있다. 또한 근본적이고 분명한 맥락을 이해하는 것이 필수적이다. 이 에피소드는 그 개념조차 파악하기 어렵다고 생각될 수 있다. 신화적 요소가 초기 경전에서 포함되고 있으며 그것은 삶과 연결된 죽음을 연출하는 이미지의 체계방식이다. 그 의미는 두 가지 방식으로 파악될 수 있는 데 첫째는 사유의 방식이고 둘째는 경험의 방식이다. 붓다의 장례법은 전륜성왕에서 차용된 사유방식, 축제적 요소가 포함된 경험방식을 모두 갖추고 있다. 축제는 세계를 창조하는 신화적 사건이 현재로 확장된 것이기에 경험적이라고 할 수 있다. 역사의 길고 넓은 과정에서 보자면 문명의 쇠퇴도 그것을 지탱하는 신화적 요소를 가진 정전(正典)의 완결성과 설득력에 달려 있다고 말할 수 있다. 우리는 이런 완결성과 설득력을 붓다의 장례법에서 볼 수 있다.

2.1 붓다와 전륜성왕에 대한 일반적인 관련성

전륜성왕과 붓다 유해 처리의 관련성은 이전의 논의들을 우선적으로 정리한 후에 하기로 하자. 왜냐하면, 전륜성왕과 붓다의 관계는 초기경전을 비롯해서 방대하게 퍼져 있으며 앞으로도 많은 논의들이 가해질 가능성이 있기 때문이다.

전륜성왕과 붓다는 언제부터 시작해서 어디까지 관련되었을까? 대략적으로, 붓다의 탄생과 전륜성왕의 관계, 그리고 붓다 출가와 관련된 전륜성왕과의 관계 등이 있다. 국내에서 전륜성왕과 붓다의 관계를 정치 이념적으로 논의한 다수의 논문들을 통해 알 수 있듯이, 세속법을 실현하는 인물로 전륜성왕은 부각되었다.[558] 이들의 논문은 저마다의 공통점과 차이점을 가지고 있지만, 이상적인 국가관을 실현하고자 하는 전륜성왕의 다르마에 집중한다. '전륜성왕'이 '보편적인 왕'의 명칭으로 자리하고 있다는 사실도 이들의 논문에서 거론된다. 大人 轉輪聖王(mahāpuruṣa cakravartin)은 초기 베다 뿐만 아니라 전통 인도의 베다와 아리안 이전부터 있었으며, 불교와 자이나 문학에 다양하게 영향을 주었다. 불교적인 개념에 의해서, 붓다와 다

---

558) 우선 전륜성왕과 관련된 국내학자들의 논의를 살펴보겠다. 김호성, 「다르마의 구현자 전륜성왕론」(『승가』제 6호, 1989)에 의하면, 전륜성왕의 이념적 기초를 다르마로 놓고 모두가 복종해야할 자연법이라는 점을 강조했다.; 윤호진, 「아쇼카왕과 불교」(『불교사상논총』, 1991)에 의하면, 아쇼카의 다르마가 어느 한 종교적인 것이 아니고 모든 백성들이 배워 실천해야 하는 보편적인 사회윤리라고 하더라도 그 법칙에 나오는 내용은 불교사상이라고 할 수 있다고 결론지었다.; 박경준, 「전륜성왕에 관한 몇 가지 문제」(『동국논총』제 25집, 1996)에 의하면, 전륜성왕의 국방정책에 대한 기본 정책을 정법에 의한 통치로 보고 이상적인 국가를 실현할 수 있다고 보았다.; 윤세윤, 「전륜성왕의 정치 사상적 의미에 관한 연구」(『불교학연구』제 14호, 2006)에 의하면, 통치자질이라는 관점으로 7보를 거론해 구체적인 전륜성왕의 명칭들을 소개한다. 이 논문도 세속적 질서를 지배하는 군주를 지칭하는 것에 초점을 맞추고 있다. 국내학자들의 논문은 전륜성왕의 7보를 거론했고 세속적인 통치자의 모델로 붓다의 이상을 실현하고 있다는 점을 공통적으로 내세우고 있다.
이들의 논문에서 나름대로의 차이점을 발견할 수 있었다. 김호성의 논문은 다르마(Dharma)적인 전륜성왕과 무력(kṣatra)적 전륜성왕의 두 가지 유형을 설명했다. 윤호진의 논문은 아쇼카왕의 가계, 년대, 생애, 그리고 불탑건립과 제 3결집에 관련한 아쇼카의 행적으로 역사적인 스토리를 자세하게 알린다. 박경준의 논문은 전륜성왕 사상의 기원에 관하여 석존 이전과 아쇼카왕 이후라는 두 가지 학설의 절충을 주장했다. 윤세원의 논문은 고대 전륜성왕의 7보를 현대적인 관점으로 재해석했다.

른 세속의 짝으로서 자리 매김 했다.[559] 또한 7보에 대한 논의도 활발했다. 7보가 왕권의 상징이라고 보는 견해[560]에 동의하면서, 김호성, 윤호진, 박경준, 윤세원이 거론한 금륜보, 백상보, 감마보, 신주보, 옥녀보, 거사보, 주병보는 충분해서 여기서 생략한다.

붓다의 탄생에서, 붓다의 신체적인 특징인 32상은 전륜성왕이 갖춘 특징에서 전용되었다는 설을 무시할 수 없다. 예언자가 언급한 32상은 '전륜성왕이 아니면 붓다가 될 것이다'라는 제시를 통해 최상의 위치에 전륜성왕과 붓다를 놓게 했다.

또한 출가와 관련한다면, 불교의 범주 안에서 왕은 아무리 선정을 하였다고 해도 생천(生天) 이상은 못 간다는 입장을 보인다. 생천은 천상에 태어나는 것으로 '사왕천(四王天)에서 비유상비무상천(非有想非無想天)까지'[561]를 말한다. 붓다가 전륜성왕의 길을 버리고 출가한 이유도 여기에 있다고 한다면 너무 피상적인 것일까? 고대 인도의 왕들은 아무리 불교를 믿고 선정하였어도 성불하기 위해 왕위를 버리고 출가한다.[562] 왕의 권위보다 천상에 태어나는 것을 우선하는 것은 인도의 세계관과 초기 불교의 세계관이 많이 다르지 않다는 사실도 입증한 것인데, 둘 다 내세관과 정신의 세계를 중시하는 것에 비중을 둔다. 전륜성왕과 붓다의 관계는 이 부분에서 다시 드러난다.

---

559) Heinrich Zimmer, *Philosophies of India*(New York; Meridian Books, 1957), 129~130쪽.

560) 윤세윤, 「전륜성왕의 정치 사상적 의미에 관한 연구」, 『불교학연구』제14호(불교학연구회, 2006), 296쪽.

561) 『大智度論』, T 2, 227C.

562) 원의범, 「고려초기 윤리사상」, 『한국인의 윤리사상』(율곡사상연구원, 1992), 276쪽.

이들의 관계는 상징적이다. 짜카밧티(cakkavatti)라는 전륜이라는 말은 보통 우주적 정의라는 원리나 정치적 도덕성을 활용하여 전 세계를 자신의 영역으로 끌어들이는 우주적인 통치자를 뜻한다.[563] 전륜성왕의 상징적인 표현인 차륜(車輪)은 무력을 쓰지 않고 전 세계를 평정하며, 정의에 의해서 지배한다고 믿어지고 있다. 그런 이유로 붓다 설법을 전법륜(轉法輪), 다시 말해 '법륜을 활동시킨다'고 부른다. 붓다 최초 설법을 '초전법륜'이라고 부르는 이유도 여기에 있다.[564] 이처럼 전륜성왕과 붓다의 관계는 대략 상징적으로 맺어졌다. 붓다 입멸을 통해 다시 연결되는 전륜성왕과의 관계를 총체적으로 거론한다면 다소 의문점을 해결할 수 있으리라 본다.

2.2 붓다와 전륜성왕에게 행한 장례의식

"전륜성왕의 유해에 대해 행하는 것과 같이 그렇게 여래의 유해에도 행해야 한다."[565]

위 인용문에서 우리가 유추할 수 있는 것은 힌두교의 장례법과 불교의 장례법이 관계한다는 것이다. 넓은 의미로 이것은 신앙과 관계된 것이 아니라, 어떠한 종교와 종파도 인정하고 포용하려는 불교적 전통에 따른 것이다. 전륜성왕으로 대표할

---

563) 신성현, 「初期佛教教團와 國家와의 關係」, 『불교학보』제 34권(동국대학교 불교문화연구원, 1997), 6～7쪽.

564) 渡辺照宏, 『경전성립론』(김무득역, 경서원, 1983), 117쪽.

565) MPS, {DN. x vi.], p.161 : 17. 'Yathā kho …rañño cakkavattissa sarīre paṭipajjanti, evam Tathāgatassa sarīre paṭipajjitabban'ti.

수 있는 아쇼카왕(Asoka 268～239 B.C)의 비문에서도 그 전래를 찾아볼 수 있다. 아쇼카왕은 모든 종파가 어디서나 머무를 수 있기를 바란다고 밝혔으며, 그는 대신들에게 불교, 바라문교, 사명외도, 자이나교 등의 모든 종파를 육성하는 일에 관여하도록 하였다.[566] 전륜성왕으로 알려진 아쇼카왕의 행적을 통해서 그가 행한 것은 종교적인 분파나 파벌의 대립양상은 아니었음을 알 수 있다. 아쇼카왕은 자연법에 근거한 다르마의 실현을 추구했으며 이것은 초기불교를 근저로 놓고 있기 때문에 전설적이고 신화적인 붓다의 장례법에서도 상징적으로 연결된다. 붓다 보다 후대 인물로 추정되는 아쇼카왕으로 인하여[567] 전륜성왕의 관념과 기원에 관한 문제는 이견이 생길 수 있다. 붓다의 장례법에서 전륜성왕에 대한 언급은 전륜성왕의 관념과 기원이 이전부터 있어왔다는 주장을 표면적으로 뒷받침해준다. 하지만 초기 『열반경』의 편찬자들이 붓다 입멸 이후라는 입장을 든다면, 아쇼카왕이 모든 종파를 총괄하는 이상적인 행적을 누군가가 기리기 위해 보편자인 전륜성왕을 첨가했을 가능성도 남겨두어야 한다.

아쇼카의 비문을 근거로 하지 않더라도, 초기불교의 의례는 힌두 '세계'의 여러 문화를 흡수한다. 장례법도 마찬가지이다. 불교는 힌두교의 신관과 신앙에 상당히 접근했다고 할 수 있다. 힌두교의 입장에서 보면, 불교가 힌두교의 많은 지류 중에

---

566) 塚本啓祥, 『アショ-カ王 碑文』(第三文明史, 동경, 1976), 93쪽, 133～134쪽.

567) 윤호진, 「아쇼카왕과 불교」『불교사상논총』(1991), 500쪽. 아쇼카왕의 즉위연도와 관련하여 불멸 연대를 산출하고 있기 때문에 중요하다. 남전은 불멸후 218년에 아쇼카가 즉위한 것으로 보고, 북전은 100년, 116년 정도로 보고 있다.

서 또 다른 하나의 흐름으로 간주된다. 불교적 측면에서 본다면, 인도에 문화와 사회 그리고 의례에서 그 흐름에 아주 거스르지 않고 포용의 입장을 취하려고 한 것이다. 이것은 인도의 사회적인 계층구조를 변혁하기 위해 불교가 나타났다고 하는 취지에서 거론한 것이 아니라, 문화적 측면에서 서로 영향을 주고받았음을 설명하기 위한 것이다. 문화적인 상호 교류는 초기불교를 나름대로 성장시켰다. 그렇다면 전륜성왕의 장례법은 어떠한가?

> "전륜성왕의 유해는 떨어진 곳이 없는 천으로 둘러싼다. 떨어진 곳이 없는 천으로 둘러싼 뒤, 넓은 무명천으로 둘러싼다. 넓은 무명천으로 둘러싼 뒤, 떨어진 곳이 없는 천으로 둘러싼다"568)

'떨어진 곳이 없는 천'이란 손상됨이 없는 온전한 천을, '넓은 무명천'이란 솜, 또는 무명을 말하며 후에 기름에 잘 먹고 잘 탈 수 있는 천을 의미한다. 이 텍스트에서는 구체적으로 다음과 같이 설명한다.

> "이런 방식으로 500겹으로 전륜성왕의 유해를 둘러싼 뒤 철로 된 기름통에 넣었다가 또 하나의 철로 된 통으로 덮은 뒤 모든 향을 갖춘 화장용 장작더미를 만들고 나서, 전륜성왕의 유해를 불태운다"569)

---

568) MPS, {DNⅡ. x vi.], p. 161 ; Raññо … cakkavattissa sarīraṃ ahatena va tthena vaṭhenti, ahatena vatthena vaṭhetvā vihatena kappāsena veṭhenti, vih atena kappāsena veṭhetvā ahatena vatthena veṭhenti.

569) MPS, {DNⅡ. x vi.], p.161 ; etena upāyena pañcahi yuga-satehi rañño ca kkavattissa sarīraṃ veṭhetvā ayasāya tela-doṇiyā pakkhipitvā, aññissā ayasā

'500겹으로 둘러싼다'는 것은 온전하게 유해를 보호하기 위해서이다. '철로 된 기름통에 넣었다'는 기름이 들어 있는 철통을 말한다. 이렇게 하는 이유는 당일 화장하지 않고 보관하는 것을 뜻한다. 기름통에 넣으면 시체가 썩지 않기 때문에 시체 보관의 의미도 있다. 인도 고대 장례법을 소개한 것으로 왕이 죽으면 기름에 넣는 행사를 붓다에게 적용한 것이다. "큰 사거리에 전륜성왕의 탑을 세운다"[570]며 전륜성왕의 유해 방식을 설명한다. "전륜성왕의 유해가 처리되는 방식이 그러하니 여래의 유해는 그 방식을 따라야 한다"[571]며 붓다의 장례법을 소개하고 있다.

그렇다면 붓다 유해도 이와 같은 방식을 똑같이 취했다고 단정할 수 있을까? 연구자가 보기에는 붓다는 이런 식으로 장례하지 않았을 지도 모른다고 생각된다. 불교에 의해 배척받은 브라만 의례 중심주의가 불교보다도 더 대중적인 종교로 발전하였기 때문에, 전륜성왕의 유해처리가 원래 이야기에 첨가되지 않았는가 싶다. 다만 이러한 장례법이 그 당시 있었음은 확실해 보인다. 아난이 장례절차에 참석했을 것은 분명하며, 그와 상가 공동체가 전적으로 붓다 유해에 행한 방식을 전륜성왕에게 했던 방식으로 적용하는 것에 동의했다고 보기에는 어

---

ya doṇiyā paṭikujjitvā, sabbagandhānaṃ citakaṃ karitvā rañño cakkavattissa sarīraṃ jhāpenti.

570) MPS, {DNⅡ. x vi.}, p. 161 ; cātummahāpathe rañño cakkavattissa thūpaṃ karonti.

571) MPS, {DNⅡ. x vi.}, p.161 ; 'Yathā kho··· rañño cakkavattissa sarīre paṭipajjanti, evaṃ Tathāgatassa sarīre paṭipajjitabbaṃ.

렵지 않을까?

하지만 초기 『열반경』 6종의 텍스트는 전륜성왕과 여래의 유해 방식에 관계를 피력하고 있다. 이점에 주목하지 않을 수 없다. 경전의 서술에 근거한다면, 붓다 입멸 후 장례 의식을 묘사한 다른 자료가 없는 것으로 보아 침묵할 수밖에 없다. 맹목적으로 자신의 생각을 앞세워서 경전의 권위를 무너뜨리는 실례를 남기는 것은 위험하기 그지없어 보인다. 대중적인 잘못된 보편화는 진실 된 진리를 왜곡하기 때문이다. 어떠한 것도 텍스트 밖에서 찾을 수 없다. 특정한 역사적인 자료의 담론들은 과학적인 주장 이상으로 의미를 부여하고, 배경의 조건으로 확고한 자료를 제공한다. 진리란 역사적이고 개연적인 담론이 거론되는 자료에서 출현하는 특징을 가졌기 때문에, 연구자는 한쪽으로 치우쳐 단정하지 않기로 한다.

그러나 이것만은 확실하지 않을까? 초기불교가 고대 힌두 장례 의식을 간과할 수 없었고, 초기 불교의 장례 문화 방식은 고대인들을 당시 빠른 변화에 서서히 적응시키기 위해 '여래의 유해방식과 전륜성왕의 유해방식'을 관련시켰을 것이다. 이와 관련된 의례는 다른 종교를 새롭게 받아들이게 하는 완충적인 역할을 했으리라고 본다. 붓다의 장례법을 기술한 의도가 어떠한가를 잠시 미루어 두더라도, 초기 『열반경』의 작가들은 전륜성왕과 붓다의 장례법은 같은 방식으로 결합시켜 진행하게 한다. 그렇다면, 『유행경』을 살펴보자.

"먼저 향탕(香湯)으로써 그 몸을 씻고 신 겁패(劫貝)로써 두루 몸을 싸고 500장의 모직으로 차례대로 몸을 싼 뒤, 황금관 안에 넣고 삼씨 기름(麻油)을 거기에 쏟는다."[572]

'향탕으로써 그 몸을 씻는다'라는 구절은 빨리본에는 없는 문구이다. 이것은 정결하게 하고자 하는 것이다. "황금관을 들어 제 2의 큰 철곽 속에 두고 … 네 거리에 탑을 세우고 찰간대로 표시하고 비단 번을 걸어 지나가는 사람들로 하여금 모두 왕의 탑을 보고 그 바른 교화를 사모하여 많은 이익을 얻게 하는 것이다"[573]고 하면서 여래의 장례법도 이와 같이 하라고 한다.

『불반니원경』에서는 여래의 장사법을 어떻게 표현했는가? 이 경전은 "비행(飛行)황제의 법과 같이 하는데 붓다는 그 보다 배나 더 낫게 한다"[574]고 한다. 비행(飛行)은 '공중을 자유자재로 날아다니는 것' 또는 '육통(六通)중에서 여의통(如意通)에 듦'[575]이란 용어로 인해서 신비적인 요소가 가미된다. 전륜성왕의 보편적 이미지와는 차이가 있어 보이지만, 경전에서 같은 위치를 가진다.

"새로운 비단 베로써 몸을 둘러싸고 신 겁파육(劫波育)으로 다시 그 위를 묶고, 관속에 넣고 윤택한 향의 기름으로 부어 몸에까지 사무치게 하고 덮개로 위를 덮고 전단향나무 땔감과 침향나무 땔감과 가래나무 땔감과 녹나무 땔감을 관의 위아래에 덮되 4면의

572) 『遊行經』, T 1, 28b10～28b12, ;"先以香湯洗浴. 用新劫貝周匝纏身. 以五百張疊次如纏之. 內身金棺. 灌以麻油畢."

573) 『遊行經』, T 1, 28b12～28b17; "擧金棺置於第二大鐵槨中. …. 於四衢道起立塔廟. 表刹懸繒. 使諸行人皆見佛塔. 思慕如來法王道化. 生獲福利."

574) 『佛般泥洹經』, T 1, 173a16～17; "如飛行皇帝法. 佛復踰之."

575) 길상, 『불교대사전』(홍법원, 2001), 1031쪽.

높이와 넓이를 각기 30 길이 되게 하고 불을 붙여 화장하는데 12부의 풍악을 동시에 함께 아뢰며, 좋은 향과 꽃으로 그 위에 모두 흩고서 재와 숯은 골라 버리고 사리를 거두어 취하며, 좋은 향수로 깨끗이 잘 씻어서 금 단지 속에 넣고 그 금 단지를 궁중의 금 평상 위에 안치하고 궁전에서 90일 동안 재계하고는 네 거리 길에 탑을 세우고 찰간을 세우고 비단과 번을 달고 꽃과 향을 뿌리며 풍악을 울린다"[576)]

빨리본에서 유해는 무명천으로 둘러 쌓였지만, 여기서는 비단 베를 사용해서 고급스럽게 취급한다. 그리고 겁파육으로 묶는다. 겁파육은 나무이름인데, 면(綿) 나무의 일종으로 목면이라고도 한다.[577)] '전단향나무, 침향나무, 가래나무, 녹나무'는 향기가 나는 나무들로 죽음이 단순한 정지와 정적의 마지막 순간이 아니라 향나무들로 인하여 풍요롭고 향기 나는 의식의 하나로 표현되고 있다. 인도에서 나무는 신(devata)으로 예배하였다. 나무는 특수한 생명력이 있다고 생각하여 인도 민중은 나무를 신으로 예배한 것이다.[578)] 이런 향나무들이 붓다의 유해에 첨가된 것은 종교에서 나무를 상징으로 이해한 것이다.

고대 성인들이 돌아가시면 축제 분위기로 노래 부르고 춤추

---

576) 『佛般泥洹經』, T 1, 173a18～173a26; "用新㲲錦. 牢纏身體. 新劫波育. 復以纏上. 著假棺中. 以澤香膏. 灌令徹身. 以蓋覆上. 栴檀香薪櫁香薪梓薪樟薪. 著棺上下. 四面高廣. 各三十丈. 投火蛇維 十二部樂. 同時俱作. 以好香華皆以散上. 斂取舍利擇去灰炭. 以好香汁熟淨洗之. 著金甖中. 以甖著金床上. 當著宮中齋戒殿上. 九十日訖. 當於四交道. 起塔立刹. 懸繒施幡. 華香作樂."

577) 『四分律』, T 22, 574a.

578) 신성현, 강호덕, 「佛敎에서 숲의 價値 認識」『불교학보』(동국대학교 불교문화연구원, 2001), 14쪽.

고 하는 행위는 일반인이 생각하기 어려운 일이다. 음악이나 춤과 같은 예술의 표현은 상징적이기는 하지만 그것들이 상징하는 실재와 자연적 친화성을 갖는다.[579] 붓다 멸도가 음악과 춤과 같은 예술적 표현으로 인해 자연적으로 친근해졌다. '12부의 풍악을 동시에 함께 아뢰며'라는 문구와 '꽃과 향을 뿌리며 풍악을 울린다'는 두 번의 음악 공양으로 축제적 요소를 부각시킨다.

아쇼카왕도 상가 공동체를 위해 5년마다 성대한 축제기간을 두면서 보시를 행했다고 전한다.[580] 라므뜨는 "이 축제는 매번 열릴 필요는 없었지만 아쇼카왕이 상가를 위해 5년마다 모아둔 재물들을 보냈다"고 서술했다. 5년마다 열리는 축제는 어마어마한 규모로 상가를 위해 제공된 것만은 분명했다.[581] 아쇼카왕은 바라문교도 후원했으며, 다른 종교에도 관심이 있었다고 한다.[582] 아쇼카왕은 붓다 입멸 후 백년이 지난 다음 태어났기 때문에 붓다와 대면하지는 않았을 것이다. 그렇지만 상가 공동체의 우파굽타(Upagupta)나 핀돌라(Piṇḍola) 같은 이들에게 인간 붓다의 정신과 카리스마를 들을 수 있었을 것이다. 아쇼카왕은 팔만사천 개 스투파의 건립과 보리수의 숭배로 붓다 열반을 대신할 기념비적인 상징물로 대치시키는 일련의 행동들을 감행했다.[583] 인간 붓다와 아쇼카왕의 관계는 보편왕인

579) 이승종, 「축제로서의 삶」, 『축제와 문화』(연세대학교 출판부, 2003), 10쪽.

580) John S. Strong, The Legend of king Asoka(New Delhi : Motilal Banarsidass, 1989), 91쪽.

581) John S. Strong, 위의 책, 92쪽.

582) 木村日紀, 『アショ-カ王とインド思想』(以文選書 26, 1985), 19~20쪽.

583) John S. Strong, 위의 책, 101쪽.

전륜성왕의 대치로 인하여 장례법에서도 다시 한 번 친밀한 연결고리를 가진다.

현장의 한역 기술에 의하면, 7세기 북인도의 하르사(Harṣa) 왕도 상가를 위해 축제를 열었다고 한다. 이때 만 명의 비구들에게 갖가지 진귀한 보석, 옷, 음식, 음료, 향수, 꽃들이 제공되었다고 한다.[584] 하르샤왕도 같은 방식으로 바라문교, 비-불교도들, 자이나교, 가난한 이들에게 축제적인 보시 방법을 시행했으며, 왕 자신의 국토를 유지하기 위해 필요한 말, 코끼리, 무기들을 제외하고는 남은 것이 없었다고 전한다.[585] 그를 거론한 경전들은 그를 보시의 전륜성왕이라고 해서 아쇼카왕의 축제적인 방식을 이해할 수 있도록 매개 역할을 하게 한다.[586] 고대 상가 공동체와 다른 종파를 위한 왕들의 적극적인 보시 축제는 사회적인 화합을 목적으로 한 것임은 분명해 보이지만, 더불어 축제 자체는 왕권 자체를 상징한다고 할 수 있다.

바꿔 말해서, 붓다 장례의식에서 보인 축제는 그 자체로 붓다의 위상을 상징한다고 할 수 있을 것이다. 황홀한 축제의 모델은 고대에서 미래로 옮겨졌거나, 경전에 새롭게 첨가되었다는 두 가지의 가정을 하더라도 그 자체로 공동체의 분위기를 재현하기에 충분하다.

왕들이 행한 축제는 궁중에서 거행되었을 것이고, 같은 방법이 붓다의 장례의식에도 재현되었다고 본다. 붓다의 유해는

584) John S. Strong, The Legend of king Asoka(New Delhi : Motilal Banarsidass, 1989), 92쪽.

585) Renè Grousset, In the Footsteps of the Buddha(tr. J. A. Underwood, New York : Gorossman Publishers,1971), 205～206쪽.

586) John S. Strong, 위의 책, 95～96쪽.

궁중에 모셔지고 90일 동안 재계하는 행위로 이채로웠다. 붓다의 출가는 궁중에서 나와 사문의 길을 걸었지만, 그의 열반은 호사스러운 궁 안에 다시 머물렀다. 전륜성왕이 궁 안에서 생활하고 그의 열반이 궁 안에서 진행되었다고 한다면 이상할 것이 없지만, 붓다의 유해가 금 평상 위에 안치되고 궁중에서 치러졌다면 그 상징적 의미는 크다. 붓다의 열반은 그의 유해로 인해 과거의 화려한 궁중생활 속으로 복귀되었다. 붓다의 위상과 권위는 장례절차로 인해 또렷하게 각인되었다. 또한 '네거리 길에 탑을 세우고 비단과 번을 다는 것'은 붓다의 열반을 사방에 알리는 효과를 가진다. 화려한 장례 의식은 참여하는 모든 이들에게 보여지며 그런 방식 안에서 고대 초기 불교공동체가 결속한다. 이러한 결속은 종교의 교리보다 효과적일지 모른다.

『반니원경』에서는 "전륜성왕의 법으로 하되 붓다는 배가 되도록 성대하게 하라"[587]고 하며 『불반니원경』처럼 7일간의 준비기간을 두었으나 이 경전에서는 더 축약했다. 붓다 유해에 관련된 7일간의 준비기간은 하르샤왕의 축제 4일간의 기간과 일맥상통한다. 하르샤왕의 첫째 날 축제일에서 붓다의 이미지를 사원 지붕에 세우고 진귀한 보석들을 보시했으며, 둘째 날에는 비슈누(Viṣṇu)의 이미지를 신성시했으나 첫째 날보다 절반 정도의 행사에 그쳤으며, 셋째 날에는 시바(Śiva)의 이미지를 설치해서 보시했고, 넷째 축제일에는 만 명의 비구들을 좌석에 앉게 하고 갖가지 공양을 했다[588]고 전한다.

---

587) 『般泥洹經』, T 1, 189a13, ;"轉輪王法. 佛當復勝."
588) John S. Strong, 위의 책, 92쪽.

『대반열반경』에서도 여래의 유언에 따라 전륜성왕과 다름없게 하는 것은 다른 경전과 동일하다. 화장할 채비를 마련하면서 다음과 같이 말했다.

> "먼저 보배 수레를 만들어 아로새기고 화려하고 장엄하게 여래의 몸을 보배 수레 위에 안치하고 향을 사르며 꽃을 뿌리고 온갖 풍류를 아뢰고 노래와 게송으로 찬탄하며, 음악 소리에는 苦, 空, 無常, 無我, 不淨之法을 말하였다"[589]

인도의 일부 승려들이 우는 것은 무상하다는 것을 깨닫지 못하는 것으로 본다. 일부 재가자들과 비구들이 슬퍼서 우는 장면과 여기서 보이는 노래와 게송으로 찬탄한 것은 비교된다. 음악 소리에 고, 공, 무상, 무아, 부정지법을 어떤 식으로 포함시켰는가는 의문이다. 음악가사에 고, 공, 무상 등을 언급했다고 일반적으로 생각할 수 있지만, 의식 전체가 이러한 교리를 상징적으로 대변한다고도 볼 수 있다. 이 구절은 초기불교의 사상적 인간인 무아를 무상으로 재해석하여 당시 인도의 모든 사상들의 단견을 타파하여 대승의 종지를 세우려는 서원도 담겨있다고 하겠다.[590] 또한 고대 붓다의 장례 의식은 종합예술의 성격을 가지고 있다. 현대의 범패의식이 종합예술의 성격을 지녔다는 견해에 동의하면서, 그 유래를 이곳에 담긴 다원적인 예술 행위에서 기원한다고 해도 무방하지 않을 것이라고 생각

---

589) 『大般涅槃經』, T 1, 206a14～206a17, ;"先造寶輿雕鏤莊麗. 以如來身置寶輿上. 燒香散華. 作衆伎樂. 歌頌讚歎. 於音樂中. 而說苦空無常無我不淨之法."

590) 김선근, 『인도 정통철학과 대승불교』(동국대학출판부, 2005), 163쪽.

된다.

"깨끗한 무명천과 가는 모직으로 여래의 몸을 두른 후 금관 안에 넣고 그 금관 안에는 우두(牛頭)전단향의 가루와 미묘한 꽃을 뿌리고서 곧 금관을 은관 속에 넣었다. 또 은관을 구리관 속에 넣고 또 구리관을 철관 속에 넣고 다시 철관을 보배 수레 위에 안치하고 갖가지 풍류를 아뢰며 노래하며 읊고 찬탄하였다. 천(신)들은 허공에서 만다라화·마하만다라화·만주사화·마하만주사화를 뿌리며 아울러 하늘 음악을 아뢰어 갖가지로 공양하였다. 그리한 후에 차례로 관의 덮개를 내렸다."[591]

인도에서 부자들은 죽은 자를 화장하지만 일반적으로 죽은 자를 백포(白布)로 도르르 말아서 묘지에 옮겨서 방치하고 부패할 때까지 있다. 인도에서 목재는 귀중품이기 때문에 관을 사용하지 않는다. 그래서 시체를 땅 속에 묻거나 묘석을 세우거나 하지 않는다.[592] '금관' 밖에 '은관', '은관' 밖에 '구리관', '구리관' 밖에 '철관'으로 겹겹이 쌓아지는 상황을 표현해 장례 의식을 엄격하고 소중하게 다룬다. 붓다의 유해는 평범함을 넘는 상징적인 결합들로 이루어졌다고 이해될 수 있다.

'만다라화·마하만다라화·만주사화·마하만주사화'를 언급한 것은 축제의 분위기를 돋우는 데 상당한 기여를 한다. 놀랍

591) 『大般涅槃經』, T 1, 206a24～206b02, ;"新淨綿及以細氎纏如來身. 然後內以金棺之中. 其金棺內散以牛頭栴檀香屑及諸妙華. 即以金棺內銀棺中. 又以銀棺內銅棺中. 又以銅棺內鐵棺中. 又以鐵棺置寶輿上. 作諸伎樂歌唄讚歎. 諸天於空. 散曼陀羅花. 摩訶曼陀羅花. 曼殊沙花. 摩訶曼殊沙花. 幷作天樂. 種種供養. 然後次第下諸棺蓋."

592) 平川彰, 『二百五十戒の研究Ⅰ』(春秋社, 1993), 239쪽.

게도 이 식물들은 신비로움이란 테마를 가지고 있는 꽃들이다. 이 꽃들은 생명의 조력자인 동시에 죽음을 관장하며 영혼을 일깨우는 역할을 한다. 특히 만다라는 빛깔 좋고 방향(芳香)을 내며 고결해서 사람들에게 환희심을 내게 한다는 하늘의 꽃으로 알려졌다.[593] 이 꽃들은 신을 모방한 상징일 수 있다. 신들을 모방함에도 불구하고 전통불교는 다양한 방법으로 그들과 상호 작용했다.[594] 이 꽃들을 언급한 것은 인간들만이 참여한 것이 아니라 천신들도 참여함을 의미한다. 꽃들은 천신들을 상징한다. 정교한 의례절차와 축제적인 예술행위, 그리고 천상의 신들도 참여하고 있다는 '만다라화, 마하만다라화' 등의 언급은 붓다의 유해에 여러 가지 의미를 더한다. 한편의 환상적인 이 장면은 붓다의 가르침을 따르면서도 일상생활 속에 함께 지내온 천신들을 완전히 부정해 버릴 수는 없다는 당시의 문화적인 색채를 보인 것이다.

또한 인도인들의 특성으로 보아도 굳이 힌두 세계의 신을 배척할 필요를 느끼지 않았을 것이다. 상당수의 힌두 신들이 불교에 흡수되어 있음을 이 대목에서 알 수 있다. 종교 의식의 하나인 붓다 장례법은 신과 인간들을 넘나드는 우주적 이미지를 지닌다. 여기서 우리는 다시 한 번 지적이고 정서적 색채를 띈 공동체의 통찰력을 얻게 된다. 이것은 한 사회의 토대가 된 의례의 근본적 영감이다. 조야한 현대의 시각에서는 초기 『열반경』에서 보여주는 사회 체계의 현상학을 설명할 방도가 없어 보인다. 왜냐하면 고대의 사회체계는 막대한 시간과 에너지

593) 마명, 『붓다차리타』(김달진역, 고려원, 1988), 15쪽.
594) Gombrich, A Heritage of Images(Penguin Books, 1971), 191~213쪽.

를 정교한 의례적 활동에 투여했기 때문이다.

『근본설일체유부비나야잡사』에서도 전륜성왕의 장례법과 같이 하되 배나 나아야 한다.

> "먼저 흰 모직과 솜으로 몸을 싸고 다음은 1000장의 흰 모직으로 두루 몸을 감아서 금관 속에 모시고 향유를 가득히 채워서 금 뚜껑으로 덮고 전단 나무와 해안의 여러 향을 쌓아 불사른 뒤에 우유를 뿌려서 불을 끄고 남은 사리가 있으면 금병에 넣어서 큰 길 네거리에 탑을 세우고, 그 둘레에는 비단과 번기와 일산을 달고, 길가에서 향을 태우고 여러 가지 기악을 아뢰어서 공경, 공양하고 대시회(大施會)를 베푸는 것이다."[595]

위 경전의 특색은 천의 분량이 상당하고 우유로 불을 끈다는 것이다. 고대 인도에서 이와 같은 장례식은 귀한 신분에게만 행해질 수 있는 제물들에 속한 것인지, 아니면 붓다에게만 행한 의식인지는 알 수 없다. 다른 것은 『열반경』의 다른 이본(異本)들과 비슷하다. 경전들은 공통적으로, 붓다 유해의 보존을 우선으로 하고 있으며, 풍요함과 화려한 치장, 그리고 오래도록 준비된 절차를 붓다 유해에 부여한다.

---

595) 『根本說一切有部毘那耶雜事』, T 24, 400b26～400c02, ;"以白疊絮先用裹體. 次以千張白疊周遍纏身. 置金棺中盛滿香油. 覆以金蓋積栴檀木及海岸諸香. 以火焚燎. 後將牛乳澆火令滅. 有餘舍利盛以金瓶. 於四衢大道建窣睹波. 周匝圍繞懸繒幡蓋. 塗末燒香奏衆伎樂. 恭敬供養設大施會."

2.3 합일된 공동체 의례로서 장례의식

전륜성왕에게 치러진 행위는 정서적인 동력이 되어 다시 재연되어 지각되고 그것에 관해 느끼게끔 한다. 일종의 연속적인 활동인 듯 관련되었다. 전륜성왕에게 행한 의례와 붓다에게 치러진 의식은 절대적인 것이 아니라 모든 정서가 본래의 출구와 완성에서 계산된 행위로 불가피한 듯 보인다. 이 두 인물에게 행한 의례는 정서의 표출이 기본적으로 감동의 요인이고 집단적으로 길게 이어진 한 음절의 흥미로운 의례로 보인다. 각각의 초기 『열반경』들이 긴 호흡으로 의식을 설명하고 있어서 이것과 무관해 보이지 않다.

초기 『열반경』 텍스트의 전거를 통해 연구자는 다음과 같은 견해를 조심스럽게 제시한다. 붓다에게 행한 의례가 전륜성왕에게 행한 의례를 모방했다고 하더라도 그것은 정서의 집단적 통합이며 재생산의 결과이다. 초기 공동체는 자극을 수용할 뿐 아니라 자극에 반응해야 하며 이런 정확한 차이는 모방을 뛰어넘는 정서의 유대감에 비중을 둔다. 공인된 집단에 의해 공적으로 공식적으로 행해지고 있기 때문에 초기 불교 시대뿐만 아니라 현재 이 순간 우리의 관심을 갖게 만든다. 소원하는 행위는 행해졌다. 집단적이기 때문에 리듬적이고 규칙적으로 반복 발전되었다고 본다. 이들의 의례행위에 제의적인 음악과 예술적 감각이 포함된 것도 집단적 정서와 열망의 방출이라고 볼 수 있다. 사회적으로 느껴진 것은 성스러운 것이며 집단 전체에 의해 행해지지 않으면 의례는 율동적일 수 없다. 역동적으로 행해진 붓다의 장례의식은 드라마틱하게 반복되고 재연된 성공적인 표현방식을 차용했다.

그 옛날 공동체의 참여와 일체감이 느껴진다. 붓다의 장례를 행했던 공동체는 모방이라 생각하기보다 참여와 일체감을 되살리려는 노력을 보인다. 붓다의 장례 의식은 붓다의 입멸이 예견된 것처럼, 기대되는 것이며 기다려지는 것이 되었다. 그래서 커다란 가치의 원천이 되고 상대적으로 아름다운 축적인 축제적 행위들을 작용시켰다.

붓다의 장례 절차에서 보이는 식물들의 출현은 특이하게 이 축제적 요소를 드러냈다. 식물들의 출현은 신성함을 공동체 구성원에게 골고루 나누어주어야 한다는 상징과 은유성을 보인다. 열반은 죽음의 종교적인 다른 이름이다. 죽음, 포기, 어떤 것과의 관계를 끊어버림 등은 익숙한 것이 아니지만, 붓다의 장례의식에서는 역설적으로 작용되었다. 끔찍한 일이 아니고 꺼리는 행위가 아닌 공동체를 결속시키는 강렬한 욕구를 재현시키는 사건이 된다.

세부적으로 본다면, 다양한 차이를 찾을 수 있다. 하지만, 경전들에 쓰여 진 붓다의 열반 상황에 대한 의도는 동일하다. 초기 『열반경』 텍스트에서 보여 진 붓다의 장례 절차들이 주는 이 정보들을 함부로 내던지기에는 발생의 기원학적인 면에서 완벽한 진술에 속하기 때문에 무시하기 어렵다. 전륜성왕이라는 전통 고전에 속하는 기원에서 차용했기 때문이기도 하지만, 고대에 지각되고 기억되며 상정된 절차들은 이미 심적 이미지로 우리에게 깊이 각인되었다. 하나의 사회적 상태에서 다른 상태로 넘어가는 것은 제의적인 예술의 형태를 띠고 있다.

삶과 예술 사이에 다리 놓여 진 붓다의 장례의식은 그 최후의 목적이 끝이라는 결말과 어울리지 않게 노래하고 춤추는 비실천적인 일이 되고 있지만, 그 의도는 분명하게 공동체를 결속시키고 있다. 장례행위는 단결을 표현하기 위한 사회적이고 집단적인 행위이다.

초기 『열반경』 텍스트와 관련된 장례의식 중에서 이 부분은 '붓다와 전륜성왕에게 행한 장례 방식'을 거론했다. 6종의 초기 『열반경』 텍스트 모두에서 전륜성왕과 여래의 유해 방식은 관련되고 있다. 초기 불교장례 문화에서 최고의 장례 의식은 전륜성왕에게 행한 방식에서 체험된 의례가 붓다에게 행해짐으로 부각된다. 여기서는 전륜성왕의 장례법이 훌륭하다던가, 붓다의 장례의식이 더 권위가 있다는 것을 말하려는 것은 아니다. 고대 경전의 서술을 통해 장례의식은 우리가 그 당시 순간을 바로 앞에서 지켜보는 것과 같은 느낌으로 전수 받을 수 있다는 사실 자체에 있다. 또한 이 에피소드를 통해, 불교가 인도문화와 관련된 단서를 제공할 수 있기를 바란다.

앞에서도 언급했듯이, 붓다의 장례 의례는 상징적 행위로 고대 인간들에게 힌두 세계에서 초기 불교 시대로 넘어가는 징검다리 역할을 한다. 전륜성왕의 유해에 행한 방식과 여래에게 행한 유해 방식의 유사성은 초기 불교 의례행위를 이질감 없이 받아들이도록 하는 완충 작용을 한다. 여래 유해에 행한 상징적 의례는 이미 고대 인도에서 경험된 성대한 의식으로 인해 어색하지 않았다. 전륜성왕의 권위와 위상을 체득한 고대인들로 인해, 더 많은 숙고와 존중함이 여래의 유해에 행해졌다. 다만 특이할 만한 점이 있다면, 전륜성왕의 장례를 압도

할 수 있는 붓다의 장례 행위가 되길 기대하는 심리가 경전들에서 보여진다.

그렇다고 해도, 6종의 경전에서 장례 의례는 물리적 공식과도 같아 보인다. 장례법은 흰 종이 위에 검게 쓰여 진 단순한 공식이 아니라 인간 붓다의 육체 위에 각인되는 하나의 절차이다. 이러한 의례를 행하는 사람들은 더 이상 개인이 아니라 신과 인간과 자연과 물질의 장엄한 신비의 한 방식에 참여한다. 그 방식 자체가 하나의 금기로 그 누구에게도 더 이상 치러 질 수 없는 단 한 번의 행사로 확정지어진다. 붓다 장례 의례는 그 공식에서 제의적으로 장식되는데, 인간적으로 취급되는 것이 아니라 상징적으로 취급된다.

붓다의 장례법은 개인의 시각보다는 집단의 시각에 근거하며 장례 의식에서 우리는 '성인의 죽음'으로 간주되는 것이 우주 체계의 중심에 놓여 있음을 알 수 있다. 둔감한 능력으로 느끼는 것보다 훨씬 고차적인 실재성을 지닌 일상성 속에 느끼는 공동체의 의례이다. 붓다의 장례법은 역사의 단순한 참고서나 그 당시의 문화를 분석하는 체계뿐만 아니라 이 세상에서 저 세상으로 가는 과정의 기괴성과 경이감의 표출이다. 이런 경이감은 구체적인 인공물로 전해진다. 붓다의 장례 의례는 새로운 인공물을 조성하게 함으로 해서, 인간의 깨달음과 인간 목적의 증진을 위하여 기능한다. 사리탑이라는 스투파의 조성은 붓다 열반 이전부터 있어왔으나, 붓다로 인해 구체화되었다. 사리탑에 공양하고 존경하는 행위는 붓다 생전에 붓다에게 공양하고 존중하는 행위와 같은 의미를 부여한다. 붓다의 제자들도 아라한으로 존경받았기 때문에 사리탑으로 남아있을 수 있었다. 아라한을 공경하는 초기 불교의 문화에서 이것은 너무나도 당연시되었다.

그러나 붓다 유해에 행한 의식이 아라한 제자들에게도 똑같이 시행되었다는 근거는 찾을 수 없었다. 이것에서 차이를 보인다. 이런 차이는 붓다의 장례법을 통해 세계와 우리자신을 깊은 차원에서 경험하게 한다. 이런 것은 그 당시의 공동체가 치러낸 축제적인 요소가 결핍된다면 느낄 수 없었을 것이다. 근엄하면서도 예술적이고 장중하면서도 화려한 붓다의 장례의식은 매력적이며 뮤지컬을 보는 듯한 분위기를 느끼게 한다.

일반적으로 장례 절차가 끝나면 공동체의 결집력이 약화된다. 이런 일반적인 성향과는 다르게 붓다의 장례 의식은 공동체의 통합을 이끈다. 그러한 주요 요인은 붓다의 장례가 축제적 분위기를 지니고 있기 때문이다. 이 텍스트를 통해서 알 수 있는 것은 공동체의 핵심이 아직까지 붓다에게 있으며, 이것은 장례 전반에 걸쳐서 입멸한 붓다를 중심으로 행해진다. 인도의 제식이 살아있는 자들을 위해 행해지는 의식이라면 붓다에게 행한 공양 등은 여러 장식물들로 인해서 입멸한 붓다가 공동체의 중심에 놓여 있다.

3절 다비의식에 담긴 공동체의 변화

이 절은 에피소드 49번과 50번에 해당한다. 가섭과 5백 비구들이 붓다 입멸 소식을 전해 들었고, 가섭이 도착하고서야 붓다의 다비의식이 시작되었다는 내용이다. 다비의식을 통해 어떠한 변화가 일어났으며, 이를 통해 어떠한 권력 이동이 있었고, 그 과정에서 아난과 가섭의 긴장 관계는 어떠한 역할을 했는지, 그리고 이 다비의식에 참여한 사람들의 인적 구성은 어떠했는가를 밝혀보기로 한다.

초기 불전 연구에서 다비의식에 관련된 선행연구는 잠시 접어두기로 한다. 고대 경전을 통해 원초적이고 근원적인 붓다의 다비의식에 집중하는 것이 횡적 연구를 더 깊게 하는 작업이라 판단되기 때문이다. '다비의식에 담긴 공동체의 변화'를 분석하려는 시도는 후대 불교 공동체에서 행해지는 다비의식과도 무관하지 않다. 이러한 기술은 석존 입멸 당시 배경을 경전과 한문 경전을 바탕으로 묘사하는 데 목적이 있다.

1. 공동체 핵심의 이동

붓다 재세시에 권력의 핵심은 붓다에게 있었다. 그렇다면, 붓다 입멸 후는 어떠했을까? 상가 공동체가 민주적인 방식으로 운영되었으며, 권력의 편중은 사실상 존재하지 않았다는 것이 일반적인 견해이다. 이에 대해 본 연구는 구체적 사례를 통해 다른 해석의 가능성을 타진해보고자 한다. 초기 시대에도 권력의 이동이 있었다는 가설이 그것이다.

신성현은 「초기불교 교단에서 가섭과 아난의 관계」 에서 아난에 대해 다음과 같이 평가한다. 붓다 재세시 『잡아함경』의 에피소드를 통해 볼 때, "아난은 자신의 일보다 다른 사람의 구제에 힘을 썼기에 뒤늦게 아라한이 되었지만 상가의 신망은 가섭을 오히려 능가하였다."[596] 또한 "아함경과 율장 등을 보았을 때, 가섭과 아난의 관계는 좋아 보이지 않는다". "둘의 성격이 너무나 다르며 수행 방법도 각기 달랐기 때문"이다. 한편 경전의 설명은 "아난 보다는 가섭을 지지하는 편에서 설명되었다"고 신성현은 주장한다.[597] 이는 연구자 역시 동의하는 바다. 초기 『열반경』 텍스트를 중심으로 그 구체적인 사례를 살펴봄으로써 이를 확인할 수 있다.

『열반경』 텍스트 안에서는 붓다 입멸 후의 권력 이동이 선명하게 드러난다. 아누룻다가 공동체의 지도자로 부상한 것은 '붓다의 장례법에 관한 에피소드'에서였으며, 가섭으로 공동체 핵심이 이동하게 된 사건은 '다비의식의 에피소드'에서였다.

분명한 것은 공동체의 핵심이 이동하기 위해서는 약간의 공백상태가 있을 수밖에 없다는 사실이다. 그러한 공백에 대해 『열반경』 텍스트는 미래 공동체의 핵심이 될 만한 인물에게 비

---

596) 신성현, 「초기불교 교단에서 가섭과 아난의 관계」, 『불교학보』제 36권 (동국대학교 불교문화연구원, 1999), 255쪽.
597) 신성현, 위의 글, 256쪽.

중을 둔다. 공백 상태라고 보는 것은 각각의 부파에서 가섭의 영향력을 전적으로 우선하지는 않았다고 보는 관점에서 비롯된 해석이다. 공백상태는 붓다가 불길 속에 들어가는 전후의 시간들과 연결되는데, 공동체의 핵심 인물에 변화가 생기는 시점이다. 이를 초기 『열반경』 텍스트들은 극적으로 표현한다.

초기 『열반경』 마지막에서 붓다의 입멸 후 가섭의 등장은 어떤 의미를 가지는가? 가섭은 500의 비구 승단을 이끌고 붓다의 다비의식에 참여했다. 후에 승단의 권력이 그에게 실리게 된 것은 초기 『열반경』의 이 에피소드에서부터다. 복선적으로 암시된 이 부분에 주목할 때, 이 에피소드가 결집의 상황과 연결성을 가지고 있으며 가섭의 영향력이 시작되는 지점이라는 것을 알 수 있다. 상가 공동체의 큰 흐름에서 본다면, 이 에피소드에서 공동체의 핵심적 구도가 붓다에서 가섭으로 옮겨지기 시작했으며, 가섭이 자연스럽게 권력을 재구성하고 있다는 해석이 가능하다. 물론 상가 공동체를 권력 구조로 파악한 것은 상가 본연의 모습을 곡해한 것일 수 있다. 하지만 민주적인 상가에 핵심적인 인물이 있어 공동체의 시스템을 원활하게 이어갈 수 있었을 것이라는 해석을 가한다면, 일부분에 속하는 에피소드이지만 흥미로운 대목이다.

다비의식은 성인이 가고 나서 행하게 된 공동체의 의례이다. 가섭은 이러한 공동체의 의례 행위에 깊이 관여한 후에 공동체에서 핵심적이고 주도적인 역할을 하게 된다. 붓다의 다비의식을 매개로 새롭게 권력은 창출되었다. 이러한 붓다의 다비의식은 재가자들에 의해서 주도되었다. 상가 공동체의 책임자는 후에 상가의 합의에 의해 결정되어야 한다는 붓다의 의견이 있었다. 그러한 시각에 따르면, 가섭의 에피소드는 그 일 부분으로 이해될 수 있다. 따라서 상가를 일종의 권력구조로 파악했다면, 그것은 당시 상황을 정치적·권력적 도구도 판단한 것일 수 있다. 하지만 연구자의 관점에서는 역사적 사실을 그 테마로 하고 있는 초기 『열반경』 텍스트에서 보여준 가섭의 위상을 객관적으로 파악하는 것이 중요하다고 생각된다. 가섭이 번뇌를 멸한 아라한이라는 것과 무관하게 상가 공동체에 핵심적 인물은 존재하기 마련이다. 상가의 위계질서는 민주적인 체계 아래서 화합적으로 작동했을 여지가 있기에 해석상 이를 고려할 필요가 있는 것이다.

가섭의 등장은 필연적인 사건인 듯 하면서 우연적인 요소 역시 가지고 있다. 즉, 그의 등장이 공동체의 새로운 변화에 따른 필연적인 행로이면서 동시에 붓다에 의해 주도된 전통적인 경전에 대한 도전의 시작이기도 한 것이다.

각각의 부파가 가섭을 언급했다는 것은 붓다 입멸 후에 가섭이 공동체의 우두머리로 자리했다는 사실을 입증한다. 공동체의 지도자가 가진 성향은 그 공동체의 운명을 가름한다. 이러한 전제 아래 가섭이 주도권을 갖게 되는 시점에서부터 그가 행한 방식을 따라 변화된 공동체의 모습을 고찰해보도록 하자.

2. 마하가섭의 다비의식 참여

초기 『열반경』은 가섭이 붓다의 입멸을 목격하지 못한 점에 대한 아쉬움과 서운함을 표현한다. 이것은 필연과 우연의 양쪽을 적절하게 배분하면서 독자들에게 무의식적으로 정당한 공동체의 지도자로 가섭을 인정하게 만든다. 이런 점에서 이 에피소드에서는 공동체 핵심의 이동 또는 공동체의 재구성이 정당화되는 과정을 적절하게 나타내고 있다.

가섭이 등장하기 전 상황을 초기『열반경』류에서 살펴보면 흥미로운 사실을 발견하게 된다. 빨리본에서 마하 가섭은 500 비구의 승가와 함께 파와로부터 꾸시나가라로 이르는 여행길을 따라 가고 있다가 붓다 입멸 소식을 전해 들었다. 같은 사건을『유행경』에서는 다음과 같이 전한다.

> "가섭은 오백 제자를 거느리고 파와국으로부터 오고 있고, 손에 만타라꽃을 들고 있는 한 명의 니건자를 만났다"[598)]

니건자는 자이나교도을 말한다. 붓다 입멸로 인해 공동체가 축제를 치러냈음은 '만타라꽃'을 든 자이나교도를 통해서 알 수 있다.[599)] 가섭이 자이나교도에게 소식을 들었다는 것은 붓다 입멸 사건이 다른 종교 집단에서도 큰 사건이었다는 것을 시사한다. 경전들은 붓다 입멸 당시 가섭의 부재에 집중하면서 붓다가 입멸한 곳과 공간적 거리를 두고서 가섭의 이야기를 시작한다. 공간적 거리와 시간적 거리가 있음에도 불구하고, 가섭은 붓다의 다비의식을 결정적으로 이끈 존재로 등장한다.

---

598) 『遊行經』, T 1, 028c03～028c04 ;"迦葉將五百弟子從波婆國來, 在道而行, 遇一尼乾子手執文陀羅花."

599) 『遊行經』에서는 붓다의 열반을 전호련은 사람이 자이나교도로 나오지만, 다른 경전들에서는 이지비카도 거론되기도 한다. 다양한 판본들의 비교는 여기서 생략하겠다.

가섭의 이처럼 드라마틱한 행적은 이미 그가 오백 명의 공동체 수장임을 말해준다. 그리고 가섭이 자이나교도를 통해 붓다 입멸 소식을 전해 들었다는 것은 당시 인도의 여러 종파에서 그를 인정하고 있었다는 증거로 볼 수 있다.

그렇다면 과연 다비의식은 가섭이 없었다면 시작되지 않았을까? 이 이야기에서 가섭의 등장은 공동체의 변화와 궤를 같이 하며 전개된다. 다비의식은 좀 더 극적인 상황과 반전을 통해 '붓다의 유체에 불이 붙지 않은 당혹스런 위기'를 무사히 넘기도록 하는 역할을 가섭에게 부여한 계기였다.

> "그런데 그 때, 머리를 감고 깨끗한 옷을 입은 네 명의 말라족 최고의 우두머리들이 '우리들이 세존을 위한 다비용 장작더미에 불을 붙일 것이다'라고 하였지만 붙일 수가 없었다."600)

장작더미에 불이 붙지 않았다면, 붓다의 유해는 어떻게 되었을까? 공동체가 행하는 의례적 행위의 중단은 커다란 위기감을 불러온다. 의례가 차례대로 진행되지 못할 경우 그 공동체 자체가 와해되는 사태까지도 이를 수 있는 것이다. 순간의 정적과 함께 일시 중단된 진행은 공동체를 집중시키기도 한다. 다행스럽게도 당혹스러운 상황이 가섭의 등장으로 해결되었다.

> "마하 가섭 존자가 세존을 위한 장작용 더미가 있는 꾸시나가라의 마쿠타 반다남이라는 말라족들의 사당으로 다가갔다. 다가가

---

600) MPS[DN. x vi, 5.24.], 162～164, 21. ;Tena kho pana samayena cattāro Malla-pāmokkhā sīsaṃ nahātā ahatāni vatthāni nivatthā, 'Mayaṃ Bhagava to citakaṃ ālimpessāmati' na sakkanti ālimpetuṃ.

고 나서 왼쪽 어깨를 위 가사로 덮고 합장한 손을 머리로 들어올린 후 장작더미를 오른 쪽으로 세 번 돌고 나서 발이 드러나자 세존의 발에 머리를 조아려 공경하였다. (…) 그리고 마하 카사파 존자와 그 오백 비구들에게 공경 받았을 때 세존을 위한 장작더미는 저절로 불이 붙었다."[601]

붓다 입멸을 지켜보지 못한 가섭을 초기 공동체에서 주목하는 이유는 뭘까? 가섭이 붓다의 다비의식에 참여한 것은 그의 새로운 시대를 알린 계기가 된 것임에는 분명하지만, 가섭의 구체적인 위상은 일련의 사건들을 묘사한 방식 안에 존재한다. 가섭이 직접 붓다의 유해에 인사드리자 장작더미가 불타오른 상황이 눈에 보이듯이 묘사된다. 이 부분은 붓다가 인정하는 제자의 마지막 공양을 받은 뒤에야 다비의식이 시작될 수 있었다는 설정으로 후에 있을 결집의 정당성을 인정하는 장면이다. 마술과도 같은 일련의 사건들은 극적인 요소를 지니고 있으며 가섭의 존재를 주목시키기에 충분하다. 공동체를 주도적으로 이끌 만한 후계자를 붓다의 다비의식을 통해 알린 것이다. 암묵적으로 가섭이 붓다의 후계자로 인정되는 상징적 사건인 셈이다. 가섭이 도착해서야 붓다의 다비의식이 시작되었다는 것은 6종의 초기 『열반경』 모두에서 공통으로 거론되고 있다. 때문에 공동체의 핵심이 가섭으로 이동하고 있다는 사실에

601) MPS[DN. x vi, 5.24], 163쪽, 22. ;Atha kho āyasmā Mahā-Kassapo yena Kusinārā-Makuṭa-bandhanaṃ Mallānaṃ cetiyaṃ yena Bhagavato citako ten 'upasaṃkami, upasaṃkamitvā ekaṃsaṃ cīvaraṃ katvā añjalim paṇāmetvā tikkhattuṃ citakaṃ padakkhiṇaṃ katvā, pādato vivaritvā Bhagavato pāde sirasā vandi. (…)ca pan'āyasmatā Mahā-Kassapena tehi ca pañcahi bhikkhu -satehi, sayam eva Bhagavato citako pajjali.

이견을 제시하기는 어렵다.

지금까지 가섭의 다비의식 참여가 갖는 의미에 대해 검토해 보았다. 초기『열반경』에 해당되는 6종의『열반경』 모두 가섭이 참여하고 나서야 다비의식이 가능했다고 언급하고 있는 것과 그 외의 의식들 및 상황에 근거하여 볼 때, 공동체의 핵심이 다비의식을 계기로 가섭에게 옮긴 것을 확인할 수 있었다. 그렇다면 가섭이 공동체의 핵심이 되면서 어떠한 문제가 발생했을까? 붓다의 입멸을 지켜본 아난과 갈등이 있었을까? 다음 장에서 이에 대해 살펴보고자 한다.

3. 가섭과 아난의 긴장관계

이미 붓다의 재세시부터 가섭과 아난의 관계는 좋지 않았다. 두 사람 사이가 좋지 않았다는 증거는 여러 곳에서 발견된다.[602] 이러한 맥락에서 붓다를 오랫동안 시봉한 아난에 의해 공동체 권력이 재편된 것이 아니라 다비의식에 잠깐 참여한 가섭에 의해 공동체가 운영되고 있다는 사실은 흥미롭다. 가섭과 아난의 대화 속에서 그 긴장감을 엿볼 수 있다. 후대의 학

602) 신성현,「초기불교 교단에서 가섭과 아난의 관계」,『불교학보』제 36권(동국대학교 불교문화연구원, 1999), 260쪽을 참고하라. 신성현은 여기『잡아함경』권 41, T 2, 303C를 통해서 구체적인 에피소드를 들면서 아난이 붓다의 시자였기에 두 사람 사이의 불화는 붓다 재세시에는 표면화되지 않았다는 의견을 내놓고 있다. 신성현은 가섭과 아난의 차이점을 다음과 같이 정리한다. 가섭은 두타행을 고집하고, 아난은 여성출가를 관철시켰다. 아난은 석가족 출신이고, 가섭은 바라문 출신이다. 초기 불교 공동체는 석가족 출신이 주류였다. 가섭은 여러 가지로 탁월했지만, 석가족 출신이 아닌 것에 대하여 일종의 콤플렉스를 가졌을지 모른다는 것이 신성현의 추정이다. 이점 때문에 결정적으로 두 사람 사이의 관계가 대립적이었다는 것이다.

자들이 아난과 가섭을 대립적 구도로 이해하려는 것도 이에 근거한다.[603] 붓다가 입별함에 따라 두 사람의 불화(不和)는 본격적으로 표면화되기 시작한다.[604] 『유행경』, 『반니원경』, 『대반열반경』 등은 가섭과 아난의 관계를 긴장 구도 하에 그려내고 있다. 이는 후일의 결집에서 상가 공동체가 아난을 비난하였음을 예고한다.

> 가섭 : "우리들이 화장을 하기 전에 사리를 한 번 뵙고 싶습니다. 볼 수 없겠습니까"[605]
>
> 아난 : "비록 아직 화장을 하지 않았지만, 다시 뵙는 것은 어렵습니다. 왜냐하면 부처님의 몸은 이미 향탕으로써 씻고 겁파로써 감되 오백 겹으로 차례대로 감아 금관에 넣어 철곽 중에 두고 전단향나무의 곽으로 그 밖을 두 번 입혔습니다. 때문에 부처님의 몸을 다시 뵙기는 어렵습니다"[606]

『유행경』에서 가섭은 화장하기 전이라면 붓다를 볼 수 있을 것으로 생각하고 아난에게 이를 청한다. 가섭이 세 번을 청하였지만 아난은 거절한다. 이 세 번의 거절은 공동체에서 아난의 지위를 짐작케 한다. 이 부분은 빨리본과 커다란 차이를 보인다. 가섭이 오기를 기다렸다는 듯이 다비의식이 시작된 빨리

603) 빨리어 율장 주석 서문에서 일부 학자들은 "1 결집에서 가섭과 아난의 관계가 반드시 적대적이지만 않았다"라는 견해를 제시한다.

604) 신성현, 앞의 글, 256쪽.

605) 『遊行經』, T 1, 028c21～22. ;"我等欲一面覲舍利, 及未闍維. 寧可見不."

606) 『遊行經』, T 1, 028c22～028c26. ;"雖未闍維, 難復可見. 所以然者, 佛身旣洗, 以香湯纏以劫貝, 五百張疊次如纏之, 藏於金棺, 置鐵槨中, 栴檀香槨重衣其外, 以爲佛身難復可覩."

본과는 매우 다르다. 초기 『열반경』의 이본(異本) 텍스트에서 이 부분은 텍스트들의 전후 성립 과정을 유추할 수 있는 근거이다. 대승의 텍스트가 가섭에 비중을 두고 있다는 점을 고려한다면, 객관성을 띤 빨리본 보다 『유행경』에서 첨삭의 가능성이 높다는 것을 알 수 있다. 『유행경』에서는 미래에 있을 아난에 대한 비난을 암시하고 있기 때문이다. 각 경전마다 공동체가 행하는 의례 부분에서 관점이 다르기 때문에 그 상황과 분위기에서 오는 차이점을 비교한다면, 각 학파가 지닌 성향을 분별해낼 수 있다.

한편 신성현은 경전과 율장에 근거하여, 가섭을 따르는 무리들이 결집 편찬의 주류가 되었기 때문에 가섭과 아난의 갈등은 전적으로 사실이라고 보기는 곤란하다는 견해를 제시한다. 다만 초기 교단의 한 단면을 확인해주는 에피소드로 보기에 무리가 없다는 데 신성현은 동의한다. 교단사는 곧 갈등과 다툼의 극복 과정이며, 그러한 문제 해결을 통해 상가 공동체는 정비되고 완비되어 갔다.[607]

'붓다가 없는 공동체를 누가 이끌어 가게 되는가?'에 대해 예시로서 답하고 있는 『유행경』에서의 가섭과 아난의 첨예한 대립을 살펴보도록 하자. 가섭과 아난의 극명한 대립은 다음과 같은 대목에서 명백히 드러난다.

"대가섭이 향나무더미에 이르렀을 때, 부처님의 몸이 겹 관 안으로부터 양발이 동시에 나타나게 되었다. 발만이 다른 색깔이었는데 가섭이 보고 나서 괴이하게 여겨 아난에게 물었다. '부처님의

607) 신성현, 위의 글, 254쪽.

> 몸은 금색인데, 이 발은 무엇 때문에 다른 색을 띄는가?'[608]
>
> (아난은 답했다.) "전에 노모(老母)가 있어서 슬퍼하고 애통해하면서 앞으로 나아가 손으로 부처님의 발을 어루만지면서 눈물을 그 위로 흘렸기 때문에 색깔이 다른 것입니다"[609]
>
> "가섭이 이를 듣고 마음이 매우 좋지 않아 즉시 향으로 장식된 장작더미 쪽으로 가서 부처님의 유체에 예를 올렸다. 이 때 사부대중과 하늘의 모든 천신들도 동시에 예를 갖추었다. 이로부터 부처님의 발은 홀연히 사라졌다."[610]

붓다가 여성을 어떻게 생각했는지는 이 부분에서 확신하기가 어렵다. 『유행경』에서는 가섭이 여성을 공동체의 공평한 일원으로 인정하지 않았다. 하지만 사부대중이 가섭과 함께 붓다에게 예를 갖추었다는 점에서 여성이 공동체의 일원으로 인정되었다는 것을 알 수 있다.

붓다 재세시 아난은 여자들도 불법에 출가하여 도(道)를 닦게 해 달라고 붓다에게 간청한다.[611] 여러 차례 아난의 간청으로 마하프라자빠띠 구담미(摩訶波闍波提 瞿曇彌, Mahāprajāpatī-gautamī)와 500 여인이 붓다가 새로 정하신 여덟 가지 법을 수지하고 드디어 출가한다. 최초 비구니 마하쁘라자빠띠가 출가할 때까지만 하더라도 비구니 집단은 없었다.[612] 그녀의 출

608) 『遊行經』, T 1, 028c27～ 029a01. "時, 大迦葉適向香積, 於時佛身從重槨內雙出兩足. 足有異色, 迦葉見, 怪問阿難. "佛身金色, 是何故異.""

609) 『遊行經』, T 1, 029a01～029a02. "有一老母悲哀而前手撫佛足, 淚墮其上, 故色異耳."

610) 『遊行經』, T 1, 029a02～029a04, "迦葉聞已, 又大不悅, 卽向香積, 禮佛舍利. 時, 四部衆及上諸天同時俱禮. 於是佛足忽然不現."

611) 전호련, 「比丘尼教團의 成立에 대한 考察」, 『한국불교학』 11집(한국불교학회, 1986), 314쪽.

가와 함께 교단 내에 새로운 비구니 집단이 생기게 된 것이다.[613] 처음에는 이들 비구니의 구족계는 비구들에 의해 이루어졌다.[614]

전호련의 이러한 주장은 구담미의 출가가 매우 어렵게 이루어진 것임을 시사한다. 이는 정법의 존속 기간을 500년이나 감소시킨다는 대죄인의 불명예를 그녀가 감수해야 했기 때문이다. 전호련은 비구니 8경계로 인해 비구니 교단사의 시점과 구성을 달리한다고 설명한다. 또한 전호련은 전승된 이 여인의 출가 에피소드가 알고 있는 사실과 다른 것일 수 있거나, 혹은 과장되고 변형된 것일 수 있다는 점을 우리에게 주지시킨다.[615] 그러나 중요한 것은 붓다가 교단 내 출가제자도 신분의 계급여하를 막론하고 모두 평등하게 받아들였다[616]는 점이다.

이러한 사실에도 불구하고, 초기 『열반경』의 이 대목은 아난에 대한 하나의 경고성 트집으로 보인다. 붓다의 발을 더럽혔다는 이유를 들어 가섭이 대신 그 더러움을 제거하는 처방으로 예를 올렸다면 그것 또한 아이러니가 아닐 수 없다. 붓다의 공동체는 열반 후 장례 때까지만 여성에게 개방되었고, 다비의식에 가섭이 등장하면서 여성의 위상이 격하되었다고 볼 수 있다. 하지만 다른 면에서 접근할 수도 있다. 다비의식 절

612) 전호련, 「大韓佛教曹溪宗의 二部僧授戒와 四分律」, 『韓國佛教思想과 文化』 제 39집, (한국사상문화학회, 2007), 257쪽.

613) 전호련, 앞의 글, 315~316쪽.

614) 전호련, 앞의 글, 257쪽.

615) 전호련, 앞의 글, 311~312쪽. 비구니 8경계에 대해서는 이 논문을 참고하기 바람.

616) 전호련, 「比丘尼教團의 成立에 대한 考察」 『한국불교학』 11집(한국불교학회, 1986), 317쪽. ;水野弘元 『釋尊の 生涯』 (春秋社, 1972) 재인용.

차에 여성의 접근이 금지되었던 것은 전통적으로 인도의 장례의식 절차에서 여성이 배재되어 왔기 때문이다. 따라서 가섭에 의한 여성 폄하(貶下)라고 보기에는 무리가 있다. 이점은 인도의 전통의식과 문화에 대한 보다 깊고 충분한 이해가 요구되는 대목이기도 하다.

중요한 것은 이 이야기가 후대의 결집 상황에서 아난에게 비난거리를 제공한 단서가 되었다는 점이다. 아난에 대한 비난은 공동체 핵심이 되는 인물이 누구로 결정되었는가를 말해준다. 다비의식을 무사하게 치러낸 가섭의 위상이 아난에 대한 비난으로 또 다시 이어지면서 흑백의 논리처럼 상황을 반전시켰다.[617] 이는 붓다 재세시 아난의 위상에 결정적 흠집을 낸 사건이다.

가섭의 카리스마에 묻혀 늙은 어머니가 마지막 공양 때 눈물을 붓다의 발아래 흘려서 금색의 몸과 다른 색의 발을 가질 만큼 여성의 공양은 아무 것도 아닌, 그 보다 더 보잘것없는 것이 되어 버렸다. 가섭이 주도적 역할을 하는 상황으로 변해버린 초기 『열반경』 여러 이본들은 붓다가 이제까지 지닌 카리스마와는 다른 양상을 보여준다. 온건과 엄격의 양 저울을 적절하게 조절하는 붓다의 카리스마와는 다르게 가섭의 카리스마는 엄격 쪽에 힘을 싣고 있다. 이런 분위기는 『유행경』 텍스트에서도 확인할 수 있다.

『반니원경』에서도 아난은 붓다의 유체를 보기 원하는 가섭의 청을 세 번에 걸쳐 거절한다. 이런 대화 내용은 『유행경』과 동일하다. 여기서도 가섭은 부처님의 몸은 금색인데 왜 발

617) 4절 1, 1.3 참조.

은 다른 색인가 물었으며, 아난은 "어떤 여위고 늙은 어머니가 부처님의 발에 머리를 조아려 그 위에 눈물을 떨어뜨렸기 때문에 그 색이 다르다."[618]고 답한다. 이어 가섭이 "마음이 불쾌해져 곧 한숨을 내쉬었다"[619]고 덧붙이고 있다. 경전의 분위기 상 그것이 아난에 대한 불만인지, 여성에 대한 불만인지는 확실치 않다. 하지만 여성을 통해 아난을 비난함으로써 가섭의 지위를 상대적으로 높이려는 의도가 내재해 있다는 것은 분명해 보인다. 그럼으로써 가섭에게 공동체의 핵심적 위치를 부여하고자 했던 것이다.

전호련은 불교 교단 내에 아난 및 부르나 등을 위시한 진보적 사상의 소유자와 가섭을 중심으로 한 보수적인 비구들이 병존하고 있었고, 불멸 직후에는 가섭을 중심으로 한 보수적인 세력이 교단을 주도해 나갔다는 주장을 내놓은 바 있다. 이러한 관점에 따르면, 보수적인 장로 비구들이 결집한 경, 율, 논에 진보적인 사상이 받아 들여 졌을 리 없다. 더욱이 여성 비구니 교단에 대한 사실은 보수적인 비구 장로들의 눈에 좋게 비춰지지 않았을 것이다. 그래서 가섭을 지지하는 편에서 송출되고 기술되었을 가능성이 짙다고 보았다. 전호련은 여성에 관련된 에피소드에서 편견과 왜곡된 점이 많았을 것이라고 주장한다. 전호련이 위에서 언급한 불멸 직후를 연구자는 초기『열반경』텍스트에서 보인 다비의식 사건으로 보거니와, 가섭의 주도적인 세력이 성장하기 시작한 시점이 바로 이때라고 할

618)『般泥洹經』, T 1, 189c06～07. ;"有羸老母, 稽首佛足, 墮淚其上, 故異色耳."

619)『般泥洹經』, T 1, 189c07. ;"大迦葉, 又不悅. 乃喟."

수 있다. 역사에 대한 재해석과 왜곡은 후대에 권력을 장악한 인물을 중심으로 이루어지기 마련이다. 이러한 맥락에서 여성에게 호의적인 아난에 대립 각을 세운 가섭이라는 구도 설정 역시 초기 『열반경』에 첨가되었을 가능성이 높은 것이다.

4. 다비 의식을 통해 본 초기 구성원

다비의식을 통해서 가섭과 함께 붓다 유해에 공양하는 공동체에는 여러 서열이 존재했던 것으로 보인다. 사부 대중이 인간 공동체의 역할을 하며 신들도 이 공동체 안에 포함되어 있는 것으로 보아 그 범위는 꽤 넓었던 것으로 추정된다.620)

> "가섭이 머리를 조아려 부처님의 발에 예를 표하고 장작더미를 세 번 돌아 한쪽에 섰다. 모든 비구, 비구니, 청신사, 청신녀, 천용, 귀신, 왕, 천악신, 질량신, 금시조신, 애욕신, 사구신이 각각 앞으로 나아가 부처님의 발에 머리를 조아려 예를 표하고 장작더미를 세 번 돌고 한 편에 섰다."621)

『유행경』에서는 사부대중과 신들을, 『반니원경』에서는 인도 사회 전반 계급에 관련한 공동체 구성원들, 그리고 신들과 함께 한 상가 공동체를 거론한다. 마하가섭에 따른 다비의식에서 공동체의 구성원은 각각의 경전마다 차이를 보인다. 빨리본은

620) 『遊行經』, 앞의 책 참조.

621) 『般泥洹經』, T 1, 190a08～190a11. ;"迦葉··, 稽首佛足, 遶積三匝, 卻住一面. 諸比丘比丘尼, 淸信士淸信女, 天龍鬼神王, 天樂神, 質諒神, 金翅鳥神, 愛欲神, 蛇軀神, 各前稽首佛足, 遶積三匝, 一面住畢."

마하 가섭과 오백 비구에 의해 공경 받을 때 장작더미에 불이 붙었으며, 『유행경』은 가섭과 사부대중, 그리고 모든 천신들이 동시에 예를 갖추고 가섭이 게송을 설할 때 자연히 타올랐다고 기록하고 있다. 한편 『불반니원경』에는 가섭이 찬탄하고 천신, 귀신, 용, 제왕, 여러 백성들이 예배하고 나서 화장이 이루어졌다고 기술되어 있다. 그런가 하면 『반니원경』은 가섭과 모든 비구, 비구니, 청신사, 청신녀, 천용, 귀신, 왕, 질량신, 금시조신, 애욕신, 사구신이 붓다의 시신에 예를 표하자 장작더미가 저절로 타올랐고 진술하고 있다. 『대반열반경』에서는 가섭에 의해서 향나무 장작더미가 스스로 불이 타올랐다는 기록이, 『근본설일체유부비나야잡사』에서는 가섭과 무수한 백 천의 대중이 예를 표하자 불이 일어났다는 기록이 보인다. 여기서 주목해야 할 경전은 『근본설일체유부비나야잡사』로 상가 공동체의 핵심적 인물들을 거론한다.

> "이때 무리 중에는 오직 네 명의 나이 많고 출가한지 오래된 성문이 있었는데, 말하자면 구수 아약교진여, 구수 난타, 구수 십력가섭파, 구수 마하가섭파이다. 그런데 마하가섭파는 대 복덕이 있고 이익과 공양을 많이 얻어서 옷과 발우와 약이 매사에 남음이 있었다."[622]

이 경전은 특별히 붓다 생전의 성문 제자들을 거론하고 있다. 경전에서 우선 거론되는 것이 상가 공동체의 서열이다. 이

622) 『根本說一切有部毘奈耶雜事』, T 24, 401b12～401b15; "於此時中唯有四大耆宿聲聞, 謂具壽阿若憍陳如, 具壽難陀, 具壽十力迦攝波, 具壽摩訶迦攝波. 然摩訶迦攝波有大福德多獲利養, 衣鉢藥直觸事有餘."

『근본설일체유부비나야잡사』에서는 '아약교진여, 난타, 십력 가섭파, 마하 가섭파'의 순으로 언급된다. '구수'라는 용어로 유추할 수 있는 것은 이들이 네 명의 나이든 원로 비구들이라는 점이다. 승단 서열상 구성을 거론하고 있는 것이다. 가섭에 대한 상세한 설명이 이 텍스트 뒷부분에 덧붙여져 있기는 하지만, 순서 상 네 번째로 거론되었다는 점에서 초기 불교의 상가 공동체의 성격을 짐작케 한다. 네 명의 대표적인 성문승들이 부처님 돌아가신 직후에 상가 공동체를 이끌었던 것이다. 따라서 마하 가섭이 주도적인 역할을 한 것은 초기 불교에서가 아니라 후기에 상가 공동체의 엄격주의가 만연했을 때임을 알 수 있다. 『근본설일체유부비나야잡사』에서 상가 공동체를 이끈 네 명의 인물을 제시하고 가섭에 대한 언급을 더 한 것으로 보건데, 후대에 합리적인 요소가 약해지면서 엄격주의가 성행할 때 부자연스럽게 이 묘사 부분이 삽입되었을 가능이 농후하다. 그 중에서도 특히 가섭에 대한 설명이 상세하다는 점이 눈길을 끈다. 가섭의 위상을 드러내는 묘사라고 볼 수 있기 때문이다. 6종의 경전들은 공통적으로 가섭이 공동체의 중심에 서게 될 것을 암시한다. 특히 『근본설일체유부비나야잡사』에서 네 명의 성문승들의 언급 후에 부각되는 가섭은 이러한 추측을 뒷받침하기에 충분한 근거라 할 수 있다.

『근본설일체유부비나야잡사』에는 '내가 지금 스스로 힘써(自辦) 세존에게 공양을 올리겠다.'[623]는 가섭의 생각이 기술되어 있으며, 다른 경전과는 다르게 가섭이 직접 붓다 유체에 장식

623) 『根本說一切有部毘奈耶雜事』, T 24, 401b15～16; "尊者作念, '我今自辦供養世尊.'"

물과 장례 행위를 하였다고 밝히고 있다. 『근본설일체유부비나야잡사』에서는 이를 "즉시 흰 천 백장과 솜을 마련하여 먼저 솜으로써 싸고 후에 천으로써 감아서 금관 속에 모시고 기름을 부어 가득 차게 하고, 금 뚜껑을 써 닫고 향나무로써 쌓고 한 쪽으로 물러갔다."[624]는 구절을 통해 구체적으로 표현한다. '자판(自辦)'은 '자기가 가지고 있는 것'을 의미하며, '이익과 공양을 많이 얻어서 옷과 발우와 약이 매사에 남아있다'는 것은 소지품을 가지고 있다는 것을 뜻한다. 다른 면으로 본다면 이것은 가섭이 가진 능력을 증언하는 셈이다.

이처럼 '출가자의 의식주를 규정하는 두타행'[625]에 정통한 가섭은 붓다 입멸의식에 자신 있게 참여했다. 가섭은 자신에게 뿐만 아니라 다른 이에게도 엄격한 두타행를 행했다.[626] 경전에서는 12 두타행을 실천하였다고 전한다. 가섭이 아난의 수행태도에 비판적일 수밖에 없었다면, 바로 이러한 이유에서 일

---

624) 『根本說一切有部毘奈耶雜事』, T 24, 401b16～401b18. ;"卽辦白疊千張及白疊絮, 先以絮裹後用疊纏, 置金棺中傾油使滿, 覆以金蓋積諸香木退住一面."

625) 신성현, 「十住毘婆沙論의 戒律思想」, 『韓國佛教學』제 14집(한국불교학회, 1990), 369쪽.

626) 신성현, 「不食肉戒 一考」, 『불교학보』 제 35권(동국대학교 불교문화연구원, 1998), 210쪽. 가섭이 행한 두타행은 다음과 같다. ① 고요하고 한적한 산림 속에 머무는 阿蘭若處, ② 글자 그대로 매일 걸식하는 常行乞食, ③ 좋은 음식을 구하여 부잣집만을 방문하지 않고 빈부의 차별 없이 차례로 걸식하는 次第乞食, ④ 오전 중 한 번만 식사를 하는 受一食법, ⑤ 하루에 한 번만 식사를 하되 과식을 해서는 안 된다는 節量食, ⑥ 오후, 즉 비시에는 非時漿이 허락되더라도 마셔서는 안 된다는 中後不得飮漿, ⑦ 누더기, 즉 분소의를 입는 着弊衲衣, ⑧ 單三衣, 즉 한 벌의 삼의 외에는 소유하지 않는다는 但三衣, ⑨ 고요한 묘지에 머무는 塚間住, ⑩ 나무 밑에서 머무는 樹下止, ⑪ 빈 터에서 주와하는 露地坐, ⑫ 오직 앉기만 하고 잠잘 때에도 눕지 않는 但坐不臥 등이 그것이다. 두타행은 출가의 이상으로 설해지기는 했으나, 현실적으로 그 실천자가 많지 않았다.

것이다.[627] 따라서 가섭과 같이 두타행에 정통하고 모범적 능력을 가진 인물이 붓다에게 공양한 후에야 붓다 유체에 불이 일어났다는 것은 상징적인 의미를 가진다.[628]

가섭은 붓다에게 전적으로 헌신했는데, 집단적 의례행위의 다양성 안에서 붓다와의 이러한 관계는 표현되고 있다. 대표적인 예로 '다비의식에 관한 에피소드'를 들 수 있다. 이 에피소드에서 가장 흥미로운 사건은 가섭이 도착하기 전에 붓다의 유해가 장작더미에서 불태워지지 않고 남아 있었으며, 신들도 가섭이 오기 전에 붓다의 유해가 탈 수 없음을 인정했다는 사실이다. 이런 일련의 사건들은 '가섭이 탁월한 인물이자 상가의 유력자[629]'이며, 붓다가 중심으로 하는 공동체에서 마지막 순간 없어서는 안 될 인물이었음을 나타낸다.

붓다 입멸 후 가섭은 상가의 정신적인 지도자로서 제1차 결집을 제안한다. 이때 오백의 아라한이 참석하였고, 장례용 장작더미에 불이 점화되자 그들은 모두 붓다의 입멸을 슬퍼하였다. 오백의 아라한이 참석했다는 사실은 그들이 공동체의 권위와 체계에 큰 비중을 두었다는 증거로서 공동체의 위상을 단적으로 보여준다.

『근본설일체유부비나야잡사』의 '다비 의식 에피소드'는 가섭이 붓다의 입멸, 화장, 그리고 제1차 결집의 배경이 되는 사건을 언급하고 있다. 이러한 기술은 중요한 목적을 내포하고 있

---

627) 신성현, 「초기불교 교단에서 가섭과 아난의 관계」, 『불교학보』제 36권(동국대학교 불교문화연구원, 1999), 258쪽.

628) Dumoulin, Zen Buddhism : A History 1(India and China, New York. 1988), 7～10쪽. ; McRae, The Northern School and the Formatiom of Early Ch'an Buddhism(John R. Honolulu, 1986), 79～82쪽.

629) 신성현, 앞의 글, 258쪽.

는 것으로 보인다. 근본설일체유부에서는 『대사(大事)』보다 승단 안에서 보여준 마하 가섭의 탁월함과 지도자로서의 역할을 더욱 강조한다. 그 이유는 가섭의 정치적인 역할을 흥미롭게 그려내려는 목적과 무관하지 않다. 오백의 아라한 중에 위대한 네 명의 승단 장로가 있었음을 명확하게 거론하였고 가섭이 그 중에서도 더 높은 지혜와 덕성을 소유한 존재였음을 말하고자 한 것이다.[630] 가섭의 이 같은 탁월함은 남전의 텍스트보다 북전의 텍스트에서 더 강하게 기술되는 경향이 있다. 그는 붓다의 승계자로 여러 차례 북전의 텍스트에서 거론되는데, 이들 텍스트들은 가섭이 스스로를 계승자로 선택하게 만들었고 자신의 계승자 역시 직접 선택한 것으로 전한다.[631] 이러한 근거들을 종합해 볼 때, 공동체 안에서 가섭의 결정적 역할을 부각시킨 것은 후대의 기술에 의해서임을 알 수 있다.

이 부분에 대해 프레질르시키는 다른 텍스트와 이 근본설일체유부 계통의 텍스트를 비교해 얻은 결과를 토대로 다음과 같은 주장을 펼친다. 상가의 지도자는 처음에 거론된 아약 교진녀이며, 가섭은 후대의 지도자로 자리 매김 한 것[632]이라는 결론이 그것이다. 그렇다면 초기 『열반경』과 율장의 텍스트에서 누가, 왜 마하 가섭에게 탁월한 명성을 부여했을까? 프레질르시키는 우리에게 위대한 고행자이며 두타행의 실천자인 마

630) Rockhill, The Life of the Buddha and the Early History of His Order(William Woodville, London, 1884), 148쪽.

631) Vinaya(Tibetan), 'dul.ba, da, 321a; Rockhill, 위의 책, 166쪽.
아난다는 제자 사나카와신에게 계보를 전했다. Upagupta는 이런 계보를 붓다-가섭-아난-사나카바신(Śāṇakavāsin)로 나타냈다. da, 323a-b, Rockhill, 위의 책, 170쪽.

632) Hofinger, Le congrès du Lac Anavatapta(Vies de saints bouddhiques, Louvain. 1954. 9), 17～20쪽.

하 가섭의 성격을 상기시킨다. 즉, 가섭이 전통적인 청빈의 수행생활을 통해 아라한의 위치로까지 발전하였고, 그래서 인정받게 되었다는 것이다. 그러나 어떻게 가섭이 초기 『열반경』과 율장에서 청빈한 수행생활의 정통파적인 통설에 입각하여 제일인자의 위치에까지 서게 되었는지는 여전히 의문이다.

프레질르시키는 가섭의 명성과 관련하여 "그는 유행하는 수행자이면서 두타행에 종사하였다. 또한 후대에 아약 교진녀를 대신할 수 있는 붓다의 수석 제자였으며 붓다의 장례식과 제1차 결집에서 중심적인 역할을 수행하는 명성을 가지고 있었다"고 설명한다. 가섭이 아약 교진녀를 대신한다는 프레질르시키의 이 같은 언급은 "가섭의 장점이 한 수 높은 위치에 있으며 일시적인 고참인 교진녀를 앞서는 것"[633]이라는 결론으로 이어진다. 그래서 가섭은 붓다의 마지막 의례 절차에 참여할 수 있었으며, 이러한 일련의 사건이 결과적으로 초기 『열반경』과 율장에서 그가 가장 높은 자리에 설 수 있게 한 결정적 요인이 되었다는 것이다.

가섭이 제1차 결집에서 우세한 위치를 차지한 것에 대해 바로우는 "가섭은 방대한 지혜와 좋은 품성을 지닌 존경의 대상으로서 출가자와 재가 모두에게 신뢰를 얻었기 때문에 공동체의 지도자가 되었다."[634]고 호의적인 해석을 내놓는다. 텍스트에서 1인자로 대표되는 아약 교진녀 대신에 가섭을 표면에 내세운 것은 우리에게 아이러니컬한 과정을 가져다준다. 가섭은

---

633) Przyluski, Le concile de Rājagṛha(Paris. 1926), 303쪽.

634) Bareau, André. Recherches sur la biographie du Buddha dans les Sūtrapiṭaka et les Vinayapiṭaka anciens. 2:Les derniers mois, le parinirvāṇa et les funérailles. 2 vols. (Paris. 1970), 2 : 232.

유행자, 고독한 수행자, 그리고 위대한 아웃사이더로서 평범한 사람들 속에 있지 않고 야수와 황량한 곳에서 거처한 인물이다. 그는 단지 인정받게 되어서 그곳에 온 것이 아니라 정착된 수행자들에 의해 적당한 인물이라고 평가되었기에 등장한 인물일 수 있다. 그럼에도 불구하고 가섭은 후대 결집 상황에서 압도적인 공동체의 지도자로 부상한다. 이것은 공동체에 있어 붓다의 입멸만큼이나 비중 있는 사건이다. 그의 출현이 가져다 준 공동체의 변화는 컸다. 붓다 재세시의 공동체와 차이가 있을 수밖에 없다는 지극히 당연한 사실 속에서도 가섭의 역할이 주목되는 이유가 여기에 있다.

5. 가섭으로 인한 공동체의 확대

붓다의 입멸 때문일 수도, 혹은 가섭이 핵심적 인물이 되어서 일 수도 있으나, 변화된 공동체는 확대되었다. 그렇다면 가섭은 어떻게 공동체를 확대했는가? 결론부터 말한다면 다음과 같이 이야기할 수 있다. 먼저 가섭에 의해 유행하는 수행자들과 정착하여 수행하는 자들이 연결되는 현상이 나타나기 시작했다. 이는 출가 공동체가 통합되는 과정과 연결된다.[635] 초기 『열반경』 텍스트에서 보인 가섭의 유행적인 성향, 다시 말해서 여러 지역을 유행하다가 붓다의 열반 소식을 접하고 돌아

---

635) 이에 대해서는 다른 의견들도 있다. 유행자든 정주자든 당시 누구나 8개월 내지 9개월은 유행생활을 하였고, 우기 동안은 정주생활을 하였다는 것이다. 그러나 이 무렵 수행자들이 정주생활로 차츰 자리를 잡아가고 있었다는 사실을 고려할 때, 연구자의 해석이 보다 타당하다고 생각된다.

온 상황은 그가 유행적 수행자였음을 부분적으로 증거한다. 또한 붓다 정통적 승계자로 거론된 북전 계통의 텍스트에 근거하여 보건대, 유행하던 가섭이 결집의 주도적 역할을 하는 과정에서 정주하였다고 잠정적으로 결론지을 수 있다.

미가트는 청빈한 가섭의 성격이 아난다에 의해 엄격히 비판받은 결과로 형성된 것이라고 주장한다. 아울러 미가트는 이러한 '비판 운동들이 종파의 조직들을 설립하는 데 앞장서 주도적인 역할을 했으며, 불교를 신봉하는 왕들로 하여금 정사를 설립토록 함으로써 스승과 개인 수행자의 관계가 돈독해지면서 특성화되었다'[636]고 말한다. 미가트의 설명이 옳다면, 이러한 일련의 일들은 완전한 통합화에 이르는 과정으로 볼 수 있다. 즉, 인도의 전통 안에 있었던 수행자들의 유행적 요소가 정착하면서 수행하는 행태로 바뀌게 된 결과 공동체의 변화가 시작된 것이다. 더욱 조직화되고 엄격해지는 수행생활이 이 정주 과정에서 나타났다. 일례로 상가 생활의 규율을 정한 '율'의 내용이 정비되고 '정법(淨法)'으로 인정되었다. 어떤 면에서 그것은 율을 규제하면서 또 그것이 죄가 안 된다는 식으로 계율의 완화를 꾀한 것이기도 했다. 이러한 변화는 한 시대의 사회생활이나 경제생활의 변천에 따른 필연적 결과라고 말 할 수 있지만, 근본적으로는 불교 전파지역의 확대에서 비롯된 결과였다.

상가 공동체의 분열 또한 불교의 전파에 따른 불가피한 현상으로 볼 수 있다. 여러 부파들 가운데는 처음부터 교설에 대

636) Migot, André., Un grand disciple du Buddha : Śāriputra., Bulletin de l'École Française d'Extrême-Orient 46(1954), 407쪽.

한 이해나 해석의 차이 때문이 아니라 지리적인 사정으로 분리됐던 경우가 적지 않다. 그러던 것이 점차 독자적인 교의나 학설을 이룸으로써 분리에서 분열로 고착된 것이다. 한편 정주적 승원 생활의 결과로 인해 아비달마와 같이 사상의 축적이 이루어지는 긍정적 결과가 나타나기도 했다. 붓다에서 비롯된 위대한 정신적 창조의 시기가 끝난 이후 그것을 정리하고 고정시키는 시대로의 진입은 이로부터 시작되었다. 즉, 붓다가 창조한 시대가 체계화·교조화·학문화 시대로 진행하는 데 있어 그 서막이 열린 것이다. 이는 불교가 역사적으로 전개되면서 자연적으로 거쳐 간 과정이자 동시에 불교가 전파되면서 다른 인도 사상과의 접촉으로부터 강요된 결과이기도 했다.[637]

우리는 '마하 가섭'의 언급에서 빨리 전통의 경전과 산스크리트 계통의 경전에서 확연하게 다른 차이가 있음을 볼 수 있다. 두 전통에서 가섭의 성향이 유행하는 수행자와 정주하는 비구의 양면을 가지고 있음이 확인된다. 설일체유부에 속하는 북서부의 텍스트에서 그의 역할은 출가자의 전통을 확립하는 선조 격으로 인정되고 있으며, 같은 텍스트에서 특별히 상반되는 부분은 발견되지 않는다.

가섭은 본질적으로 유행하는 수행자였으며 유행하는 그의 성향을 잃어버리지 않으면서도 유행하는 성향에 편파적이지 않았기 때문에 비구의 정주 역사에서 중요한 역할을 한다. 유행하는 불교도들과 정주하는 출가자 사이에 세워진 전통은 서로 조화로운 관계에 놓여있으나, 넓은 범위 안에서 경쟁적인

637) 후지다 고다쓰·스가누마 아끼라·사꾸라베 하지메, 『원시불교와 부파불교』(이지수, 대원정사, 1989), 176~177쪽.

요소도 보인다.

빨리 경전 자료에서는 긴장적이고 대립적인 면이 뚜렷하게 부각되는 경향이 있다. 비록 가섭의 두 가지 성격이 빨리 텍스트에서 확연하게 나타나고 있더라도 산스크리트 텍스트와는 그 양상이 분명 다르다. 이러한 면이 같은 텍스트에서 똑같이 나타나지는 않는다. 굳이 그 같은 성격의 텍스트를 꼽는다면, 『장노게』, 『자설』, 『상응부니카야』의 16장에서 가섭의 유행적 성향에 대한 언급을 찾을 수 있다. 이들 텍스트에는 정주하는 수행자의 경향이 나타나 있지 않다. 반면 빨리 율장인 장부니카야, 중부니카야, 증지부 니카야, 상응부니카야에서는 유행하는 카리스마적인 수행자의 성격을 다소나마 내비치고 있다. 빨리 율장의 마하 가섭에 대한 언급에서 알 수 있는 것은 비구승원에서 불교의 수행자들을 위한 법이 발견되나 유행하는 집단에서의 합법성은 인정되고 있지 않다는 사실이다.

『장노게』, 『자설』, 『상응부 니카야』의 16장에서의 침묵은 마하 가섭과 관련하여 흥미로운 대목이다. 이들 텍스트가 율장에서 가섭의 평가를 선행하여 내리고 있다는 구체적인 사실로부터 이러한 침묵이 생긴 것인지, 그렇지 않으면 분리된 전통의 무지, 다시 말해 정주하는 출가자의 해석에서 설명된 것인지 궁금증을 유발시킨다. 어쨌든 간에 가섭으로 인해 정주하는 출가자와 유행하는 출가자의 합의 공동체가 출현했다고 볼 수 있으며, 이것이 공동체의 확대를 가져오는 데 결정적인 역할을 하였다고 말할 수 있다.

빨리 전통의 경전에서 입각해 볼 때, 정주하는 출가자와 유행하는 불교도들은 다른 곳으로부터 상당한 이동을 하였다. 가섭의 성격에 관해, 북전과 남전은 뚜렷한 차이를 보인다. 앞서 언급한 것을 요약하면, 불교적 공동체의 두 모델을 상정해 볼 수 있다. 그리고 그 두 종류의 모델이 기본적으로 빨리 텍스트에서 고도로 발전하였다는 것을 알 수 있다. 아울러 이들 중에 정주한 출가자가 나타나게 되었다는 사실 또한 확인하게 된다. 두 종류의 모델은 사실상 빨리 계통의 텍스트 안에서 출가자적 입지를 세웠으며, 그 입지는 출가자의 태도와 믿음을 반영한 것이다. 이러한 특징은 초기 『열반경』 한역 경전들이 중도적이지 않지만, 중도적인 듯한 탁월한 표현 방법을 사용하고 있다는 점에서 비교된다. 한역의 경전들이 재가자의 입장을 고려하고 있다고 해도 그것을 지나친 비약으로 볼 수 없는 이유는 이 때문이다.

다만 빨리 계통의 불교 텍스트가 유행하는 출가자에게 특별한 관심을 가졌다는 점에 주목할 필요가 있다. 우리가 초기 불교를 이해하고 연구할 때 유의해야 할 점은 니카야 학파에 유행적 전통이 필수적 요소로 포함되어 있다는 사실을 인식하는 일이다. 이는 '대승이전'이 더 균형 있고 정확한 견해에 입각해 있어서가 아니다. 그보다는 초기와 후기로 개념화되어 있는 인도 불교에 대한 우리의 사고를 상당한 충격과 함께 전환시킬 만한 자료가 된다는 점에서이다.

위에서 언급했듯이 경전들의 작가들은 마하 가섭을 공동체의 리더로서 부각시키기 위해 아난과의 에피소드를 제시하고 있다. 경전들의 이 같은 기술이 아니더라도 석가는 모든 무상(無上)의 정법(正法)을 가섭에게 부촉(咐囑)하며 자신이 죽은 뒤 가섭이 모든 수행자의 의지처가 될 것이라고 기원정사에서 예언한 바 있다. 마하 가섭의 집도하에 거행된 다비의식 속에서 이미 지도자로서의 그의 역량은 충분히 발휘되었음을 경전들은 언급하고 있다.

또한 '권력의 이행', 또는 '권력의 재구성'이라고 언급한 표현은 오백 아라한 가운데 아난이 석존 입멸 후 마지막으로 아라한과를 얻은 제자로서 1 결집에서 우바리를 통해 경을 송출하였고 붓다 입멸 전이나 후에도 그 위상이 공고했음을 증언한다. 따라서 '가섭과 아난의 긴장관계' 장에서 마하 가섭이 붓다의 몸(佛身)을 보고자 했을 때, 아난이 이를 거부했던 점을 들어 아난을 동시대의 권력자로 평가하는 것은 다소 무리가 따른다. 반열반 직전 석존이 이미 자신의 죽음을 예견하며 장례 절차에 대해 아난에게 언급했다는 점과 아난이 항상 석존 곁에 있었던 존재였다는 사실관계를 따져 볼 때, 아난에게 권력자로서의 이미지를 부여하는 것은 과도한 해석일 수밖에 없기 때문이다. 반면에 석존 입멸 후 불신(佛身)을 화장하려 하여도 불이 붙지 않았던 점과 마하 가섭이 그를 친견했을 때 석존의 두 발이 관 밖으로 내비쳤던 것은 마하 가섭의 위치를 새삼 확인시켜주는 결정적 단서라 할 수 있다. 이상과 같이, 마하 가섭의 다비의식 진행과 수행을 통해 드러난 그의 리더십을 분석함으로 다비의식에 담긴 공동체의 변화를 살펴볼 수 있었다.

4절 사리분배와 스뚜빠로 인한 공동체 확산

1. 사리분배 의식

이 절은 "붓다의 사리가 분배되었으며 사리탑이라는 스뚜빠가 세워져 공양을 올리게 되었다"는 51번 에피소드에 관한 논의이다. 사리분배 의식은 축제적 분위기에서 행해졌으며, 화합을 위한 공동체의 확산에 기여했다.

1.1 사리공양의 축제적 분위기

빨리본과 그 외의 초기 『열반경』 텍스트에서 언급하고 있는 사리공양 사건은 어떠했기에 축제적 분위기를 가진다고 전해지고 있는 것일까? 사리공양에 참여하는 신, 그리고 많은 당시 인도의 사회 집단과 상가 공동체는 서로 화합적인 분위기를 자아내며 의례를 행했다. 사리공양의 축제적인 분위기는 초기 불교의 특징이면서 인도 고유의 전통적인 색채를 가미한 행위라는 점에서 각 부족들의 의례 행위와 공양물들은 문헌학적으로 연구할 가치가 충분하다.

1.2 화합을 위한 사리분배

사리분배가 화합을 촉진할 수 있다는 사실은 붓다의 사리분배에서도 예외가 아니었다. 붓다의 사리가 분배될 때 이는 매우 신성시되었다. 빨리본에 의하면, 위제희의 아자따사뚜 마가다 왕, 외살리의 리차비족들, 알라캅파에 사른 부리족들, 라마가마에 사는 콜리야족들, 파와에 사는 말라족 등은 자신들도 붓다와 같은 끄사뜨리야인이므로 사리탑을 세워서 공양할 것이라 약속했다. 한편 카빌라바스뚜의 석가족들은 붓다가 그들의 친척이라는 이유를 들어 사리를 분배받았다는 점에서 앞서의 부족들과 구별된다. 웨타디파카 바라문은 "세존은 끄사뜨리야이고 나는 바라문이기에 유골 일부를 받을 자격이 있다"고 해서 사리를 분배받았다. 그들은 붓다의 유골 8분의 1을 요구해 그들의 나라에 스뚜빠를 세웠다고 한다. 그런가 하면 말라족들은 붓다 장례에 관여했고 그들의 지역에서 붓다가 입멸하였으므로 사리 분배를 요구했다. 이 과정에서 도나 바라문이란 사람이 "뛰어난 사람의 사리 분배을 놓고 싸우려 한다면 좋지 않다"[638]라고 해서 분쟁의 중간 역할을 했다. 도나 바라문이 사리 분배에서 화합의 중요성을 일깨웠는데, 붓다고사 주석서에서는 이 부분을 "무기로 싸우는 것은 좋지 않다"[639]고 구체적으로 밝히고 있다. 특히 분쟁의 요소가 있을 수 있는 지점에

638) DNⅡ, 25. ;Na hi sādhu yaṃ uttama-puggalassa Sarīra-bhaṅge siya sampahāro.

639) SV, 608쪽.; siyā sampahāro ti āvudha-sampahāro sādhu na siyā ti vuttaṃ hoti.

서 후대 주석서는 사리 분배가 공동체의 화합을 위해 중요한 역할을 담당하고 있음을 역설적으로 부각시켰다.

『유행경』에서는 말라족들이 먼저 본토에 스뚜빠를 세워 공양할 것이라고 해 사리를 분배받은 것으로 전해지고 있어 다른 텍스트들과 순서상 차이를 보인다. 또한 빨리본이 각 종족을 차례로 독립되게 나열한 것과는 달리 말라족 외의 다른 종족들이 바라문과 왕을 하나로 묶어서 사리를 요구한 것으로 서술하고 있다. 특히 이 텍스트에서 주목해야 할 점은 사리 분배를 요구하는 다른 종족들과 왕들에게 말라족이 사리를 나누어주려고 하지 않았다는 것이다. 다른 종족들과 왕들은 말라족을 군사로 위협하려고 했고 협상이 되지 않자 향성 바라문[640]이 중간 역할을 해서 사리를 공평하게 여덟 부분으로 나누어 분배했다.

1.3 사리 분배로 인한 공동체의 확산

사리 분배에 어떠한 공동체들이 참여했는가에 대한 기록을 통해 붓다 시대의 종족집단들에 대한 간접적인 추정이 가능하다. 사리 분배에 참여했던 이들을 열거해 보면, 마가다 국왕인 아자따사뚜를 비롯하여 릿차비족, 석가족, 부리족, 콜리야족, 바라문, 말라족, 모리야족 등이다. 이들이 세운 여덟 개의 사리탑과 아홉 번째의 항아리 탑, 열 번째의 재탑(灰塔)을 합하여 모두 열 개의 탑이 세워졌다.[641]

---

640) 『열반경』 텍스트에서 '도나'와 '향성'은 같은 역할을 수행한 존재들이라는 점에서 동일인물로 추정된다.

이를 통해 붓다 시대 공동체의 권력 양상 역시 살펴볼 수 있다. 공화국의 끄사뜨리야는 릿차비족, 부리족, 콜리아족, 석가족, 말라족 등 거의 항상 종족 명으로 지칭된다.[642] 끄사뜨리야로서의 지위는 확실했음을 알 수 있는 대목이다. 초기 『열반경』 텍스트 빨리본에서는 다양한 종족이 언급된다. 그들은 붓다와 같은 끄사뜨리야임을 내세워 붓다의 유골을 요구했다. 이들 크샤트리아는 모두가 공화국 출신이라는 점에서 중요한 의미를 가진다.

공화국 영토 내에서의 집단적인 권력은 공화국을 구성하는 끄사뜨리야 종족에게 부여되어 있었다. 그들이 공화국 영토 내에 거주하는 다른 사회집단에 대한 통치권을 가지고 있었던 것이다.[643] 이러한 통치권은 그 영토 전체로 확대되었기에 끄사뜨리야는 단순한 종족의 구성원이 아니었다.[644] 오직 크샤트리아만을 종족의 이름으로 사용하는 이 같은 특권은 그것이 권력을 행사할 권리와 관련되어 있었음을 말해준다. 비끄사뜨리야는 이 권리를 소유할 수 없었던 것이다.

빠니니에 따르면, 아그라왈라는 상가 공동체의 모든 구성원이 정치적 권력을 행사할 자격이 있는 것이 아니며, 그것은 오직 지배계급만의 특권임을 시사한다.[645] 여기서 주목해야 할 점은 끄사뜨리야 종족의 모든 구성원이 집단적 권력행사와 관계가 있었다는 사실이다.[646] 정치적 관계가 혈연조직과 반드시

---

641) 하야시마쿄쇼(早島鏡正), 『붓다의 마지막 여로』(강기희 역, 민족사, 1991), 160~161쪽.

642) DNⅡ, 126~127쪽.

643) Jayawal, Hindu Polity, 394쪽.

644) Bhandarkar, Ancient History of India, 161쪽.

645) Agrawala, India as Known to Pāṇini(Lucknow, 1953), 428쪽.

일치하지는 않지만, 정치조직에서 혈연관계가 중요한 역할을 했다는 사실을 부정하기는 어렵다. 혈통이라는 원리가 고대 부족사회에서 정치적 시스템의 근간을 이루었기 때문이다. 특히 영토는 일반적으로 이러한 혈통에 기반한 혈족 유대에 부합하는 형태로 관할되었다.647) 이는 공화국의 중요한 일반적 특징이다.

사리분배에 참여한 집단의 대다수가 크샤트리아 집단임을 감안할 때, 공동체의 확산은 지배층에의 의해 주도적으로 진행되었다고 해도 과언이 아니다. 사리탑, 즉 스뚜빠라는 인공물을 분배해서 공동체를 확대하려는 집단은 공화국 형태의 크샤트리아 집단이었다. 이러한 맥락에서 초기 시대 상층부의 지적인 직관이 심층적으로 대중에게 사리탑을 접촉하는 계기를 마련했다고 할 수 있다. 인공물인 스뚜빠가 크샤트리아 사상의 최고 가치를 매개적으로 퍼뜨린 셈이다. 즉, 사리 분배를 통해 세워진 사리탑으로 인해 초기 불교의 확장적인 공동체가 구성될 수 있었던 것이다.

2. 스뚜빠를 통해 본 공동체

2.1 스뚜빠의 역할

후기 베다 시대에 존재했던 '광대무변한 것은 유한한 형상

646) Uma Chakravarti, The Social Dimensions of Early Buddhism(1987), 14쪽.
647) Drekmeier, Charles., Kingship and Community in Early India(Stanford, 1962) 93n.

으로서는 파악할 수 없다'는 관념의 영향을 고려한다면, 초기 시대 불상이 조성되지 않았을 가능성 역시 존재한다. 불상의 조형을 불가능한 것으로 생각했던지 아니면 두려워하고 삼가야 하는 대상으로 여겼던지 그 이유는 다양할 수 있다. 일찍부터 보리수, 유물 숭배, 불탑, 성지 순례 등이 성행했기 때문에 숭배의 대상인 불상을 구태여 제작할 필요가 없었을 수도 있다. 그 결과 붓다의 상을 제작하지 않고 상징적으로 혹은 암시적으로 붓다를 표현하는 초기 불교의 독특한 방법이 생겨났을 터이다.[648]

그렇다면 불상을 대신하는 상징적인 인공물에는 어떠한 것이 있었는가? 붓다의 자리를 대체한 사리탑, 즉 스뚜빠가 그 자리를 대신했다고 볼 수 있다. 이에서 붓다만큼 스뚜빠라는 인공물이 집단의 결속을 가져왔는가가 의문으로 제기된다. 초기 『열반경』 텍스트 말미에 언급되고 있는 스뚜빠의 역할이 이에 대해 시사하는 바가 있다. 많은 인도 불교도들은 살아있을 때는 그 대상에 대해 종교적 신념을 덜 언급하는 경향이 있다. 그러한 대표적인 예로 붓다가 가버리고 난 후에 스뚜빠를 경배한 성향을 들 수 있다. 『대사(Mahāvastu)』는 붓다를 숭배하고 찬양하며 그 유물을 포함한 탑을 숭배하는 것이 세속적인 행복을 가져다 줄 뿐만 아니라 숭배자들을 보살로 개변시키어 열반에 이르게 만드는 길임을 강조한다.[649] 이것은 초기 부파, 대승으로 이르는 길에 스뚜빠가 있으며 공동체의 확

648) 후지다 고다쓰 · 스가누마 아끼라 · 사꾸라베 하지메, 『원시불교와 부파불교』(이지수, 대원정사, 1989), 185쪽.

649) 신성현, 『Mahāvastu의 십지사상 연구』(동국대학교 대학원,석사학위논문 1987), 16쪽.

장을 역사적으로 입증하는 것이다.

붓다의 입멸 후에 세워진 스뚜빠는 상징적인 의미가 부여되면서 대중이 접근하기 용이한 인공물로 확산되어 갔다. 수행성자들은 살아 있을 때, 일반인들의 접근이 비교적 어려운 존재들이다. 그러나 그들의 사후 인공물이 조성되면, 그 상징성과 함께 많은 이들의 접근이 용이해진다.

붓다는 아치형의 구조 안에 있다. 스뚜빠의 일반적인 구조, 전기 연구, 고행적 전통에 대한 언급은 붓다를 숭배하는 데 그 의미가 있다. 스뚜빠는 일반적인 패턴에서 예외적인 면을 제공한다. 그 커다란 외관에서 쓸모 있어 보이는 듯한 인상을 주기도 하지만, 스뚜빠는 기본적으로 붓다를 숭배하기 위한 조형물이기에 더 낳은 구조물을 상당하기는 어렵다. 붓다가 입멸하고 난 후에 인도 대륙 전역을 통해서 발견할 수 있는 스뚜빠는 '불교 신념의 주요한 상징물'[650]이었다. 그리고 그것은 '종교적 건축물로도 아주 탁월한 것'[651]이었다.

스뚜빠는 인도 불교의 수행자들이 '깨달은 자'가 되었다는 증거였다. 단지 붓다에 한정된 것이 아니고 다른 모든 '깨달은 자'인 독각과 아라한에게까지 그 범위가 넓어졌다. 가섭이 그러하고 아나율이 그러했다. 그들은 많은 시간을 사람들과 떨어져 고독하게 지냈으며, 전통적으로 정착하지 않았고 광범위한 지역을 정처 없이 떠돌았다. 그 당시 생존하고 있던 수행자를 보는 것은 간절한 기원에 속하는 것이었고, 이는 거의 이루어

650) Mitra, Buddhist Monuments(Calcutta, 1971), 21쪽.

651) Foucher, Alfred, L'art greco-bouddhique du Gandhara. 2 vols(Paris., 1905-22.), 1 : 59.

지지 않은 소원으로 불교도들의 마음에 깊이 남아 있었다. 세월이 흘러 붓다와 그의 유명한 제자들이 세상을 떠나자 그들의 숭배는 스뚜빠를 경배하는 의식으로 자연스럽게 옮겨갔다. 결과적으로 이 모든 의식은 스뚜빠를 숭배 대상으로 삼게 만들었다.

바로우는 스뚜빠 숭배의 역사를 초기부터 현재까지로 추정한다. 관습을 더듬어 거슬러 가면 3세기 중엽에서 그 기원을 찾을 수 있다는 것이다.[652] 붓다는 물론이거니와 그 후의 제자들에게도 붓다만큼이나 스뚜빠는 경배의 대상이었다. 데피세는 '붓다의 스뚜빠가 다른 수행자들의 스뚜빠와는 달리 번호로 계정되어 있다'[653]고 말한다. 데피세의 이러한 언급은 사리분배를 통해 넓게 퍼진 스뚜빠가 더욱 확산됐다는 증거로 볼 수 있다.

붓다의 스뚜빠 이후에 독각과 아라한에게까지 스뚜빠는 널리 확대되었다. 반드시 유명한 수행자이기 때문에 광대한 스뚜빠가 지어진 것은 아니었다. 특정한 사회집단의 평판만으로도 스뚜빠는 지어졌다.[654] 이러한 현상은 인공물이 종교 집단의 결속을 가져오는 결과로 나타났다. 스뚜빠의 이 같은 확산은 불교 수행자들의 위대함보다는 불교도들의 숭배자적 생활방식과 더 긴밀한 관련이 있다. 쇼펜은 일반적으로 붓다와 유명한 수행자의 스뚜빠는 같은 종교적 현상에서 특화된 실례들이라고 말한다. 다시 말해서 같은 믿음, 같은 태도, 같은 건축학적 구조, 같은 상징, 그리고 같은 종교적 제례적 행위들이 스뚜빠

652) Nigālī Sāgar의 비문에서 그 유래를 찾을 수 있다고 바로우는 주장한다.
653) De visser, The Arhants in China and Japan(Berlin, 1922～1923), 80쪽.
654) Lamotte, History of Indian Buddhism(1988), 333～334쪽.

와 연관성이 있다는 것이다. 쇼펜는 "역사적 유물의 숭배와 역사적인 붓다의 스뚜빠는 인도 불교 안에서 수행자를 둘러싸고 일어나는 일반적인 일이고 고정된 믿음과 관습들에 의해서 단지 특별하고 두드러지게 나타나는 실례의 일종이다."[655]라는 가설에 무게를 싣는다. 고정된 관습들에 따라 존경받는 것은 공동체의 의식이 이미 굳어져 있기 때문이다. 붓다의 스뚜빠와 다른 수행자들의 스뚜빠가 본질적으로 다르다고 생각하는 것은 같은 구조의 인공물이라고 하더라도 두 인공물을 대하는 우리의 태도가 다르기 때문이다.

2.2 스뚜빠의 상징

스뚜빠는 무엇을 상징하는가? 스뚜빠는 고대 고분의 구조 형태로 재나 유고(遺稿) 또는 전통적으로 깨달은 수행자를 상징한다. 불교의 유적으로 알려져 있는 스뚜빠와 그것에 대한 숭배는 유체 위에 고분을 세웠던 불교 이전의 인도 관습에서 그 연원을 찾을 수 있다.[656] 죽음을 둘러싼 존경과 전륜성왕의 장례식, 그리고 인도의 신들을 향한 다양한 존경의 의식적 요소들이 스뚜빠 안에 있다. 고대에 스뚜빠는 불교 수행자들의 상징으로 종교적인 의식에 초점이 맞추어져 있었다. 성인을 숭

655) Schopen, An Old Inscription from Amarāvatī and the Cult of the Local Monastic Dead in Indian Buddhist Monasteries(Journal of the International Association of Buddhist Studies 14, no. 1991c, 2), 302쪽.

656) Mitra, Buddhist Monuments(1971), 21쪽; Barua, Stūpa and Tomb(1926, 2), 21쪽; Pant, The Origin and Development of the Stūpa Architecture in India(Journal of Indian History, 1973), 471～478쪽; Fussman, Symbolism of the Buddhist Stūpa(Journal of the International Association of Buddhist Studies 9, no. 2, 1986), 44쪽.

배하는 스뚜빠에서 특별하게 중요한 점은 사실 거기에 한 때 절대적이고 유력한 의식에 따랐다는 유래를 끌어 낼 수 있다.[657] 스뚜빠가 함의하고 있는 성인 또는 수행자의 몸은 비록 모르타르와 석돌로 구현되어 있을지라도 신선한 살과 피보다 낫다는 사실을 증거한다. 스뚜빠의 구조물은 엄밀하게 말하면, 붓다의 이미지가 아니라 초기 불교의 상징적인 의미 자체이다.

베니스티는 "붓다의 외형은 조각되지 않았으나 거기에는 정신적 상징의 본체인 스뚜빠가 있다"[658]고 말한다. 말하자면 초기에는 그림으로 표현된 붓다가 없었으나, 초기의 스뚜빠가 있어 붓다 육체의 기념비적인 이미지를 이해할 수 있었다는 것이다. 베네스티는 붓다의 스뚜빠를 언급하면서 "스승과 스뚜빠를 직접적으로 동일시"[659]하는 전통이 있다고 주장한다. 또한 무스는 "무덤은 며칠 밖에 못 사는 죽은 사람의 몸을 대신하지만, 스뚜빠는 신비한 존재로서 지속된다.…그러므로 인공물을 세워 그의 생애 동안 그와 같은 방식으로 죽은 존재를 표현했다."[660]라고 설명한다. 이처럼 스뚜빠와 성인의 몸을 동일시하는 전통은 다양한 증거들로써 입증된 사실이다.

붓다의 정신적 육체를 스뚜빠와 동일시하는 것은 도상학(圖像學)적인 전통에 따른 것으로 보인다. 전통적으로 스뚜빠가 세워져 있는 곳은 깨달음의 자리인 금강좌로, 붓다의 다리와 발은 스뚜빠의 토대로 여겨지고, 붓다의 토로소는 돔으로, 붓다의

---

657) Falk, To Gaze on the Sacred Traces(1977. 16, no.4), 281～293쪽.

658) Bénisti, Étude sur stūpa dans l'Inde ancienne(1960), 53쪽, n.4.

659) Bénisti, 위의 책, 51쪽.

660) Ebert, Parinirvāṇa and Stūpa : Was the Stūpa Only a 'Symbolical' Depiction of Parinirvāṇa?(In Dallapiccola, 1980), 219쪽.

척추는 중앙의 굴대로, 붓다의 머리는 평두(平頭, harmika)[661]로 여겨진다. "스파와 붓다의 몸을 동일시하는 것은 도상학적 차원에서의 이해이며, 불교 미술에서 스뚜빠와 붓다의 이미지는 교환 가능하다"[662] 수행자인 인간의 몸이 살아 있는 동안 깨달음 자체를 나타낸다면, 스뚜빠는 그 수행자의 육신이 사라진 후에 그 본질을 구체화하여 대신하는 것이라 할 수 있다.

전호련은 경전들에서 붓다를 숭배하는 여러 형태가 발견된다고 주장하면서 일례로 스뚜빠를 거론한다. 하지만 『금강경』에서 스뚜빠에 대한 경배와 그 형태는 법신을 상징하기 위한 것으로서는 거부된다. 전호련은 이러한 형태의 경배를 『화엄경』에서 발견한다. 전생에서 깨닫고자 한 서원의 힘을 통해서 붓다는 보살과 모든 중생의 해탈 상태로 출현한다. 따라서 만약 중생이 깊은 믿음을 가지고 이 힘에 의지하며 붓다에게 서원한다면 해탈하여 깨달음의 세계와 불국토에 다시 태어날 수 있다.[663] 이러한 스뚜빠의 힘은 대승경전에서도 위력을 발휘한다.

하비는 스뚜빠의 기능을 "붓다가 깨달은 상태의 상징"[664]으로 해석한다. 유사한 맥락에서 펜트는 "스뚜빠는 여래의 현존을 상징한다"[665]고 말한다. 한편 히라가와는 우리에게 "붓다의

---

661) Monier Williams, A Sanskrit-English Dictionary(New Edition, Oxford 1899), 1292쪽. 이는 불교 미술 용어로 스뚜빠의 머리에 해당한다. 우산 모양으로 정사각형의 난관을 지닌 형태로 표현된다.

662) Snodgrass, The Symbolism of the Stūpa(Ithaca, N. Y. 1985), 361～363쪽.

663) Ho-ryeon Jeon, 'The Practice of Self-Power and Faith in Other-Power in Mahāyāna Buddhism', Buddhist Thought & Culture,(International Journal of History of Buddhist Thought, 1권 1호, 2002), 84쪽.

664) Harvey, Symbolism of the Early Stūpa(Journal of the International Association of Buddhist Studies 7, no 2, 1984), 67쪽.

665) Pant, The Origin and Development of the Stūpa Architecture in India(Journal of Indian History, 1973), 472쪽.

영원한 현존은 스뚜빠에서 조심스럽게 나타나고 있으며, 비록 역사적 유물로 간직되더라도 스뚜빠에 대한 경배는 영원한 붓다로서 간주된다."[666]는 주장을 피력한다. 하비도 스뚜빠와 붓다의 본질을 동일시하는 논리에 대해 논평한 바 있다.[667] 붓다가 꾸시나가라에서 입멸하였을 때, 그의 몸은 장례 의식 속에 있었고 깨달은 자에 대한 존경의 표현으로서 청정한 불길의 다비의식을 통해 다 소진되었다. 그러나 아직 정신적인 자취는 사라지지 않았으며, 육체로부터 인간의 정수를 빼낸 것과 같은 차원에서 그의 유골이 스뚜빠에 남겨졌다.

쇼펜은 "초기 인도 불교에서 의식은 사실상 살아 있는 현존에 대한 의식이었다"[668]고 말한다. 이전에 붓다가 윤리적 존재로 여겨졌던 것처럼 붓다의 유골은 깨달음, 열정, 그리고 힘을 불어넣는 사상이 되었다.[669] 붓다의 유해는 정신적인 카리스마를 지닌 것으로 스뚜빠를 그 보금자리로 삼아 현존하기에 여전히 '생명'으로 받아들여진다. 이처럼 붓다의 유해는 스뚜빠에 활기를 불어넣어 주며 붓다의 대리인으로서 역할을 한다. 다시 말해 붓다의 유해가 잠시 살아 있던 스승을 상정한 본체

---

666) Hirakaw, The Rise of Mahāyāna Buddhism and Its Relationship to the Worship of Stūpas(Memoires of the Research Department of the Toyo Bun kyo, 1963), 88쪽.

667) Harvey, 위의 책, 69쪽.

668) Schopen, Burial 'Ad Sanctos' and the Physical Presence of the Buddha in Early Indian Buddhism. : A Study in the Archaeology of Religions(Religion 1987a, 17), 203쪽.

669) Harvey, 위의 책, 69쪽. Harvey는 "그 의식은 정신적인 힘과 일부를 한때 형성하였던 순수한 인간성을 포함하는 사상이었다. 그가 인간의 몸을 가지고 소유했던 마음은 자유로운 정신적 결과물이며 위대하며 선한 에너지를 소유하고 있었다. 그들은 이것에 의해서 다소 영향 받았다고 믿었다"고 언급한다.

로서 스뚜빠와 이체동형(異體同形)의 관계에 놓이게 되는 것이다.[670] 이 같은 믿음에 대한 패턴은 특정 지방 수행자들의 스뚜빠에도 적용할 수 있다. 쇼펜은 "엄밀하게 말해 '특정수행자와 그 유해의 보금자리' 사이의 관계는 '입멸한 붓다와 그의 스뚜빠' 사이의 관계와 같다. 수행자 자신들은 유해보다도 스뚜빠를 보금자리로 삼는 것이 더 낫다."[671]는 생각을 피력한다. 붓다와 다른 수행자들의 스뚜빠는 시대를 초월하여 깨달은 인격의 생동하는 면을 다양한 형태로 구현한다. 그 결과 살아 숨쉬는 수행자들처럼 스뚜빠는 '유용한 에너지를 방출'하며 유익한 경험의 출처로 자리 잡는다.

콘즈, 라므뜨, 그 외의 다른 학자들의 연구는 이러한 사실을 뒷받침한다. 그들은 하나같이 초기 붓다가 인간이자 동시에 궁극적인 진리와 우주 전체를 통합한 존재로서 분리될 수 없었다는 점을 지적한다.[672] 이는 스뚜빠가 상징적으로 한계를 지니는 동시에 우주 자체로서 순수함을 그 안에 내포하고 있다는 해석이기 하다. 우주적 균형 차원에서 붓다와 스뚜빠가 같은 위치에 놓이며, 그 위대한 영혼의 형태가 살아있는 수행자보다 더 깊은 의미를 지니고 있다는 것이다.

스뚜빠는 세상을 떠난 붓다의 전달 수단 혹은 매개 수단으로 제공된다. 다시 말해 붓다의 현존을 알리는 증거가 스뚜빠

---

670) Bénisti, Étude sur stūpa dans l'Inde ancienne(Bulletin de l'École Française d'Extrême-Orient, 1960), 51쪽.

671) Schopen, An Old Inscription from Amarāvatī and the Cult of the Local Monastic Dead in Indian Buddhist Monasteries(Journal of the International Association of Buddhist Studies 14, no. 1991c), 316쪽.

672) Conze, Buddhist Thought in India(London, 1962b), 168~172쪽. ; Lamotte(1958), 689쪽.

인 셈이다. 위대한 성인은 열반을 성취하여 스뚜빠로 들어가 존경할 만한 존재가 된다.[673] 살아 있는 수행자를 보고자 하는 기원은 그것을 통해 깨달은 카리스마에 참여하고 축복을 받고자 하는 마음에서 비롯된다. 이와 유사한 목적에서 성인이 가고 난 뒤에 그들을 보고자 하는 열망이 스뚜빠로 전이되는 것이다. 그리고 이러한 숭배는 깨달음으로 나아가는 과정을 포함한다.

한편 스뚜빠의 구조물 자체에 다양한 금기사항이 제시되는 이유는 스뚜빠를 신성한 공간으로 자리매김 하려는 이유에서다. 그리고 그것은 특별하게 의례화하는 방법 안에서 붓다의 육체를 구체화하려는 의도와 관련이 깊다. 상징적인 구조물인 스뚜빠는 붓다 시대 이전부터 존재했으나 붓다의 입멸을 통해서 그 상징적 의미가 더욱 부각되었다.

고대 인도의 건축물이 붓다로 인하여 각 지역으로 전파되어 대승의 사리탑 신앙으로까지 발전할 수 있었던 것은 주목할 만한 사실이다. 결과적으로 붓다의 입멸과정에서 스뚜빠라는 구체적 구조물이 다시 새롭게 탄생한 것이다. 이 스뚜빠는 초기 불교 당시의 공동체가 가지고 있었던 의미를 현대에까지 지속적으로 부여하고 있다. 많은 사람들이 붓다의 사리탑들을 중심으로 결속하고 화합하며 신앙적인 면에서 그리고 철학적인 면에서 자신들을 다져나가고 있는 것이다. 이는 붓다가 경험한 수행자적인 면모를 증언하는 것으로 지금도 많은 이들이 그 경험을 스뚜빠를 통해 체험하고 있다.

---

673) SPS, 153. 28～31.

제 5장 결론

함께 하지만 다름을 인정할 때, 공동체는 생겨날 수 있고 또한 유지될 수 있다. 이러한 전제 하에서 다른 공동체에 대한 판단의 유보, 다시 말해 다른 집단을 배제하는 것이 아니라 그에 대해 알려고 할 때 자신이 속한 공동체가 발전할 수 있다는 논리는 성립한다. 하지만 자신이 속한 집단이 아닌 다른 집단을 직접적으로 경험하기란 사실상 어렵다. 다른 사람이 반드시 우리의 합리성을 공유하거나 반경에 들어와야만 의사소통이 가능하기 때문이다. 진리는 믿음이나 정합성에 견주어 볼 때 투명해야 하지만, 판단의 테두리 안에서 일치가 전제되어야 비로소 도달 가능하다.[674] 이때 다른 이들의 공동체에 관한 에피소드는 그들을 이해할 수 있는 통로가 된다. 다름을 알려고 하고 그들의 공통점을 알고자 할 때, 내가 속한 공동체의 변화를 기대할 수 있다. 다른 집단의 상황, 또는 어려움을 이해하는 것이 곧 내가 속한 공동체에 이익을 가져다주는 것이다.

초기 불교 공동체의 원형에 관한 고찰은 현대사회의 여러 공동체가 안고 있는 문제들의 해결에 시사하는 바가 적지 않다. 오늘날 다수의 학자들은 현대사회 공동체에서 나타나고 있

674) 이승종, 「인간 비트겐슈타인 : 고행의 방랑자」(서산철학강좌, 2006.4.13), 10～11쪽.

는 내부적 도덕과 외부적 도덕 사이의 괴리현상, 곧 양자의 상반된 성격을 지적한다. 공동체 내부적으로는 구성원 간의 긴밀한 결합이 뒷받침돼 정서적인 융합이 강화되고 가족적인 친밀관계가 존중되는 반면, 외부적으로는 가차 없이 영리를 취하고 투쟁의식을 표출한다는 것이다.[675]

초기 『열반경』 텍스트에서 언급된 공동체는 상가라는 집단을 중심으로 형성되었다. 이 공동체는 비구성원들에 대해서는 철저한 계율에 따른 수행을 강조했으며, 재가자 집단에 대해서는 영리를 취하기보다 존중과 배려를 통해 화합을 모색했다. 붓다 시대의 공동체는 출가자와 재가자 모두를 포함하는 넓은 영역을 소유한 집단에 속했다. 초기 『열반경』 텍스트에서 이를 쉽게 확인할 수 있다. 초기 『열반경』 텍스트에 의하면, 공동체 내부와 외부는 대립관계나 경쟁관계에 있지 않았다. 그 예로 '수밧다의 에피소드'와 '암바빨리 여인의 에피소드'를 들 수 있다. 상가 공동체는 자율적으로 규제를 할 수 있는 구조를 지녔고, 억압에 의한 것이기보다 억제의 성격을 띠고 있었다. 억압이 외부에서 오는 강제적 성향이라면, 억제는 자율적으로 자체 안에서 방어적인 청정성을 위해 형성된 것이라 할 수 있다. 억압에 의한 공동체가 아니라 억제하는 공동체가 초기 공동체의 매력이었다.

초기 공동체는 내부나 외부에서 서로를 응시하는 구조를 가졌다. 응시한다는 것은 공동체의 정체성을 개선하고 구성원들

675) 윤원근, 「독일 지적 전통의 신비적 세계관과 베버의 공동체 지향성(1)」, 『베버의 공동체적 특수주의』(한국사회학 34권 1호), 31～65쪽.; 久保全正文, 「막스 베버의 宗教社會學에 대한 일반적 고찰」, 『佛教社會學』(日新社, 1963) 재인용.

각자에 대한 책임감을 부여한다는 것을 뜻한다. 공동체가 응시하는 구조를 가졌다는 것은 주체적인 삶을 강조한다는 뜻으로 이해할 수 있다. 상대방을 객체로서 소유, 이용, 지배하려고 시도하지 않고 상대방과 자신을 동일시하는 평등한 관계 설정을 토대로 한 응시가 초기 『열반경』 텍스트에 나타나는 공동체 모델이다.

혈연이나 지연으로 구성된 작은 공동체는 모든 사람이 타인에 대해 생각하는 바를 서로 잘 알고 있다. 반면 큰 공동체는 사람들이 나를 알아볼 수 없는 방식으로 판단하고 이로 인해 자신을 객체처럼 느낀다. '규모적으로 큰 공동체'는 국가, 출가자, 거사, 외도, 여성, 대우주, 신과의 교감을 통한 장례의식, 다비를 통한 공동체의 확산에 이르기까지 방대하다. 초기 『열반경』 텍스트는 규모 면에서는 큰 공동체에 속하지만, 서로 응시하고 타인에 대해 생각하는 바를 서로 잘 알고 있는 작은 공동체의 성격을 가지고 있었다. '모든 존재는 티끌조차 가치 있다'는 붓다의 가르침처럼 서로를 응시하고 타인을 배려했다. 객체를 주체로 환원시키려 노력한 것이 아니라 처음부터 구성원들이 주체적인 성격을 형성해 간 것이다.

초기 『열반경』 텍스트를 통해 볼 때, 당시의 공동체 구성원들이 강한 결속으로 자신의 존재를 근거 지우면서 한편으로 자유롭기를 원했음을 알 수 있다. 이는 부파로 분열된 뒤에도 구성원들이 초기 공동체가 가지고 있는 원형의 마인드를 소유하고 있었다는 사실에서 재차 확인된다. 상가는 부파로 분열되었어도 동일한 자세와 지향을 가졌다. 다른 부파와는 우호적이고 관대한 관계를 유지했다. 격렬한 대립은 없었으며 법과 율에 대해 이견이 있었을 뿐이다. 긴급하지도 않고 흥미로워 보이지도 않은 문제들에 대해서는 의사표현을 하지 않았고, 다른 동료들이 제기한 문제를 배척하지 않았다. 누구도 개인이 가지고 있는 교리적인 견해에 대해 따지거나 묻지 않았다. 부파의 형성 원인을 교리상의 차이와 함께 인도 전역에 걸친 상가의 지리적 확장에서 찾는 관점 역시 이를 뒷받침해준다. 지리적으로 일정 지역을 점유한 상가는 특수한 문제들과 마주쳐 해결해 나가야 했다. 사원에서는 실천해야 할 관습들이 새로 만들어질 수밖에 없었다. 계율을 적용하는 데 엄격한 상가도 있었지만, 관대한 경향을 지닌 상가도 있었다.

또한 재가자와의 관계는 각 상가의 분위기를 독특하게 특성화시켰다. 왕으로부터 호의적인 대접을 받은 상가도 있었지만, 왕의 적대적인 행위로부터 방어해야 하는 상가도 있었다. 외부세계에 문호를 개방해야 하는 상가도 있었지만, 세상에서 벗어나 은둔한 상가도 있었다. 상가는 북서쪽의 스키타이족, 남쪽의 드라비족, 갠지스강의 아리안족 등 인도의 다양한 지역에 산재했다. 상가가 처한 환경에 따라 의복, 음식, 언어와 방언의 사용이 결정되었다. 비옥한 지방인 아반띠, 간다, 마가다는 많은 사원을 수용했지만, 숲 속 지역은 소수의 수행자들만을 부양했다. 그러나 지역에 상관없이 상가 공통의 정신과 관습이 유지되었던 것만은 확실하다. 상가 공동체가 이와 같이 분열되어도 초기 『열반경』에서 보이는 화합의 윤리는 존속되었다. 이는 공동체의 내부와 외부가 도덕적으로 괴리되지 않았음을 뜻한다. 동시에 개인의 자유와 가치가 보존되었다는 사실 역시 초기 『열반경』 텍스트에서 확인된다. 자유로운 주체들 사이의 친밀한 관계는 초기 공동체의 이러한 원형적 성격 때문에 유지될 수 있었다.

초기 『열반경』 텍스트의 에피소드 구조는 자유의 유동성과 공동체의 견고함을 궁극적으로 이상화한다. 이는 부파 분열 이전에 공동체에 대한 화합의 이념이 있었기 때문에 가능했다. 고대 텍스트를 따라 생각을 그 흐름에 맞추어 가는 과정은 텍스트를 읽는 이로 하여금 객체가 아닌 주체의 시선에서 대상을 응시하게 만든다. 초기 공동체에서 구성원들 사이의 이러한 관계는 붓다가 인간 생활 전체에 관심을 가졌다는 사실과 초기 공동체가 물질적이거나 사회적이라기보다는 정신적이고 윤리적인 측면을 지녔다는 사실을 뒷받침한다. 초기 공동체의 이러한 지향성은 현대 불교 공동체의 성공적인 운영을 위한 유용한 참조점이 될 수 있다. 그러나 초기 공동체를 역사적으로 이해하지 않은 상태에서 이를 이상적인 모델로 상정한다면, 자칫 현대 불교 공동체의 현실과 한계를 극복할 절실한 대안을 찾기 힘들 것이다. 따라서 초기 불교를 정확히 이해하려는 노력이 우선될 필요가 있다.

초기 불교가 이기적이고 자기중심적인 집단의 성격을 지녔다면, 오늘날까지 전해지지 못했을 것이다. 윤리적이지 못했던 여타의 고대 종교들이 대중의 지지를 뒤로하고 사라진 전례가 이를 입증해준다. 초기 불교는 억압받는 계층에 더 많은 동정을 보내는 시스템을 가지고 있었다. 그것은 경제적, 정치적, 사회적 측면에서 카스트의 억압문제를 해소하려는 집단의 이타적인 성향이 빚어낸 결과였다. 이 같은 이타주의는 일종의 인본주의적 윤리관으로 사회 정치적 커뮤니티의 구체화를 추구하는 데 그 지향점을 두기 마련이다. 붓다가 사회적 기준에 관심을 갖고 있었음에도 불구하고, 사회 공동체 연구에서 붓다의 공동체 사상에 대해 접근한 경우는 이제까지 사실상 부재하다. 이제는 초기 불교 사회가 빠르게 변화하고 세련되게 계층화된 형태로 표현되는 양상을 고려한 분석이 필요하다.

연구자는 초기『열반경』의 개별적인 에피소드를 통해 초기 공동체 전체를 파악하고자 했다. 이때 전체 공동체를 파악한다는 것은 그 개별적인 에피소드를 종합적으로 이해한다는 뜻이기도 하다. 모든 에피소드들은 그것이 속해 있는 초기『열반경』텍스트의 문맥 안에서 하나하나 정확히 분석될 필요가 있다. 그렇게 해야만 공동체에 대한 충분한 이해가 가능하기 때문이다. 그러나 본 논문은 초기『열반경』텍스트의 51개 에피소드 중 10개만을 공동체 이론과 결부시켜 분석함으로써 공동체의 특성을 온전히 확인하는 데 일정 부분 한계를 노정하고 있다. 비록 10개의 에피소드에 대한 제한된 분석이기는 하나 연구자는 이를 통해 초기불교의 공동체 개념에 대한 인식의 폭을 최대한 넓히고자 했다. 특히 그 가운데서도 초기 출가자 집단이 수행에만 전념한다는 고정된 인식을 깨뜨리는 데 초점을 두었다. 기존의 고정관념을 새로운 인식으로 대체하기 위해서는 여러 전거들이 필수적으로 요구된다. 본 논문에서 지금까지의 논의는 이러한 전거들의 충실한 제시와 분석을 위한 것이었다.

유행하거나 수행에만 전념해서 사회와 격리된 집단으로 초기 상가를 이해한다면, 이는 근거 박약한 몰이해다. 물론 당시 출가자는 수행을 위주로 생활해왔고, 그들의 이런 생활 형태는 상가 공동체의 특징이기도 했다. 또한 수행자들의 화합은 상가를 이끌어 나가는 중요한 요소였다. 붓다가 처음 불교를 세상에 내 놓았을 때, 그는 수행자들의 화합만을 강조하였는가? 폐쇄적인 상가 공동체의 안위와 화합이 붓다가 바라는 이상이었는가? 이러한 질문들에 해답을 제시해주는 텍스트가 초기 『열반경』이다. 상가 공동체와 영향을 주고받는 모든 집단과 구성원에 화합적인 요소가 있어야만 초기 상가 공동체를 제대로 이해할 수 있음을 우리는 『열반경』 텍스트에서 보아왔다. 이는 균형을 뜻하거니와, 집단 또는 조직원들 사이에 균형이 맞지 않을 경우 혼돈이 생기게 마련이다. 붓다는 이를 『열반경』의 텍스트에서 화합하는 공동체란 명목 아래 설명하고자 했던 것이다.

초기 『열반경』 텍스트의 불교공동체는 화합과 평화를 목적으로 삼고 있다. 현대 공동체의 이상 역시 그와 같은 목적에서 크게 벗어난다고 할 수는 없을 것이다. 화합과 평화는 연기법칙 안에서 찾을 수 있다. 상가 공동체, 국가 공동체, 재가 집단들, 법과 율, 바라문의 유입, 여성의 위상, 상가 공동체에 적용된 규칙들, 우주와의 교감, 장례의례, 공양 등은 초기 불교의 공동체를 완성시킨 요소들이다. 이들이 상호 의존적으로 작용하였기 때문에 그처럼 온전한 공동체를 이루어낼 수 있었던 것이다. 초기 불교의 공동체 형성 과정이 연기이론과 정확하게 맞물려 있다고 보는 근거가 바로 여기에 있다.

한편 초기 불교를 연구하는 데 주목해야 할 점은 문헌학적 자료에 보다 많은 관심을 가지고서 횡적으로 접근하는 자세가 필요하다는 사실이다. 불교 진리의 이해에 있어 선행하는 문헌학적 자료의 중요성은 절대적이라 할 수 있다. 우리 자신이 이해하지 못하는 것을 고대 텍스트의 문헌학적 자료에서 얻을 수 있기 때문이다. 논쟁거리가 될 새로운 해석을 고대 텍스트에서 찾아낸다면, 초기 시대와의 고원한 시간적 차이에도 불구하고 소통은 가능하다.

문헌학적으로 초기 『열반경』과 율장은 거의 완벽한 판본 형태를 유지하고 있다. 상가 공동체와 관련하여 율장에서 서술되고 있는 출가자의 생활상은 여타의 초기 경전들이 따라갈 수 없을 정도의 세밀함을 보여준다. 이러한 점에서 공동체의 원형을 문제삼을 때 율장을 초기 『열반경』과 비교하지 않을 수 없다. 후대로 갈수록 그 서술 양상이 치밀해지는 경향이 있다는 사실에 주목한다면, 텍스트의 원형 문제를 둘러싼 해결은 의외로 간단해진다. 두 종류의 문헌을 비교 연구하는 과정에서 초기 불교에서 드러내 놓고 사실로 인정하는 부분과 왜곡하거나 의식적으로 감춘 부분들을 선별해낼 수 있기 때문이다.

완전하게 전해진 고대의 텍스트들에 대한 향후 논의는 문헌학적 출처에 입각해서 진행될 필요가 있다. 문헌 연구 없이는 교리 이해가 불가능하고, 사상 연구 또한 불가능하기 때문이다. 불교 사상의 역사적인 전개에 있어 각 시대의 양상은 이를 전하는 문헌이 있기에 파악이 가능하다. 따라서 각 시대의 불교사상을 고찰하는 데 그 시기의 독특한 문헌을 연구해야 하는 것은 물론이거니와, 단지 불교 교리의 특정 부분을 언급하는 데도 그것의 시대적 문맥에 대한 이해가 필수적이라는 것을 알 수 있다.[676]

---

676) 김동화, 『原始佛教思想』(보련각, 1973), 18쪽.

연구자는 결론의 장을 통해 현대적인 관점에서 공동체의 화합과 연기설을 관련짓는 새로운 해석을 내놓고자 한다. 연기설의 상호의존성과 초기 공동체의 화합을 연관시킨 것은 그것이 현대의 공동체에도 유용한 모델이 될 수 있다고 판단하기 때문이다. 관계 그물망 속에서 성장하고 유지되었던 초기 공동체의 상황은 무수한 인연들에 의한 것이었다. 연기의 도움주기 기능과 피드백 효과의 측면에서 초기 공동체는 조명 받았다. 초기 공동체는 일반적인 방향성으로 고정된 것이 아니라 사회 전반에 걸친 구성원들의 도움과 다시 돌아오는 역진 운동으로 다른 존재와 나의 존재가 관계되는 가운데 고대에서 현대로, 현대에서 고대로 회귀하는 성향을 갖고 있었다.

초기 『열반경』을 통해 우리는 붓다의 마지막 여로에 동행하는 듯한 느낌을 갖게 된다. 생생하게 전하는 붓다의 가르침을 이처럼 분명하게 전달받을 수 있는 것은 초기 『열반경』의 여러 이본(異本) 텍스트들이 현존하고 있기 때문이다. 이 경전들 속에는 많은 에피소드가 있다. 본 논문의 논의에서 제외된 여타의 에피소드들 역시 향후 연구가 필요한 과제다. 이들 에피소드에 관한 연구가 문헌학적 자료에 근거해 이루어진다면, 붓다가 설한 진리와 그의 입멸이 주는 의미는 새로운 해석학적 차원으로 열리게 될 것이다. 본 논의를 통해 연구자는 그 일부의 성과를 거두었다고 말할 수 있다. 성인의 죽음이 보석을 잃음이 아니고 성인이 설한 보석과 같은 진리를 다시 찾는 계기라는 깨달음을 연구 성과로 얻은 것이다.

참고문헌

1. 원전류

大谷大學 監修; 西藏大藏經研究會 編, 1962, 『Dbu-ma rtsa-ba'i 'grel-ba tshig gsal-ba 'ses-bya-ba』, 影印北京版西藏大藏經 98, No 5260. 東京 : 鈴木學術財團.

고남박사공적기념회, 1970, 『南伝大藏經』, 제 1권, 제 7권, 동경 : 대정신수대장경간행회.

______________, 1970, 『律藏』『남전대장경』, 大品 I, 동경 : 대정신수대장경간행회.

唐義淨奉譯, 『根本說一切有部毘奈耶雜事』 卷 第38, TD 24.

大正一切經刊行會, 『十善戒相』, TD 14.

東晋法顯譯, 『大般涅槃經』, TD 1.

不載譯人附東晉錄, 『般泥洹經』, TD 1.

弗若多羅羅什譯, 『十誦律』 TD 23.

佛陀什竺道生譯, 『五分律』 TD 22.

佛陀耶舍譯, 『四分律』, 卷 5, TD 22.

佛陀跋羅譯, 『摩訶僧祇律大比丘戒本』 TD 22.

西晉白法祖譯, 『佛般泥洹經』, TD 1.

四川省佛教協會編, 1999, 『善見論10』 : 『洪武南藏』, 第124册, 成都 : 四川省佛教協會.

安玄嚴佛調共譯, 『大智度論』, TD 15.

黎靖德, 1999, 「朱子語類」『中華經典藏書』, 北京, 中華書局.

元曉, 1979, 「涅槃宗要」『한국불교전서』 서울 : 동국대학교 출판부.

「金剛般若波羅密經」『한국불교전서』, 1979, 권 7, 서울 : 동국대학교 출판부.

義淨譯, 『根本說一切有部毘奈耶』, 卷 16, TD 24.

後秦佛陀耶舍竺佛念譯, 『遊行經』, 「雨勢經」『長阿含經』, TD 1.

Anderson, D., Smith, H., 1913, *Suttanipata,* London.

Bhikkhu Kashyap, J., 1956, *Cullavagga,* Nālandā Devanāgarī-Pāli Series.

________________, 1980, *Mahāvagga*, Nava Nalanda Mahavihara, Nalanda.

Bhikkhu J., 1958, *Pārājika,* Nālandā Devanāgarī-Pāli Series, Bihar Government.

Davids. T.W. Rhys, 1975, *Mahā-Parinibbāna-Suttanta,* Dīgha-Nikāya II, [D. x vi], London, PTS.

______________ , 1964, *Visuddhi-magga : Visuddhimagga of Buddhaghosa,* London : PTS, 1975. Sharma, Birbal., *Samantapāsādikā III,* Nalanda.

Feer. L., 1884-1904, Saṃyutta-*Nikāya*, London : PTS.

Herman, 1997, *Aṇguttaranikāya Commentary* : Manoratha-purani, Commentary on the Aṇguttara Nikāya, [by Buddhaghosa], vol.5, Dasaka-Ekadasaka- Nipata-Vannana with indexes to vols. 1-5.

Jones, J., 1949～1956, *Mahāvastu. : The Mahāvastu. Sacred Books of the Buddhists* 16, 18, 19. 3 vol. London.

Morris, R., Hardy, E., 1885-1900, *AṅguttaraNikāya,* London : PTS.

Norman, H. C., 1993, *Dhammapada commentary : The commentary on the Dhammapada,* Vol.1 : Part 1, Oxford : PTS.

Oldenberg, H., 1879, *The Vinaya Piṭakam,* London,, Oxford : PTS.

____________, 1879, *Dīpavaṃsa* : London, Oxford : PTS.

Olivelle, Patrick, 1998, *Upanisads,* Oxford : Oxford University Press.

Pub Group West, 1966, *Nikāya*, Notes no. 156, Natl Book Network,

BPS.

Schopen, Gregory., 2003, *Vinaya*, (Mūlasarvāstivādin, partial), In Gilgit Manuscripts, vol.3.

Shastri J. L., Banerji, S.C., 1996, *Manu Smṛti : With the Sanskrit Commentary Manvartha-Muktavali of Kulluka Bhatta,* Motilal Banarsidass, India; New Ed edition.

Stede, W., 1971, *Mahā-parinibbāna-sutta-vaṇṇanā, Purāṇaṭīkā -Sumaṅgalavilāsinī, : Sumaṅgala - Vilāsinī,* Buddhaghosa's Commentary on the Digha Nikāya partⅡ, Ph. D., London : PTS.

Sumangala, S., 1914, *Dhammapada,* London : PTS.

Tatia, 1975, *Prātimokṣasūtram of the Lokottaramahāsāṃghikānāṃ School,* no 16, N. Tibetan Sanskrit Work Series, Nālanda, Patna.

Trenckner, V., Chalmers, R., 1887-1901, *Majjhima-Nikāya,* London : PTS.

Vaidya, P. L., 1960, *Sadharmapuṇḍarīka Sūtra,* Buddhist Sanskrit Texts 6, Darbhanga, India.

2. 국내 번역서 및 저술.

김동화, 1973, 『原始佛敎思想』, 서울; 보련각.

김선근, 2005, 『인도 정통철학과 대승불교』, 동국대학출판부.

中村元, 1993, 『原始佛敎』, 정태혁역, 동문선.

_______, 1981, 『佛敎本質-근본불교 사상과 생활윤리-』, 양정규역, 서울; 경서원.

_______, 1984, 『불타의 세계』, 김지견역, 김영사.

田村芳朗, 1976, 『열반경의 세계』, 李元燮역, 玄岩社.

다카자키 지키도(高崎直道), 2001, 『불교입문』 신법인역, 김영사.

다카쿠스 준지로, 1990, 『불교철학의 정수』, 정승석역, 대원정사.

대림, 각묵스님, 2002, 『아비담마 길라잡이』, 초기불전연구원.

리영자, 2001, 『불교와 여성』, 민족사.
마리안네 베버, 1975, 『사회과학논총』, 양회수역, 을유문화사.
마명, 1988, 『붓다차리타』, 김달진역, 고려원.
박순영, 1993, 『해석학의 철학』, 서광사.
백도수, 2001, 『대장경에 나타난 여성불교』, 불교여성개발연구 · 교육위원회.
불전간행회, 1994, 『대반열반경 : 석존의 열반』, 민족사.
서성원, 2004, 『초기 · 부파불교연구』 「법경스님 논문집 발간모임」
석지명, 1995, 『큰 죽음의 法身』, 불교시대사.
석지현, 1993, 『숫타니파타』, 서울 : 민족사.
스가누마 아키라, 1991, 『부처님과 그 제자들』, 봉은사 출판부.
渡辺照宏, 1983, 『經典成立論』, 김무득역, 경서원.
원의범, 1983, 『佛陀의 말씀-수따니빠따-』, 三星美術文化財團 170.
______, 1982, 『현대불교사상』, 집문당.
이지수, 2002, 『인도에 대하여』 통나무.
전재성, 2000, 『쌍윳따니까야 4권』, 서울 : 한국빠알리성전협회.
주희(朱熹) · 여조겸(呂祖謙)편저, 엽채(葉采)집해, 2004, 『근사록 집해』, 이광호역주, 아카넷.
蔡尙思, 2000, 『中國禮敎思想史』, 이광호역, 법인문화사.
하야시마쿄쇼(早島鏡正), 1991, 『붓다의 마지막 여로』, 강기희역, 민족사.
후지다 고다쓰 · 스가누마 아끼라 · 사꾸라베 하지메, 1989, 『원시불교와 부파불교』, 이지수역, 대원정사.
(가나다 순으로 배열함)

3. 일본 저술

赤沼智善, 1981,『原始佛教の研究』, 京都 : 法藏館.
金倉圓照, 1962, 『印度中世精神史』, 東京大學文學部 宗教學研究

室内 日本宗教學會.

木村日紀, 1963,『アショ-カ王とインド思想』, 以文選書 26.

久保全正文, 1963,「막스 베버의 宗教社會學에 대한 일반적 고찰」『佛教社會學』, 日新社.

佐々木教悟著, 1985,『戒律と僧伽』, 平樂寺書店.

佐藤密雄, 1972,『原始佛教教團の研究』, 東京 : 山喜房佛書林.

________,『佛教教團の成立と展開』(『초기불교교단과 계율』, 김호성역, 민족사, 1991)

________, 1994,『律藏』, 최법혜역, 서울 : 東國譯經院.

塚本啓祥, 1966,『初期佛教教團史の研究』, 山喜房佛書林.

________, 1976,『アショ-カ王 碑文』, 第三文明史, 東京.

辻直四郎, 1943,「神話と傳說」『印度』, 偕成社.

永田瑞, 1979,『律典の女性觀』, 印度學佛教學研究, 27卷2號(通卷54).

中村元, 1956,『インド思想史』, 東京 : 岩波書店.

______, 1966,『インド古代史(上)』, 東京 : 春秋社.

______, 1969,『原始佛教の成立』, 東京 : 春秋社.

______, 2003,『原始佛教の生活倫理』, 東京 : 春秋社.

平川彰, 1980,「サソがの超世間性と國家權力との關係」『原始佛教の研究』 東京 : 春秋社.

______, 1983,『佛教・ジャイナ教の發生基盤とその形成』, 東北大學文學部研究年報 32.

______, 1993,『二百五十戒の研究 1』, 春秋社.

______, 1970, 『律藏の研究』, 東京 : 山壹房佛書林. (박용길역, 1995).

三枝充悳, 1999,『ブッダとサンガ』 <初期佛教>の原象, 法藏館.

和辻哲郎, 1940,『原始佛教の實踐哲學』-根本資料の取扱い方について-, 岩波書店.

________, 1985,『佛教倫理思想史』, 岩波書店.

(カタカナ 순으로 배열함)

4. 논문류

김선근, 1999, 「인도불교 교단의 성립과 발전 그리고 쇠퇴 I」『불교학보』 제 36집, 동국대학교 불교문화연구원.

김호성, 1989, 「다르마의 구현자 전륜성왕론」『승가』, 제 6호.

박경준, 1996, 「전륜성왕에 관한 몇 가지 문제」『동국논총』, 제 25집.

박순영, 1978, 「하버막스의 해석학」『철학』, 12권.

______, 1992, 「철학노트」『철학과 현실』, 통권 14호.

______, 1993, 「해석학」『철학과 현실』, 통권 17권.

______, 1996, 「후설의 생활세계 개념에 대한 선불교적 이해-선문답(公案)의 현상학적 이해를 위한 試論」『현상학과 한국사상』, 한국현상학회편, 철학과 현실사.

______, 2004, 「이해와 정보해석학」『해석학연구』, 한국해석학회.

______, 2006, 「매체문화와 정보해석학」『철학과 현상학 연구』, 한국현상학회.

백도수, 2001, 『比丘戒經(Bhikkhupātimokkhasuttaṃ)에 대한 硏究』,동국대학교대학원 인도 철학과, 박사학위논문.

신성현, 1987, 「악어의 눈물」『법시』, 법시.

______, 1987, 『Mahāvastu의 십지사상 연구』, 동국대학교 대학원 석사학위논문.

______, 1990, 「十住毘婆沙論의 戒律思想」,『韓國佛敎學』 제 14집, 한국불교학회.

______, 1992, 「初期佛敎에 있어서 戒와 律의 相補性」,『동국사상』 25권, 동국대학교 불교대학학생회.

______, 1993, 「初期大乘佛敎의 戒相變化와 그 發展」,『韓國佛敎學』제 18집, 한국불교학회.

______, 1994, 「大乘涅槃經 成立背景에 대한 一考」,『동국사상』26권, 동국대학교 불교대학학생회.

______, 1994, 「初期 戒律 成立에 대한 問題」,『韓國佛敎學』 제 19집, 한국불교학회.

______, 1995, 「律藏에 나타난 男女差別의 問題」,『불교학보』 제 32권, 동국대학교 불교문화연구원.

______, 1996, 「提婆의 婆僧事 問題」,『불교학보』 제 33권, 동국대학교 불교문화연구원.

신성현, 2001, 「涅槃經 成立에 관한 諸問題」, 『韓國佛教學』, 제 21집, 한국불교학회.

______, 2001, 「初期佛教教團와 國家와의 關係」, 『불교학보』 제 34권, 동국대학교 불교문화연구원.

______, 2001, 「不食肉戒 一考」, 『불교학보』 제 35권, 동국대학교 불교문화연구원.

______, 2001, 「10善에 대한 몇 가지 문제」, 『韓國佛教學』 제 25권, 한국불교학회.

______, 2001, 「초기불교 교단에서 가섭과 아난의 관계」, 『불교학보』 제 36권, 동국대학교 불교문화연구원.

______, 강호덕, 2001, 「佛教에서 숲의 價值 認識」, 『불교학보』 제 38권, 동국대학교 불교문화연구원.

______, 2003, 「초기불교 상가분열에 대하여」, 『인도철학』 제 13집, 인도철학회.

______, 2007, 「초기불교 상가에서 화상과 제자의 관계」,,『인도철학』 제 22집, 인도철학회.

영문사편집, 1995, 『原始佛教』「大般涅槃經」.

윤세원, 2006, 「전륜성왕의 정치 사상적 의미에 관한 연구」, 『불교학연구』제 14호.

윤원근, 1991, 「독일지적 전통의 신비적 세계관과 베버의 공동체 지향성(1)」-베버의 공동체적 특수주의-, 한국사회학 34권 1호.

윤호진, 1991, 「아쇼카왕과 불교」, 『불교사상논총』, 경해법인 신정오박사화갑기념 불교사상논총간행위원회, 가산출판사.

원의범, 1991, 『불교사회제도』, 한국불교대학, 스리랑카 국립 팔리불교대학교 한국 캠퍼스

______, 1992, 「고려초기 윤리사상」, 『한국인의 윤리사상』, 율곡사상연구원.

이광호, 2003, 「상제관을 중심으로 본 유학과 기도교의 만남」, 『유교사상연구』, 제 19집.

이광호, 1984, 「중화논변을 통하여 본 주자후기사상의 단초」, 『철학논구』, 별책 12집.

이승종, 1995, 「글의 역사와 철학」, 『언론과 사회』, 성곡언론문화재단.

______, 1998, 「동일자의 생애」,『매체의 철학』, 나남출판.

이승종, 2000, 「여성과 철학」, 『연세학술논집』 제 31호, 연세대학교 대학원 총학생회.
______, 2001, 「영혼에 대한 태도」, 『철학과 현실』 제 48권, 철학문화연구소.
______, 2003, 「축제로서의 삶」, 『축제와 문화』, 연세대학교 출판부.
______, 2005, 「차이와 반복 : 노장과 들뢰즈」, 이승환 2005에 수록, 예문서원.
______, 2006, 「거듭나는 삶 : 헤세의 『싯다르타』」, 연세철학연구회 봄 정기 학술발표.
______, 2006, 「인간 비트겐슈타인 : 고행의 방랑자」, 서산철학강좌.
이자랑, 2003,「초기불교 교단의 종교의식과 생활」『불교평론』 14, 불교평론사.
______, 2005, 「소소계(小小戒)에 관한 논쟁」, 『불교평론』, 현대불교신문사.
전호련(전해주), 1986, 「比丘尼教團의 成立에 대한 考察」, 『한국불교학』 11집, 한국불교학회.
__________, 1999, 「한국 비구니 승가의 현황과 방향」, 『종교교육연구』 제8권, 한국종교교육학회.
__________, 2003, 「『華嚴經』의 善財童子 순례」, 『불교학연구』 제7호, 불교학연구회.
__________, 2007, 「大韓佛教曹溪宗의 二部僧授戒와 四分律」『韓國佛教思想과 文化』, 제 39집, 한국사상문화학회.
조용길, 2006, 「아함경에 나타난 불타의 실천윤리에 대한 고찰」『불교와 중교적 문화현상』, 도서출판여래.
한자경, 2001, 「불교의 자아관에 대한 기독교적 접근의 한계」『오늘의 동양사상』, 제 4호, 예문사상연구원.

5. 그 외의 이차 자료들(서양)

Agrawala, 1953, *India as Known to Pāṇini,* Lucknow.
Alterkar, 1955, *State and Government in Ancient India,* Delhi; Motila Banarsidass.

An, Yang-Gyu., 2003, *The Commentary on the Mahāparinibbāna-Sutta : The Buddha's Last days*, PTS, Oxford.

Arvind Sharma, 1994, "*Women in Hinduism*", in Today' Woman in World Religions, Albany : SUNY Press.

Bareau, André., 1970,*Recherches sur la biographie du Buddha dans les Sūtrapiṭakaet les Vinayapiṭaka anciens.* 2:Les derniers mois, le parinirvāṇa et lesfunérailles. 2 vols. Paris.

Barua, B. M., 1926, *Stūpa and Tomb,* Indian Historical Quarterly.

Basham, A. L., 1964, *Ajātasattu's War with the Lichchhavis', Studies in Indian History and Culture,* Calcutta.

Beni Prasad, 1968, *Theory of government in ancient India,* Central Book edition.

Bénisti, Mireille., 1960, *Étude sur stūpa dans l'Inde ancienne,* Bulletin de l'École Française d'Extrême-Orient.

Bhandarkar, D. R., 1977, *Ancient History of India,* Delhi, Bharatiya Pub.

Bigandet, P., 2000, *The life or Legend of Gaudama : the Buddha of the Burmese 'Legend of the Burmese Buddha',* 2nd ed., London, Routledge.

Cabezón, José Ignacio., 1992, *Buddhism, Sexuality, and Gender,* Bibliotheca Indo-Buddhica series; no.113, Delhi : Sri Satguru Pub.

Candrakīrti, 1913, *Mūlamadhyamakarārikās de Nāgārjuna avec la Prasannapadā,* Bibliotheca Buddhica No.Ⅳ, st Petersburg.

Conze, Edward, 1962, *Buddhist Thought in India,* George Allen and Unwin : London.

Davids, Rhys., 1977, *Dialogues of the Buddha,* Published by the Pali text society, London.

___________, 1977, *Points of Controversy,* PTS. London : Routledge and Kegan Paul Ltd.

___________, 1977, *Sacred Books of The Buddhists* vol. Ⅲ, PTS : London.

De visser, M. W., 1923, *The Arhants in China and Japan,* Berlin.

Drekmeier, Charles., 1962, *Kingship and Community in Early India,* Stanford.

Dumoulin, Heinrich., 1988, *Zen Buddhism : A History 1 : India and China,* New York.

Dutt, 1960, *Early Monastic Budhism,* Asia Pub.

____, 1962, *Budhist Monks and Monasteries of India,* London.

Ebert, Jorinde, 1980, "*Parinirvāṇa and Stūpa : Was the Stūpa Only a 'Symbolical' Depiction of Parinirvāṇa?*" In Dallapiccola.

Falk, Nancy., 1977, "*To Gaze on the Sacred Traces.*" *History of Religions.*

Fick, 1920, *The Social Organisation of North-East India in Buddha's Time,* Delhi : Calcutta.

Foucher, Alfred, 1922, *L'art greco-bouddhique du Gandhara.* 2 vols. Paris.

Fussman, Gerard, 1986, "Symbolism of the Buddhist Stūpa." "*Journal of the International Association of Buddhist Studies* 9, no.2.

Gokhale, B. G., 1994, *New Light on Early Buddhism,* London : Sangam Books.

Gombrich, 1971, *A Heritage of Images*, Oxford : Penguin Books.

________, 1972, *Precept and Practice,* Oxford : Clarendon Press.

________, 1996, *How Buddhism Began : The conditioned Genesis of the Early Teachings*, London : Athlone Press.

________, 1988, *Theravāda Buddhism,* A Social History from Ancient Benares to Modern Colombo, London : Routledge & Kegan Paul.

Grousset, Renè, 1971, *In the Footsteps of the Buddha,* tr. J. A. Underwood, New York : Gorossman Publishers.

Harvey, Peter., 1984, *Symbolism of the Early Stūpa, Journal of the International Association of Buddhist Studies* 7, no 2.

____________, 2000, *An introduction to Buddhist Ethics*, Cambridge : Cambridge University Press.

Hirakawa, Akira, 1963, *The Rise of Mahāyāna Buddhism and Its Relationship to the Worship of Stūpa,* Memoirs of the Research Department of the Toyo Bunkyo.

Horner, 1930, *Women Under Primitive Buddhism : Laywomen and Almswomen,* Routledge & Kegan Paul, Delhi : Motilal Banarsidass.

_______, 1990, *Milinda's Questions* I, Sacred books of the Buddhists, Oxford; PTS.

Hofinger, Marcel, 1954, *Le congrès du Lac Anavatapta,* Vies de saints bouddhiques, Louvain.

Izutzu, T., 1959, *The Structure of Ethical Terms in the Koran : A Study in Semantics,* Tokyo : Keio Institute of Philological Studies.

Jayawal, K. P., 1967, *Hindu Polity,* Banglore press.

Jeon, Ho-ryeon., 2002, *'The Practice of Self-Power and Faith in Other-Power in Mahāyāna Buddhism', Buddhist Thought & Culture,* International Journal of History of Buddhist Thought, 1권 1호.

Jhingran, 1989, *Aspects of Hindu Morality,* Delhi : Motilal Banarsidass.

John S. Strong, 1989, *The Legend of king Asoka,* New Delhi : Motilal Banarsidass.

Lamotte, Etienne(E), 1988, *History of Indian Buddhism,* De L'Institut Orientaiste De Louvain, La Neuve. (윤호진, 『인도불교사』, 시공사, 2006)

Majumdar, R. C., 1960, *Classical Account of India,* Delhi : Calcutta.

Malalasekera, 1974, *Buddhism and the Race Question,* Buddhist Publication Society.

Maritain Jacques, 1962, *A Preface to Metaphysics,* mentor omega book.

McRae, John R. 1986, *The Northern School and the Formation of Early Ch'an Buddhism,* Honolulu.

Migot, André, 1954, *Un grand disciple du Buddha : Śāriputra,* Bulletin de l'École Française d'Extrême-Orient 46.

Mitra, 1971, *Buddhist Monuments,* Calcutta : Sahitya Samsad.

Mohan, Wijayaratna, 1990, *Buddhist Monastic Life,* Trans. Claude Grangier and Steven Collins, Cambridge University Press.

Mukherjee, 1976, *The Genesis of Buddhism Its Social Content,* Pilgrim Publisher Calcutta.

Norman, 1991, *Collected Papers II,* Oxford : PTS.

Oldenberg, H., 1971, *Buddha : His Life, His Doctrine, His Order,* Delhi : Indological Book House.

Pant, Sushila, 1973, *"The Origin and Development of the Stūpa Architecture in India." Journal of Indian History(Dec).*

Przyluski, J. 1926, *Le concile de Rājagṛha,* Paris.

Ray, 1975～1976, *Technology and Social Change in Early Indian History,* Purātattava, Vol. Ⅷ.

Radakrishnan, 1957, *A Source Book in Indian Philosophy,* Princeton,

Princeton University Press.
Robinson Richard H., Willard, L. Johnson, Thanissaro Bhikkhu, 1996, *Buddhist Religion,* wadsworth Pub co.
Rockhill, William Woodville, 1884, *The Life of the Buddha and the Early History of His Order.* London : Trubner.
Schopen, Gregory, 1991, *An Old Inscription from Amarāvatī and the Cult of the Local Monastic Dead in Indian Buddhist Monasteries,* Journal of the International Association of Buddhist Studies 14, no.
______________, 1987, *Burial 'Ad Sanctos' and the Physical Presence of the Buddha in Early Indian Buddhism. : A Study in the Archaeology of Religions*, Religion.
Sharma Suraj Narain, 1994, *Buddhist Social and Moral Education,* Delhi : Parimal Publications.
Snodgrass, Adrian, 1985, *The Symbolism of the Stūpa, Ithaca*, New. York.
Thomas, Edward J., 1992, *The Life of Buddha as Legend and History,* New Delhi : Munshiram Manoharlar Publishers.
Uma Chakravarti, 1987, *The Social Dimensions of Early Buddhism,* Delhi : Oxford University Press. (박제선역, 『고대인도사회와 초기불교』, 민족사, 2004)
______________, 1933, *"Conceptualising Brahamanical Patriarchy In Early India, Gender, Caste, Class and State",* Economic and Political Weekly.
Zimmer, Heinrich, 1957, *Philosophies of India,* New York; Meridian Books.
Varma, 1973, *Early Buddhism and its Origins,* New Delhi : Munshiram Manoharlal Publishers.
Vasu, 1962, *Aṣṭādhyāyī of Pāṇini*, Delhi, Motilal Banarsidass.
Veda Mitra, 1964, *Education in Ancient India,* Arya Book Depot.
Waldschmidt, Ernst., 1986, *Das Mahāparinirvāṇasūtra,* 梵文 大般涅槃經, kyoto : Rinsen Book.
Walpola, Rahula, 1956, *History of Buddhism in Ceylon*. Colombo : M. D. Gunasena.
Walshe Maurice, 1995, *The Long Discourses of the Buddha : A Translation of the Dīgha Nikāya,* Boston : Wisdom Publications.
Wijayaratna, Mohan, 1990, *Buddhist Monastic Life,* New York :

Cambridge University Press.
Williams, Paul, 1999, *Buddhist Thought,* Taylor & Francis Group, London and New York.
Woodward, 1975, *The Book of the Kindred Sayings.* Ⅲ, London : Published for the Pali Text Society by The Oxford University Press.

6. 사전류

김길상, 2001, 『佛教大辭典』, 서울 : 弘法院.
水野弘元, 1968, 『パーリ 語辭典』, 春秋社.
________, 1987, 『インド佛教人名辭典』, 法藏館.
赤沼智善, 1967, 『印度佛教固有名詞辭典』, 法藏館.
영목학술재단, 1986, 『梵和大辭典』, 東京, 講談社.
정승석, 1989, 『불전해설사전』, 민족사.
전재성, 1994, 『빠알리語辭典』, 한국불교대학출판부, 원의범 감수.
홍법원편집부, 1988, 『佛教學大辭典』 서울, 弘法院.
Davids, T. W. Rhys., 1925, *The Pali Text Society's Pali-English Dictionary,* London : PTS, Sole Agents Routledge.
Edward, Paul., 1975, *Encyclopedia of philosophy,* New York; Macmillan Company & Free Press.
Malalasekera, G.P., 1974, *Dictionary of Pāli Proper Names*, London : PTS.
Monier-Williamas, 1960, *Sanskrit-English Dictionary,* London ; Oxford University Press.

♡ 원혜영 프로필

1969년 경기도 안성 출생, 서울 신동초등학교, 서울 경원중학교, 서울 현대고등학교, 1996년 대진대학교 철학과 학사, 1999년 동국대학교 인도철학과 석사, 2008년 연세대학교 철학과 박사. 현재 대진대학교 철학과 초빙교수, 연세대학교 인문학 연구원, 한국불교학회 편집간사

♡ 주요 논문

<스뚜빠의 변화된 모습에서 보인 생명성>,
<이야기 형식으로 표현된 붓다의 축제적인 장례>,
<붓다와 전륜성왕에게 행한 유해 방식은 닮았는가>,
<초기 열반경에서 경과 율의 문제>,
<윤회의 주체에 관한 문제> 등.

E-mail : tiben@hanmail.net

아름다운 공동체, 붓다의 열반 에피소드

불기 2553(2009)년 8월 10일 초 판 발행
불기 2553(2009)년 8월 20일 초 판 발행

지은이 원 혜 영 ⓒ
펴낸이 이 규 택
펴낸곳 **경 서 원**
110-170 서울시 종로구 견지동 55-2

등록번호 제 1-37호 (1980. 7. 22)

☎ 편집부 02) 733-3345
영업부 02) 733-3346
전 송 02) 722-7787

ISBN 978-89-92062-74-9

파본은 바꾸어 드립니다. 값 30,000 원